国家级精品课程教材
国家级精品资源共享课程教材
江西财经大学会计系列教材

审 计 学

张 蕊 主编
廖义刚 饶 斌 副主编

中国财经出版传媒集团
中国财政经济出版社

图书在版编目（CIP）数据

审计学 / 张蕊主编 . -- 北京：中国财政经济出版社，2022.3

国家级精品课程教材 国家级精品资源共享课程教材 江西财经大学会计系列教材

ISBN 978-7-5223-1196-8

Ⅰ.①审… Ⅱ.①张… Ⅲ.①审计学-高等学校-教材 Ⅳ.①F239.0

中国版本图书馆 CIP 数据核字（2022）第 029661 号

责任编辑：宋学军　　责任校对：徐艳丽

封面设计：陈宇琰　　责任印制：党　辉

审　计　学

SHENJIXUE

中国财政经济出版社 出版

URL：http：//www.cfeph.cn

E-mail：cfeph@cfeph.cn

社址：北京市海淀区阜成路甲 28 号　邮政编码：100142

营销中心电话：010-88191522

天猫网店：中国财政经济出版社旗舰店

网址：https：//zgczjjcbs.tmall.com

北京密兴印刷有限公司印装　各地新华书店经销

成品尺寸：170mm×240mm　16 开　26 印张　498 000 字

2022 年 3 月第 1 版　2022 年 3 月北京第 1 次印刷

定价：72.00 元

ISBN 978-7-5223-1196-8

（图书出现印装问题，本社负责调换，电话：010-88190548）

本社质量投诉电话：010-88190744

打击盗版举报热线：010-88191661　QQ：2242791300

前言

审计学是一门根植于管理学（含会计学）、法学、统计学、计算机科学和心理学为一体的学科，也是一门集理论性和实践性高度统一的专业课，是各高等院校会计学（含 CPA 和 ACCA 专业方向）、财务管理等专业的核心主干课程。本教材侧重于注册会计师审计理论与方法的阐述与介绍，包括注册会计师审计的产生与发展、审计职业规范体系、风险评估与应对、审计报告等内容。

本书是江西财经大学国家级精品资源共享课程《审计学》及中国大学慕课《审计学》（MOOC）的配套教材。在编写过程中，我们以财务报表交易循环为经，以注册会计师执业准则为纬，突出现代风险导向的审计理念，融入中国注册会计师执业准则（2019 年修订）的核心思想和主要观点，吸收审计理论界最新的研究成果，力求科学系统地讲述审计学的基本理论和基本方法。我们注重对审计知识的阐释，构建系统的审计学概念框架，以避免学生在学习时“只见树木不见森林”。

在编写过程中，我们立足于注册会计师审计实务，结合上市公司审计案例，全面阐述注册会计师执业的基本思路与方法，使学生能够应用各种基本审计方法来处理新情况、新问题，提高学生对审计方法的应用能力，达到学以致用的目的。

本书在编排上，采用案例激活、问题导入、循序渐进的编写方式。每章首先提出教学目的和要求，其次通过引导案例及其问题来激发学生的学习兴趣，然后循序渐进地讲解审计学的基本概念、理论和基本方法，最后通过复习思考题来培养学生的归纳与整理能力，以及发现问题、分析问题和解决问题的能力。本书在内容上，吐故纳新、与时俱进、适度拓展。我们以现行会计准则和审计准则为依据更新了教学内容，全面参考了最新的注册会计师执业准则应用指南，充分借鉴其他教材编写的成功经验，同时密切关注国内外审计实践的最新进展，及时将审计行业最新发展成果编入相应章节，以拓展学生的视野。

本书由张蕊担任主编，廖义刚，饶斌担任副主编，各章的撰写安排如下：张蕊负责第一章和第二章的撰写；章琳一负责第三章、第四章和第八章的撰写；廖义刚负责第五章、第七章和第十章的撰写；王洋洋负责第六章、第十六章和第十七章的撰写；饶斌负责第九章、第十一章和第十二章的撰写；陈丹负责第十三章至第十五章的撰写。本书大纲经过编写组讨论后拟定，全书由张蕊负责总纂和定稿。

由于作者水平有限，书中不妥之处在所难免，恳请读者批评指正。

编者

2022 年 3 月

目录

第一章　绪　论

【本章教学目的和要求】

通过本章的学习，要求了解中西方民间审计的产生与发展的历史；理解民间审计的概念与功能；掌握鉴证业务的概念及分类；了解注册会计师审计的基本程序。

【引导案例】

1719 年英国南海公司为了获得政府的支持以及赚取股价盈余，对其股票增资计划进行夸大宣传，导致公司股价迅速上升。1720 年 1 月 3 日南海公司股价为 128 英镑/股，5 月 2 日升至 335 英镑/股，6 月 24 日上升至 1 050 英镑/股，该公司从中获得巨额盈余。当人们发现了南海公司并无真实资本，便纷纷抛售该公司的股票，南海公司面临破产境地。许多陶醉在发财梦中的投资者和债权人损失惨重。随后的一个月内，公司股票从每股 900 英镑跌至每股 190 英镑，最后被迫宣告破产。在强大的舆论压力下，英国议会聘请了会计师查尔斯·斯奈尔（Charles Snell）对其分公司“索布里奇商社”的会计账簿进行了检查。1721 年，他出具了一份审计报告书，指出了南海公司存在的舞弊行为，英国议会根据该审计报告对相关责任人进行了严厉的处罚。查尔斯·斯奈尔因此被公认为第一位受聘审查股份公司会计账目的会计师，这份报告也是世界上最早由会计师编制的审计报告。南海公司事件揭开了民间审计发展的序幕。

【引导案例思考】通过阅读上述案例分析民间审计是如何产生和发展的？民间审计有什么功能？注册会计师审计有哪些基本程序？

第一节　民间审计的产生与发展

按审计主体的不同，审计划分为民间审计、内部审计和政府审计。本书主要侧重于讲解民间审计，即注册会计师审计。

一、西方民间审计的产生与发展

（一）西方民间审计的产生

民间审计源于16世纪的意大利。在当时的意大利各沿海商业城市中，由于企业经营规模的不断扩大，出现了大量的合伙制企业。在合伙制企业中，并不是所有的合伙人都会参与企业的经营管理，财产的所有权与经营权开始分离，那些没有参与企业经营管理的合伙人就需要对作为企业经营管理者的合伙人进行监督，以保证合伙契约得到认真履行，并且利润的计算与分配是正确合理的。因此，他们就会聘请一些会计专家来对合伙企业的会计账目进行监督与审查，这些专家都是拥有良好的会计知识且与任何一方都无利害关系的第三者，他们所从事的工作，可以说是民间审计的起源。

现代民间审计产生并得到初步发展的历史进程是在英国完成的。18世纪英国发生了工业革命，资本主义经济迅速发展，产业规模日益扩大，独资或合伙性质的企业已经不能满足经济发展的需要，在这种情况下，股份公司应运而生，在英国以极快的速度发展起来。股份公司的这种组织形式，导致了企业的所有权与经营权进一步分离，大多数股东都不再直接参与企业经营管理，经营管理者便有可能为谋取私利而损害股东及债权人的利益，因此，他们迫切需要对企业经营者的经济活动进行监督。由于信息不对称的客观存在，他们只有借助反映公司财务状况和经营成果的会计报表，才能了解公司经营的详细情况。但是，要从会计报表中得到真实可靠的会计信息，也并不是一件容易的事情。1720年，爆发了民间审计史上著名的“南海公司破产事件”，揭开了民间审计走向现代的序幕。

英国南海事件后的一百多年里，人们逐渐认识到，必须要加强对股份公司的监督，只有这样才能切实有效地保护投资者及债权人的利益。1844年，英国政府颁布了《公司法》，规定在股份公司中，必须要由董事以外的第三者——监事对公司的会计账簿进行审查，并且监事是由股东大会选举产生的股东代表。1845年议会对《公司法》作了修订，新法案允许监事聘请会计师协助办理审计业务。1856年又对《公司法》进行了修订，规定监事不一定必须是公司的股东，允许公司聘请会计师担任监事，从事审计业务。1862年，英国再次颁布新的《公司法》，规定股份公司每年都要编制资产负债表和收支计算书，并且至少要接受一个以上监事的审查。从此，对股份公司进行年度审计成为了法定要求。《公司法》的颁布实施，使英国的民间审计职业得到了迅速发展，1853年，在苏格兰成立了世界上第一个民间审计职业组织——爱丁堡会计师协会，这标志着民间审计职业的诞生。在随后的数十年里，英国又陆续创立了多个民间审计组织，从1882年7月开始，会计师都要经过严格的考试，才能被会计师协会接收为新会员，考试科目也超出了以往簿记的范围，其中的主要科目是审计学，这无疑大大提高了民间审计从业人员的素质。到19世纪末，英国已经形成了一个比较系统、完整的民间审计组织体系。

（二）西方民间审计的发展

从20世纪初开始，美国逐渐成为了世界经济发展的中心，同时也是民间审计事业的领跑者和先行者。

19世纪时，随着英国的资本大量流入美国，为了保护英国投资者、债权人及英国政府的利益，许多英国的会计师纷纷来到美国开展审计业务，为自己的委托人在那里投资的公司财产和会计账目进行审查，这也推动了美国民间审计事业的迅猛发展。1887年，美国创建了自己的民间审计组织——美国公共会计师协会，该协会于1916年改组为美国会计师协会，后来又于1957年改称为美国注册会计师协会（简称AICPA），如今已经发展成为世界上最大的注册会计师职业团体。1921年，美国大部分地区都实行了统一的注册会计师资格考试制度，大大提高了注册会计师的专业素质。

美国民间审计行业刚开始时，在审计技术和方法上完全照搬英国的“详细审计”模式，它要求对所有的经济业务、会计报表和会计凭证进行审核，目的是为了查找会计差错和揭露舞弊行为。而在进入20世纪以后，美国经济情况发生了很大的变化，股份公司的数量不断增加，规模不断扩大，需要花费大量时间和费用的详细审计方式已经无法适应企业发展的需要。另一方面，当时美国企业的融资方式主要是银行贷款等间接融资方式，对审计的需求更多的是来自于银行等金融机构，这些机构逐渐把企业的资产负债表作为了解企业信用的重要依据，尤其是被审计企业的流动资产与流动负债的比例，以便决定是否借款。在这种情况下，独具美国特色的资产负债表审计诞生了。这种审计方式先审查资产负债表相关项目，再有针对性地抽取凭证进行详细检查，而不需要检查企业全部的经济业务。这种审计方式很快在美国得到推广，并取代了英国式的详细审计。此外，在这一时期，以著名审计学家蒙哥马利为代表的一些美国学者已经认识到了内部控制的重要性，他们主张应该把确定审计的必要范围与评价被审计企业的内部控制系统联系起来。如果内部控制制度健全有效，财务报表发生错误和舞弊的可能性就小，审计测试范围可以相应缩小；反之，就必须扩大审计测试范围，抽查更多的样本，这样大大提高了审计效率。到了20世纪20年代，美国审计人员开始将对内部控制的初步评价作为实施审计工作的基础。

随着企业规模的不断扩大，仅靠银行贷款已经不能满足企业对资金的需要，企业日益倾向于从证券市场筹集资金，证券投资者的利益越来越受到重视。1929年爆发了震惊世界的经济大危机，证券市场上股价暴跌，大批企业破产倒闭，数以万计的投资者和债权人蒙受了巨大的损失。在这种情况下，这些企业利益相关者将关注重点从企业的短期财务状况转移到企业的盈利水平上，这就在客观上要求对包括利润表在内的财务报表进行审计。同时，美国政府也认识到，大量虚假财务报表信息的存在，是导致此次资本市场崩溃的一个重要原因。为了保证资本市场的正常运行，也为了保护广大投资者的利益，1933 年，美国颁布了《证券法》，规定所有在证券交易所上市的公司，在向社会公众发行有价证券之前，必须对外公布其经过注册会计师审计的财务报表。在 1934 年制定的《证券交易法》中，还规定所有准备在证券交易所上市的公司，上市之前都要进行有价证券发行登记，并向证券交易委员会报送经过注册会计师审计的财务报表。自从该法案公布以后，自愿聘请注册会计师对财务报表进行审计的上市公司大大增加，至此，美国进入了财务报表审计时代。

20 世纪 70 年代以来，民间审计处于诉讼大爆炸时代，随着审计诉讼案件的增多，防范和降低审计风险成为审计职业界的重要任务。在审计实务中，审计人员既关注和评估企业内部控制风险，又关注和评估企业经营所面临的外部风险。以风险为导向的审计通过审计风险的量化和模型化，使审计证据的收集和审计风险的控制更加科学，有力地提高了审计工作的效率与效果。

第二次世界大战以后，世界经济的全球化趋势使跨国公司得到了空前的发展，这也带动了民间审计事业的国际化发展，诞生了一批国际会计师事务所。随着会计师事务所的规模不断扩大，最初形成了“八大”国际会计师事务所，20 世纪 80 年代末合并为“六大”，之后又合并成为“五大”。2001 年，美国爆发了“安然事件”，直接导致“五大”中的安达信会计师事务所宣告倒闭，如今只剩下了“四大”，分别是普华永道（PriceWaterhouse Coopers）、安永（Ernst & Young）、毕马威（KPMG）、德勤（Deloitte Touche Tohmatsu）。

公认会计原则（Generally Accepted Accounting Principle，简称 GAAP）既是会计工作应遵循的标准，也是注册会计师执行审计业务时的判断标准，自 20 世纪 30 年代以后，美国开始致力于建立和完善公认会计原则，与此同时，审计准则的制定也日益受到人们的重视。1938 年发生的麦克森 · 罗宾斯公司破产案件，暴露了在公司内部控制和审计程序方面存在的很多问题，这一案件对以后美国审计准则的建立起了很大的推进作用。不久之后，美国会计师协会授权成立“审计程序委员会”，并发表了一系列“审计程序说明”，当时只是就一些特殊的审计问题表明审计程序委员会的看法。1947 年，该委员会发表了《审计准则说明草案——其公认的意义和范围》，首次明确指出审计程序“是应该执行的审计行为”，而审计准则是衡量这些应该执行的审计行为质量的标准尺度，后来又于 1954 年发布了《公认审计准则——其意义及范围》（Generally Accepted Auditing Standards，Their Significance and Scope），其中包含了十条对审计工作的原则性规定，构成了公认审计准则（简称 GAAS）的基本内容，民间审计界从此有了一套统一的审计标准可供遵循。1972 年，审计程序委员会改名为“审计准则执行委员会”，随后发布了第一辑《审计准则说明书》（Statements on Auditing Procedures，简称SAS），其主要内容为已对外发布且经过修订的54项审计程序说明。1978年，审计准则委员会正式成立，取代了原来的审计准则执行委员会，截至2002年底，共发布了100号审计准则说明书。

2002年美国在安然事件之后出台了《萨班斯-奥克斯利法案》，并根据该法案成立了公众公司会计监督委员会（PCAOB）。该委员会旨在保护投资者和社会公众的利益，对公众公司审计师进行监督。根据萨班斯法案规定，PCAOB拥有四大法定职能：注册、检查、调查与执行以及准则制定。在准则制定方面，萨班斯法案授予了委员会为上市公司审计师制定审计与鉴证准则、质量控制准则以及道德准则，而美国注册会计师协会（AICPA）下设的审计准则委员会（ASB）则负责非上市公司审计准则的制定。

审计业务的全球化发展，必然会要求各国审计准则的协调一致。1977年，国际会计师联合会（International Federation of Accountants，简称IFAC）正式成立，并在该联合会下设国际审计与鉴证准则理事会（简称IAASB），该理事会的主要任务是发布审计与鉴证业务方面的准则并提高其在全球范围内的接受程度，以促进世界范围内审计实务和相关服务的统一。截至2015年10月，IAASB按应循程序经公众利益监督委员会（PIOB）批准，已经发布了29项重新起草的国际审计准则和1项重新起草的国际质量控制准则。

二、我国注册会计师审计的产生与发展

（一）我国注册会计师审计的产生

我国民间审计，也称注册会计师审计，它的产生远远晚于西方国家。我国的封建社会历史长达数千年，社会经济的发展长期受到自给自足的自然经济束缚，到明清时，也没有出现较大规模的民间企业，在这种情况下，既不可能，也不需要产生任何形式的民间审计组织。直到鸦片战争以后，伴随着资本主义列强的大规模侵入，资本主义经济也接踵而至，促使中国的自然经济迅速解体，中国民族资本主义工商业得以迅速发展。同时，一些学成归国的优秀知识分子根据当时我国经济发展的客观需要，开始将西方的注册会计师制度引入中国，并且竭力倡导建立中国注册会计师制度，至此，中国早期注册会计师职业终于诞生了。

1918年6月，著名会计学家谢霖上书当时的北洋政府财政部和农商部，要求推行中国注册会计师制度。谢霖在其递交的呈文中，说“查东西各国，夙有专门会计师之制”，并呈请“用特远法各国专门会计师之成规，近效上海佐克时之先例，设会计师事务所于京师”。同年9月，农商部颁布了我国第一部注册会计师法规——《会计师暂行章程》，并援用谢霖呈文中的称谓，将注册会计师命名为“会计师”，“会计师”一词便从此产生，一直沿用至新中国成立之后，又向谢霖

先生颁发了我国第一号会计师证书。几年之后，谢霖在北京创办了我国第一家会计师事务所，取名为“正则会计师事务所”。会计师证书的颁发以及会计师事务所的创立，标志着我国民间审计的诞生。此后，我国会计师职业不断向前发展，业务范围也不断扩大，并于 1925 年在上海成立了我国第一个民间审计职业组织——上海会计师公会，各地的会计师公会也都相继成立，我国的注册会计师职业由此得到了确立。

（二）我国注册会计师审计的发展

1927 年，南京国民政府财政部颁发了《会计师注册章程》。1929 年农商部又颁发了《会计师章程》，由于在《会计师章程》中对会计师的资历及考试要求有所放宽，使会计师人数迅速增加，会计师事务所的组织和业务都得到了一定的发展。1930 年，国民政府颁布了经立法院通过的《会计师条例》，第一次以立法的形式明确了会计师职业的法律地位。1935 年又发布了《会计师条例》修订稿，进一步放宽了会计师的学历、资历条件，促进了会计师队伍规模的扩大及各地会计师事务所的创立。在这一时期内，随着会计师队伍的业务素质不断提高，实业界对会计师事务所的认识也在不断加深，会计师事务所开始遍及全国各大中城市，业务范围也得到了极大的扩展。

在新中国建立初期，注册会计师就在恢复国家经济方面发挥了重要作用。随着 1956 年我国完成了对生产资料私有制的社会主义改造，确立了计划经济体制，注册会计师便丧失了其职业基础，民间审计也随之消失。改革开放后，我国将工作重点转移到了建设和完善社会主义市场经济上，商品经济得以迅速发展，为恢复注册会计师制度创造了客观条件。随着改革开放的深入，外商来华投资日益增多，在这种情况下，1980 年 12 月 14 日，财政部颁发了《中华人民共和国中外合资经营企业所得税实施细则》，其中规定外资企业的财务报表要由注册会计师进行审计，这为恢复我国注册会计师制度提供了法律依据。1980 年 12 月 23 日，财政部发布了《关于成立会计顾问处的暂行规定》，对注册会计师的资格、业务范围等事项作出了规定，迈出了我国开始重建注册会计师制度的第一步。1981 年 1 月 1 日，经财政部批准后，在上海成立了新中国第一家独立承办注册审计业务的会计师事务所——“上海会计师事务所”，随后，全国各地也相继成立了会计师事务所，这一时期注册会计师的服务对象主要是外商投资企业。1986 年 7 月 3 日，国务院颁发了《中华人民共和国注册会计师条例》，明确规定了注册会计师的审计原则、工作规则、业务范围等内容。1988 年 11 月 15 日，在财政部的领导下，中国注册会计师协会（以下简称“中注协”）正式宣告成立，开始着手制定注册会计师执业规范。1993 年 10 月 31 日，我国颁布了《中华人民共和国注册会计师法》，又于 1995 年 12 月发布了《中国注册会计师独立审计准则》，它们的颁布和实施，标志着我国现代民间审计日益成熟。

2006年2月15日，中注协发布了新修订的与国际审计准则趋同的审计准则。2010年11月，为了规范注册会计师的执业行为，提高执业质量，维护社会公众利益，促进社会主义市场经济的健康发展，中注协修订了《中国注册会计师审计准则第1101号——注册会计师的总体目标和审计工作的基本要求》等38项准则，自2012年1月1日起施行。财会〔2006〕4号文中《中国注册会计师审计准则第1101号——财务报表审计的目标和一般原则》等35项准则同时废止。

截至2020年3月31日，中注协团体会员（会计师事务所及其分所）总数9 478家，个人会员总数272 601人，其中注册会计师108 449人，非执业会员164 152人。注册会计师人数首次突破10万人，这是继2016年6月30日非执业会员总数达到10万人之后又一次新的突破。①

第二节　民间审计的概念与功能

在不作特别说明的情况下，本书中的民间审计主要是指注册会计师审计，以下主要讲解注册会计师审计的概念与功能。

一、注册会计师审计的概念

美国会计学会在1972年出版的《基本审计概念说明》（A Statement of Basic Auditing Concepts，简称ASOBAC）中将审计定义为："审计是客观地收集和评价关于对经济活动和经济事项的认定的证据，以确定这些认定与既定标准之间的符合程度，并将其结果传达给利害关系人的一个系统过程。"将审计定义为一个系统过程，实质上是保留了审计的技术特征，使其不受任何社会、政治、经济、文化等背景的影响，因此该定义是一个广义的定义，适用于各种不同的审计类型和审计目的，具有高度的全面性和抽象性，在国际审计界有着广泛的影响。美国前会计学会会长阿尔文·A·阿伦斯（Alvin A·Arens）在其著作《审计与保证服务——整合法》（第九版）一书中就继承和发展了这一思想，认为"审计是由胜任的独立人员，为确定并报告特定信息与既定标准间的符合程度，而搜集和评价有关这些信息的证据的过程"。

以上关于审计的定义，基本涵盖了审计过程所涉及的各项关键要素，归纳起来主要有以下几点：

---

① 资料来源于中国注册会计师行业管理信息系统：http：//cmispub. cicpa. org. cn/cicpa2_web/goto/nomsg/DNA_XH/default. shtml。

（一）审计是一个系统的过程

这是指审计在整体上是一种逻辑严谨、结构严密的活动过程，它不但具有明确的目标，而且是按照科学的程序和方法来实施的。进一步说，审计是在审计目标的指引下，通过制定科学合理的审计计划，运用科学的审计程序和方法来收集和评价审计证据，最终发表审计意见，提交审计报告，从而实现审计目标的过程。

（二）胜任的独立审计人员

审计工作必须由胜任的独立审计人员负责实施，审计人员只有站在独立的立场上，才能在审计过程中不受其他诸如经济利益、外界压力等干扰因素的影响，发表客观公正的审计意见，从而取信于利用审计结果的利害关系人，切实发挥审计的经济监督职能。这种独立并不是绝对的，而是指审计人员在实施审计过程中所要达到的必要水平。例如，注册会计师在进行财务报表审计时，其提供审计服务所得的报酬尽管是由被审计单位支付的，但他们必须在审计时保持充分的独立性，这样得出的审计报告才能取得财务报表使用者的信任。又如，内部审计人员虽然是公司的员工，不可能做到百分之百的独立，但他们也要独立于公司内部的其他被审计部门。除此以外，一个合格的审计人员还必须具备足够的专业胜任能力，这就要求审计人员掌握足够的专业知识、技能和经验，能够有效地完成审计工作并得出正确的审计结论。审计人员若不能保持和提高自身的专业胜任能力，就会丧失其立身之本，同时也会给利用审计结果的利害关系人带来危害。

（三）经济活动和经济事项的认定

所谓“认定”，是指被审计单位的管理当局对其自身的经济活动和经济事项所作出的各项陈述，其中有些是明确表达的，有些是隐含表达的，而通常所说的“认定”则是相对于被审计单位财务报表各项组成要素而言的。根据我国在2006年颁布的最新审计准则及指南规定，可以将管理当局对财务报表各项组成要素作出的认定大致分为三大类，包括与各类交易和事项相关的认定、与期末账户余额相关的认定，以及与列报相关的认定。审计工作就是通过收集与这些认定有关的证据，并且对它们进行评价，从而确定管理当局是否有充分的理由作出这些认定，即确定这些认定是否恰当。

（四）确定认定与既定标准之间的符合程度

在审计实务中，不论是何种类型的审计活动，概括起来都是对被审计单位关于各项经济活动及事项的认定进行审查，最终都是为了确定这些认定是否与某些既定的标准相符合，并对它们之间的符合程度作出评价，据此发表审计意见，这就是审计的总体目标。定义中所说的“标准”，其实是指用于评价审计客体的基准，例如，当注册会计师进行财务报表审计时，他们依据的标准一般就是公认会计原则，从而确定被审计单位的财务报表是否是按照公认会计原则进行编制的，以及有哪些地方不符合公认会计原则的要求。在政府审计中，审计人员应该以相关的法律法规为标准来实施审计，如《审计法》等。另外，在一些经营审计中，由于缺乏统一的公认标准可供遵循，因此在审计开始之前，审计人员应该与被审计单位就相关标准的确定达成共识。

（五）收集和评价认定的证据

这里的“证据”是指审计证据，它们是审计人员用来证实或否定被审计单位所作出的各项认定的证明性资料，也是审计人员形成审计结论、发表审计意见的重要依据。审计证据的收集贯穿于整个审计过程，它们可以来源于被审计单位提供的各种会计证据，也可以是从被审计单位外部获取的各种资料。审计证据的形式多种多样，包括实物证据、书面证据、口头证据等，因此，审计人员应当对其进行全面的了解，以便针对不同类型的认定，选择最合适的方法来获取充分适当的审计证据。同时，审计人员还必须对收集到的审计证据进行分析评价，对这些证据是否相关、是否可靠作出合理的职业判断，从而保证审计结论的正确性。

（六）将审计结果传达给利害关系人

只有将审计结果传达给利害关系人，才能实现审计的价值。“利害关系人”是指所有利用审计结果作出各种决策的组织和个人，包括企业的投资者、债权人、管理层、社会公众和政府管理部门等，审计人员一般是以审计报告的形式向利害关系人传达审计结果。审计报告不仅是对审计工作和结果的全面总结，而且还是对利害关系人传达决策所需信息的重要工具。

二、注册会计师审计的功能

（一）审计的基本功能

审计的功能是指审计本身所固有的、体现审计本质特征的内在功能。通常认为，审计具有三大功能，即经济监督、经济鉴证和经济评价。

经济监督是审计最基本的功能，它是指监察和督促被审计单位的经济活动，从而确定其是否符合一定的标准和要求，是否在规定的范围内沿正常轨道合理运行。从政府审计来看，其审计活动就是国家各级政府对所属单位经济活动的综合监督。从民间审计来看，其工作也是代理审计委托人对客户的经济活动进行审查验证，纠正在会计记录、经营管理方面的弊端和不足，进而实现对客户的经济监督。从内部审计来看，同样是依照国家法律法规以及本单位、本部门的经营目标和管理规定，对本单位、本部门的经济活动进行监察和督促。

相对而言，政府审计侧重于发挥经济监督功能，内部审计侧重于发挥经济评价功能，民间审计侧重于发挥经济鉴证功能。

（二）注册会计师审计的功能

注册会计师审计的功能主要体现为鉴证功能，即通过对被审计单位的会计报表及其他经济资料进行审核与验证，以证实被审计单位记载经济活动的有关资料是否真实、合法、公允和可靠，并按审计结果向审计委托人出具书面证明，以取得审计委托人或社会公众的信任。注册会计师审计的经济鉴证功能是随着现代审计的发展而出现的，它不断受到人们的重视而日益强化，人们对注册会计师审计的期望也越来越高。多数国家的法律明确规定，企业的会计报表必须经过注册会计师的审查鉴证后，才可向会计报表的使用者和社会公众公布。

三、审计与会计的区别

从审计的产生与发展过程可以看出，审计自从其诞生之日起，便是作为以会计和财政财务活动为主的经济管理系统的对立物而存在的，并且随着审计理论与实务的不断发展，审计与会计的区别也表现得越来越突出，主要体现在以下几个方面：

（一）二者产生的基础不同

如果说会计的产生是基于经济管理的需要，那么审计的产生则是基于经济监督的需要。会计是社会生产发展到一定阶段而产生的经济管理活动；审计则是在财产所有权和经营管理权分离的情况下，财产所有者需要对经营管理者进行监督，以检查其是否忠实地履行了受托经济责任，从而产生的一种经济监督活动。由此可见，会计和审计的产生，是为了满足社会经济活动中的两种不同的需要。

（二）二者的性质不同

会计是经济管理系统的一个重要组成部分，会计工作就是对有关经济活动的各项资源投入与产出进行核算和分析，这是一种经济管理行为。而审计是经济监督系统的一个分支，负责对经营者或其他受托管理者的经济责任进行监督和评价，因此审计是一种经济监督评价行为。而且，与会计不同，审计处于具体的经营管理活动之外，具有独立性。

（三）二者的职能不同

会计的基本职能是对经济活动过程及其结果的确认、计量、反映和监督，审计的基本职能则是监督、评价和鉴证，二者之间存在很大的区别。虽然会计也具有监督职能，但由于会计属于组织内部管理工作的一部分，它的监督职能只是针对会计业务活动本身，通过会计自身的审查稽核来对会计工作进行自我调节和控制，是一种自我监督行为，对外不起“鉴证”作用。而审计监督是由专职的审计机构和人员来执行的，他们独立于被审计单位之外，不参与被审计单位的经营管理活动，能够对其经济活动进行客观公正的监督和评价，审计监督具有一定的权威性，从而起到了“鉴证”的作用。

（四）二者的方法程序不同

会计方法体系是由会计核算、会计分析、会计检查三部分组成的，包括了记账、算账、报账、查账等内容。其中，会计核算包括：设置账户、复式记账、填制凭证、登记账簿、成本计算等方法和程序，其目的是为管理和决策提供必需的财务信息。审计方法体系是由规划方法、实施方法、管理方法和报告方法四部分组成的。其中，实施方法中又包括了确定审计事项、收集审计证据、对照标准进行评价等方法和程序，其目的是为了获得充分适当的审计证据并且对审计对象进行全面评价。

（五）二者的责任不同

会计责任是针对被审计单位而言的，是指被审计单位的管理当局和会计部门应对其进行的会计核算及其财务报表的质量负责，因此，会计责任要求被审计单位编制的财务报表应真实公允地反映单位的财务状况和经营成果。审计责任是针对审计人员而言的，审计人员的责任只限于审查被审计单位编制的财务报表是否公允表达，并且合理地揭示其中可能存在的错误和舞弊，所以审计人员只对审计意见的恰当与否承担责任。

第三节 鉴证业务的概念与类别

一、鉴证业务的概念

（一）鉴证业务的含义

鉴证业务是注册会计师传统审计服务的延伸和发展。根据我国2006年发布的《中国注册会计师鉴证业务基本准则》的规定，鉴证业务是指注册会计师对鉴证对象信息提出结论，以增强除责任方之外的预期使用者对鉴证对象信息信任程度的业务。并且，注册会计师承接的鉴证业务应当具备下列所有特征：鉴证对象适当；使用的标准适当且预期使用者能够获取该标准；注册会计师能够获取充分、适当的证据以支持其结论；注册会计师的结论以书面报告形式表述，且表述形式与所提供的保证程度相适应；该业务具有合理的目的。

上述定义可从以下几个方面加以理解：（1）鉴证业务是由具备独立性和专业胜任能力的注册会计师来执行的；（2）鉴证对象信息是按照标准对鉴证对象进行评价和计量的结果，比如责任方按照会计准则和相关会计制度编制的财务报表；(3) 鉴证业务的产品是注册会计师对鉴证对象信息提出的鉴证结论，它通常是以鉴证报告的形式出现，以供其预期使用者使用；(4) 鉴证业务的最终目的，就是为了增强预期使用者对鉴证对象信息的信任程度。

由此可见，鉴证业务是以提高鉴证对象信息的可信性为主要目的，要求注册会计师就鉴证对象信息是否在所有重大方面符合适当的标准而发表一个能够提供一定程度保证的结论。鉴证业务提供的保证程度分为两类：合理保证和有限保证。合理保证的鉴证业务的目标是注册会计师将鉴证业务风险降至该业务环境下可接受的低水平，以此作为以积极方式提出结论的基础。而有限保证的鉴证业务提供的保证程度要低于合理保证的鉴证业务，其目标是注册会计师将鉴证业务风险降至该业务环境下可接受的水平，以此作为以消极方式提出结论的基础。由于下列因素的存在，注册会计师不可能提供绝对保证：(1) 选择性测试方法（包括抽查、抽样方法等等）的运用；(2) 内部控制的固有局限性；(3) 大多数证据是说服性而非结论性的；(4) 在获取和评价证据以及由此得出结论时涉及大量判断；(5) 在某些情况下鉴证对象具有特殊性，可能影响证据的说服力。

（二）鉴证业务的要素

一般来说，鉴证业务具有以下五个方面的要素：

1. 三方关系人。

鉴证业务中的三方关系人包括注册会计师、责任方和预期使用者。注册会计师负责执行鉴证业务，对鉴证对象信息提出鉴证结论；责任方是指对鉴证对象或鉴证对象信息负责的组织或人员；预期使用者是指预期使用鉴证报告的组织或人员。其中，责任方可能是预期使用者，但不是唯一的预期使用者，比如在财务报表审计中，被审计单位的管理层既是责任方，也是审计报告的预期使用者之一；此外，预期使用者还包括企业的股东、债权人、监管机构等。鉴证业务还会涉及委托人，但委托人通常不是单独存在的一方，即委托人可能就是责任方，也可能是预期使用者之一。

2. 鉴证对象。

在注册会计师提供的鉴证业务中，存在多种不同类型的鉴证对象，相应地，鉴证对象信息也具有多种不同的形式：当鉴证对象为财务业绩或状况时（历史或预测的财务状况、经营成果和现金流量），鉴证对象信息是财务报表；当鉴证对象为非财务业绩或状况时（如企业的运营情况），鉴证对象信息可能是反映效率或效果的关键指标；当鉴证对象为物理特征时（如设备的生产能力），鉴证对象信息可能是有关鉴证对象物理特征的说明文件；当鉴证对象为某种系统和过程时（如企业的内部控制或信息技术系统），鉴证对象信息可能是关于其有效性的认定；当鉴证对象为一种行为时（如遵守法律法规的情况），鉴证对象信息可能是对法律法规遵守情况或执行效果的声明。

鉴证对象是否适当是注册会计师能否将一项业务作为鉴证业务予以承接的前提条件。适当的鉴证对象应当满足下列要求：

（1）鉴证对象是可以识别的；

（2）不同的组织或人员对鉴证对象按照既定标准进行评价或计量的结果合理一致；

（3）注册会计师能够收集和获取充分、适当的与鉴证对象有关的信息证据，以支持其提出适当的鉴证结论。

在承接业务后，如果发现鉴证对象不适当，可能误导预期使用者，注册会计师应当视其重大与广泛程度，出具保留意见或否定意见的报告。如果发现鉴证对象不适当，造成工作范围受到限制，注册会计师应当视受到限制的重大与广泛程度，出具保留意见或无法表示意见的报告。在某些情况下，注册会计师应当考虑解除业务约定。

3. 标准。

标准是指用于评价或计量鉴证对象的基准，当涉及列报时，还包括列报的基准。适当的标准应当具有相关性、完整性、可靠性、中立性和可理解性，它是注册会计师运用职业判断对鉴证对象作出合理一致的评价或计量的必要条件。如果没有适当的标准为注册会计师提供指引，任何个人的经验和判断都可能对鉴证结论产生影响，这样的结论也必然会缺乏可信性。因此，注册会计师应当合理运用其职业判断，以评价各项标准是否适当、是否适用于具体的鉴证业务。需要指出的是，注册会计师基于自身的预期、判断和个人经验对鉴证对象进行的评价和计量，不构成适当的标准。此外，标准还应当能够为预期使用者获取，以使预期使用者了解鉴证对象的评价或计量过程。

标准可以是正式的规定，也可以是某些非正式的规定。正式的规定是指一些由法律法规规定的，或由政府主管部门或国家认可的专业团体依照公开、适当的程序发布的标准，比如编制财务报表所使用的会计准则和相关会计制度。而非正式的规定通常是一些专门制定的标准，它们是针对具体的业务项目而制定的，包括企业内部制定的行为准则、确定的绩效水平等。在承接业务后，注册会计师若发现鉴证业务中的标准不适当，则应当采取与发现鉴证对象不适当时同样的对策，视其影响的重大与广泛程度，出具保留意见、否定意见或无法表示意见的报告，甚至在某些情况下可以考虑解除业务约定。

4. 证据。

注册会计师应当以职业怀疑态度来进行计划和执行鉴证业务，获取有关鉴证对象信息是否不存在重大错报的充分、适当的证据。所谓职业怀疑态度，并不是要求注册会计师假设管理层是不诚信的，而是指注册会计师应当以质疑的思维方式评价所获取证据的有效性，并对相互矛盾的证据，以及引起对文件记录或责任方提供的信息的可靠性产生怀疑的证据保持警觉。注册会计师在确定证据收集程序的性质、时间和范围时，主要考虑的因素包括重要性、鉴证业务风险以及可获取证据的充分性和适当性。

（1）重要性。在考虑重要性时，注册会计师应当了解并评估哪些因素可能会影响预期使用者的决策，还应当综合数量和性质因素考虑重要性。在具体鉴证业务中，注册会计师需要运用职业判断，以评估重要性以及数量和性质因素的相对重要程度。

（2）鉴证业务风险。鉴证业务风险是另一个注册会计师不得不考虑的因素，是指在鉴证对象信息存在重大错报的情况下，注册会计师提出不恰当结论的可能性。鉴证业务风险通常体现为重大错报风险和检查风险，前者是指鉴证对象信息在鉴证前存在重大错报的可能性，而后者是指某一鉴证对象信息存在错报，该错报单独或连同其他错报是重大的，但注册会计师未能发现这种错报的可能性。注册会计师对重大错报风险和检查风险的考虑，受到具体业务环境的影响，特别受鉴证对象性质，以及不同鉴证业务的保证程度的影响。

（3）证据的充分性与适当性。证据的充分性是对证据数量的衡量，主要与注册会计师确定的样本量有关。在具体鉴证业务中，所需证据的数量受以下两方面因素的影响：第一，鉴证对象信息的重大错报风险越大，可能需要的证据数量越多。第二，所获取证据的质量越高，可能需要的证据数量越少。不过，若证据的质量存在缺陷，注册会计师仅靠获取更多的证据也可能无法弥补其质量上的缺陷。例如，若注册会计师取得的证据不可靠，那么证据数量再多也无法起到证明作用。

证据的适当性是对证据质量的衡量，而相关性和可靠性则是证据适当性的核心内容。

注册会计师在考虑证据的相关性时，通常应当认识到：特定的程序可能只为某些认定提供相关的证据，而与其他认定无关；针对同一项认定，可以从不同来源获取证据或获取不同性质的证据；只与特定认定相关的证据并不能替代与其他认定相关的证据。

证据的可靠性受其来源和性质的影响，并取决于获取证据的具体环境，注册会计师通常按照下列原则考虑证据的可靠性：从外部独立来源获取的证据比从其他来源获取的证据更可靠；内部控制有效时内部生成的证据比薄弱时内部生成的证据更可靠；直接获取的证据比间接获取或推论得出的证据更可靠；以文件记录形式（无论是纸质、电子或其他介质）存在的证据比口头形式的证据更可靠；从原件获取的证据比从传真或复印件获取的证据更可靠。在运用上述原则评价证据的可靠性时，注册会计师应当注意某些可能出现的重大例外情况。

上述原则是针对不同来源和不同性质证据的可靠性差异所进行的比较。除此之外，如果针对某项认定从不同来源获取的证据或获取的不同性质的证据能够相互印证，那么与该项认定相关的证据通常更有说服力。相反，如果从不同来源获取的证据或获取的不同性质的证据不一致，则表明其中一项或某项证据不可靠，注册会计师应当追加必要的程序予以解决。

5. 鉴证报告。

鉴证报告是指由注册会计师出具并含有鉴证结论的书面报告，该鉴证结论应当说明注册会计师就鉴证对象信息获取的保证。鉴证结论的表述形式有两种：第一，明确提及责任方认定，如“我们认为，责任方作出的‘根据××标准，内部控制在所有重大方面是有效的’这一认定是公允的”。第二，直接提及鉴证对象和标准，如“我们认为，根据××标准，内部控制在所有重大方面是有效的”。而提出鉴证结论的方式也有两种：积极方式和消极方式，两者分别适用于合理保证的鉴证业务和有限保证的鉴证业务。在合理保证的鉴证业务中，注册会计师应当以积极方式提出结论，如“我们认为，根据××标准，内部控制在所有重大方面是有效的”或“我们认为，责任方作出的‘根据××标准，内部控制在所有重大方面是有效的’这一认定是公允的”。在有限保证的鉴证业务中，注册会计师应当以消极方式提出结论，如“基于本报告所述的工作，我们没有注意到任何事项使我们相信，根据××标准，××系统在任何重大方面是无效的”或“基于本报告所述的工作，我们没有注意到任何事项使我们相信，责任方作出的‘根据××标准，××系统在所有重大方面是有效的’这一认定是不公允的”。

除了前文已提到的“承接业务后发现鉴证对象或标准不适当”这一情况外，对于任何类型的鉴证业务，如果存在下列情形，注册会计师都不能出具无保留意见的报告。这些情形包括：

（1）对任何类型的鉴证业务，如果注册会计师的工作范围受到限制，导致注册会计师无法获取必要的证据以便将鉴证业务风险降至适当水平。注册会计师应当视受到限制的重大与广泛程度，出具保留意见或无法表示意见的报告，在某些情况下也应当考虑解除业务约定。

（2）若注册会计师的结论提及责任方的认定，且该认定未在所有重大方面作出公允表达，注册会计师应当视其影响的重大与广泛程度，出具保留结论或否定结论的报告。

（3）若注册会计师的结论直接提及鉴证对象和标准，且鉴证对象信息存在重大错报，注册会计师应当视其影响的重大与广泛程度，出具保留结论或否定结论的报告。

二、鉴证业务的类别

鉴证业务包括历史财务信息审计（财务报表审计）、历史财务信息审阅（财务报表审阅）和其他鉴证服务。其中，财务报表审计和财务报表审阅业务均是对历史财务信息（即财务报表）进行鉴证，而其他鉴证服务则主要包括内部控制审核、预测性财务信息审核、系统鉴证、网域鉴证、合约遵循鉴证等。除上述业务外，注册会计师还可以承接其他业务，例如，商定程序、代编财务信息、管理咨询、税务服务及其他相关服务业务，但这些业务都不属于鉴证业务。

（一）财务报表审计

财务报表审计是注册会计师提供的主要鉴证服务之一，其目标是对被审计单位财务报表的编制是否符合适用的会计准则和相关会计制度、是否在所有重大方面公允地反映了被审计单位的财务状况、经营成果和现金流量发表审计意见。财务报表审计业务属于合理保证的鉴证业务，它要求注册会计师将审计风险降至该业务环境下可接受的低水平，对审计后的历史财务信息提供高水平的保证（即合理保证），并在审计报告中采用积极方式对历史财务信息提出结论。

在财务报表审计业务中，为了能够提供合理保证，并以积极方式提出结论，注册会计师应当通过下列不断修正的、系统化的执业过程，获取充分、适当的证据：第一，了解鉴证对象及其他的业务环境事项，在适用的情况下包括了解内部控制；第二，在了解鉴证对象及其他的业务环境事项的基础上，评估鉴证对象信息可能存在的重大错报风险。第三，应对评估的风险，包括制定总体应对措施以及确定进一步程序的性质、时间和范围。第四，针对已识别的风险实施进一步程序，包括实施实质性程序，以及在必要时测试控制运行的有效性。第五，评价证据的充分性和适当性。这些内容将在本章第四节详细论述。

（二）财务报表审阅

根据《中国注册会计师审阅准则第 2101 号——财务报表审阅》（2006）的规定，财务报表审阅的目标，是注册会计师在实施审阅程序的基础上，说明是否注意到某些事项，使其相信财务报表没有按照适用的会计准则和相关会计制度的规定编制，未能在所有重大方面公允反映被审阅单位的财务状况、经营成果和现金流量。相对于财务报表审计而言，财务报表审阅的成本较低，由于一些非上市公司或小企业也希望向报表使用者提交财务报表，但又不愿承担高额的审计费用，在这种情况下，它们就会聘请注册会计师对其财务报表进行审阅。

在财务报表审阅业务中，要求注册会计师将审阅风险降至该业务环境下可接受的水平，对审阅后的历史财务信息提供低于高水平的保证（即有限保证），并在审阅报告中采用消极方式对历史财务信息提出结论，因此这种业务属于有限保证的鉴证业务。与财务报表审计业务相比，财务报表审阅业务在证据收集程序的性质、时间、范围等方面是有意识地加以限制的，例如，注册会计师在执行财务报表审阅业务时，通常不必对内部控制进行测试或对存货进行盘查，而主要是通过询问和分析程序来获取证据，以此作为得出审阅结论的基础，这就使其风险水平高于财务报表审计中可接受的低水平。只有在有理由相信财务报表可能存在重大错报的情况下，注册会计师才会实施追加的或更为广泛的程序。

财务报表审阅程序通常包括：了解被审阅单位及其环境；询问被审阅单位采用的会计准则和相关会计制度、行业惯例；询问被审阅单位对交易和事项的确认、计量、记录和报告的程序；询问财务报表中所有重要的认定；实施分析程序，以识别异常关系和异常项目；询问股东会、董事会以及其他类似机构决定采取的可能对财务报表产生影响的措施；阅读财务报表，以考虑是否遵循指明的编制基础；获取其他注册会计师对被审阅单位组成部分财务报表出具的审计报告或审阅报告。由于审阅程序有限，注册会计师通常无法获取足以支持较高程度保证的证据，而只能获取支持有限保证的证据。但是，注册会计师实施的证据收集程序至少应当足以获取有意义的保证水平，以此作为以消极方式提出结论的基础。所谓“有意义的保证水平”，就是指注册会计师获取的保证水平很有可能在一定程度上增强预期使用者对鉴证对象信息的信任。

（三）其他鉴证服务

其他鉴证服务是指除财务报表审计和财务报表审阅以外由注册会计师提供的鉴证服务，包括内部控制审核、预测性财务信息审核、系统鉴证、网域鉴证、合约遵循鉴证等，它们的鉴证对象都具有不同的特征，可能表现为定性或定量、客观或主观、历史或预测、时点或期间，例如，内部控制审核的鉴证对象是内部控制的有效性，它的特征是期间的；预测性财务信息审核的鉴证对象则是预测的财务状况、经营成果和现金流量，它的特征是主观的和预测的。

在这些鉴证服务中，有些提供的是合理保证，有些提供的是有限保证，还有一些服务既提供合理保证，又提供有限保证，例如，在预测性财务信息审核中，由于预测性财务信息是被审核单位依据对未来可能发生的事项或采取的行动的假设而编制的财务信息，注册会计师在对管理层采用假设的合理性发表意见时，一般仅提供有限保证，而当注册会计师对预测性财务信息是否依据假设恰当编制，并按照适用的会计准则的规定进行列报发表意见时，通常提供的是合理保证。

今天，鉴证服务的业务范围依然在不断地扩大，许多新型的鉴证服务得以问世，并成为了注册会计师行业的“新宠”。

第四节 注册会计师审计的基本过程

审计过程一般可以划分为三个阶段：审计准备阶段、审计实施阶段和审计报告阶段，在每一个不同的阶段中又包括了许多重要的工作内容。本节将结合我国在2010年颁布的注册会计师执业准则，简要介绍注册会计师接受客户委托实施财务报表审计的审计过程与主要内容。

一、审计准备阶段

审计的准备阶段是整个审计过程的起点，其基本工作内容主要包括开展初步业务活动、确定总体审计策略、了解被审计单位及其环境并评估重大错报风险、制定具体审计计划等，与此同时，初步确定适当的重要性水平和可接受的审计风险水平。

（一）开展初步业务活动

审计人员在实施审计业务前，需要开展初步业务活动，其目的是为了在以下三个方面确保审计业务的顺利实施：第一，确保审计人员具备执行业务所需要的独立性和专业胜任能力；第二，确保不存在某种情况使审计人员因管理层的诚信问题而影响其接受或保持该项业务的意愿；第三，确保与被审计单位之间不存在对业务约定条款的误解。

为达到上述目的，审计人员在确定是否接受客户委托以前，应针对保持客户关系和具体审计业务实施相应的质量控制程序。同时，还要对业务环境进行初步了解，这涉及审计对象的特征、使用的标准、预期使用者的要求和责任方及其环境的相关特征等等各方面的内容，从而确定审计业务是否符合有关标准。只有符合所有标准时，审计人员才能考虑接受客户的委托。审计人员要根据注册会计师职业道德规范的要求，评价是否具备执行审计业务所要求的独立性和专业胜任能力。

审计人员应当在作出接受或保持客户关系及具体审计业务的决策后，与客户就审计业务约定相关条款诸如委托目的、审计业务的性质和范围、审计收费、客户应协助的工作等等进行充分沟通，达成一致意见，并签订审计业务约定书。审计业务约定书，就是民间审计组织（会计师事务所）与被审计单位之间达成的提供审计及其他相关服务的书面协议。审计业务约定书具有经济合同的性质，一经签署就具有法律效力。其基本内容包括：财务报表审计的目标、审计范围、审计收费、执行审计工作的安排、双方的责任和义务以及其他有关事项。

（二）确定总体审计策略

总体审计策略是对整个审计过程基本工作内容的综合性规划，用以确定审计范围、时间和方向，并据此制定具体的审计计划。总体审计策略的制定一般包括：（1）确定审计范围；（2）计划审计业务的报告目标、时间安排和所需沟通的性质；（3）确定审计方向。

（三）了解被审计单位及其环境并评估重大错报风险

1. 了解被审计单位及其环境。

审计人员应当了解被审计单位及其环境，以此来识别和评估财务报表重大错报风险，并设计和实施进一步审计程序。在现代风险导向审计下，对被审计单位及其环境的了解是非常必要的程序，特别是在一些关键环节诸如确定重要性水平、考虑会计政策的选择和运用是否恰当、识别关联方交易等需要特别考虑的领域、评价所获取的审计证据的充分性和适当性等方面，为审计人员作出职业判断提供重要的基础。

审计人员应从以下六个方面了解被审计单位及其环境：被审计单位的行业状况、法律环境、监管环境以及其他外部因素；被审计单位的性质；被审计单位对会计政策的选择和运用；被审计单位的目标、战略以及相关的经营风险；被审计单位财务业绩的衡量与评价；被审计单位的内部控制。同时，审计人员也应当运用职业判断来确定需要了解被审计单位及其环境的程度。

2. 实施风险评估程序。

审计人员了解被审计单位及其环境，其目的是为了识别和评估财务报表重大错报风险，而风险评估程序正是为了解被审计单位及其环境而实施的程序。审计人员应当实施风险评估程序，以此作为对财务报表层次和认定层次重大错报风险进行评估的基础。

（四）制定具体审计计划

总体审计策略一经制定，审计人员就应当针对总体审计策略中所识别的不同事项，制定具体的审计计划，并考虑通过有效利用审计资源以实现审计目标。具体审计计划比总体审计策略更加详细，其内容包括为获取充分、适当的审计证据，将审计风险降至可接受的低水平，项目组成员拟实施的审计程序的性质、时间和范围，这也是整个具体审计计划的核心。

二、审计实施阶段

审计实施阶段的主要工作就是实施进一步审计程序。进一步审计程序是相对风险评估程序而言的，是指审计人员针对评估的各类交易、账户余额、列报（包括披露）认定层次重大错报风险实施的审计程序，包括控制测试和实质性程序。

（一）控制测试

控制测试是指测试内部控制运行的有效性，这一概念需要与“了解内部控制”进行区分，后者的含义是评价控制的设计和确定控制是否得到执行。确定控制是否得到执行与测试控制运行的有效性所需获取的审计证据是不同的，对于前者，审计人员应当确定某项控制是否存在，被审计单位是否正在使用；而对于后者，审计人员则应当从下列几方面来获取关于控制运行是否有效的审计证据：控制在所审计期间的不同时点是如何运行的；控制是否得到一贯执行；控制由谁执行；控制以何种方式运行。因此，控制运行有效性强调的是控制能够在各个不同时点按照既定设计得以一贯执行。

控制测试并非在任何情况下都需要实施。当存在下列情形之一时，审计人员应当实施控制测试：

第一，若在评估认定层次重大错报风险时预期内部控制的运行是有效的，审计人员应当实施控制测试，就控制在相关期间或时点的运行有效性获取充分、适当的审计证据。否则，如果审计人员认为内部控制的设计不合理，不能够防止或发现纠正被审计单位认定层次的重大错报，就没有必要再对内部控制运行的有效性进行测试。

第二，若认为仅实施实质性程序获取的审计证据无法将认定层次重大错报风险降至可接受的低水平，审计人员应当实施相关的控制测试，以获取内部控制运行有效性的审计证据。而且，在认为仅通过实施实质性程序不能获取充分、适当的审计证据的情况下，审计人员必须实施控制测试，且此时实施的控制测试已不再是单纯出于成本效益的考虑，而是必须获取的一类审计证据。

（二）实质性程序

实质性程序是指审计人员针对评估的重大错报风险而实施的直接用以发现认定层次重大错报的审计程序，包括对各类交易、账户余额、列报的细节测试以及实质性分析程序。由于对重大错报风险的评估仅仅是一种判断，可能无法充分识别所有的重大错报风险，并且由于内部控制在客观上存在局限性，因此无论对重大错报风险的评估结果如何，审计人员都应当针对所有重大的各类交易、账户余额、列报实施实质性程序。

审计人员实施的实质性程序还应当包括下列与财务报表编制完成阶段相关的审计程序：将财务报表与其所依据的会计记录相核对；检查财务报表编制过程中作出的重大会计分录和其他会计调整。审计人员对会计分录和其他会计调整检查的性质和范围，取决于被审计单位财务报告过程的性质和复杂程度，以及由此产生的重大错报风险。

三、审计报告阶段

审计报告阶段，一般也称为审计终结阶段，这一阶段的主要工作内容包括：编制审计差异调整表和试算平衡表；实施分析程序对财务报表进行总体复核；获取管理层声明；完成审计工作底稿的复核；评价审计结果；与被审计单位治理层进行沟通；待完成上述工作以后，最终出具审计报告。

（一）编制审计差异调整表和试算平衡表

在完成按业务循环进行的控制测试、财务报表项目的实质性程序及特殊项目的审计后，审计人员应当对在审计过程中发现的审计差异内容（即被审计单位的会计处理方法与企业会计原则的不一致）予以初步确定并汇总，并建议被审计单位进行调整，从而使经过审计的财务报表能公允地反映被审计单位的财务状况和经营成果。为了达到这一目的，审计人员应当编制审计差异调整表和试算平衡表，其中，审计差异调整表可分为账项调整分录汇总表、重分类调整分录汇总表和未更正错报汇总表，而试算平衡表又可分为资产负债类项目试算平衡表和利润表项目试算平衡表。

（二）实施分析程序对财务报表进行总体复核

前已述及，审计人员可将分析程序用于对财务报表的总体复核，这也是对审计人员的强制要求，其目的是确定审计调整后的财务报表在总体上是否与其对被审计单位的了解相一致。此时，审计人员若识别出以前从未识别的重大错报风险，就应当重新考虑之前对各类交易、账户余额、列报评估的风险是否恰当，以及是否有必要追加适当的审计程序。

（三）获取管理层声明

管理层声明是指被审计单位管理层向审计人员提供的关于财务报表的各项陈述，它包括书面声明和口头声明，其中，书面声明的类型包括：管理层声明书；审计人员提供的列示其对管理层声明的理解并经管理层确认的函；董事会及类似机构的相关会议纪要，或已签署的财务报表副本。管理层说明对于审计人员来说具有十分重要的作用：第一，由于管理层声明书是被审计单位管理层对其提供给审计人员的有关资料的真实性、合法性和完整性所作出的书面陈述，因此审计人员在出具审计报告前应向管理层索取声明书，以明确被审计单位的会计责任。第二，被审计单位管理层提供的各种书面声明可作为审计证据。

（四）完成审计工作底稿的复核

审计工作底稿，是指审计人员对制定的审计计划、实施的审计程序、获取的相关审计证据，以及得出的审计结论作出的记录，它形成于审计的整个过程，通常包括总体审计策略、具体审计计划、重大事项概要、询证函回函、管理层声明书，以及对被审计单位文件记录的摘要或复印件等。复核审计工作底稿是确保审计质量、降低审计风险的重要手段，审计人员在出具审计报告之前，应当完成审计工作底稿的复核。对审计工作底稿的复核可分为两个层次：第一个层次是由审计项目经理和项目合伙人负责对审计工作底稿实施的项目组内部复核，其中，项目合伙人的复核是对审计项目经理复核的再监督。第二个层次是独立的项目质量控制复核，是指由项目组外部的复核人员对与项目组作出重大判断及形成结论有关的工作底稿实施的复核，它是对审计工作结果的最后质量控制。

（五）评价审计结果

审计人员在出具审计报告以前，必须对审计工作结果进行评价，其目的是确定将要发表的审计意见类型，以及在整个审计过程中是否遵循了审计准则。此时，审计人员要完成以下两项工作：第一，审计人员在作出发表何种类型审计意见的决策时，必须对重要性和审计风险进行最终的评估。第二，审计人员为了对财务报表整体发表适当的审计意见，必须对每个审计项目组成员的审计结果加以汇总和评价，综合考虑在审计过程中收集到的全部审计证据，并与被审计单位管理层就其需要调整的事项或表外披露的事项进行沟通，从而对被审计单位的已审计财务报表形成审计意见，并草拟审计报告。

（六）与被审计单位治理层进行沟通

与被审计单位治理层进行沟通是审计工作中的一个非常重要的步骤，在审计报告阶段，审计人员与被审计单位治理层主要就审计工作中发现的问题进行沟通，这些问题主要包括：审计人员对被审计单位会计处理质量的看法，一般涉及被审计单位采用的会计政策、作出的会计估计和财务报表的披露等方面；审计工作中遇到的重大困难，可能包括审计人员无法获取预期的证据、管理层对审计人员施加的限制等；尚未更正的重大错报；审计中发现的、根据职业判断认为重大且与治理层履行财务报告过程监督责任直接相关的其他事项，包括已更正的、含有已审计财务报表的文件中的其他信息存在的对事实的重大错报或重大不一致。这有助于明确审计人员、治理层和管理层各方在财务报表审计和沟通中的责任。

（七）出具审计报告

审计报告是指审计人员在实施审计工作的基础上对被审计单位财务报表发表审计意见的书面文件，它是审计工作的最终产品。审计报告按不同的格式和措辞，可分为标准审计报告和非标准审计报告，其中，标准审计报告是不附加说明段、强调事项段或任何修饰性用语的无保留意见的审计报告，非标准审计报告是指标准审计报告以外的其他审计报告，包括带强调事项段的无保留意见的审计报告，以及保留意见的审计报告、否定意见的审计报告和无法表示意见的审计报告。审计人员应对其出具的审计报告的真实性、合法性负责。

四、审计基本过程图

图 1－1 列示了审计准备阶段、审计实施阶段和审计报告阶段的各项主要工作，从而展示了审计的基本过程。

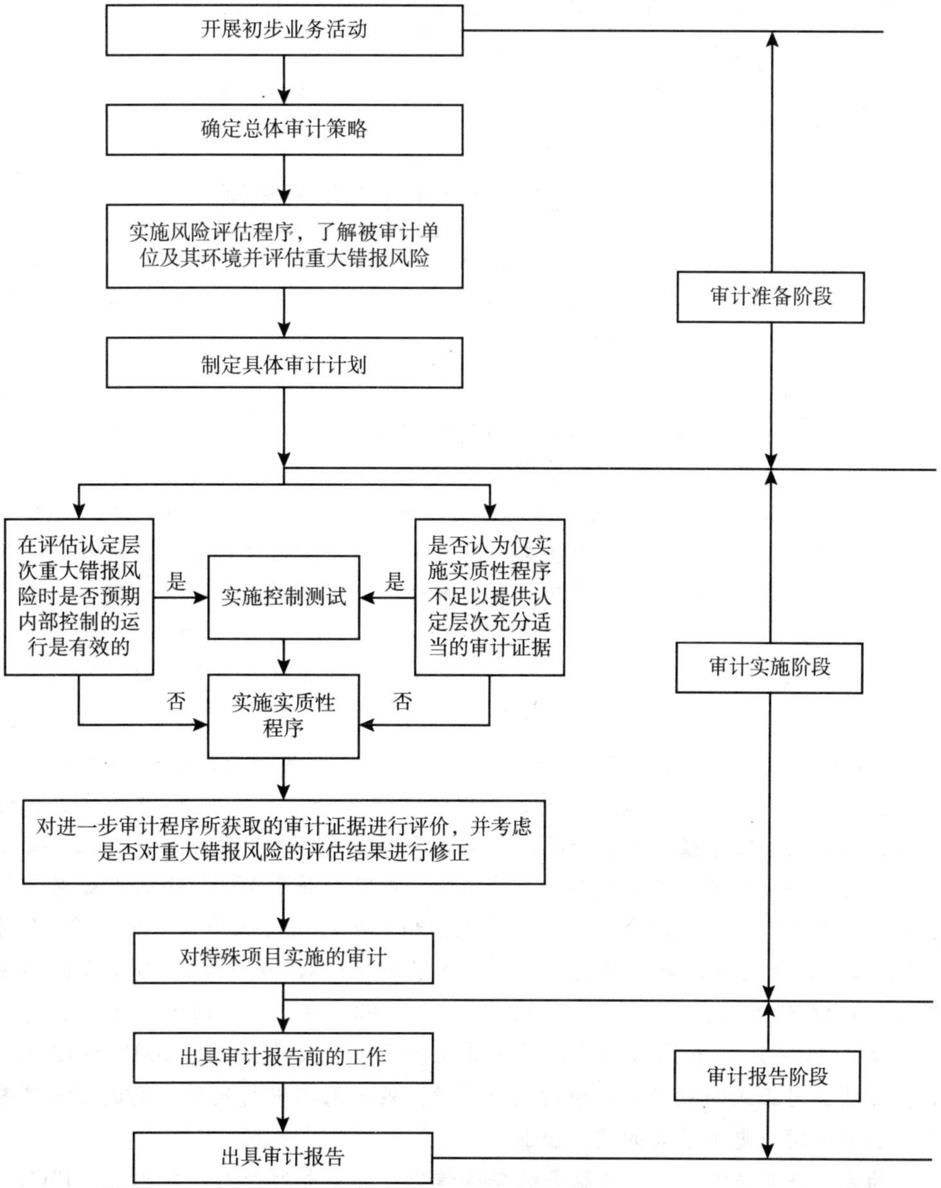

图 1－1 审计基本过程图

【课后习题】

一、思考题

1. 从国内外注册会计师审计产生及演进史中，你得到了哪些启示？

2. 何谓注册会计师审计？如何理解？

3. 注册会计师审计的功能是什么？注册会计师审计与财务会计有何区别？

4. 什么是鉴证业务？试述其构成要素。

5. 审计的基本过程由哪几个阶段组成？各阶段的主要内容是什么？

二、案例题

安然公司与安达信会计师事务所案例

安然公司是一家位于美国的得克萨斯州休斯敦市的能源类公司。在2001年宣告破产之前，安然公司拥有约21 000名雇员，是世界上最大的电力、天然气以及电讯公司之一，2000年披露的营业额达1 010亿美元。公司连续6年被《财富》杂志评选为“美国最具创新精神公司”，然而真正使安然公司在全世界声名大噪的，却是使这个拥有上千亿资产的公司2002年在几周内破产的持续多年精心策划、乃至制度化系统化的财务造假丑闻。

2001年年初，一家短期投资机构负责人吉姆·切欧斯公开对安然的盈利模式表示了怀疑。同时还注意到有些文件涉及了安然背后的合伙公司，这些公司和安然有着说不清的幕后交易，作为安然的首席执行官，斯基林一直在抛出手中的安然股票——而他不断宣称安然的股票会从当时的70美元左右升至126美元。

投资者开始怀疑安然的盈利情况和现金流向，并导致了股价下跌。2001年8月9日，安然股价已经从年初的80美元左右跌到了42美元。2001年10月22日，Street. com网站发表文章进一步披露出安然与另外两个关联企业Marlin2信托基金和Osprey信托基金的复杂交易，安然通过这两个基金举债34亿美元，但这些债务从未在安然季报和年报中披露。同一天，美国证券交易委员会盯上了安然公司，要求安然公司主动提交某些交易的细节内容，并于10月31日开始对安然公司进行正式调查。在政府监管部门、媒体和市场的强大压力下，2001年11月8日，安然向美国证监会递交文件，承认作了假账：从1997年到2001年间共虚报利润5. 86亿美元，并且未将巨额债务入账。2001年11月30日，安然公司股价跌至0. 26美元，市值由峰值时的800亿美元跌至2亿美元。2001年12月2日，安然公司正式向破产法院申请破产保护，破产清单中所列资产高达498亿美元，成为美国历史上最大的破产企业。

为安然公司提供外部审计服务的安达信会计师事务所是与普华永道（PWC）、毕马威（KPMG）、安永（E. Y）、德勤（D. T）并称为全球最大的五大会计师事务所。从安然公司成立时起，安达信就开始承担安然公司的外部审计工作。20世纪90年代中期，安达信与安然公司签署了一项补充协议，安达信包揽安然公司的内部审计工作。不仅如此，安然公司的咨询业务也全部由安达信负责。接着，由安达信的前合伙人主持安然公司财务部门的工作，安然公司的许多高级管理人员也有不少是来自安达信。从此，安达信与安然公司结成牢不可破的关系。

安然公司长时间虚构盈利，以及隐藏数亿美元的债务，作为十多年来一直为安然公司提供审计和咨询服务、在会计行业声誉卓著的安达信不可能不知道内情。人们纷纷指责其没有尽到应有的职责，并对其独立性表示怀疑。安达信既承担安然公司的外部审计工作，又全面负责安然公司的咨询工作，例如2001年，安然公司向安达信支付的费用达5 200万美元，其中2 500万美元是审计费用，2 700万美元是咨询费用，这种做法被指存在利益关联。

安达信的一名合伙人在得知美国证监会将对安然公司展开调查后，下令销毁了为数不少的有关安然公司的文件和电子邮件，这种行为被指有违职业操守，并涉嫌妨碍司法调查。2002年10月16日，美国休斯敦联邦地区法院对安达信妨碍司法调查作出判决，罚款50万美元，并禁止它在5年内从事业务。实际上，安达信在陪审团作出决定后就宣布，从2002年8月31日起停止从事上市公司的审计业务，此后，2 000多家上市公司客户陆续离开安达信。同时，安达信关闭了全国各地绝大多数办事处，员工人数也从2.8万人下降到2 000人。

［要求］试就安然公司与安达信事件的原因与后果进行分析和评价。

第二章 注册会计师、会计师事务所及注册会计师协会

【本章教学目的和要求】

通过本章的学习，要求学生熟悉并掌握注册会计师的资格要求，会计师事务所的组织形式种类及特点；了解会计师事务所的设立、审批条件及程序，以及注册会计师协会的性质、职责等。

【引导案例】

近日，全球最大的职业社交网站 LinkedIn 领英将视线聚焦于职场热门“常青树”——普华永道、德勤、毕马威与安永等四大会计师事务所，并发布了基于领英大数据平台得出的中国四大会计师事务所职业发展报告。数据显示，“四大”从业者学历较高，近一半为研究生及以上学历，超过30%的人有过海外留学经验，超过一半的人为工商管理专业出身。领英同时发现，与85后相比，90后跳槽频率平均值更快，选择跳槽的四大从业者更倾向于进入金融、制造与高科技行业。

“四大”招新时，不太看重毕业生的专业背景，但比较在意应聘者所来自的学校，更注重综合素质与团队合作精神。“四大”相信自己有“点石成金”的本事，认为具备了一些基本的素质之后，只要通过体系的培训，就可以达到相应岗位的要求。在初选时，安永和毕马威都要求提供高考成绩，普华永道要求填写每个学期的成绩和班级排名并进行公式换算，而毕马威则考虑是否参与了本公司的暑期实习等问题。在面试环节，一般采用结构化的群体评估，例如，10～12人无领导小组讨论，并要求全程英语对话。

员工进入“四大”以后，从第一级的普通员工做起，他们常被称为A1或“小朋友”，工作一年后，常被称为A2；第二级为资深员工，又分为三级，简称为“SA1、SA2、SA3”；第三级是经理，第四级是高级经理，第五级为合伙人。在业内，“四大”虽然以劳动强度高闻名，但是其报酬也很高。其中，经理基本月薪为30 000元左右；高级经理基本月薪为47 500元左右；一般的合伙人年薪有100多万元。

【引导案例思考】 如何成为一名执业注册会计师？报名条件与考试内容又是什么？目前我国会计师事务所有哪些组织形式？

第一节　注册会计师

注册会计师（Certified Public Accountants，简称 CPA），是指依法取得注册会计师证书并接受委托从事审计和会计咨询、会计服务等业务的执业人员。注册会计师是以会计师事务所为单位从事审计业务，其主要职责是对客户所公布的财务报表发表审计意见。注册会计师的客户可能包括各类企业、非营利组织、政府机构及个人。“审计师”有时是指执业的注册会计师，有时则是指会计师事务所。另一个经常用来描述注册会计师的术语是“独立审计师”。

一、注册会计师的一般资格要求

高素质的注册会计师是减少审计失误，提高审计职业威信的重要保证。高素质的注册会计师是通过严格的资格审查、严格的考试制度筛选出来的。注册会计师的一般资格要求包括教育要求、考试要求和经验要求。

（一）教育要求

在大多数国家中，一般都要求申请人具备大专以上的学历，对必须修满的会计学课程的最低学分作了规定，其他非会计专业的毕业生可以通过一定的补习渠道修满这些学分。

（二）考试要求

只有具备了上述教育背景的申请人，才有资格参加考试。世界上许多国家的职业团体都相继制订了较为完善的注册会计师考试制度。

（三）经验要求

要想注册成为注册会计师，除了具有专业学历之外，许多国家还规定申请人必须有一定的审计工作经验，一般规定必须参加审计工作若干年，通常为 3 ~ 4 年。

二、我国注册会计师的资格要求

（一）教育要求

1. 中国大陆公民。

根据《中华人民共和国注册会计师法》及《注册会计师全国统一考试办法》的规定，具备下列条件之一的中国公民，可报名参加考试：

(1) 高等专科以上学校毕业的学历。

(2) 会计或者相关专业(相关专业是指审计、统计、经济)中级以上专业技术职称。

2. 中国港澳台地区居民及外国籍公民。

中国香港、澳门、台湾地区居民及按互惠原则确认的外国籍公民具有下列条件之一者,可申请参加考试:

(1) 具有中华人民共和国教育行政主管部门认可的高等专科以上学校毕业的学历,或财政部注册会计师考试委员会(以下简称全国考试委员会)认可的中国港澳台地区或外国高等专科以上学校毕业的学历。

(2) 已取得中国港澳台地区或外国法律认可的注册会计师资格(或其他相应资格)。

(3) 已取得中国注册会计师统一考试的单科成绩合格凭证。

互惠原则,是指外国籍公民所在国允许中国公民参加该国注册会计师(或其他相应资格)考试,中国政府亦允许该国公民参加中国注册会计师统一考试。

由于市场经济的快速发展,企业的经济业务和经营管理日趋复杂,社会对独立审计的期望也越来越高。为顺应这种需要,审计理论和方法也不断地向前发展。为此,注册会计师就应不断地更新知识结构,提高专业素质和执业水平。如今,世界各主要国家都非常注重加强注册会计师职业后续教育,并制定了相应的职业后续教育准则。我国于 1997 年颁布了注册会计师职业后续教育准则。对后续教育的内容、组织与实施、检查与考核等作了有关规定。为进一步完善注册会计师职业后续教育规范,2006 年 9 月 30 日,中国注册会计师协会发布《中国注册会计师继续教育制度》,对继续教育的形式与学时、组织与考核等提出具体要求,自 2007 年 1 月 1 日起施行。

(二) 考试要求

1. 考试的组织。

财政部成立全国注册会计师考试委员会(简称全国考试委员会),全国考试委员会办公室(简称全国考试办公室)设在中国注册会计师协会。各省、自治区、直辖市财政厅(局)成立地方注册会计师考试委员会(简称地方考试委员会),地方考试委员会办公室(简称地方考试办公室)设在各省、自治区、直辖市注册会计师协会。

全国考试委员会组织领导全国统一考试工作,确定考试组织工作原则,制定考试组织工作方针、政策,审定考试大纲,确定考试命题,处理考试组织工作中的重大问题,指导地方考试委员会工作。全国考试办公室负责具体组织、实施考试工作,指导各地方考试办公室工作。

地方考试委员会贯彻、实施全国考试委员会的规定,组织、领导本地区的考试工作。地方考试办公室在地方考试委员会领导下负责具体组织本地区考试工作。

2. 考试范围或内容。

考试分为专业阶段和综合阶段。专业阶段考试6个科目为：会计、审计、财务成本管理、公司战略与风险管理、经济法、税法。专业阶段科目可以同时报考，也可以选择报考部分科目。综合阶段考试对职业能力综合进行测试。考试范围在全国考试委员会审定发布的《考试大纲》中确定。考试采用闭卷、计算机化考试方式，即在计算机终端获取试题、作答并提交答题结果。每科考试均实行百分制，60分为成绩合格分数线。专业阶段考试的单科考试合格成绩5年内有效。对在连续5个年度考试中取得专业阶段考试全部科目合格成绩的考生，颁发注册会计师全国统一考试专业阶段考试合格证。对取得综合阶段考试科目合格成绩的考生，颁发注册会计师全国统一考试全科合格证。注册会计师全国统一考试全科合格证由考生到综合阶段考试报考所在省级注协申领。

3. 免试的条件。

（1）中国大陆公民。具有会计或相关专业高级技术职称的人员（包括学校及科研单位中具有会计或相关专业副教授、副研究员以上职称者），可以申请免试一门专长科目。申请者应填写免试申请表，并向报名所在地方考试委员会办公室提交高级专业技术职称证书，经地方考试委员会及有关部门审核确定并报全国考试委员会核准后，方可免试。

（2）中国港澳台地区居民及外国籍公民。取得香港会计师公会专业资格课程全科合格证的人员和通过考试取得资格的英格兰及威尔士特许会计师协会会员，可以申请豁免审计和财务成本管理两个科目。

（三）经验要求

根据《中华人民共和国注册会计师法》的规定，通过注册会计师考试全科成绩合格者，均可取得注册会计师资格，包括在政府、企业、一切经济单位工作的人员均可按规定在取得注册会计师资格后，申请加入注册会计师协会成为非执业会员；如要执业，还必须按照规定，加入一家会计师事务所，具有2年审计工作经验，并符合其他条件。只有经批准注册后，发给财政部统一印制的注册会计师证书，方可成为执业注册会计师。注册由省级注册会计师协会办理，报财政部备案。财政部对发现的不符合法律要求条件的注册，应当通知有关的注册会计师协会撤销注册，同时，抄送中国注册会计师协会及省级财政部门。

1. 申请非执业会员。

申请注册为非执业会员应提交下列材料：

（1）注册会计师注册申请表。

（2）注册会计师全国统一考试全科合格证书复印件。

（3）有效身份证件或者身份证复印件（外国人应当提交护照和签证复印件，香港、澳门特别行政区及台湾地区居民应当提交在香港、澳门特别行政区及台湾地区的身份证件复印件和中国出入境行政管理部门发放的通行证复印件）。

2. 申请执业会员。

申请注册为执业会员应提交下列材料：

（1）注册会计师注册申请表。

（2）注册会计师全国统一考试全科合格证书复印件。

（3）2 名注册会计师出具的注册申请人从事审计业务 2 年以上的证明表。

（4）与所在会计师事务所签定的聘用合同复印件。

（5）有效身份证件或者身份证明复印件（外国人应当提交护照和签证复印件，中国香港、澳门特别行政区及台湾地区居民应当提交在香港、澳门特别行政区及台湾地区的身份证件复印件和中国出入境行政管理部门发放的通行证复印件）。

（6）有效人事档案证明或者退休证明复印件（外国人和中国香港、澳门特别行政区及台湾地区居民应当提交由中国劳动行政管理部门发放的就业证复印件）。

外籍申请人在申请注册时，除应提交“外籍中国注册会计师申请表”外。还应提交下列书面材料：

（1）中国注册会计师协会非执业会员证书复印件。

（2）所在的中国当年国内会计师（审计）事务所的推荐函。

（3）在中国境内从事独立审计工作经验的有效证明。

（4）所属国家或地区的有效身份证明。

（5）在中国境内会计师（审计）事务所工作的有效证明。

（6）在中国境内居住的有效证明。

（7）注册审批机构要求提供的其他材料。

申请者，如果有下列情形之一的，受理申请的注册会计师协会不予注册：

（1）不具有完全民事行为能力的。

（2）因受刑事处罚，自刑罚执行完毕之日起至申请注册之日止不满 5 年。

（3）因在财务、会计、审计、企业管理或者其他经济管理工作中犯有严重错误受行政处罚、撤销以上处分，自处罚、处分之日起至申请之日止不满 2 年的。

（4）受吊销注册会计师证书的处罚，自处罚、处分之日起至申请之日止不满 5 年的。

（5）国务院财政部门规定的其他不予注册的情形的。

已取得注册会计师证书的人员，如果注册后出现以下情形之一的，准予注册会计师协会将撤销注册，收回注册会计师证书：

（1）完全丧失民事行为能力的。

（2）受刑事处罚的。

（3）因在财务、会计、审计、企业管理或者其他经济管理工作中犯有严重错误受行政处罚、撤销以上处分的。

（4）自行停止执行注册会计师业务满 1 年的。

中国注册会计师协会的外籍非执业会员符合下列条件者，可申请注册成为中国注册会计师：

（1）成为中国注册会计师协会非执业会员 1 年以上，并遵守《中国注册会计师协会章程》，履行义务，完成后续教育，年检合格。

（2）在中国境内一家会计师（审计）事务所执行业务。

（3）具有 2 年以上在中国境内从事独立审计工作的经验。

（4）所在的中国境内会计师（审计）事务所认可推荐为中国注册会计师。

（5）在中国境内有固定住所或固定联络处所，并在申请时已累计居住 1 年以上。

（6）符合《中华人民共和国注册会计师法》规定的其他条件。

有下列情形之一的外籍人士，不能申请成为中国注册会计师：

（1）不具有完全民事行为能力的。

（2）因受刑事处罚，自刑罚执行完毕之日起至申请注册之日止不满 5 年。

（3）受吊销注册会计师证书的处罚，自处罚、处分之日起至申请之日止不满 5 年的。

三、美国注册会计师的资格要求

美国注册会计师考试虽是全美统一考试，但是对于考试资格的要求却是各州不同。考试资格依照报考的州不同，而有不同的资格限制，因为美国每一个州都有自己的规定。

（一）教育要求

教育要求主要是对学历和学分的要求，不同的州有所不同。

（1）学历要求。一般为本科学士学位或即将取得学士学位，特拉华州和伊利诺伊州的最低学历为专科，佛蒙特州在最低学历要求上没有特别的限制。

（2）学分要求。总学分 150 以上（相当于大学 5 年、研究生水平），个别州（如阿拉斯加州）可以允许 120 个总学分；且具有一定的会计学分和商业学分，大部分州要求 24 个会计学分以上和 24 个商业学分以上，个别州要求相对较低，如缅因州无会计和商业学分的要求，新罕布什尔州会计和商业学分各需 12 个，有个别州（如阿拉斯加州）可以以 1 年会计师事务所工作经验代替所需会计学分。

（二）考试要求

一年按照四个季度分为四个开放考试期，除了每年的3、6、9、12月不能考以外其他每个月都能考试。考试科目有：

（1）审计与鉴证（Auditing & Attestation）：单项选择题组（占60%）和模拟案例题组（占40%）4小时。

（2）财务会计与报告（Financial Accounting & Reporting）：单项选择题组（占60%）和模拟案例题组（占40%）4小时。

（3）法规（Regulation）：单项选择题组（占60%）和模拟案例题组（占40%）3小时。

（4）商业环境与概念（Business Environment & Concepts）：单项选择题组（占85%）和模拟案例题组（占15%）3小时。

每个科目满分为100分，75分通过。每科成绩有效期限为一年半，考生在通过第一门科目之后的十八个月内必须通过其余三科的考试，否则先考过的科目依次作废，需要重新考试。

（三）注册要求

在美国，只有通过书面考试，达到州政府授权机构所规定的教育和经历要求的人，才能取得州政府颁发的证书，获准使用“注册会计师”称号。

四、英国注册会计师资格要求

（一）教育要求

英国注册会计师由特许公认会计师公会（The Association of Chartered Certified Accountants，简称ACCA）专门授予，称为特许公认会计师。在英国，要想成为一名特许会计师，申请人必须满足的教育背景条件是；必须完成大学水平的学业，但对所学专业不作限制。可以是除会计或商业以外的任一其他专业。与此同时，申请人在完成大学水平的专业学历后，将与某一会计师事务所签订一份为期3年的培训合同，一方面从事注册会计师的业务工作，积累实践经验；另一方面准备考试。

（二）考试要求

ACCA考试是按现代企业财务人员需要具备的技能和技术的要求而设计的，共有14门课程，其中2门为选修课，课程分为2个阶段。①

1. 基础阶段（Fundamental Phase）。

第一部分为基础阶段，主要分为知识课程和技能课程两个部分。知识课程主要涉及财务会计和管理会计方面的核心知识，也为接下来进行技能阶段的详细学

① 资料来源于ACCA考试大纲：http：//cn. accaglobal. com/joinus/qualification/brief. asp。

习搭建了一个平台。具体内容如表 2－1 所示。

表 2－1　基础阶段课程列表

课程类别	课程序号	课程名称（中文）	课程名称（英文）
知识课程	F1	会计师与企业	Accountant in Business（AB）
	F2	管理会计	Management Accounting（MA）
	F3	财务会计	Financial Accounting（FA）
技能课程	F4	公司法与商法	Corporate and Business Law（CL）
	F5	业绩管理	Performance Management（PM）
	F6	税务	Taxation（TX）
	F7	财务报告	Financial Reporting（FR）
	F8	审计与认证业务	Audit and Assurance（AA）
	F9	财务管理	Financial Management（FM）

2. 专业阶段（Professional Phase）。

第二部分为专业阶段，主要分为核心课程和选修课程（四选二）。该阶段的课程是对第一部分课程的引申和发展，引入了作为未来的高级会计师所必须的更高级的职业技能和知识技能。选修课程为从事高级管理咨询或顾问职业的学员，设计了解决更高级和更复杂的问题的技能。具体内容如表 2－2 所示。

表 2－2　专业阶段课程列表

课程类别	课程序号	课程名称（中文）	课程名称（英文）
核心课程	P1	公司治理，风险管理及职业操守	Governance，Risk and Ethics（GRE）
	P2	公司报告	Corporate Reporting（CR）
	P3	商务分析	Business Analysis（BA）
选修课程	P4	高级财务管理	Advanced Financial Management（AFM）
	P5	高级业绩管理	Advanced Performance Management（APM）
	P6	高级税务	Advanced Taxation（ATX）
	P7	高级审计与认证业务	Advanced Audit and Assurance（AAA）

（三）注册要求

申请人在通过了全部基础阶段和专业阶段的考试后，需要在会计师事务所工作3年，才可取得特许会计师资格。在成为ACCA会员后的5年内遵守符合ACCA的会员规则，便可以成为ACCA资深会员。

由上可以看出，英国对特许会计师的确认比较注重对实践经验的考核。这从两个方面表现出来：第一，申请人的考试是贯穿于整个培训实习过程；第二，考试合格后，仍需要3年的工作经验，方可注册。

第二节 会计师事务所

会计师事务所是依法注册登记，独立承办审计业务和会计咨询业务的单位。会计师事务所由注册会计师组成，是注册会计师依法承办业务的机构。以下将主要介绍会计师事务所的组织形式及我国会计师事务所的注册登记的要求。

一、会计师事务所的组织形式

（一）国外会计师事务所的组织形式

1. 独资型会计师事务所。

独资型会计师事务所是指由具有注册会计师执业资格的个人开业，并承担无限责任的一种事务所组织形式。其特征是：（1）只有一个所有者，所有者对事务所的债务承担无限法律责任；（2）一般规模较小，人员较少；（3）在法律上不具有相对的法律人格。这种形式的事务所的优点在于：设立容易，执业灵活，对执业人员的需求不多，能够在代理记账、代理纳税等方面很好地满足小型企业对注册会计师服务的需求，虽承担无限责任，但实际发生风险的程度相对较低。这种形式的会计师事务所的缺点在于：难以承担大型审计业务，缺乏发展后劲，并且抗风险能力较差。

2. 合伙型会计师事务所。

合伙型会计师事务所是指由两位或多位注册会计师合伙人设立的会计师事务所。其特点是：（1）有两个或两个以上的所有者；（2）除非债权人同意其免责或法律有相反的规定，否则合伙人对合伙的所有债务负连带责任；（3）合伙是一个具有法律人格的实体；（4）合伙人既可以分享利润也要承担相应的或协议后规定的损失。这种形式的事务所的优点在于：在风险牵制和共同利益的驱动下，促使事务所强化专业发展，扩大规模，提高规避风险的能力。缺点在于：任何合伙人的执业行为都会影响整个事务所的生存和发展，任何一个合伙人在执业中的错弊行为，都可能给整个事务所和其他合伙人带来灭顶之灾，因此风险较大，并且建立一个跨地区、跨国界的大型会计师事务所要经历一个漫长的过程。

3. 有限责任合伙制会计师事务所。

有限责任合伙制（Limited Liability Partnership，LLP）会计师事务所以事务所全部资产对其债务承担责任，各合伙人仅对个人执业行为承担无限责任。但对其他合伙人或未在其监督或控制下的合伙代表人在从事合伙业务过程中的过错、不作为、疏忽或渎职的行为引起的合伙债务或责任不承担个人责任，除非他直接参与了该项业务，或在此类行为发生时已经知道或收到了通知。有限责任合伙事务所的特征在于它是一种受到法律认可的合伙形式，它限制了专业服务合伙人的连带责任（类似有限责任公司）。LLP 的三大核心规则为：合伙的灵活管理机制，合伙的单一税负，合伙人的有限责任。其中合伙人的有限责任包括三方面的内容：（1）合伙人对合伙的侵权债务或全部债务承担有限责任；（2）债权人或被侵权人不得对合伙人提起个人诉讼；（3）有过错的合伙人承担直接责任。合伙人拥有“管理和控制合伙事务所的平等权利”的默认规则，也就是合伙人根据“一人一票”的规则对事务所事务进行表决。

4. 专业服务公司。

专业服务公司（Professional Service Company，PSC）可以有一个或一个以上的股东发起成立，它为客户提供专业化服务。一些州议会通过立法，许可专业人士组建专业公司或专业服务公司，而合伙人则转变为公司的雇员。其特征为：PSC 是一种名为公司、实为合伙的新兴组织形式。它的产生是出于税收目的，令合伙人获得雇员的地位，以抵扣合伙为合伙人拨备的退休金准备。其优点在于专业服务公司在事务所内部管理上较为灵活。缺点在于需要建立较为复杂的公司治理结构，PSC 没有统一法律规定。

5. 有限责任公司制会计师事务所。

有限责任公司制会计师事务所是由注册会计师出资设立，并以其认购股份对事务所承担有限责任，事务所以其全部财产对其债务承担有限责任的组织。其优点是：在风险牵制和共同利益的驱动下，促使事务所强化专业发展，扩大规模，提高规避风险的能力。其缺点是：任何一个合伙人在执业中的错弊行为，都可能给整个事务所和其他合伙人带来灭顶之灾。

（二）我国会计师事务所的组织形式

《中华人民共和国注册会计师法》规定，不准个人设立独资会计师事务所。目前我国会计师事务所的组织形式有：有限责任会计师事务所、合伙会计师事务所和特殊普通合伙会计师事务所。

1. 有限责任会计师事务所。

有限责任会计师事务所是指由注册会计师出资发起设立、承办注册会计师业务并附有限责任的社会中介机构，事务所以其全部资产对其债务承担责任，出资人承担的责任以其出资额为限。

有限责任会计师事务所的主任会计师由法定代表人担任，法定代表人由股东担任。有限责任事务所的所有者仅就其出资额对事务所债务负有限责任，造成权利与责任的不匹配，一旦事务所发生赔偿责任，很难引起执业人员足够的风险意识。有限责任事务所组织形式的缺陷直接弱化了法律责任对注册会计师独立审计行为的约束。

2. 合伙会计师事务所。

合伙会计师事务所是由两位或两位以上注册会计师组成的合伙组织。合伙人以各自的财产对事务所的债务承担无限连带责任。任何一个合伙人执业中的错误与舞弊行为，都可能影响整个会计师事务所。

合伙会计师事务所的主任会计师由执行会计师事务所事务的合伙人担任。在合伙制下，注册会计师以无限责任的形式承担了业务失误或作假造成的风险，具有强大的赔偿能力。合伙制形式首先有利于提高注册会计师的违规成本，增强其风险意识和压力。其次，大大地增强了注册会计师的责任意识和风险意识。因为会计师事务所承担的责任增加，也就意味着会计师事务所对于受害投资者的实际赔偿增加。违规一旦被发现，会计师事务所要以其全部财产承担赔偿责任，如果不足以赔偿，作为合伙人的注册会计师还要以其自家财产承担赔偿责任。

然而，合伙制事务所组织形式却面临着一些困难。首先，大多数社会公众对合伙制的认识比较肤浅，认为事务所是以合伙人的全部家当来承担风险，而不是以注册资本金来承担风险。其次，合伙制这种组织形式比较适合中小企业，不太适合大型会计师事务所，特别是拥有分支机构的会计师事务所，合伙人不在一个地区甚至一个国家工作，合伙人之间很难履行相互监督的义务。最后，注册会计师行业属于风险比较大的行业，再好的事务所也难免不出错。因为某一个注册会计师的过错就让整个事务所承担无限责任，也不利于事务所的稳定，毕竟大型会计师事务所都是经过较长时间的大浪淘沙才发展起来。

3. 特殊普通合伙会计师事务所。

为了贯彻落实《国务院办公厅转发财政部关于加快发展我国注册会计师行业若干意见的通知》，促进我国会计师事务所做大做强，2010 年 12 月，财政部、国家工商行政管理总局制定了《关于推动大中型会计师事务所采用特殊普通合伙组织形式的暂行规定》。

采用特殊普通合伙组织形式的会计师事务所，一个合伙人或者数个合伙人在执业活动中因故意或者重大过失造成合伙企业债务的，应当承担无限责任或者无限连带责任，其他合伙人以其在合伙企业中的财产份额为限承担责任。合伙人在执业活动中非因故意或者重大过失造成的合伙企业债务以及合伙企业的其他债务，由全体合伙人承担无限连带责任。

二、我国会计师事务所的注册登记要求

（一）合伙会计师事务所的设立与审批

《中华人民共和国注册会计师法》第二十三条规定：会计师事务所可以由注册会计师合伙设立。合伙设立的会计师事务所的债务由合伙人按出资比例或者协议的约定，以各自的财产承担责任，合伙人对会计师事务所的债务承担连带责任。

1. 设立合伙会计师事务所必须具备的条件。

（1）有两名以上符合规定的注册会计师为合伙人，由合伙人聘用一定数量符合规定条件的注册会计师和其他专业人员参与会计师事务所工作。

（2）有固定的办公场所和必要的设施。

（3）有能够满足执业和其他业务工作所需要的资金。

2. 成为会计师事务所合伙人的注册会计师必须符合的条件。

（1）是中华人民共和国公民。

（2）持有中华人民共和国注册会计师有效证书，有5年以上在会计师事务所从事独立审计业务的经验和良好的记录。

（3）不在其他单位从事谋取工资收入的工作。

（4）至申请日止在申请注册地连续居住1年以上。

3. 设立合伙会计师事务所，应当由合伙发起人向所在地省、自治区、直辖市注册会计师协会递交申请书并附送的文件。

（1）合伙人协议书。

（2）各合伙人姓名、简历、地址、注册会计师证书复印件及从事注册会计师独立审计业务时间、有关业绩及职业道德的证明。

（3）合伙会计师事务所章程。

（4）合伙人出资和个人财产的有效证明。

（5）其他注册会计师及助理人员姓名、简历、地址、注册会计师证书和年检记录以及助理人员有关情况的说明。

（6）办公地址及办公用房产权或使用权的证明。

（7）审批机关要求的其他材料。

其中，合伙人协议书应载明下列事项：①会计师事务所名称、地址；②合伙人姓名、资历、住址；③出资总额、合伙人出资方式和出资额及应承担债务的份额；④合伙人的权利和义务；⑤合伙人加入、退出的规定及程序；⑥组织和管理。

合伙会计师事务所的审批程序与有限责任会计师事务所的审批程序大致相同。

由于合伙会计师事务所是负无限责任的，因此，财政部颁发的《合伙会计师事务所设立及审批试行办法》第十六条规定：合伙会计师事务所应当建立风险基金，或向保险机构投购职业保险。建立风险基金，每年提取的基金数不应当少于业务收入的10%。合伙会计师事务所的收入，扣除各项费用，按合伙人应分配额缴纳所得税后，提取不低于30%作为共同基金，其余部分由合伙人按照协议进行分配。共同基金属于合伙人权益。

（二）有限责任会计师事务所的设立及审批

《中华人民共和国注册会计师法》第二十四条规定：注册会计师可以发起设立有限责任会计师事务所。在以有限责任方式设立的情况下，会计师事务所以其全部资产对其债务承担责任，会计师事务所的出资人所承担的债务以其出资额为限。它有别于由合伙人按照出资比例或者协议以各自的财产承担连带无限责任的合伙会计师事务所。

1. 设立有限责任会计师事务所必须符合的条件。

（1）不少于人民币30万元的注册资本金。

（2）有10名以上在国家规定的职龄以内的专职从业人员，其中至少有5名注册会计师。

（3）有5名以上符合规定条件的发起人。

（4）有固定的办公场所。

（5）审批机关规定的其他条件。

申请设立有限责任会计师事务所的单位还必须符合财政部《有限责任会计师事务所审批办法》的有关规定。

2. 申请设立有限责任会计师事务所时应当报送的文件。

（1）事务所章程（草案）。

（2）发起人简历及有关证明文件。

（3）出资人简历及有关证明文件。

（4）出资人协议书。

（5）拟任主任会计师人选的有关资料。

（6）出资证明。

（7）其他注册会计师和从业人员名单、简历及有关证明文件。

（8）事务所内部管理制度（草案）。

（9）办公场所的产权或使用权证明文件。

（10）审批机关要求的其他材料。

3. 申请及审批有限责任会计师事务所的程序。

（1）由发起人向所在地的省、自治区、直辖市注册会计师协会提交申请书及上述规定的文件。

（2）省、自治区、直辖市注册会计师协会接到申请文件后30日内审查完毕，提出批准或者不批准的意见报告，由财政厅（局）长决定批准或不批准。决定批准或不批准后14日内通知申请人。

（3）省、自治区、直辖市财政厅（局）批准设立的会计师事务所，应当送中国注册会计师协会报财政部备案。中国注册会计师协会在复审中发现审批不当的，应当自收到备案报告之日起30日内报告财政部主管部长，由财政部主管部长决定是否应通知原审批机关重新审查。

（4）经批准设立的会计师事务所，应当自接到批复文件20日内到所在地的省、自治区、直辖市注册会计师协会领取财政部统一印制的“会计师事务所执业证书”，并办理执业登记。

（三）特殊普通合伙会计师事务所的设立与审批

1. 设立特殊普通合伙会计师事务所必须符合的条件。

《关于推动大中型会计师事务所采用特殊普通合伙组织形式的暂行规定》对会计师事务所转制为特殊普通合伙组织形式作了相关规定。

（1）应当有符合相关规定的25名以上合伙人。

（2）50名以上注册会计师。

（3）人民币1 000万元以上的资本。

会计师事务所转制为特殊普通合伙组织形式，其具备注册会计师执业资格的合伙人应当符合下列条件：

（1）在会计师事务所专职执业。

（2）成为合伙人前3年内没有因为执业行为受到行政处罚。

（3）有取得注册会计师证书后最近连续5年在会计师事务所从事审计业务的经历，其中在境内会计师事务所的经历不少于3年。

2. 申请设立特殊普通合伙会计师事务所时应当报送的文件。

（1）转制申请书。

（2）股东会、合伙人会议决议。

（3）合伙人身份证明复印件，合伙人情况汇总表。

（4）合伙人的注册会计师证书或者其他执业资格证书复印件。

（5）合伙协议。

（6）经审计的上年度财务报告。

（7）验资报告。

（8）能证明本暂行规定第七条各项条件的社会保险、工资关系等相关资料。

3. 申请及审批特殊普通合伙会计师事务所的程序。

（1）对申请人提交的申请材料进行审查，并核对有关复印件与原件是否相符。

(2) 对申请材料的内容进行审查，并将申请材料中有关会计师事务所名称以及合伙人执业资格及执业时间等情况予以公示。

(3) 自受理申请之日起30日内作出批准或者不予批准的决定。

(4) 作出批准转制决定的，应当自作出批准决定之日起10日内向申请人下达批准文件、换发会计师事务所执业证书，并予以公告。

省级财政部门作出不予批准转制决定的，应当自作出不予批准决定之日起10日内书面通知申请人。书面通知中应当说明不予批准的理由，并告知申请人享有依法申请行政复议或者提起行政诉讼的权利。

第三节 注册会计师协会

由于注册会计师职业是一项非官方的、独立的自由职业。它不是由国家及政府投资创办。因此，它是一个纯民营的组织。由于注册会计师的工作结果有着相当广泛的社会效应，为此，如何控制注册会计师工作质量，就成为人们十分关注的社会问题。

为了取信于社会，也为了便于控制注册会计师的工作质量，在大部分国家，注册会计师均通过一定的方式组成一个全国性的行业组织——注册会计师协会。注册会计师协会是一个行业自律组织，它的工作范围包括颁发文件、规定注册会计师专业资格、开展各种研究、建立各项工作标准、出版各种杂志、定期组织交流各种工作经验、组织后续职业教育等，旨在提高注册会计师的工作质量。

多数国家的注册会计师协会的会员资格仅限于注册会计师。但是，参加注册会计师协会的人，并非都从事独立的审计工作。例如，美国规定，只要获得注册会计师资格，即使目前不会在会计事务所工作，仍可保留协会会员资格。在我国，只要通过中国注册会计师协会组织的考试课程，也可以非执业会员的身份，参加中国注册会计师协会。但是，凡在我国会计师事务所或审计事务所工作的执业注册会计师，就必须加入中国注册会计师协会，否则，就不允许执业。这与美国等国家不同。在美国，即使不加入美国注册会计师协会，注册会计师也可单独执业，只不过不能在信签纸上印有注册会计师协会的字样。由于不参加协会的注册会计师可以不受协会颁布的各种规章制度的约束，公众对他们的信任感就有所保留。因此，虽然法律允许这么做，但在现实中几乎不存在这样的现象。

一、中国注册会计师协会

(一) 中国注册会计师协会的设立

中国注册会计师协会是由两家协会（1988年11月15日成立并接受财政部监

督、指导的中国注册会计师协会和 1992 年 9 月 8 日成立并接受审计署监督、指导的中国注册审计师协会）于 1995 年 6 月 19 日联合组成的注册会计师全国组织。联合后的中国注册会计师协会，依法对全国注册会计师行业实行管理，依法接受财政部的监督、指导；依据《中华人民共和国注册会计师法》和《中国注册会计师协会章程》行使职责。

2000 年 9 月，根据国务院清理整顿经济鉴证类社会中介机构领导小组《关于抓紧落实注册税务师、注册资产评估师、注册会计师行业合并统一管理工作的通知》和财政部《关于同意中国注册会计师协会与中国资产评估协会合并的通知》的要求，中国注册会计师协会、中国资产评估协会合并组成新的中国注册会计师协会，对行业实行统一管理。

（二）中国注册会计师协会的性质及职能

中国注册会计师协会是中国注册会计师行业的自律性组织。履行自律管理职能的内容主要包括：制定职业的道德规范，并监督注册会计师和会计师事务所共同遵守；拟定执业准则、规则和工作制度；检查会计师事务所业务质量，制定会计师事务所同行检查和内部检查办法；协调行业内、外部关系，支持注册会计师和会计师事务所依法执业，维护其合法权益，努力改善注册会计师的职业环境；组织实施注册会计师全国统一考试，完善后续教育制度；组织和推动会员培训工作；及时向政府有关部门反映注册会计师的建议和意见；组织业务交流，开展理论研究，提供技术支持；开展注册会计师行业宣传；代表中国注册会计师行业开展国际交往活动，加强行业与国际组织、执业机构的交流与合作等。

同时，注册会计师协会还履行一定的行政管理职责，如办理执业登记、CPA 的注册登记和其他财政部门委托或授权的其他事务。

（三）中国注册会计师协会会员

1. 会员种类。

中国注册会计师协会会员有三类：个人会员、团体会员和名誉会员。

（1）个人会员。个人会员是指取得注册会计师资格的自然人。凡参加注册会计师全国统考全科合格、经批准者，以及依照规定原考核取得会员资格者，为注册会计师协会个人会员。其中凡经审批注册并专职在中国境内会计师事务所执业的个人会员，可称为执业会员（退出会计师事务所不再执业时，经申请批准，可以继续保留会员资格）。其余不在会计师事务所专职工作的个人会员，可称为非执业人员。

（2）团体会员。团体会员是指依法批准设立的会计师事务所。凡依法批准设立的事务所，均为中国注册会计师协会的团体会员。设立团体会员，是因为考虑到目前我国法律规定注册会计师不允许个人开业，必须加入事务所才能接受委托承办业务。事务所作为协会的团体会员，便于协会对其实施有效的监督，也便于事务所向协会反映工作中的意见和建议。

(3) 名誉会员。境内、外有关知名人士，经有关方面推荐，由理事会批准，可以聘请为协会的名誉会员。

2. 会员权利。

中国注册会计师协会的会员拥有一定的权利。其权利有：

(1) 享有协会的选举权和被选举权。

(2) 参加协会举办的学习和培训活动。

(3) 参加协会组织的有关专业研究和经验交流活动。

(4) 获得协会提供的有关资料。

(5) 通过协会向有关部门提出意见和建议。

(6) 监督协会工作，提出批评和建议。

(7) 监督协会的会费收支。

(8) 有申请退出协会的权利。

3. 会员义务。

中国注册会计师协会的会员在拥有权利的同时也承担一定的义务。其义务有：

(1) 遵守协会章程。

(2) 执行协会决议。

(3) 遵守协会纪律。

(4) 接受协会的监督、管理。

(5) 按期交纳会费。

(6) 完成规定的后续教育学习任务。

(7) 承担协会委托的任务。

会员拒不履行义务的，协会理事会可劝其退会或予以除名。

(四) 协会的全国会员代表大会及理事会

协会的最高权力机构是全国会员代表大会，其职权是：制定、修改协会章程；讨论决定协会工作方针和任务；选举、撤换协会理事；审议、批准协会理事会的工作报告等。全国会员代表大会每3年举行一次，必要时，由本会理事会决定提前或推迟召开，推迟期限一般不得超过1年。代表通过选举、协商和特邀的办法产生，任期3年。

协会理事会由全国会员代表大会选举理事若干人组成，任期3年，可以连选连任。理事会对全国会员代表负责，其职权是：召开会员代表大会，选举协会常务理事会成员，选举协会领导成员，推选或聘请协会常设办事机构领导成员，增补或更换协会理事，审议、批准协会常设办事机构的年度工作报告等。为履行其职权，理事会必须每年召开一次全体会议，必要时，可以提前或推迟召开。理事会全体会议选举名誉会员、名誉理事若干人，选举会长1人，副会长若干人，常务理事若干人。

常务理事会于理事会闭会期间行使理事会职权。会长代表协会召集、主持理事会、常务理事会和全国会员代表大会，并监督、检查其决议的贯彻实施。

（五）常设办事机构

协会的常设办事机构由秘书长、副秘书长若干人及配备的必要数量的专职人员组成。办事机构部门的分设，由秘书长提出方案，经理事会讨论同意后，报财政部批准。秘书长主持协会常设办事机构的日常工作。

（六）地区注册会计师协会

各省、自治区、直辖市注册会计师协会是注册会计师的地方组织。其组织机构和章程，由本地区会员代表大会依法确定，报中国注册会计师协会和当地政府主管行政机关备案并接受监督和指导。

各省、自治区注册会计师协会根据需要可以设立市级协会，由省级协会批准，报全国协会备案。省级以下协会的组织运行、职责权限、依照有关法律、法规及省级协会的规定办理。

二、美国注册会计师协会

美国注册会计师协会（AICPA）是美国注册会计师协会的全国组织，其使命是“向成员提供资源、信息和指导，使他们能够以最高水平的执业方式来提供有价值的服务，以回馈公众、雇主及客户”，其成立目的是促进全国注册会计师的团结，保护和增强其合法权益，加强注册会计师培训和行业管理，提高注册会计师的执业水平和职业道德。该协会目前拥有会员34万余人，其中执业会员约有26万人，其他会员分布于工商企业、政府部门和教育研究等机构中。协会下设理事会、常务理事会及各专门委员会。该协会的主要职责是：制定审计及其他相关准则和规则；研究和出版有关会计、审计、管理咨询和税务等方面的资料；组织注册会计师考试、继续教育以及为会员提供专业咨询服务；开展行业交流等。

三、英国注册会计师协会

英国拥有六大会计师职业团体：ICAEW（英格兰及威尔士特许会计师协会）、ICAS（苏格兰特许会计师协会）、ICAI（爱尔兰特许会计师协会）、ACCA（特许公认会计师协会）、CIMA（特许管理会计师协会）、CIPFA（特许公共财务会计师协会）。这些会计师职业团体共同成立了英国及爱尔兰会计团体咨询委员会（CCAB），下设审计实务委员会（APB）和会计教育课程委员会（BAAEC）等专门机构。凡是成为会计职业团体咨询委员会（CCAB）的会员均会获得英国皇室授予皇家特许（Royal Charter）会计师头衔，在英国及爱尔兰当地享有同等的专业地位，可以从事审计、破产管理及商业投资顾问等法定工作。这些协会的主要职能体现为资格认证、会员支持、教育培训学员、职业后续发展、制订职业道德准则、更新会计相关技术、提供咨询及会员服务等。

四、国际会计师联合会

国际会计师联合会（IFAC）于1977年10月在德国慕尼黑成立，最初成员有49个国家的63个会计职业组织。目前，IFAC拥有来自125个国家的164个会员团体，代表着全球范围内250多万名会计师。

IFAC的宗旨是：在国际间开展合作与协调，力求在技术、道德和教育等方面提高水平，促使会计师资格相互承认，在世界范围内发展和繁荣会计职业。其主要目标是：为会计职业界建立国际性技术职业道德和教育准则；用共同的目标发展地区组织；组织国际会计师代表大会，促进交流，以期达到共同的目的。联合会设理事会作为执行机构，由美、英、法、日等18个国家的代表组成。同时，联合会还下设了国际会计准则、国际审计实务、职业道德、教育、财务与管理会计、信息技术、会员资格、公共部门等专门委员会，分别负责相关方面的工作。

【课后习题】

一、思考题

1. 我国注册会计师的资格要求与美国注册会计师和英国特许会计师资格要求有什么不同?
2. 试述会计师事务所主要组织形式。
3. 在我国特殊普通合伙会计师事务所设立的条件是什么?
4. 各国为什么要成立注册会计师协会?其性质与职能有哪些?
5. 注册会计师协会如何开展工作?

二、案例题

中国证券资格会计师事务所2011年执业质量检查通告

中国注册会计师协会在系统总结历年监管工作和诚信建设经验，充分借鉴国际有益经验的基础上，对会计师事务所执业质量检查制度进行了重大改革，发布了《会计师事务所执业质量检查制度改革方案》，修订出台了《会计师事务所执业质量检查制度》和《中国注册会计师协会会员执业违规行为惩戒办法》等相关制度办法。

根据修订的《会计师事务所执业质量检查制度》，中注协2011年直接组织检查了10家证券所总所及其21家分所，对包括职业道德规范、质量控制环境、合伙人机制、客户关系和具体业务的接受与保持、人力资源、业务规范、业务执行、监控、总分所管理、信息系统等10个要素的事务所质量控制体系进行了检查，并抽查了部分审计业务项目（包括123份审计业务报告，其中上市公司审计报告58份，非上市公司审计报告65份）。

2011年的执业质量检查全面贯彻系统风险检查的理念与方法，着力体现质量控制体系检查和业务项目检查并重的要求。对事务所质量控制体系的检查，重点关注和评价事务所质量控制体系设计的适当性和运行的有效性。对业务报告的检查，重点关注高风险审计业务，重点选取被检查事务所为上市公司、金融保险机构、国有大型企业等客户出具的业务报告，尤其关注其为创业板公司、常年审计客户以及H股企业出具的业务报告，以及新承接的可能存在重大审计风险的业务报告。

检查结果表明，总体上，被检查事务所的质量控制环境进一步改善，风险防范意识显著增强，质量控制体系进一步健全，质量控制水平有所提高。与以往年度相比，业务项目检查中发现的问题有所减少。但在质量控制体系检查中发现，少数事务所不同程度存在质量控制制度不健全、业务质量控制复核和监控制度未有效执行、合伙人考核及晋升机制不完善、总分所未能有效执行统一的质量控制制度等问题。在审计业务项目检查中发现，个别注册会计师在执行审计业务时，关键审计领域审计程序实施不到位，获取的审计证据不够充分、适当。

根据检查发现的问题及专家论证结果，分别经中注协惩戒委员会、申诉与维权委员会会议程序，协会对1家事务所和10名注册会计师实施了惩戒，具体如下：

（1）中喜会计师事务所及相关注册会计师。协会在对中喜会计师事务所的检查中发现，中喜所建立的质量控制体系在设计和运行方面存在重要缺陷，质量控制制度未得到有效执行；在部分业务项目审计过程中，注册会计师对银行存款、存货、资产置换未实施必要的审计程序，对或有事项、长期借款未获取充分、适当的审计证据。依据《中国注册会计师协会会员执业违规行为惩戒办法》，给予中喜会计师事务所通报批评，给予中喜会计师事务所注册会计师李某、陈某、王某、林某、阎某通报批评，给予中喜会计师事务所主任会计师张某训诫。

（2）上海上会会计师事务所相关注册会计师。协会在对上海上会会计师事务所的检查中发现，个别注册会计师在执行审计业务时，对应收账款、资产减值、或有负债未获取充分、适当的审计证据；对于被审计单位持续经营存在的问题，注册会计师未获取充分、适当的审计证据支持其得出的审计结论。依据《中国注册会计师协会会员执业违规行为惩戒办法》，给予上海上会会计师事务所注册会计师张某、王某训诫。

(3) 中审国际会计师事务所相关注册会计师。协会在对中审国际会计师事务所的检查中发现，个别审计项目的签字注册会计师未参与项目审计；个别审计项目中，对银行存款、或有事项未实施必要的审计程序，对固定资产减值未获取充分、适当的审计证据。依据《中国注册会计师协会会员执业违规行为惩戒办法》，给予中审国际会计师事务所注册会计师张某训诫。

(资料来源：中国注册会计师协会网站 http：//www. cicpa. org. cn/pub/cicpa/news/201112/t20111213_31732. htm)

[要求] 针对上述执业质量检查通告，试分析中国注册会计师协会的功能与作用。

第三章　注册会计师职业规范

【本章教学目的和要求】

通过本章的学习，要求学生熟悉注册会计师职业规范体系组成内容及执业准则体系内容，熟悉并掌握审计准则概念及主要内容，了解美国及国际审计准则的主要内容，了解审计质量控制准则的主要内容，掌握注册会计师职业道德规范的涵义及主要内容，了解美国及国际注册会计师职业道德规范的基本内容。

【引导案例】

小王是某国际会计师事务所审计部的一个初级实习生。老李是她的项目主管，对小王的工作十分满意。有一次，老李与小王共进工作午餐时，问她有没有报名参加今年的 CPA 考试。小王回答说她没有报名，但她计划在明年参加考试。事实上，小王已报名并参加了当年 CPA 的考试。因为她担心考得不好，可能通不过，所以她决定不告诉她的同事。12 月上旬，小王获知了 CPA 考试成绩。令她吃惊的是，所有课程她全通过了。她立即打电话告诉老李这一好消息，但她感到老李反应很冷淡，令她十分失望。

随后小王接到事务所主管人事的合伙人张先生打来的一个电话。张先生告诉她，过去几天他已和老李谈过几次话，并且和事务所其他 3 个审计合伙人讨论了有关小王的情况。接着，张先生解释说，老李对于小王在考 CPA 这件事上对他撒谎觉得非常忧虑。老李已经告诉张先生，他不想让小王参加到他未来任何的业务中，因为他认为小王不值得信赖。老李还建议将小王从事务所解雇出去，因为她的行为已表明她不够诚实，不符合注册会计师应有的职业道德。然后，张先生通知小王，其他审计合伙人也同意老李的意见。最后，小王伤心地离开了这一著名的国际会计师事务所。

【引导案例思考】 小王的行为严重吗？你同意老李的决定吗？

第一节 职业规范概述

一、注册会计师职业规范的含义

（一）规范的含义

《辞海》中“规范”有两个意思：第一是标准，法式《北史·字文恺传》引〈宋起居注〉：“孝武大明五年，立明堂，其墙宇规范，拟则太庙。第二是模范，典范〈尚书序〉：“所以恢弘至道，示人主以规范也”。可见，“规范”二字自古以来就有，并且在人们处理社会关系中发挥着重要的作用。

（二）职业规范的含义

根据《心理咨询大百科书》中的解释，职业规范是指那些维持职业活动正常进行或合理状态的成文和不成文的行为要求。这些行为要求，就是人们在长期执业活动实践中形成和发展起来的，并为大家共同遵守的各种规章、制度、秩序、纪律，以及风气、习惯等。它们有的反映了执业劳动中人与物之间的关系，如职业劳动的操作规程、安全要求等，这些多属技术系统方面的；有的反映了人与人之间的关系，如执业劳动过程中人与人之间的社会关系、情感纠葛等，这些多属于人性方面的。

（三）注册会计师职业规范的含义

注册会计师职业规范是指明文规定的各种有关审计的法律、法规及准则，一般由审计立法体系和审计职业准则两类构成，是审计理论和实物的重要组成部分。

二、注册会计师职业规范体系

注册会计师职业规范体系由执业准则（包括业务准则和质量控制准则）与职业道德规范两个组成部分。执业准则主要从技术角度对注册会计师的行为提出要求，规范注册会计师的技术行为，是注册会计师从事审计工作时必须遵循的行为规范，是衡量审计工作质量的准绳。职业道德规范主要从社会角度对注册会计师的行为提出要求，规范注册会计师的职业道德行为。

第二节 业务准则

一、执业准则体系

执业准则体系是指注册会计师在执行业务过程中所必须遵循的一系列技术规

范。注册会计师执业准则体系涵盖注册会计师所有执业领域，包括业务准则和质量控制准则。其中业务准则又包括鉴证业务准则和相关服务准则。注册会计师业务准则体系的基本框架如图 3－1 所示：

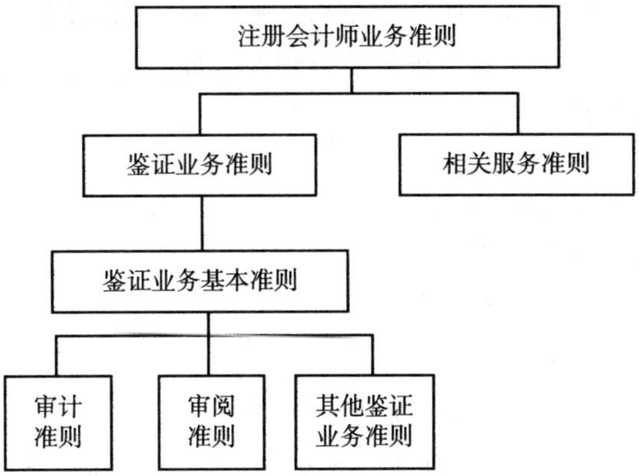

图 3－1　注册会计师业务准则基本框架体系

（一）鉴证业务准则

鉴证业务准则由鉴证业务基本准则统领，按照鉴证业务提供的保证程度和鉴证对象的不同，分为注册会计师审计准则，注册会计师审阅准则和注册会计师其他鉴证业务准则（以下分别简称审计准则、审阅准则和其他鉴证业务准则）。其中，审计准则是整个执业准则体系的核心内容。

1. 审计准则。

审计准则用以规范注册会计师执行历史财务信息（主要是财务报表）的审计业务。在提供审计服务时，要求注册会计师综合使用审计方法，对财务报表是否不存在重大错报、漏报提供合理保证，并以积极方式提供结论。审计准则是注册会计师在执行审计业务过程中必须遵循的行为准则，是衡量注册会计师工作质量的客观标准或尺度。审计准则就其实质来说，是一种审计规范，它反映了委托人和社会公众要求注册会计师及其工作应达到的质量标准，因而，它是注册会计师履行其职责的指南。它虽然不是法律和法规，但它却具有权威性。审计准则的更多内容详见第三节。

审计业务的特点是：

第一，审计对象是历史财务信息；

第二，为了获取充分、适当的审计证据，注册会计师单独或综合地运用各种程序，包括检查记录或文件、检查实物资产、观察、函证、重新计算、重新执行等；

第三，得出的结论是合理保证，即提供审计服务时，注册会计师对所审计信息是否不存在重大错报提供合理保证；

第四，表达意见与结论的方式是肯定式的，如审计报告的表述。

2. 审阅准则。

审阅准则用以规范注册会计师执行历史财务信息（主要是财务报表）的审阅业务。在提供审阅服务时，要求注册会计师主要使用询问和分析程序，对财务报表是否不存在重大错报、漏报提供有限程度保证，并以消极方式提出结论。

审阅业务的特点是：

第一，针对历史财务信息；

第二，使用的程序是有限的，主要使用询问与分析程序；

第三，得出的结论是有限保证的；

第四，提出结论的方式是消极的。

3. 其他鉴证业务准则。

其他鉴证业务准则用以规范注册会计师执行除历史财务信息审计或审阅以外的其他鉴证业务，根据鉴证业务的性质和业务约定要求，提供有限保证或合理保证。

其他鉴证业务的特点是：

第一，针对非历史财务信息；

第二，其他鉴证业务使用的程序根据准则的制定情况、客户的要求不同而不同；

第三，保证程度也因准则、与客户约定不同而不同；

第四，表达方式依保证程度不同而不同。

（二）相关服务准则

相关服务准则用以规范注册会计师代编财务信息、执行商定程序、提供管理咨询等其他服务，即非鉴证服务。针对这类服务注册会计师不提供任何程度的保证。

二、注册会计师执业准则的作用

注册会计师执业准则体系的确定，为注册会计师执行各项业务提供了执业标准和指导，保证了注册会计师执业质量，规范了审计工作，促进了审计经验的交流，从而推动审计理论的发展。具体地说，注册会计师执业准则的作用主要表现在以下几个方面：

1. 有助于提高和评价注册会计师行业的服务质量。

注册会计师执业准则体系对注册会计师在执业过程中应保持职业态度，对财务报表审计、审阅、验资、执行商定程序等业务均做出了详细的规定，涵盖了鉴证业务和相关服务等业务领域，为质量控制提供了标准，有助于注册会计师行业服务质量的保证与提高。

由于审计和鉴证业务质量直接影响着客户、社会公众及注册会计师自身的利益。因此，无论是客户、社会公众还是注册会计师职业界本身都需要一个衡量和评价注册会计师执业质量的标准。而注册会计师执业准则体系为评价会计师事务所和注册会计师的执业质量的评价提供了依据。在注册会计师行业内部进行执业质量检查、会计师事务所（或者注册会计师）被起诉时，注册会计师执业准则体系都是用于评判会计师事务所（或者注册会计师）是否存在过失或不当行为的重要依据。

2. 有助于规范审计工作。

执业准则规范了在审计业务中注册会计师如何签订审计业务约定书，如何编制审计计划，如何实施审计程序，以及如何记录工作底稿和出具审计报告等；执业准则也对注册会计师从事财务报表审阅、其他鉴证业务和相关服务进行了规范。这就使得注册会计师在执行业务的每一环节都有了相应的依据和标准，从而规范了注册会计师的行为，维护了社会经济的秩序。

3. 有利于维护审计机构和审计人员的正当权益。

注册会计师不能就审计结果做绝对的保证，只要能严格按照执业准则的要求执业，就应认为已尽责。当客户与注册会计师发生纠纷并诉诸法律时，执业准则就成为法庭判明是非、划清责任界限的重要依据。

4. 有助于推动审计理论与实务的发展与完善。

执业准则是审计实践经验的总结和升华，已成为审计理论的一个重要组成部分，在执业准则的制定过程中，必然会激发各种理论的争论、探讨，从而带动审计理论的研究。执业准则颁布以后，审计学界仍然要围绕着如何实施准则和怎样达到准则的要求展开细致的工作和研究，不断改进完善这些准则。因此，审计理论水平会随着执业准则的制定和实施不断得以提高。审计工作质量和理论水平的提高，无疑会带动审计教育水准的提高，这样必然会有助于培养现代化的审计人才，从而推动审计事业的进一步发展。

第三节　审计准则

一、审计准则的概念

注册会计师执业准则体系中的审计准则是注册会计师在执行审计业务过程中必须遵循的行为准则，是衡量注册会计师工作质量的客观标准或尺度。审计准则就其实质来说，是一种审计规范，它反映了委托人和社会公众要求注册会计师及其工作应达到的质量标准，因而，它是注册会计师履行其职责的指南。它虽然不是法律和法规，但它却具有权威性。审计准则的内容主要包括3个部分：一般准则、实施准则和报告准则。

二、美国审计准则

（一）审计准则的产生

早在20世纪以前的审计查证，往往依靠审计人员的经验审查账目，没有一定的规范可遵循，存在较大的盲目性和审计风险，当发生审计诉讼案时，受控告的会计师事务所往往败诉。因此，职业会计师团体在审计实践中逐渐认识到制定会计师们共同遵守的审计工作规范既是会计师同行的责任，也是形势所迫。最早提出审计准则这一概念的是20世纪40年代的美国职业会计师团体。审计准则的雏形是在总结麦克逊·罗宾斯公司事件的教训基础上产生的。

麦克逊·罗宾斯公司是纽约证券交易所的上市公司，公司经理同他的兄弟合谋，通过虚构交易，夸大资产数额（虚构资产达2 100万美元）从而贪污巨额款项。1938年12月，这个公司长年的违法经营被揭露，顿时舆论一片哗然。人们不解的是这个公司十多年来，一直是由著名的普赖斯·华特豪斯会计师事务所担任其财务审计的，事务所在多次的审查中，对该公司的财务状况都表示了“正确、公允”的意见。这一事件暴露了普华会计师事务所在审计方法等方面存在的严重缺陷。

然而，就是在当时，要不要审计准则，也曾存在分歧意见。持反对意见者认为审计准则剥夺了作为职业会计师——民间审计人员的判断自由，妨碍了审计工作的开展，是给审计人员加了一道“金箍咒”。持赞成意见者则认为，有审计准则，不但不会剥夺审计人员的判断自由，相反它是维持审计工作正常开展所必要的行动准绳，在准则范围内，更能行使审计人员的判断自由。结果，还是赞成派占了上风。因此，到了20世纪40年代后期，为了保障会计师职业，美国注册会计师协会（AICPA）发布了审计准则试行办法，这是世界上最早制定的审计准则。

（二）公认审计准则的主要内容

由美国注册会计师协会制定的《公认审计准则》（Generally Accepted Auditing Standards，简称GAAS）是世界上影响最大最广泛的审计准则。《公认审计准则》共10条，前9条是1947年审计程序委员会提出的，1954年修订增加了第10条，1988年《审计准则说明书》第55号和58号修订了第5条和第8条。

《公认审计准则》主要内容如下：

1. 一般准则（General Standards）。

（1）审计应由一位或者多位经过充分技术培训，并精通业务的审计师人员执行。

（2）对一切与业务相关的问题，审计师人员均应保持独立的精神状态。

（3）在执行审计工作准则和编写报告时候，恪守应有的职业谨慎。

2. 外勤工作准则（Standards of Fieldwork）。

（1）审计师人员应充分计划，若有助理人员参加，应予以适当督导。

（2）审计师人员必须对内部控制结构有充分的了解，以便计划审计工作，并确定将要执行的测试性质、时间安排及范围。

（3）应通过检查、观察、询问和函证等方法，获取充分、适当的审计证据，以便对被审计财务报表发表意见提供合理基础。

3. 报告准则（Repoting Standards）。

（1）报告应指出财务报表是否按照公认会计原则编制。

（2）报告应指出本期采用的公认会计原则和上期不一致的各种情况。

（3）除非在审计报告中另有说明，否则财务报表中的信息的披露应被认为是合理和充分的。

（4）报告应就整个财务报表发表意见，或则声明无法发表意见。若不能发表总体意见，则应说明其理由。在任何情况下，审计师人员的姓名一旦与财务报表相关联，他就应明确其审计及其所负责任的程度。

《公认审计准则》是对审计工作的原则性规定。为了便于其执行和落实，美国注册会计师协会还颁布了《审计准则说明书》。《审计准则说明书》是美国注册会计师协会下属的审计准则委员会自 1972 年以来不定期发布的公告，是对《公认审计准则》的解释和说明，《审计准则说明书》主要针对会计报表审计而制定的。

《公认审计准则》和《审计准则说明书》是两个权威性文献，要求所有从事审计工作的人员在情况允许的条件下都必须遵守。

（三）PCAOB 审计准则

安然事件发生后，美国在证券交易委员会（SEC，Securities & Exchange Commission）下设立了公众公司会计监管委员会（PCAOB，Public Company Accounting Oversight Board），PCAOB 的职责包括监管为公众公司提供审计服务的注册会计师及事务所，并为之制定准则条例。至此，美国目前的准则制度为双轨制，一是 AICPA 制定的适用于非公众公司审计业务的公认审计准则；二是 PCAOB 制定的适用于公众公司审计业务的审计准则。其中 PCAOB 审计准则比公认审计准则要更加严格。

三、国际审计准则

（一）国际审计准则的产生

第二次世界大战之后，国际经济进入了一个新的发展阶段，国际间的商品、资金、技术、知识、劳动力、信息的交流达到了前所未有的规模。由于各国间经济贸易活动的日趋频繁和复杂，各国之间互相参股组建的跨国公司为审计实践带来了诸多难题。如一家美国公司总部在纽约，其分公司遍及欧洲的罗马、巴黎，亚洲的东京、汉城、中国香港和北京等地，对该公司审计，是全用美国的审计准则，还是总部同美国的审计准则，其他分公司同所在国的审计准则呢？显然，如有 套通用的审计准则为各国所遵循，情况将简单得多。为了适应这种新形势的需要，国际会计师联合会（IFAC）开始着手研究制订国际审计准则。

国际会计师联合会成立于1977年10月7日，代表着澳大利亚、加拿大、法国、日本、墨西哥、荷兰、菲律宾、爱尔兰等43个国家的63个职业审计团体。该协会下设的“国际审计实务委员会（International Auditing Practices Committee：IAPC)，代表联合会的理事会负责拟定并颁布《国际审计指南》（Intenational Auditing Guidelines，IAG)。1991年7月10日，《国际审计指南》更名为《国际审计准则》（International Standards on Auditing，ISA)；2002年4月国际审计实务委员会更名为国际审计和鉴证准则委员会（IAASB)。

可见，国际审计准则是审计准则协调化的产物，是各国审计共同遵循的审计工作规范。

（二）国际审计准则的主要内容

国际审计准则的主要内容包括一般准则、工作准则和报告准则三个部分。

1. 一般准则。

一般准则是对审计人员的资格条件和执业行为的规定。

（1）对审计人员应具备的资格条件所作的规定，包括：

专业学位。审计人员从事审计工作必经具备的学历和职业培训。

实践经验。要求审计人员要有一定年限的工作经历并通过专门考试。

工作能力。审计人员应具备的分析、判断和表述能力。

（2）对审计人员应具备的执业条件所作的规定，主要是要求审计人员必须具备超然独立的立场，在陈述与表示意见时应持公正态度等。

（3）对审计人员应具备的职业道德条件所作的规定。

2. 工作准则。

工作准则是对审计人员在执行会计报表审计过程中所作的规定，主要包括：

（1）对审计计划所作的规定。包括审计计划的可行性研究；审计的工作程序；审计人员与工作分工等。

（2）对确定审计范围所作的规定。包括审核财务报表，了解、研究内部控制制度，确定扩大、深入核查或采用其他审计方法的时间和范围等。

（3）对获取审计证据所作的规定。包括采用各种有效的方法以获取充分适当的证据；充分考虑审计对象的重要性、风险程度及其他影响因素，为审核财务报表和提出公正审计意见提供合理的依据等。

（4）对实施审计行为的规定。包括执行审计的必要条件和手续，应执行的审计业务等。

3. 报告准则。

报告准则是对审计人员编制审计报告、选择表达方式和记载必要事项所作的规定。包括：

（1）对审计报告应记载事项的规定。

（2）对表明审计意见的规定。

（3）对补充记载事项的规定。

（4）对审计报告报送对象及报送时间的规定。

四、我国审计准则

（一）审计准则的制定

根据《中华人民共和国注册会计师法》第三十五条的规定：注册会计师执业准则由中国注册会计师协会负责拟订，报财政部批准后施行。中国注册会计师协会于1994年5月开始筹备进行中国独立审计准则的研究制定，10月正式开展工作。1995年1月发布了第一批《独立审计准则》的征求意见稿。经财政部批准，1996年1月1日，第一批《独立审计准则》开始实施。此后注册会计师审计准则历经了几次重大修订。

（二）现行审计准则

目前，为了满足资本市场改革与发展对高质量会计信息的需求，保持我国审计准则与国际准则的持续全面趋同，规范和指导注册会计师应对审计环境和注册会计师利用内部审计人员的工作、应对违反法律法规行为、财务报表披露审计等方面审计实务的新发展，中国注册会计师协会修订了《中国注册会计师审计准则第1101号——注册会计师的总体目标和审计工作的基本要求》等18项审计准则，于2019年7月1日起施行。本批审计准则生效实施后，《财政部关于印发〈中国注册会计师审计准则第1101号——注册会计师的总体目标和审计工作的基本要求〉等38项准则的通知》（财会〔2010〕21号）及《财政部关于印发〈中国注册会计师审计准则第1504号——在审计报告中沟通关键审计事项〉等12项准则的通知》（财会〔2016〕24号）中，相应的18项审计准则同时废止。

第四节　质量控制准则

一、质量控制准则的定义和作用

（一）质量控制准则的含义

质量控制准则是指为了确保会计师事务所及其人员遵守执业准则、职业道德规范和法律法规的规定，以确保业务质量而制定的行为准则。该定义具有以下几个方面的含义：

（1）衡量业务质量合格与否的标准是执业准则；

（2）质量控制首先是对会计师事务所工作的全面控制，其次是对单项业务项目控制，这样才能达到最佳的效果；

（3）质量控制的根本目的在于保证业务质量符合执业准则的要求；

（4）质量控制是由一系列控制政策和程序构成，这样才能在业务执行过程中具有可操作性。一般来说，人们称会计师事务所按照质量控制准则要求建立和运用的质量控制政策和程序为该所的"质量控制制度"。

（二）质量控制的作用

质量控制主要有以下几方面的作用：

1. 是会计师事务所生存和发展的基本前提。

会计师事务所就是要在为社会提供服务的同时，谋求自身的生存和发展。质量控制的好坏不仅关系着会计师事务所的存亡，而且直接关系着整个注册会计师职业的存亡。审计质量是注册会计师的生命，审计质量控制则是生命之源。

2. 确保执业准则得到遵守。

从质量控制准则和执业准则的关系来看，没有质量控制，执业准则的运用只能流于形式，无法达到预期的目的。

3. 是会计师事务所内部控制体系的重要组成部分。

注册会计师职业界非常重视客户内部控制及其对会计报表的影响，而作为审计实施主体的会计师事务所本身实际上也存在内部控制的问题。从某种意义上讲，会计师事务所的内部控制比客户的内部控制重要得多，因为会计师事务所内部控制的失败必将导致审计的失败。会计师事务所的内部控制如同其他企业一样，主要包括资产控制、会计控制和业务控制三大块。对会计师事务所而言，资产控制和会计控制的要求及内容，同其他企业的相关控制相比，并无实质性区别，都受财务制度和会计标准约束，只是繁简程度不同。但是，会计师事务所的业务控制比普通企业更加复杂，因为会计师事务所的业务质量并不完全取决于事务所从业人员的主观努力，还深受客户内部控制状况、信用状况等客观因素的影响；不仅如此，会计师事务所的业务还随时面临激烈的同行竞争、广泛的社会监督和法律诉讼案件的威胁。因此，会计师事务所的内部控制应以业务控制为重点。否则，会计师事务所必将因业务控制失败而陷入困境。因此，建立质量控制制度，是完善内部控制体系的根本措施，是每个会计师事务所必须做好的一项重要工作。

二、审计质量控制准则的内容

鉴于审计质量控制的重要性，国际会计师联合会及许多国家均制定了相关的准则。以下将主要介绍美国、国际会计师联合会及我国的审计质量控制准则的主要内容。

（一）美国审计质量控制准则

随着20世纪60年代以美国为代表的西方会计师职业界“诉讼爆炸”的发生，如何控制会计师职业界的执业质量，特别是审计业务的质量越来越引起人们的高度重视。人们发现，除了应强调在实施单个项目时必须遵守审计准则以外，还应从事务所的整体管理制度上寻求保证执业质量的控制措施，以便使各个会计师事务所执业质量得到控制和保证。基于这种考虑，1978年，美国注册会计师协会专门成立了质量控制委员会，负责制定和颁布与会计师事务所这一层次相关的质量控制准则。1979年11月，该委员会发布了《质量控制准则公告第1号》，提出了质量控制九要素（或称九项准则），以指导各会计师事务所制定自己的质量控制政策和程序。这九项准则及其基本要求是：

1. 独立性：所有从业人员都应独立于客户。

2. 委派工作：注册会计师要经过技术培训，具有完成工作所需要的能力。

3. 咨询：在必要时，注册会计师应向经验丰富、判断能力强的负责人请求帮助。

4. 督导：会计师事务所应指导和监督各层次的工作，以保证他们达到事务所质量控制的标准。

5. 职工招聘：会计师事务所应招聘那些正直、工作能力强且富有进取精神的人员从事审计工作。

6. 专业发展：注册会计师应具备完成所分配职责的资格条件。

7. 晋升：被提升的注册会计师应具备履行新职责的资格条件。

8. 客户的接受和续约：会计师事务所不应同管理当局不正直、不诚实的客户打交道。

9. 检查：检查确定与上述要求有关的程序是否正在有效执行。

1996年5月，九要素被缩减为五要素，并于1997年1月1日起生效。这五项准则及其基本要求是：

1. 独立性、正直性和客观性：会计师事务所应制定适当的政策和程序以确保所有参与审计的人员必须独立于客户，以正直、客观的态度履行所有职业责任。

2. 人事管理：会计师事务所应制定适当的政策和程序为下列过程提供合理保证：（1）所招聘的人员具有专业胜任能力和资格；（2）工作委派给经过技术

训练并精通专业技能的人员；（3）准备提升的人员具备履行新职责的资格条件；（4）所有人员应参加一般行业或特殊行业的后续教育和职业发展活动，以履行职责并符合 AICPA 及管理机构的要求。

3. 客户及契约的接受和续约：会计师事务所必须建立政策以降低和管理当局缺乏正直性的客户发生业务联系的可能性。除此以外，还需要：（1）合理保证仅仅接受以应有职业谨慎性能予以完成的业务；（2）对客户进行了解，以明确所要执行的工作性质、范围和受到的限制。

4. 业务执行：会计师事务所应为下列事项制定适当的政策和程序：（1）为每一个审计项目的计划、实施、监督、复核、记录及沟通审计结果制定政策和程序；（2）在需要时能及时向具备适当专业知识、判断能力及专业权威的人士咨询。

5. 监控：监控是持续评估会计师事务所质量控制系统的一项措施。事务所必须制定适当的政策和程序以持续监控下列事项：（1）事务所的政策和程序的可靠性和充分性；（2）事务所的实务操作指南的适当性；（3）职业发展活动的有效性；（4）与已制定政策和程序的相符程度。

美国注册会计师协会下属的质量控制委员会认为，质量控制只能在一定的程度上（而不能绝对地）保证事务所遵循审计准则。尽管如此，每个会计师事务所的质量控制政策和程序必须包含以上几个控制要素，并遵循以下三个控制关键点：（1）事务所必须把设计或维护质量控制政策的责任分派给适当的人来完成；（2）必须及时地与成员沟通质量控制政策和程序，使他们理解并遵循；（3）必须按事务所的规模、业务的复杂性、组织结构及成本效益原则，把遵循质量控制政策的具体实施记录成文，以作为职业判断的依据。

美国注册会计师协会发布的《审计说明书》（第 25 号）要求：会计师事务所应根据上述准则，建立自己的质量控制制度；并说明质量控制只能是在一定程度上（而不能绝对地）保证事务所遵守《公认审计准则》。

（二）国际会计师联合会审计质量控制准则

国际会计师联合会发布的《国际审计准则 220 号——审计工作质量控制》，专门对审计质量控制的内容和要求做了规定。国际审计质量控制准则采用与美国不同的结构，分两个层次分别叙述质量控制要求：会计师事务所质量控制层面及审计项目质量控制层面。这样的结构从灵活性角度上说不及美国质量控制准则，但对实际操作却更有指导性。

1. 会计师事务所质量控制。

会计师事务所应当执行质量控制政策和程度，以确保所有审计均按照国际审计准则或惯例执行。会计师事务所质量控制政策和程序的性质、时间安排和范围取决于许多因素，如业务规模、地理分布、组织结构以及适当的成本效益考虑等。因此，不同会计师事务所采用的政策和程序存在差别，对采用的政策和程序所形成的记录也存在差别。

会计师事务所采取的质量控制政策和程序的目标通常应体现以下几个方面：

（1）职业要求。会计师事务所的人员应当坚持独立、客观、公正、保密和职业行为的原则。

（2）技术和专业胜任能力。会计师事务所应当配备能达到并保持以应有的职业谨慎履行其职责所需的技术水准和专业胜任能力的人员。

（3）工作委派。审计工作应当指派具有相应的技术培训资格和业务能力的人员。

（4）督导。对每个层次的工作应进行适当的指导、监督和检查，以合理保证所执行的工作满足相关质量标准的要求。

（5）咨询。审计人员在必要时应向内外具有相关专业知识的人员进行咨询。

（6）客户的接受与续留。会计师事务所应当对新客户作出评价，并对老客户进行经常性的检查。在决定接受或保留客户时，应考虑会计师事务所的独立性、向客户提供适当服务的能力以及客户管理当局的品德。

（7）监控。会计师事务所应当保证质量控制政策和程序的完善，并确定其执行效果，应当以适当的方式将全面质量控制政策和程序传达给全体人员，以合理保证这些政策和程序得到正确的理解和执行。

2. 审计项目质量控制。

注册会计师应当执行会计师事务所全面质量控制政策和程序中适用于单项审计项目的质量控制程序。审计人员在确定对每一位助理人员进行指导、监督和复核的程序时，应当考虑执行所指派的工作的助理人员的专业胜任能力。审计人员应当采取适当的方式向助理人员指派工作，以合理保证该项工作是由具有相应专业胜任能力的人员以应有的职业谨慎态度来执行的。审计项目质量控制主要体现在以下几个方面：

（1）指导。注册会计师应当对接受来所指派的工作的助理人员给予适当的指导，包括告知其工作责任和所执行程序的目标、客户的业务性质以及可能影响所执行的审计程序的性质、时间安排和范围的会计和审计问题。

（2）监督。监督与指导和复核密切相关，甚至可能包含指导和复核的有关要素。负有监督职责的审计师在审计过程中应当履行以下职责：①监控审计过程，以考察助理人员是否具有执行所指派的任务必需的技术和胜任能力、是否理解审计指导意见、是否按总体审计计划和审计方案进行工作；②了解审计中出现的重大会计审计问题，并通过评价其重要性和适当修改总体审计计划和审计实施方案来处理这些问题；③解决人员之间存在的专业判断分歧，并考虑进行咨询的适当程度。

（3）复核。每一位助理人员的工作需要由至少具有同等专业胜任能力的人员进行复核，复核时应考虑：①工作是否已按审计方案进行；②工作及其结果是否已作出了适当的记录；③所有重大审计问题是否已经解决和反映在审计结论中；④审计程序的目标是否已实现；⑤所形成的审计意见是否与工作结果一致。审计师应当及时复核以下几个方面：①总体审计计划和审计方案；②对固有风险和控制风险进行评估后对总体审计计划的修改；③实质性程序所取得的审计证据和据此形成的审计结论的记录；④会计报表和拟作出的审计调整与审计报告草稿。

（三）我国审计质量控制准则

为规范会计师事务所质量控制，保证执业质量，中国注册会计师协会拟订了《中国注册会计师审计准则第 1121 号——对财务报表审计实施的质量控制》以及《质量控制准则第 5101 号——会计师事务所对执行财务报表审计和审阅、其他鉴证和相关服务业务实施的质量控制》。从框架上看，我国质量控制准则要求会计师事务所应合理制定和运用两个层次的质量控制政策和程序：一是会计师事务所审计工作的全面质量控制政策和程序，使所有审计工作符合审计准则的要求；二是各审计项目的质量控制程序，使各审计项目的工作遵照审计准则进行。从内容上看，我国审计质量控制准则主要有两个方面：

1. 会计师事务所的全面质量控制。

全面质量控制，是指一个会计师事务所为合理地确信其执行的所有审计业务都是按照审计准则进行而采取的控制政策和程序。会计师事务所应当采取体现下述目的的全面质量控制政策，并据此合理制定和有效实施相应的全面质量控制程序。

（1）职业道德原则。会计师事务所应当要求并督促全体专业人员，遵守职业道德规范，恪守独立、客观、公正的原则。

（2）专业胜任能力。会计师事务所应当确保全体专业人员达到并保持履行其职责所需要的专业胜任能力，以应有的执行谨慎态度去执行审计业务。为此，会计师事务所应当把好人员招聘关，严格管理，并不断创造条件，开展各种形式的业务培训，增加执业人员各种审计业务的经验，提高其分析问题和处理问题的能力。

（3）工作委派。会计师事务所的审计工作应当分派给那些具有相应专业胜任能力的人员。

（4）督导。为了保证会计师事务所内所有人员从事的工作符合审计准则的要求，会计师事务所应当建立分级督导制度，并要求各级督导人员对各层次的审计工作给予充分的指导、监督和复核。必要时应当聘请相关质量专家进行协助。督导人员可以由会计师事务所内的业务负责人、对审计项目负直接责任的注册会计师和负有督导责任的其他人员组成。

（5）咨询。会计师事务所在必要时应当向有关专家咨询。

（6）业务承接。无论是新接受还是连续接受委托，会计师事务所都应考虑是否有能力完成审计委托，以及委托人的主要管理人员是否正直、诚实等情况。

（7）监控。对会计师事务所的全面质量控制政策和相应的程序的执行情况及其结果适时进行监督和检查，以便及时发现问题，不断完善质量控制制度，建立、健全各项质量控制程序，保证审计工作按照审计准则的要求执行，把审计风险水平降低到可接受程度。

会计师事务所应当将全面质量控制政策和程序以适当的方式通知执行业务的全体人员，保证所有职业人员准确地理解和掌握。

会计师事务所在制定上述全面质量控制政策和程序时，还应当综合考虑以下因素，使其更加有效和符合实际，以利于制度的实施：①业务规模和范围；②组织形式以及业务部门的设置；③分支机构的设置及区域分布情况；④成本与效应原则；⑤人员的素质构成；⑥其他影响上述控制政策和程序的因素。

2. 审计项目的质量控制。

会计师事务所的全面质量控制政策和程序对审计项目的质量控制有重大影响。负直接责任的注册会计师应当执行全面质量控制政策和程序中适用于审计项目的质量控制程序。

作为督导人员，应当考虑助理人员的专业胜任能力等因素，合理确定对其工作的指导、监督和复核的方式及程度。

审计项目的质量控制主要体现在以下三个方面：

（1）指导。负有责任的督导人员对于执行审计业务的审计助理人员的工作应给予适当的指导，包括明确审计助理人员的工作责任，要求其完成的程序及审计目标，客户的业务性质和需要特别关注的重大会计或审计问题，以及其他可能影响具体审计程序的性质、时间和范围的事项。在实际工作中，注册会计师往往通过书面的审计程序表、时间预算和审计计划摘要等方式传达其审计指导意见。

（2）监督。督导人员在审计过程中应进行的工作程序包括：一是监督审计过程，以确定审计助理人员的工作是否达到要求，并由此判断审计助理人员的业务能力；二是了解审计期间出现的重要会计和审计问题，并及时提出处理意见，如有必要，可适当修改审计程序；三是解决各执业人员之间的职业判断的分歧，必要时应向有关人员咨询。

（3）复核。对于每一个审计助理人员所完成的工作，应当由具有高级或较高技能的人员进行检查以确定：①已完成的工作是否遵守了审计准则及事务所内部业务规范的规定；②是否对已完成的工作和形成的结论做了充分的审计记录；③是否存在任何未解决的重要审计问题；④审计的目的是否已经实现；⑤所表达的审计结论是否与审计的结果一致，并支持审计意见等。检查的具体程序要根据质量控制准则和审计具体情况确定。

督导人员的复核主要包括：①总体审计计划与具体审计计划的实施情况；②对固有风险与控制风险的评估，包括根据控制测试结果对总体审计计划和具体计划所做的修改；③进行实质性程序取得的审计证据及形成的审计结论；④会计报表、审计调整事项和审计报告草稿。此外，出具审计报告前，会计师事务所可根据需要委派未直接参与审计的人员进行必要的复核。

第五节　职业道德规范

一、注册会计师职业道德规范的含义

（一）职业道德的定义

道德作为一种社会意识形态，表现在特定的职业中，就是职业道德了。比如医生的职业道德是救死扶伤，商人的职业道德是买卖公平。职业道德是指职业组织以公约、守则等形式公布的，其会员自愿接受的职业行为标准。凡被认定为专门职业的行业大多都会制定本行业的职业道德准则。

（二）注册会计师职业道德规范的概念

道德规范是一系列道德标准、行为规范以及价值观。注册会计师职业道德规范是注册会计师在审计过程中形成的，具有审计职业特征的道德准则和行为规范。注册会计师职业道德规范的核心内容就是独立、客观、公正以及与此密切相关的认真负责、清正廉洁的工作作风和诚实谨慎的职业态度。

（三）职业道德规范的作用

在现代社会中任何一种职业的存在和发展，都离不开社会对其的理解和支持。特别是当这种职业的复杂性，使外界无法对其过程予以评价时，通过公布自身约束机制，来取得外界对该职业的理解和支持，就显得更为重要。注册会计师职业道德规范的作用主要有：

1. 为独立审计职业界提供实用的行动指南。

2. 促进审计按照审计准则等职业准则的要求提供专业服务，保证并提高服务质量。

3. 向社会公众昭示审计应达到的道德水准，提高社会对审计的信任程度。

4. 明确审计的职业责任，进而规范审计与客户，同行及社会公众的关系。

5. 维护审计人员的正当权益。

注册会计师职业道德是审计管理体系中重要的组成部分，是所有注册会计师坚持依法独立审计，保证审计职业水平的重要依据。

二、职业道德规范的基本构成

（一）美国注册会计师职业道德规范

美国关于注册会计师职业道德的规定与审计准则一样，也是双轨制。美国注册会计师职业道德规范，由美国注册会计师协会（AICPA）下设的职业道德部负责制定与颁发；与此同时，还建立了职业道德惩戒委员会，以保证职业道德规范的有效执行。除此之外，针对向公众公司提供审计服务的注册会计师，他们还必须遵循由 PCAOB 制定的更加严格的道德条例，目前 PCAOB 重点就提高独立性问题设置了较多规定。

1. 职业道德规范的基本构成。

美国注册会计师职业道德规范体系由职业道德概念、行为守则、行为守则解释、道德裁决构成。

（1）职业道德概念。它强调专业人员对公众、同行及客户的责任，是注册会计师的理想道德标准和精神境界。包括①独立、客观、正直；②一般标准和技术标准；③对客户的责任；④对同行的责任；⑤其他职责和活动。这些道德概念没有强制性。

（2）行为守则。是职业道德概念的具体化，是注册会计师在执行业务中应当遵循的最低标准，具有强制性。

（3）行为守则解释。它主要明确了行为守则的范围并为行为守则的实施提供了指南。行为守则解释虽没有强制性，但如果违反了这些行为守则解释则必须申明理由。从实际情况看，注册会计师背离了行为守则解释，是很难为自己辩护的。

（4）道德裁决。它说明行为守则及其解释在具体情况下的运用是由许多判例组成。虽没有强制性，但在类似情况下，违反这些判例则要申明理由。

2. 职业道德规范的基本内容。

（1）独立、公正和客观。守则 101：在公众领域从事职业服务时，必须遵循职业准则对独立性的各项要求。

守则 102：在从事职业服务时，必须保持公正和客观的态度，避免任何利益冲突，避免其专业判断受到来自任何一方的干扰，禁止在明知事实的情况下不予指明，甚至做虚假陈述。

（2）一般准则和会计原则。守则 201：从事职业服务时，必须遵循的一般准则包括：

①职业胜任能力：注册会计师和事务所不得承接以其专业胜任能力不能完成

的业务；

②应有的职业谨慎：从事专业服务时，必须保持应有的职业谨慎，即严格遵循职业准则的各项要求；

③计划和督导：从事专业服务时，应当进行充分的计划和适当的督导；

④充分、相关的证据：从事专业服务时，应收集充分的、相关的证据以为其结论和建议提供合理的保证。

守则 202：在从事审计、复核、编表、管理咨询、税务和其他专业服务时，应当遵循权威机构的各项专业准则。

守则 203：如果财务报表或其他财务信息中包含了对权威机构所制定会计原则的背离，就不应该对这些财务报表或其他财务信息遵循一般公认会计原则的情况表达肯定的意见。

（3）对客户的责任。

注册会计师应对其客户保持公正、坦率的态度，竭尽全力，既关心客户的利益，又承担对公众的责任。

守则 301：从事公共服务的注册会计师应为客户保守商业机密，在未得到客户允许的情况下，不能随意泄露这些商业机密。

守则 302：从事公共服务的注册会计师不能以或有基础，即不能按照服务成果确定收费标准。服务收费应该按照服务性质、种类，提供服务的时间，提供服务人员的层次合理确定。

（4）其他责任和实务。

注册会计师应尽力提高本职业的地位和为公共利益服务的能力。

守则 501：注册会计师不得从事下列有损其职业名誉的行为：

①在完成业务工作后，仍然保留客户的会计记录；

②在职业活动中存在各种形式的歧视行为；

③在受托办理有关政府机构的审计时，不能做到同时遵循政府审计准则和一般公认审计准则；

④获取或者泄露注册会计师统一考试的题目和答案。

守则 502：注册会计师在公共服务中不得以虚假的、令人误解的或欺骗性的广告或其他招揽方式寻求客户。

守则 503：从事公共服务的注册会计师不得以收取或支付佣金的方式介绍或招揽业务。从事非公共服务的注册会计师应将其收取或支付的佣金和介绍费予以揭示。

守则 505：注册会计师只能按照法律规定允许的组织形式组成事务所，事务所不能使用令人误解的名称。

（二）国际会计师联合会的注册会计师职业道德规范

国际会计师联合会的注册会计师职业道德规范由职业道德委员会制定并颁布。

1. 职业道德规范的基本构成。

IFAC 职业道德规范共分为三个部分：第一部分适用于所有职业会计师，除非有特殊说明；第二部分仅适用于执行公共业务的会计师；第三部分则适用于受雇于制造业、商业、政府或教育部门的职业会计师，适当时也可适用于执行公共业务的会计师。

2. 职业道德规范的基本内容。

（1）正直。职业会计师在从事职业服务时必须正直和诚实。

（2）客观性。职业会计师必须公允，不允许存在任何歧视或偏见，不允许存在超越客观性的利益冲突或影响他人的行为。

（3）职业胜任能力和应有的职业谨慎。职业会计师必须以合理的职业谨慎、胜任能力和勤勉态度从事执业服务，并应始终具有按照既定要求更新执业知识和技能的责任，以确保客户或雇主能够获得基于最新实务、法规和技术发展基础之上的高质量的职业服务。

（4）保密性。职业会计师必须对在执行职业服务过程中所获得信息保密，在没有任何适当或特别授权，或在没有法律或职业权利或责任予以披露的情况下，绝不可以使用或披露这些信息。

（5）职业行为。职业会计师必须按照体现职业界良好声誉的方式从事任何活动，必须避免任何将给职业带来不名誉的行为。避免给职业带来不名誉的义务要求。IFAC 的会员团体在制定道德标准时必须考虑职业会计师对客户、第三者、会计师职业的其他会员、同事、雇主和社会公众的责任。

（6）技术标准。职业会计师应该按照相关的技术和职业标准提供职业服务。职业会计师有责任以合理的谨慎和技能开展服务，在遵循客户或雇主的指令时必须以保持职业标准所要求的独立、正直、客观的态度为前提。

（三）我国注册会计师职业道德规范

为了顺应经济社会发展对注册会计师诚信和职业道德水平提出的更高要求，进一步提升审计质量，吸收借鉴国际职业会计师道德守则的最新成果，保持与国际守则的持续动态趋同，2020 年 12 月 17 日，中国注册会计师协会发布《中国注册会计师职业道德守则（2020）》和《中国注册会计师协会非执业会员职业道德守则（2020）》。守则自 2021 年 7 月 1 日起施行。其中，修订后的《中国注册会计师职业道德守则（2020）》具体包括《中国注册会计师职业道德守则第 1 号——职业道德基本原则》《中国注册会计师职业道德守则第 2 号——职业道德概念框架》《中国注册会计师职业道德守则第 3 号——提供专业服务的具体要求》《中国注册会计师职业道德守则第 4 号——审计和审阅业务对独立性的要求》和《中国注册会计师职业道德守则第 5 号——其他鉴证业务对独立性的要求》。

三、职业道德基本原则

职业道德基本原则：诚信、客观公正、独立性、专业胜任能力和勤勉尽责、保密、良好职业行为。

（一）诚信

诚信，是指诚实、守信。也就是说，一个人言行与内心思想一致，不虚假；能够履行与别人的约定而取得对方的信任。诚信原则要求会员应当在所有的职业关系和商业关系中保持正直和诚实，秉公处事、实事求是。

（二）客观公正

客观，是指按照事物的本来面目去考察，不添加个人的偏见。公正，是指公平，正直，不偏袒。客观和公正原则要求会员应当公正处事、实事求是，不得由于偏见、利益冲突或他人的不当影响而损害自己的职业判断。如果存在导致职业判断出现偏差，或对职业判断产生不当影响的情形，会员不得提供相关专业服务。

（三）独立

在执行鉴证业务时，注册会计师必须保持独立性。在市场经济条件下，投资者主要依赖财务报表判断投资风险，在投资机会中做出选择。如果注册会计师不能与客户保持独立，而是存在经济利益、关联关系，或屈从于外界压力，就很难取信于社会公众。

注册会计师的独立性包括两个方面——实质上的独立和形式上的独立。

1. 实质上的独立性是一种内心状态，要求注册会计师在提出结论时不受有损于职业判断的因素影响，能够诚实公正行事，并保持客观和职业怀疑态度；

2. 形式上的独立性要求注册会计师避免出现重大的事实和情况，使得一个理性且掌握充分信息的第三方在权衡这些事实和情况后，很可能推定会计师事务所或项目且掌握充分信息的第三方在权衡这些事实和情况后，很可能推定会计师事务所或项目组成员的诚信、客观或职业怀疑态度已经受到损害。

（四）专业胜任能力和勤勉尽责

专业胜任能力和勤勉尽责原则要求会员应当保持专业胜任能力，将专业知识和技能始终保持在应有的水平之上，以适应当前实务、法律和技术的发展，确保客户或雇佣单位能够得到合格的专业服务。同时，在提供专业服务时，会员应当保持应有的关注，遵守职业准则和技术规范，勤勉尽责。

专业服务要求注册会计师在运用专业知识和技能提供服务时合理运用职业判断。专业胜任能力可分为两个独立阶段：（1）专业胜任能力的获取；（2）专业胜任能力的保持。会员应当持续了解和掌握相关的专业技术和业务的发展，以保持专业胜任能力。持续职业发展能够使会员发展和保持专业胜任能力，使其能够胜任特定业务环境中的工作。

勤勉尽责，要求注册会计师按照有关工作要求，认真、全面、及时地完成工作任务。在审计过程中，会员应当保持职业怀疑态度，运用专业知识、技能和经验，获取和评价审计证据。同时，会员应当采取措施以确保在其授权下工作的人员得到适当的培训和督导。在适当情况下，会员应当使客户、雇佣单位和专业服务的其他使用者了解专业服务的固有局限性。

（五）保密

会员能否与客户维持正常的关系，有赖于双方能否自愿而又充分地进行沟通和交流，不掩盖任何重要的事实和情况。只有这样，会员才能有效地完成工作。会员与客定，在公众领域执业的注册会计师，在没有取得客户同意的情况下，不能泄露任何客户的涉密信息。

保密原则要求会员应当对因职业关系和商业关系而获知的信息予以保密，避免出现下列行为：

1. 除非法律法规和职业规范允许或要求，在未经适当且特别授权的情况下，向会计师事务所或雇佣单位以外的第三方披露由于职业关系和商业关系获知的涉密信息。

2. 利用因职业关系和商业关系而获知的涉密信息为自己或第三方谋取利益。会员在社会交往中应当遵循保密原则。会员应当警惕无意泄密的可能性，特别是向直系亲属、近亲属以及关系密切的商业伙伴无意泄密的可能性。直系亲属是指配偶或父母（含岳父母）、子女或兄弟姐妹。近亲属是指不属于直系亲属的近亲属。

另外，会员应当对其预期的客户或雇佣单位的信息予以保密。在终止与客户或雇佣单位的关系之后，会员仍然应当对在职业关系和商业关系中获知的信息保密。如果变更雇佣单位或获得新客户，会员可以利用以前的经验，但不应利用或披露任何由于职业关系和商业关系获得的涉密信息。会员应当明确在会计师事务所内部或雇佣单位内部保密的必要性。采取有效措施，确保其下级员工以及为其提供建议和帮助的人员遵循保密原则。

会员在下列情况下可以披露客户的涉密信息：

（1）法律法规允许披露，并且取得客户或雇佣单位的授权。

（2）法律法规要求披露、包括为法律诉讼、仲裁出示文件或提供证据，以及向有关监督机构报告发现的违法行为。

（3）法律法规允许下。在法律诉讼、仲裁中维护自己的合法权益。

（4）接受注册会计师协会或监督机构的质量检查、答复其询问和调查。

(5）法律法规、职业准则和职业道德规定的其他情形。

（六）良好职业行为

良好职业行为原则要求会员应当遵守相关法律法规，避免发生任何有损职业声誉的行为。在向社会公众推介自身和工作时，应当客观、恰当，不得存在下列损害职业形象的行为：

1. 对其能够提供的服务、拥有的资质以及积累的经验进行夸大宣传。

2. 对其他会员的工作进行贬低或比较。

【课后习题】

一、思考题

1. 注册会计师职业规范包括哪些内容？

2. 如何理解执业准则及其作用？

3. 我国审计准则的基本内容是什么？

4. 制定审计质量控制准则的目的是什么？

5. 职业道德规范的基本原则是什么？

二、案例题

WG 科技审计案例分析

WG 科技有限公司（以下简称“WG 科技”）自 1997 年改制上市至 2006 年，其年度会计报表一直委托 A 会计师事务所负责。然而，在 2006 年的公司年度会计报表审计过程中，A 会计师事务所的审计人员未能发现 WG 科技的虚构利润问题，对其年度会计报表的审计出具了标准的无保留意见审计报告，存在重大过失，先是没能通过 2007 年度证券期货相关业务许可证年检，随后于 2008 年 2 月份被政府有关主管部门给予撤销会计师事务所和吊销相关注册会计师执业资格的行政处罚。

（一）WG 科技及 A 会计师事务所概况

WG 科技是一家享有 14 年历史的以专业电脑显示器研发、生产、销售为主的的综合性国际知名 IT 集团企业，属下有 2 家分别在台湾和香港的上市公司及分布在中国、美国、欧洲、南美洲的 16 家分支机构以及遍布全球的销售和服务网点。资策会市场情报中心（MIC）统计 2006 年 WG 科技显示器销量全球排名第五。

然而，据财政部披露，A 会计师事务所是一家仅有 16 名注册会计师的合伙事务所，该所内部管理混乱，从 2003 年 1 月到 2004 年 5 月共出具了 4 098 份审计报告，大量审计报告未履行必要的审计程序，造成了恶劣的社会影响。

（二）A 会计师事务所对 WG 科技年报审计的主要情况

1. 没有签订审计业务约定书。由于 WG 科技是 A 会计师事务所的长期客户，因而这几年的审计均没有签订审计业务约定书。据了解，双方口头约定的审计收费为人民币 30 万元，2006 年审计费用由于 WG 科技虚构利润案受到中国证监会的稽查而没有收到。

2. A 会计师事务所在该项目审计人员的安排上不能满足专业胜任能力的要求。A 会计师事务所大多数从业人员没有注册会计师资格，2006 年派出的 4 名审计人员均非注册会计师，其中还有一名实习生，缺乏必要的专业技能、专业判断能力和外贸业务知识，更不具备识别上市公司舞弊和欺诈的能力。

3. 在质量控制上未能切实履行多级复核程序。WG 科技的审计项目没有指定项目经理对所有工作底稿进行全面复核，分管该项目的第二合伙人也没有完全履行复核程序，仅听取第一合伙人对一些重大的审计和会计问题的口头陈述，因此，该审计项目的质量控制最终只依赖第一合伙人。

（三）A 会计师事务所审计失败的主要原因

1. 被审计单位的恶意欺诈。调查发现，WG 科技的虚构利润案是一项系统工程，涉及面广，潜伏时间长，先后用 7 年时间潜心炮制一出所谓高新科技的弥天骗局。据报道：WG 科技“从原料购进到生产、销售、出口，WG 科技伪造了全部单据，包括采购原料合同、购货发票、银行汇款单、出口销售合同等 100 多份关键财务文件”。长时间的造假工程，匪夷所思，就连历来在资本市场叱咤风云的证券公司也深受其害，作为证券市场弱势团体的注册会计师沦为上市公司作假的替罪羊也就不足为怪了。

2. 会计师事务所未能严格按照审计准则执业。主要包括以下几个方面：

第一，没有按照审计准则的要求进行函证和分析回函结果、并实施必要的替代测试。审计人员在对 WG 科技应收账款进行函证时，将所有询证函交由 WG 科技发出，没有要求 WG 科技的债务人将回函直接寄达会计师事务所，而是由 WG 科技直接或通过传真方式交给审计人员。

审计人员没有对未回函的应收账款余额进行必要的跟踪和引起合理的专业怀疑。截至 2000 年底的人民币 1.64 亿元应收账款询证函均没回函，仅做简单的替代测试，没有进一步索取海关报关单、运单、提单等外部证据或引起合理的专业怀疑，采取其他必要的审计程序，仅根据 WG 科技内部证据便确认公司应收账款余额。

第二，没有对大额的银行收支款项进行彻底的审查。审计人员虽然对现金和银行存款收支款项进行了测试，但抽查的样本并非大额收支款项，这样也导致对销售货款结算方式的疏忽。

第三，WG 科技编制合并报表时，未抵销与子公司之间的关联交易，也未按股权协议的比例合并子公司，从而虚增巨额资产和利润。审计人员未能发现或报告在合并报表中存在的重大虚假问题。

第四，对于不符合国家税法规定的异常增值税及所得税政策披露情况，审计人员没有予以应有关注。如WG科技购进原材料发票均是使用普通发票问题；又如WG科技2000年度企业所得税税负的实际税率不到1.75%，远远低于内地33%的所得税率或经济特区和经济开发区15%优惠税率的规定。

除此之外，对于境外销售合同的行文不符合一般商业惯例的情况未能予以关注和未收集或严格审查重要的法律文件、未关注重大不良资产、存在以预审代替年审等重大缺陷，也是未能严格按照审计准则执业的表现。

［要求］请分析A会计师事务所审计失败的经验和教训是什么。

第四章　注册会计师的法律责任

【本章教学目的和要求】

通过本章的学习，要求学生理解并掌握注册会计师法律责任的概念，经营失败、审计失败等概念，了解注册会计师法律责任的分类，了解注册会计师及会计师事务所民事责任和刑事责任的构成要件，理解美国在习惯法和成文法下的注册会计师的法律责任，了解“厄特马斯主义”及“扩大的厄持马斯主义”说，熟悉注册会计师法律责任规避的有效途径及抗辩的理由。

【引导案例】

2000年11月，中国证监会对麦科特利润虚假问题立案调查发现，麦科特光电股份有限公司会计师通过伪造进口设备融资租赁合同，虚构固定资产9 074万港元；采用伪造材料和产品的购销合同、虚开进出口发票、伪造海关印章等手段，虚构收入30 118万港元，虚构成本20 798万港元，虚构利润9 320万港元。在麦科特造假案中，深圳华鹏会计师事务所为其出具了严重失实的审计报告，对其进行同步审计和资产评估，编造有关合同、协议、法律文件和政府批文，并倒签日期，欺骗有关部门，骗取股票发行资格，导致所内4人被刑事拘留，2人取保候审，此案还另外涉及资产评估师、麦科特公司员工等共24人。其总会计师练国富等人均被司法检察机关逮捕归案。

【引导案例思考】深圳华鹏会计师事务所的行为触犯了哪些法律法规？

第一节　注册会计师的法律环境

一、注册会计师承担法律责任的依据

注册会计师在执行审计业务时，应当按照审计准则的要求审慎执业，保证执业质量，控制审计风险。否则，一旦出现审计失败，就有可能承担相应的责任。

法律责任的出现，通常是因为注册会计师在执业时没有保持应有的职业谨慎，并因此导致了对他人权利的损害。应有的职业谨慎，指的是注册会计师应当具备足够的专业知识和业务能力，按照执业准则的要求执业。注册会计师承担的责任，通常是由被审计单位的经营失败所引发，如果没有应有的职业谨慎，就会出现审计失败，审计风险就会变成实际的损失。

经营失败，是指企业由于经济或经营条的变化（如经济衰退、不当的管理决策或出现意料之外的行业竞争等）而无法满足投资者的预期。经营失败的极端情况是申请破产。被审计单位在经营失败时，也可能会连累注册会计师。很多会计和法律专业人士认为，财务报表使用者控告会计师事务所的主要原因之一，是不理解经营失败和审计失败之间的差别。众所周知，资本投入或借给企业后就会面临某种程度的经营风险。审计失败则是指注册会计师由于没有遵守审计准则的要求而发表了错误的审计意见。例如，注册会计师可能指派了不合格的助理人员去执行审计任务，未能发现应当发现的财务报表中存在的重大错报。审计风险是指财务报表中存在重大错报，而注册会计师发表不恰当审计意见的可能性。由于审计中的固有限制影响注册会计师发现重大错报的能力，注册会计师不能对财务报表整体不存在重大错报作出绝对保证。特别是，如果被审计单位管理层精心策划和掩盖舞弊行为，尽管注册会计师完全按照审计准则执业，有时还是不能发现某项重大舞弊行为。

在绝大多数情况下，当注册会计师未能发现重大错报并出具了错误的审计意见时，就可能产生注册会计师是否恪守应有的职业谨慎这一法律问题。如果注册会计师在审计过程中没有尽到应有的职业谨慎，就属于审计失败。在这种情况下，法律通常允许因注册会计师未尽到应有的职业谨慎而遭受损失的各方，获得由审计失败导致的部分或全部损失的补偿。但是，由于审计业务的复杂性，判断注册会计师未能尽到应有的谨慎也是一项困难的工作。尽管如此，注册会计师如果未能恪守应有的职业谨慎，通常会由此承担责任，并可能致使会计师事务所也遭受损失。

二、注册会计师法律责任逐步拓展的社会原因和表现形式

（一）注册会计师法律责任逐步拓展的社会原因

从目前看，注册会计师涉及法律诉讼的数量和金额都呈上升趋势。由于审计环境发生很大变化，企业规模扩大、业务全球化以及企业经营的错综复杂性，使会计业务更加复杂，审计风险变大。同时，政府监管部门保护投资者的意识日益增强，监管措施日益完善，处罚注册会计师的力度日益加大。在这种情况下，利益相关者起诉注册会计师的案件逐渐增多，注册会计师败诉的案例也日益增多。这使得律师有非常强烈的动机，以或有收费为基础向利益相关者提供法律服务，

无论是否有道理，都将注册会计师作为起诉的对象。

总体来讲，注册会计师法律责任逐步加重的社会原因可归结为以下几个方面：（1）消费者利益的保护主义兴起。随着美国20世纪30年代早期《证券法》的通过和证券市场的发展，投资者和债权人更多开始使用经审计的财务报表作为决策依据。这种现象提高了社会公众对注册会计师工作的期望，也极大增强了依赖注册会计师工作的投资者和债权人中于遭受损失而向注册会计师获取补偿的欲望。这可以视为对消费者权益与商业利益之间出现利益失衡进行的一种补偿，表明人们开始对消费者的利益逐渐认识和重视。（2）有关审计保险论的运用。社会公众将注册会计师看作是财务报表的保证人。因此，当注册会计师作为"保证人"被看作是一个拥有经济实力的团体时，投资者和债权人在每次遭遇险境时，往往将注册会计师作为索取赔偿的对象，当作承担责任的"深口袋"。这就是所谓的"深口袋"理论（Deep-pocket theory）（即任何看上去拥有经济财富的人都可能受到起诉，不论其应当受到惩罚的程度如何）和"风险社会化"（即把责任推向那些被认为可以避免损失或可以通过向其他人收取更高的费用转嫁损失的人），注册会计师越来越明显地被看作是担保人而非独立、客观的审计者和报告者。（3）注册会计师对商业领域的参与日渐拓展。

（二）注册会计师法律责任逐步拓展的表现形式

"诉讼爆炸"（Litigation explosion）是注册会计师责任加重的主要表现形式。近十多年来，企业经营失败或者因管理层舞弊造成破产倒闭的事件剧增，投资者和贷款人蒙受重大损失，注册会计师因而被指控未能及时揭示或报告这些问题，并被要求赔偿有关损失。迫于社会的压力，许多国家的法院判决逐渐倾向于扩大注册会计师在这些方面的法律责任。

注册会计师法律责任的不断扩大，履行责任的对象随之拓宽，这些都使得注册会计师很容易被指控为民事侵权，"诉讼爆炸"也由此产生。在目前的法律环境下，注册会计师职业引人关注的一个问题是，指控会计师事务所和注册会计师执业不当的诉讼案件和赔偿金额日益增多。20世纪90年代美国专家估计，由于法律诉讼和赔偿金额的激增，美国会计师事务所诉讼的直接费用支出占其审计收入的20%。诉讼赔偿不仅是大型会计师事务所面临的问题，也是中小会计师事务所提供鉴证服务应当考虑的问题。

在国外，政府和民间诉讼者一样，也越来越多地就注册会计师执业不当提起诉讼，并从法律上要求进行赔偿。例如，美国联邦储备局和美国司法部联合对与一家主要金融机构审计失败有关的会计师事务所提出诉讼，英国政府也曾经在美国起诉一家与一个现已不存在的汽车制造公司有关的会计师事务所，以求弥补损失。起诉注册会计师的案件不断增长这一现象不仅出现在美国，在其他一些国家和地区也是如此。一家大型国际保险经纪公司的总裁在一次讲话中说，对注册会计师指控的案件至少在70个国家中有所增长。

保险危机是注册会计师责任加重的另一种表现形式。伴随着诉讼迅速增长的趋势，出现了另外一个重要的现象：职业过失保险赔付急剧增长，而保险赔付的增加又不可避免地导致保险费用的攀升。例如，在美国，在对执业不当的审判中，凡涉及大额赔付的，陪审团裁决的基础就是认为赔偿金额通常由保险公司而非被告承担。陪审团的裁决表明他们已先入为主地认为被告都事先投了保。很明显，在陪审团眼中，保险金额的支付就像天上掉下来的馅饼。

早期的司法制度倾向于限定注册会计师对第三方的法律责任，但自20世纪70年代末以来，不少法官已放弃上述判例原则，转而规定注册会计师对已知的第三方使用者或财务报表的特定用途必须承担法律责任。当注册会计师涉及民事侵权案件时，诉讼带来的直接后果就是导致赔偿金额的持续上涨。这又导致注册会计师由于支付高额保险费用而引发提供的服务价格持续上涨。

三、对注册会计师法律责任的认定

（一）违约

所谓违约，是指合同的一方或多方未能履行合同条款规定的义务。当违约给他人造成损失时，注册会计师应负违约责任。比如，会计师事务所在商定的期间内未能提交纳税申报表，或违反了与被审计单位订立的保密协议等。

（二）过失

所谓过失，是指在一定条件下，没有保持应有的职业谨慎。评价注册会计师的过失，是以其他合格注册会计师在相同条件下可做到的谨慎为标准的。当过失给他人造成损失时，注册会计师应负过失责任。过失对按程度不同区分为普通过失和重大过失。

普通过失，有的也称一般过失，通常是指没有保持职业上应有的职业谨慎；对注册会计师而言则是指没有完全遵循专业准则的要求。比如，未按待定审计项目获取充分、适当的审计证据就出具审计报告的情况，可视为一般过失。

重大过失是指连起码的职业谨慎都没有保持。对注册会计师而言，则是指根本没有遵循专业准则或没有按专业准则的基本要求执行审计。

（三）欺诈

欺诈又称舞弊，是以欺骗或坑害他人为目的的一种故意的错误行为。作案具有不良动机是欺诈的重要特征，也是欺诈与普通过失和重大过失的主要区别之一。对于注册会计师而言，欺诈就是为了达到欺骗他人的目的，明知委托单位的财务报表有重大错报，却加以虚伪的陈述，出具无保留意见的审计报告。

与欺诈相关的另一个概念是“推定欺诈”，又称“涉嫌欺诈”，是指虽无故意欺诈或坑害他人的动机，但却存在极端或异常的过失。推定欺诈和重大过失这两个概念的界限往往很难界定，在美国，许多法院曾经将注册会计师的重大过失解释为推定欺诈，特别是近年来有些法院放宽了“欺诈”一词的范围，使得推定欺诈和欺诈在法律上成为等效的概念。这样，具有重大过失的注册会计师的法律责任就进一步加大了。

四、注册会计师承担法律责任的种类

注册会计师因违约、过失或欺诈给被审计单位或其他利害关系人造成损失的，按照有关法律规定，可能被判承担行政责任、民事责任或刑事责任。这三种责任可单处，也可并处。行政责任，对注册会计师而言，包括警告、暂停执业、吊销注册会计师证书；对会计师事务所而言，包括警告、没收违法所得、罚款、暂停执业、撤销等。民事责任主要是指赔偿受害人损失。刑事责任是指触犯刑法所必须承担的法律后果，其种类包括罚金、有期徒刑以及其他限制人身自由的刑罚等。

第二节　我国注册会计师法律责任的构成要件

一、注册会计师民事责任的构成要件

注册会计师及会计师事务所对第三者承担民事责任的构成要件包括：损害事实、主观过错、因果关系和民事违法行为。

（一）受害人因依赖注册会计师审计过的会计报表及建议而导致的损失

损失作为一种事实状态，是指因一定的行为或事件使某人受法律保护的权利和利益遭受某种不利的影响。这一事实状态作为确定责任的因素，是民事责任构成的前提。若是过失没有造成伤害，就没有理由诉讼。就注册会计师民事责任来说，它应该是一种已实现的、有形的、直接的经济损失。主要是指受害人因依赖注册会计师审计过的会计报表或建议而导致的损失，表现为财产损失。这一损失应符合可补救性、确定性及侵害合法利益的三个条件。该要件之重点在于损失的程度。这种损失在具体个案中情况可能各不相同，它可以用证券价值的下跌额，也可以用资产的损失额等来表示。但无论如何，这种损失必须是已发生的或将来必定要发生的，且必须是正常人以一般理念和现有物质技术手段可以认定的（法律有特殊规定的除外）这一要件的证据通常由原告提供。

（二）注册会计师在执业过程中存在着主观上的过错行为

注册会计师在执行过程中的主观过错行为，是指注册会计师在实施造成客户

或其他利害关系人损失行为时的主观心理状态。如注册会计师在执业中未尽应有的职业谨慎，即存在过失或欺诈。主观过错行为是注册会计师民事责任构成要件中的重要因素，它不仅是责任的构成要件，而且是最终的构成要件。

（三）导致的损失与所依赖的会计报表或建议有因果关系

此类因果关系表现为逻辑推理中的因果关系，也即注册会计师的过错行为不仅必须是受害人所受伤事实的原因，而且也应该是最近的（或法定的）原因。原告要在以下两方面进行举证：一是原告必须要证明若没有注册会计师的不实陈述，导致其产生损失的交易就不会完成，至少不会以最终表现的形式来完成；二是原告还应当证明，其损失与注册会计师的不实陈述之间具有一定的因果关系。在判断这种因果关系时，确定受害人是否对注册会计师审计过的会计报表及建议产生某种合理的依赖十分重要，这种依赖必须是合理的，也即是一个一般的理性人在这种情况下也能够产生此种依赖，而不是盲目的依赖。

（四）错误表述了审计意见或提出了错误的建议

如果注册会计师或其所在的事务所根据执业过程中收集的充分且适当的证据及其职业判断，所发表的对会计报表的审计意见或其他建议并无错误，就不构成注册会计师在执业过程中的民事责任。这一要件的证据通常要由原告提供。鉴于注册会计师提供服务的专业性，一般受害人由于信息不对称及能力所限，在确定注册会计师民事责任时有关报告的错误表述或错误建议也可以采用推定的办法。

从法律角度来说，以上四个要件，任何一个不成立就不能构成侵权。

二、注册会计师刑事责任的构成要件

注册会计师在执业过程中由于违反国家法律法规，情节严重者，需要承担刑事责任，构成注册会计师刑事责任的要件包括：犯罪主体、犯罪客体、犯罪主观意愿及犯罪客观事实。

（一）犯罪主体

犯罪主体即实施犯罪行为的人，一般是由达到法定刑事责任年龄、具备刑事责任能力的自然人构成。这一条件对注册会计师来说，基本上是满足的，因为在《中华人民共和国注册会计师法》中，已对注册会计师的行为能力作了要求。

（二）犯罪客体

犯罪客体是指犯罪行为侵害了一定的社会关系，这种社会关系一定是受刑法保护的。对于注册会计师来说，由于其职业性质，所犯的罪行都属于经济犯罪，即违反国家经营管理法规，破坏社会主义经济秩序，严重影响国民经济和市场秩序的一类犯罪行为。注册会计师可能犯有的罪行有三种：（1）故意或严重不负责任而出具虚假证明文件造成严重后果的，属于扰乱市场经济秩序罪，这是注册会计师最可能犯的罪行。（2）侵犯商业秘密，这种罪行属于侵犯知识产权罪，它所破坏的社会关系是对知识产权的保护问题。（3）利用证券内幕行为进行交易并谋取私利的行为，属于破坏金融管理秩序罪，它所破坏的社会关系是国家金融管理秩序。

（三）犯罪主观意愿

犯罪主观意愿指的是犯罪主体在造成某种危害结果时是否在主观上存在着过失或故意，犯罪的判别不应该仅仅依据其客观行为产生的危害性结果。对于犯罪主观意愿的判别最主要的是犯罪的过失和故意。

1. 重大过失。

注册会计师存在重大过失时才需要承担过失犯罪的刑事责任。一般过失与重大过失通常是通过重要性与内部控制进行判别的。如果被审计单位会计报表中存在重大错报事项，注册会计师运用常规审计程序通常应予以发现，但审计人员因工作疏忽未能将重大错报事项查出来；或者如果客户内部控制不太健全，而注册会计师没有调整实质性程序的性质、时间和范围，造成未能发现一般都能发现的错报、漏报。对于上述两种情况下造成严重的后果，注册会计师则可能要承担相应的刑事责任。对于注册会计师因重大过失所应承担的刑事责任，我国《中华人民共和国刑法》第二百二十九条第三款规定："承担资产评估、验资、会计、审计、法律服务等职责的中介组织的人员严重不负责任，出具的证明文件有重大失实，造成严重后果的，处三年以下有期徒刑或者拘役，并处或者单处罚金。"

2. 故意。

故意指的是明知自己的行为会产生危害社会的结果，却希望或放任这一结果的发生。审计中的欺诈即为故意的一种典型。根据《中华人民共和国刑法》第二百二十九条的规定，注册会计师的故意犯罪有两种情况：一种是注册会计师故意提供虚假文件，情节严重；别一种是注册会计师索取他人财物或者非法收受他人财物。

（四）犯罪客观事实

犯罪客观事实指的是注册会计师存在着违法行为，即违反工商、金融、市场管理法规的行为。关于注册会计师犯罪的客观事实主要有：扰乱市场经济秩序罪，就是故意或严重不负责任而出具虚假验资、审计报告的行为，这种行为违反了《中华人民共和国注册会计师法》；侵犯知识产权罪，就是泄漏客户商业秘密的行为，这种行为违反了《中华人民共和国知识产权保护法》；破坏金融管理秩序罪，就是以内幕信息进行股票交易的行为，这种行为违反了《中华人民共和国证券法》。

需要注意的是，并不是存在如上的客观事实就构成了犯罪，只有客观事实与其造成的危害有因果关系时，犯罪罪行才能确立。

三、会计师事务所刑事责任的构成要件

会计师事务所刑事责任的构成条件与注册会计师刑事责任的构成要件相同，也是由犯罪主体、犯罪客体、犯罪主观意愿及犯罪客观事实四个要件构成。同理，会计师事务所与注册会计师在犯罪客体、犯罪主观意愿及犯罪客观事实这三个要件中的内容基本一致的，只有在犯罪主体上存在着差别。会计师事务所的犯罪主体是会计师事务所，是一个法人团体；而注册会计师的犯罪主体是注册会计师，是自然人。正是由于其在犯罪主体特性上的不同，会计师事务所在刑事责任构成要件上必然还有其特殊的一面。会计师事务所是否构成犯罪除上面四要件外，还要考虑如下一些因素，其中的某些因素也是用来区分会计师事务所与注册会计师犯罪的标准。

（一）会计师事务所的过失犯罪，必须是在会计师事务所的业务范围内

会计师事务所的主要组成人员为其代表人、主管人员、直接责任人及其他成员。他们在执业的过程中因过失造成了危害社会的结果，会计师事务所就可能要承担刑事责任。但这种过失，只可能限定于会计师事务所的法律规定业务范围之内，对于超出会计师事务所业务范围的过失造成了危害社会的结果，构成犯罪的，不能作为会计师事务所的犯罪，而只能作为会计师事务所成员的个人犯罪。我国会计师事务所的法定业务范围，也就是注册会计师的法定业务范围，在《中华人民共和国注册会计师法》第三章“业务范围和规则”中作出了具体的规定。

（二）会计师事务所犯罪的实施者必须是会计师事务所的法定代表人、主管人员、直接负责人和其他人员

犯罪主体，作为犯罪的一个重要构成条件，无论是会计师事务所犯罪还是注册会计师犯罪，都应具备。所不同的是，注册会计师犯罪的主体是注册会计师，是自然人；而会计师事务所犯罪的主体是会计师事务所，是法人团体。虽然存在着犯罪主体的不同，但会计师事务所的犯罪行为仍是其由成员来实施的，只是这种成员的犯罪行为必须是在会计师事务所意志支配下实施的。因此，会计师事务所犯罪的实施者不是任意会计师事务所成员，而必须是能够反映会计师事务所整体的法定代表人、主管人员、直接责任人员和其他成员，只有他们才代表会计师事务所的意志。

（三）会计师事务所故意犯罪必须是以会计师事务所名义而实施的

与注册会计师是自然人不同的是会计师事务所一个法人组织，具有独立的人格，因而能以独立的社会关系主体的资格对外交往和进行活动。正是由于会计师事务所具有这种主体资格，它才需对其成员的行为承担刑事责任。

（四）会计师事务所的故意犯罪是在会计师事务所的意志支配下实施的，且必须是为了该所的利益

无论是注册会计师犯罪还是会计师事务所犯罪，其犯罪行为的实施人都可能是会计师事务所的法定代表人、主管人员、直接责任人员及其他成员。注册会计师个人可能会盗用会计师事务所的名义进行犯罪活动。因此，区别一项犯罪是注册会计师故意犯罪还是会计师事务所故意犯罪的关键因素，就是看犯罪行为究竟是由哪个主体的意志支配和由哪个主体从犯罪行为中受益。

第三节　美国注册会计师法律责任

美国注册会计师法律责任主要源自习惯法和成文法。所谓习惯法（普通法或案例法）指不是通过立法而是通过法院判例引申而成的各项法律，所谓成文法，则是由联邦或州立法机构以文字所制定的法律。在运用习惯法的案件中，法院甚至可以不按以往的判例而另行创立新的法律先例；但在运用成文法的案件中，法院就必须严格按照有关法律规定进行。

一、对客户的责任（Liability to Clients）

在美国，客户对注册会计师的起诉涉及的范围很广，包括注册会计师未能在约定日期完成一项业务，或是不恰当地退出审计工作，或是未能发现内部控制中的漏洞，其中最为典型的案例就是未能查出客户雇员盗用公款之类的舞弊事件以及泄密事件。

在习惯法下，由于注册会计师的违约、过失给客户造成了经济损失，注册会计师对客户就应负法律责任，遭受损失的客户往往向法院指控注册会计师具有违约、过失导致了侵权行为，从而要求注册会计师赔偿。在这种情况下，损失方必须向法院证明其已受到损失以及这种损失是由于注册会计师的违约、过失造成的。

二、习惯法下对第三者的责任（Liability to Third Parties Under Common Law）

（一）对受益第三者的责任

受益第三者，是指合同中约定的人，但此人既不是要约人，也不是承诺人。其中，合同主要是指审计业务约定书。例如，注册会计师知道客户委托他对财务报表进行审计的目的是为了获取某家银行的贷款，那么这家银行就是受益第三者，具有与合约双方一样的追索权。如果注册会计师过失给依赖审定财务报表的受益第三者——银行造成损失，受益第三者也可以指控注册会计师具有过失而向法庭诉讼追回损失。

（二）对其他第三者责任

“其他第三者”是指除“受益第三者”之外的其他依赖审定财务报表却在合约中未指明的人。在美国，习惯法下注册会计师对其他第三者的责任仍处于不确定的状态。这种不确定体现在注册会计师对于“其他第三者的责任”有两种观点：一种是“厄特马斯主义”（Ultramares doctrine）；另一种是扩大了的厄特马斯主义。

1. 厄特马斯主义。

“厄特马斯主义”源于1931年美国厄特马斯公司对杜罗斯会计师事务所一案（Ultramares Corporation V. Touche）。在该案中，被告罗杜斯会计师事务所对一家经营橡胶进口和销售的公司进行审计并出具了无保留意见审计报告，但其后不久这家公司宣布破产。厄特马斯公司是这家公司的应收账款代理商（企业将应收账款直接卖给代理商以期迅速获得现金），根据注册会计师的审计意见曾给了他几次贷款。厄持马斯公司以未能查出应收账款中有700 000美元等欺诈为由指控会计师事务所具有过失。纽约上诉法庭叛定意见是犯有普通过失的注册会计师不对未曾指明的第三者负责；然而，如果注册会计师犯有重大过失或欺诈，则应对未指明的第三者负责。可见，根据“厄持马斯主义”，注册会计师对于未指明的第三者是否负有责任，关健在于过失程度的大小，普通过失不负法律责任，重大过失或欺诈则应负法律责任。

2. 扩大的“厄特马斯主义”。

自20世纪80年代以来，许多法庭扩大了“厄特马斯主义”关于“其他第三者”的范围：将注册会计师的重大过失责任扩大到了普通过失责任，将“其他第三者”的范围扩大到了“已预见的使用者”（Forseen users），甚至“可预见的使用者”（Forseeable users）。“可预见的使用者”是指注册会计师已经预见到了需要依据审计的财务报表的使用者。例如资产负债表日有大额未归还的应收账款，那么债权人就是“已预见的使用者”。“可预见的使用者”是指注册会计师应该有能力预见所有可能依赖审计的财务报表使用者。

美国一些司法权威仍然承认“厄特马斯主义”的优先地位，但同时，也有一些州的法庭坚持认为，具有普通过失的注册会计师对可预见的使用者也有责任。

习惯法下注册会计师对于第三者的责任案中，举证的责任方也在原告，即当原告（第三者）提起诉讼时，他必须向法院证明：（1）他本身受到损失；（2）他依赖了令人误解的已审财务报表；（3）这种依赖是他受到损失的直接原因；(4) 注册会计师具有某中程度的过失。作为被告的注册会计师仍处于反驳原告所做指控的地位。

三、联邦证券法下对第三者的责任（Civil Liability Under The Federal Securities Laws）

1933 年的《证券法》是在借鉴英国证券立法经验和美国各州立法的基础上产生的。该法采用了英国的披露理论。证券法规定上市公司实行强制审计，使法定审计得以产生，同时该法也明确了注册会计师的法律责任。

1933 年《证券法》对注册会计师的要求颇为严格，表现为：(1) 只要注册会计师具有普通过失，就对第三者负有责任；(2) 举证责任倒置，将不少举证责任由有原告转往被告，原告（证券购买人）仅需证明他遭受了损失以及登记表是令人误解的，而不需证明他依赖了登记表或注册会计师具有过失，这方面的举证责任转往被告（注册会计师）。但是，1933 年《证券法》将有追索权的第三者限定在一组有限的投资人——证券的原始购买人，它是成文法和习惯法中唯一举证责任在被告方的法律。

四、刑事责任（Criminal Liability）

刑事责任是注册会计师因触犯刑法而应承担的法律责任，是注册会计师承担的法律责任中最严重的。用的最多的州法律是《统一证券法》，里面的部分内容与证券交易委员会的规则相似。1933 年《证券法》、1934 年《证券交易法》《联邦邮政舞弊法》和《联邦伪造报表法》是对注册会计师影响最大的联邦法律。

1933 年《证券法》有关刑事责任的规定为：故意违反证券法规定及有重大虚假陈述的注册会计师，一经证明有罪，应处以不超过 1 万美元的罚金或者不超过 5 年的有期徒刑，或者两者并罚。

1934 年《证券交易法》有关刑事责任的规定是：故意违反本法的虚假陈述行为在证实基础上应被处以 100 万美元以下的罚款或处以 10 年以下有期徒刑，或两者并处。如果该人员为非自然人，则应处以 250 万美元以下的罚款；但是任何人如果证明其不知道有关规则、规章的规定，个人不得因违反此类规则或规章而判处有期徒刑。

此外，萨班斯法案（SOX），又被称为萨班斯 - 奥克斯利法案，其全称为《2002 年公众公司会计改革和投资者保护法案》，该法案对美国《1933 年证券法》《1934 年证券交易法》作出大幅修订，在公司治理、会计职业监管、证券市场监管等方面作出了许多新的规定。SOX 法案的一个重点就是强化公司、高管及注册会计师犯罪的刑事责任，比如，SOX 法案规定，故意进行证券欺诈的犯罪最高可判处25年入狱，对犯有欺诈罪的个人和公司的罚金最高分别可达500万美元和2 500万美元；故意破坏或捏造文件以阻止、妨碍或影响联邦调查的行为将视为严重犯罪，将处以罚款或判处20年入狱，或予以并罚；执行证券发行的会计师事务所的审计和复核工作底稿至少应保存5年，任何故意违反此项规定的行为，将予以罚款或判处20年入狱，或予以并罚。

第四节　注册会计师法律责任的规避与抗辩

一、注册会计师法律责任的规避

（一）遵守专业准则和职业道德要求

由于各种原因，例如抽样审计的运用，使得审计风险不可避免，不可能发现财务报表中所有的错报与漏报。注册会计师是否承担法律责任的关键是注册会计师是否有过失或欺诈行为，其中判断注册会计师是否有过失的关键在于注册会计师在执业过程中是否遵守专业准则的要求。因此遵循专业准则，可以有效地规避注册会计师的法律责任；同时，保持良好的职业道德，对于减少不必要的法律纠纷也是很重要的。

（二）加强会计师事务所质量控制

会计师事务所作为特殊的公司，质量控制显得尤为重要。如果一个会计师事务所质量管理不严格，很有可能因为一个人或一个部门而使整个事务所遭受灭顶之灾。会计师事务所必须建立、健全一套严密、科学的内部质量控制制度，并将制度落实到每一个人、每一个部门和每一项业务，保证整个会计师事务所的质量。

（三）与委托人签订业务约定书，明确注册会计师和委托人的权利和义务

《中华人民共和国注册会计师法》第十六条规定注册会计师承办业务，会计师事务所应与委托人签订委托合同（即业务约定书）。业务约定书具有法律效力，它是确定注册会计师和委托人双方权利和义务的一个重要文件。会计师事务所执行业务时，应严格按照业务约定书的要求执行，这样才能在发生法律诉讼时维护自己的合法权益。

（四）审慎选择客户

审慎选择客户，是注册会计师规避法律诉讼的有效途径。如果客户没有正直的品格，就很有可能导致注册会计师落入他们设计的陷阱，以达到他们转嫁风险

的目的。由此谨慎地选择客户非常重要。会计师事务所在接受委托前，应采取必要的措施对客户进行全面的了解，包括客户的诚信度，所处行业的情况等，弄清委托的真正目的，再决定是否接受委托。这点在对拟接受陷入财务困境的客户时尤为重要。中外诉讼案例大多集中在宣告破产的客户，这些单位濒临破产，总想为自己的损失找替罪羊，转嫁自己的损失。由此，在考虑是否接受这些单位的委托时应格外仔细。

（五）提取风险基金或购买责任保险

在西方国家，投保充分的责任保险是会计师事务所一项极为重要的保护措施，尽管保险不能免除可能受到的法律诉讼，但能防止或减少诉讼失败时会计师事务所发生的财务损失。《中华人民共和国注册会计师法》也规定了会计师事务所应当建立职业风险基金，办理职业保险。

（六）聘请熟悉注册会计师法律责任的律师

会计师事务所和注册会计师败诉的一个主要原因是他们对一些专业法律知识不了解。由此，会计师事务所应该聘请熟悉相关法规和注册会计师法律责任的律师来做自己的法律顾问。当遇到重要法律问题时，注册会计师可以不仅从专业角度出发思考解决的办法，还可以从法律角度出发，仔细考虑律师的建议，从而把一些风险消除在萌芽阶段，这样可以很大程度上避免法律纠纷。

二、注册会计师法律责任的抗辩

注册会计师的职业性质决定了它是一个易遭受诉讼的行业，长期以来，法律诉讼一直是困扰西方国家会计师职业界的一大难题。在我国，涉及注册会计师的诉讼也日趋增多。面对这种“诉讼爆炸”的局面，注册会计师应在提高自身执业水平、恪守职业谨慎、强化法律责任意识、谨慎选择委托单位的同时，明确自身在何种条件下应承担何种法律责任，并通过恰当地运用法律抗辩来维护自身的正当权益。当不当的民事诉讼发生时，会计师事务所及注册会计师可以以下几种理由进行抗辩，以达到完全免除责任或减轻责任。

（一）不存在审计失败

所谓审计失败，一般是指注册会计师未能发现会计报表中存在重大错报或漏报而发表无保留审计意见。与审计失败相关的另一个概念是经营失败。当经营出现失败时，审计失败可能存在，也可能不存在。如果注册会计师未按照独立审计准则的要求开展审计业务，发表了不恰当审计意见，即存在过失，则应承担相应的法律责任。在发生经营失败而不存在审计失败时，即注册会计师不存在过失，这时的情况则会比较复杂。正如前述，由于发生经营失败的公司无力偿还债务，这时公众往往指责审计失败，部分原因是他们不了解注册会计师的责任，另一部分原因是遭受损失的人们希望得到补偿而不管错在哪方。这时，注册会计师应证明自己的工作不存在审计失败，争取减责或免责。

（二）报告不存在重大的虚假陈述

由于受客户固有风险、控制风险及审计技术等因素的影响，注册会计师不可能对客户的财务报告的公允真实性作百分之百的保证。期望通过注册会计师的审计，达到“保险”的目的是不现实的。只要注册会计师尽到了应有的职业谨慎，按审计准则规定的审计程序严格操作，没有发生重大的虚假陈述，则应予免责，应防止“深口袋”责任的无限扩展。

（三）存在共同过失

共同过失即注册会计师与客户共同发生过失，目前企业会计信息失真的现象较普遍，有些欺诈及串通舞弊手段高明，且注册会计师常运用的是抽样审计，有时很难发现财务报告的这种虚假性。由于这种情况的发生致第三者受损时，注册会计师应争取共同过失，首先追究客户的民事赔偿责任，再由注册会计师承担补充赔偿责任。

（四）不存在因果关系

因果关系是注册会计师承担民事责任的必备条件，只要第三者证明在证券市场中，因为对注册会计师为上市公司出具无保留意见的审计报告形成了合理的依赖，作出了投资并因此遭受了损失，而不需要证明被告实施了针对原告的积极侵权行为，则应当认为注册会计师的行为与第三人受到损失之间有因果关系。当然，第三者对注册会计师出具无保留意见的审计报告的信赖必须符合一个理性的经济人的要求，是合理信赖。这也就意味着，报表使用者由于受其自身能力的限制，不能合理、正确地理解报告的内容，而产生误解，由此造成的损失不应由注册会计师承担。不存在因果关系的诉讼，不应追究注册会计师的民事责任。例如，由于公司经营不善而导致破产，企业的职工没有拿到工资，该企业职工也准备诉诸法院，要求注册会计师赔偿，这样的诉讼请求不符合因果关系的规定，因为事务所的验资报告与企业职员工资损失之间不存在直接的因果关系。为了防止过分加大信息披露人的责任及被恶意投资者利用，注册会计师如能证明：（1）证券价值下降的全部或一部分不是因为该不实信息披露所致；（2）原告在购买该证券时知道信息是不实的，则注册会计师可予减责或免责。

（五）不符合“第三者”的界定

如果提出赔偿的人不属“第三者”所界定的范围，如与客户具有购销业务关系的客户等则不予赔偿。

总之，会计师事务所及注册会计师，只有在充分地认识、了解注册会计师法律责任的性质、归责原则、举证原则等相关问题的前提下，才能对一些不当的民事诉讼进行有效的抗辩，以维护注册会计师及会计师事务所的正当权益。

【课后习题】

一、思考题

1. 什么是注册会计师的法律责任？是什么引发注册会计师的法律责任？

2. 如何区分经营失败与审计失败？

3. 试述注册会计师民事责任的构成要件。

4. 如何理解注册会计师的刑事责任？

5. 注册会计师应如何防范其法律责任？

二、案例题

注册会计师内幕交易案

内幕交易是指内幕人员和以不正当手段获取内幕信息的其他人员违反法律、法规的规定，泄露内幕信息，根据内幕信息买卖证券或者向他人提出买卖证券建议的行为。内幕交易行为人为达到获利或避损的目的，利用其特殊地位或机会获取内幕信息进行证券交易，违反了证券市场“公开、公平、公正”的原则，侵犯了投资公众的平等知情权和财产权益。内幕交易丑闻会吓跑众多的投资者，严重影响证券市场功能的发挥。同时，内幕交易使证券价格和指数的形成过程失去了时效性和客观性，它使证券价格和指数成为少数人利用内幕信息炒作的结果，而不是投资大众对公司业绩综合评价的结果，最终会使证券市场丧失优化资源配置及作为国民经济晴雨表的作用。

中国证监会有关部门负责人曾在2010年11月19日表示，证监会已经对我国第一例注册会计师在限制期内违规交易股票案进行了处罚。此外，五家证券投资咨询公司违规咨询遭查处，其中三家已被撤销证券投资咨询业务许可。目前，证监会没有对某家基金公司负责人进行正式或非正式立案的情况。

这位负责人介绍说，时任某会计师事务所注册会计师的刘某，在审计吉林制药股份有限公司2006年年度报告期间，买入该公司股票，获利35 995.96元，证监会决定没收刘某违法所得，并处以1万元罚款。证监会有关部门负责人介绍说，据调查，刘某是2006年吉林制药年报审计工作的项目负责人和签字会计师。自会计师事务所接受吉林制药委托之日起，至年报公告后5日内，刘某先后共计买入“*ST吉药”股票1.87万股，卖出后获利35 995.96元。

这位负责人表示，中国证监会认定，刘某的上述行为违反了《证券法》第45条第2款的规定，证监会决定，没收刘某违法所得35 995.96元，并处以1万元罚款。

他表示，证券法律法规对证券服务机构及人员买卖股票有着明确的限制性规定，自接受上市公司委托之日起至文件公开后5日内为限制期，在此期限内不得买卖该公司股票。之所以设此限制，是因为为上市公司服务的审计、资产评估和法律等专业机构和人员，有机会掌握市场上一般投资者所无法知悉的重要信息。如果上述机构和人员在限制期内从事相关股票交易，不仅会造成利益冲突，对市场上的其他投资者来说也有失公平。

上述负责人要求，证券服务机构及从业人员应认真学习《证券法》及相关法律法规，严格遵守执业规定，勤勉尽责地为上市公司提供专业服务，对广大投资者负责，不得违规在限制期内买卖上市公司股票，谋取不当利益。中国证监会将继续加强监管，对此类案件一经发现，必将严肃查处，以维护市场秩序，切实保护投资者的合法权益。

（资料来源：腾讯财经 http：//finance. qq. com/a/20101120/001237. htm）

[要求] 请谈谈对于上述案件的处理的看法。

第五章　审计目标及其实现

【本章教学目的和要求】

通过本章的学习，要求学生理解并掌握审计目标的历史演进、了解财务报表审计的总体目标。在了解并掌握审计目标的基础上，把握管理层认定的含义、各个认定层次的具体目标。了解如何实现审计目标、实现审计目标的主要流程，熟悉管理层责任与注册会计师责任的区别与联系。

【引导案例】

注册会计师在执业的过程中忘记初衷了吗?

2014 年 5 月 21 日，中国证监会公示了关于对负责审计莲花味精股份有限公司的亚太（集团）会计师事务所有限公司（以下简称“亚太所”）及秦喜胜、赵强等 4 名注册会计师的行政处罚决定。经查明，亚太所存在如下违法事实：

在 2007 年和 2008 年年度财务报表审计中，亚太所对莲花味精股份有限公司 2007 年财务报表中的 1.944 亿元政府补助和建行 1.98 亿元贷款债务转移以及 2008 年财务报表中的 3 亿元政府补助和工行 3.22 亿元贷款转移的账务处理，在没有设计和实施恰当的审计程序、未获得充分的审计证据的情况下出具了标准无保留意见的审计意见。实际上，公司 2007 年和 2008 年的政府补助尚未到位，且建行贷款也并未转移。最后导致公司 2007 年和 2008 年的利润总额分别虚增了 1.944 亿元和 3 亿元，债务分别虚减了 1.98 亿元和 3.22 亿元。此外，在该公司 2008 年年度财务报表中对 4 167 万元政府补助的账务处理也存在错误，而注册会计师在执业过程中没有发现并及时调整，使得公司该年度营业利润虚增 4 167 万元，营业外收入虚减 4 167 万元，严重影响了公司的利润结构。

中国证监会经过立案调查对亚太所作出如下处罚：（1）对亚太所给予警告，没收亚太所关于莲花味精 2007 年、2008 年年报审计项目收入共计 132 万元，并处以 132 万元罚款；（2）对秦喜胜给予警告，并处以4万元罚款；(3) 对赵强给予警告，并处以3万元罚款；(4) 对张向红给予警告。

【引导案例思考】 对莲花味精股份有限公司的舞弊造假事实，亚太所在连续两年的审计中都没有发现，这不仅对亚太所自身造成了严重的经济和社会后果，也动摇了社会公众对会计师事务所的信任，引发了社会公众对会计师事务所执业能力的质疑。如果你是注册会计师，在执行审计业务的过程中，你应该如何确定和实现审计目标，来保证和提高审计质量呢？

第一节 财务报表审计的总体目标

一、审计目标的历史演进

审计目标是在一定的历史环境下，人们通过审计实践活动所期望达到的境地或最终结果。审计总体目标的演变经历了详细审计、资产负债表审计和财务报表审计三个阶段：

第一阶段为详细审计阶段。从1884年到20世纪初，审计总体目标为查错防弊。这一阶段的代表国家为英国，所以也被称为英国式审计。由于当时经济不发达，经济业务相对简单，审计的方法主要是详细审计。通过逐笔审查会计记录和账簿，基本上是可以满足注册会计师差错防弊的需要。随着经济的发展，人们逐渐认识到，注册会计师不可能也无法承担起揭露所有欺诈、差错和舞弊的责任，公司管理部门也有责任采取措施预防欺诈、差错和舞弊的发生。

第二阶段为资产负债表审计阶段。从20世纪初到20世纪30年代，审计总体目标转向了验证资产负债表各项目余额的可靠性和真实性，并判断其财务状况和偿债能力。这一阶段的代表国家为美国，所以也被称为美国式审计。由于审计的服务对象从业主扩展到债权人，债权人更关心的是企业的财务状况和偿债能力，所以资产负债表的审计成为这一阶段的总体审计目标，审计的功能也从防护性发展到公证性。

第三阶段为财务报表审计阶段。从20世纪初到20世纪80年代，审计总体目标转变为评价被审计单位一定时期内的财务报表是否公允地反映其财务状况和经营成果，以及所采用的会计政策和会计处理方法是否符合既定的会计准则，并在出具审计报告的同时，提出管理意见。由于审计的服务对象进一步扩展为广大社会公众，他们对企业的关注点从财务状况扩展到财务成果，审计的总体目标也从资产负债表的审计扩展到财务报表的审计。20 世纪 80 年代以来，会计舞弊造假案频频出现，社会对审计人员承担审计舞弊责任的呼声越来越高，这使得会计职业界不得不重新考虑查错防弊这一审计目标，以 1998 年 AICPA 公布的《审计准则说明书》为标志，审计目标进入查错防弊与判断财务报表真实性和公允性两目标并重阶段。

二、财务报表审计的总体目标

（一）财务报表审计的总体目标

我国 2019 年发布的《中国注册会计师审计准则第 1101 号——财务报表审计的目标和一般原则》明确规定财务报表审计的目标有两个方面：（1）对财务报表整体是否不存在由于舞弊或错误导致的重大错报取得合理保证，使得注册会计师能够对财务报表是否在所有重大方面按照适用的财务报告编制基础编制发表审计意见；（2）按照审计准则的规定，根据审计结果对财务报表出具审计报告，并与管理层和治理层进行沟通。概言之，财务报表审计的总体目标是指注册会计师为完成整体审计工作而达到的预期目标。

（二）与财务报表审计总体目标相关的几个问题

由于审计存在固有限制，审计工作不能对财务报表整体不存在重大错报提供绝对保证。虽然财务报表使用者可以根据财务报表和审计意见对被审计单位未来生存能力或管理层的经营效率、经营效果作出某种判断，但审计意见本身并不是对被审计单位未来生存能力或管理层经营效率、经营效果提供的保证。财务报表审计的目标对注册会计师的审计工作发挥着导向作用，它界定了注册会计师的责任范围，直接影响了注册会计师计划和实施审计程序的性质、时间和范围，决定了注册会计师如何发表审计意见。例如，既然财务报表审计目标是对财务报表整体发表审计意见，注册会计师就可以只关注与财务报表编制和审计有关的内部控制，而不对内部控制本身发表鉴证意见。同样，注册会计师关注被审计单位的违反法规行为，是因为这些行为影响到财务报表，而不是对被审计单位是否存在违反法规行为提供鉴证。

将独立审计的总体目标确定为对财务报表的合法性和公允性发表意见是因为独立审计的主要工作就是进行财务报表的审计，发表审计意见的对象正是财务报表，而财务报表的使用者也希望注册会计师对财务报表的合法性和公允性作出鉴证，以帮助他们作出相关的经济决策。主要原因在于：第一，一个企业往往有很多的利益相关者，他们的利益取向也各不相同。利益相关者往往有着各自的利益，且这种利益与被审计单位管理层的利益大不相同。出于对自身利益的关心，财务报表使用者常常担心管理层提供带有偏见、不公正甚至欺诈性的财务报表。为此，他们往往向外部注册会计师寻求鉴证服务；第二，会计业务的处理及财务报表的编制日趋复杂，财务报表的使用者因缺乏会计知识而难以对财务报表的质量作出评估，他们只能求助于注册会计师对财务报表的质量进行鉴证；第三，作为客观、公正的第三方，注册会计师能够减少管理层和财务报表使用者之间的信息不对称，提高财务信息的决策有用性，使市场更具效率。

第二节 认定的概念与审计目标的具体化

认定是指管理层在财务报表中作出的明确或隐含的表达，注册会计师将其用于考虑可能发生的不同类型的潜在错报。通过考虑可能发生的不同类型的潜在错报，注册会计师运用认定评估风险，并据此设计审计程序以应对评估的风险。

管理层在财务报表上的认定有些是明确表达的，有些则是隐含表达的。例如，管理层在资产负债表中列报存货及其金额，意味着作出了下列明确的认定：(1) 记录的存货是存在的；(2) 存货以恰当的金额包括在财务报表中，与之相关的计价或分摊调整已恰当记录。同时，管理层也作出了下列隐含的认定：(1) 所有应当记录的存货均已记录；(2) 记录的存货都由被审计单位拥有。表 5-1 列示了管理层的认定。管理层对财务报表各组成要素均作出了认定，注册会计师的审计工作就是要确定管理层的认定是否恰当。

表 5-1　　管理层的认定

与各类交易和事项相关的认定
发生：记录或披露的交易和事项已发生，且这些交易和事项与被审计单位有关 完整性：所有应当记录的交易和事项均已记录，所有应当包括在财务报表中的相关披露均已包括 准确性：与交易和事项有关的金额及其他数据已恰当记录，相关披露已得到恰当计量和描述 截止：交易和事项已记录于正确的会计期间 分类：交易和事项已记录于恰当的账户 列报：交易和事项已被恰当地汇总或分解且表述清楚，相关披露在适用的财务报告编制基础下是相关的、可理解的
与期末账户余额相关的认定
存在：记录的资产、负债和所有者权益是存在的 权利和义务：记录的资产由被审计单位拥有或控制，记录的负债是被审计单位应当履行的偿还义务 完整性：所有应当记录的资产、负债和所有者权益均已记录，所有应当包括在财务报表中的相关披露均已包括 准确性、计价和分摊：资产、负债和所有者权益以恰当的金额包括在财务报表中，与之相关的计价或分摊调整已恰当记录，相关披露已得到恰当计量和描述 分类：资产、负债和所有者权益已记录于恰当的账户 列报：资产、负债和所有者权益已被恰当地汇总或分解且表述清楚，相关披露在适用的财务报告编制基础下是相关的、可理解的

一、与各类交易和事项及相关披露相关的审计目标

注册会计师对所审计期间各类交易和事项运用的认定和审计目标通常分为下列类别：

（一）发生（occurrence）

由发生认定推导出来的审计目标是财务报表中所记录的各项交易在会计期间内是真实存在的并与被审计单位相关。例如，管理部门认定，资产负债表中所列示的存货在资产负债表日确实存在并可供销售。发生认定所要解决的问题是管理层是否把那些不曾发生的项目记入财务报表，它主要与财务报表组成要素的高估有关。

（二）完整性（completeness）

由完整性认定推导出来的审计目标是确认已发生的交易确实已经记录，所有应包括在财务报表中的相关披露均已包括。例如，管理部门认定，所有商品和劳务的销售均已入账并列入了财务报表。完整性认定所涉及的事项与发生认定所涉及的事项恰好相反。完整性认定涉及应当列入财务报表中的项目被漏记的可能性，而发生认定则涉及财务报表中是否列入了不应当列入的金额。因此，违反发生认定与账户高估有关；违反完整性认定与账户低估有关。

记录未发生的销售交易违反了发生认定；而未记录已经发生的销售交易则违反了完整性认定。

（三）准确性（accuracy）

由准确性认定推导出的审计目标是确认已记录的交易是按正确金额反映的，相关披露已得到恰当计量和描述。例如，如果在销售交易中，发出商品的数量与账单上的数量不符，或是开账单时使用了错误的销售价格，或是账单中的乘积或加总有误，或是在销售日记账中记录了错误的金额，则违反了该目标。

准确性与发生、完整性之间存在区别。例如，若已记录的销售交易是不应当记录的（如发出的商品是寄销商品），则即使发票金额是准确计算的，仍违反了发生目标。再如，若已入账的销售交易是对正确发出商品的记录，但金额计算错误，则违反了准确性目标，但没有违反发生目标。在完整性与准确性之间也存在同样的关系。

（四）截止（cut-off）

由截止认定推导出的审计目标是接近于资产负债表日的交易记录于恰当的期间。例如，如果本期交易推到下期，或下期交易提到本期，均违反了截止目标。

（五）分类（classification）

由分类认定推导出的审计目标是被审计单位记录的交易经过适当分类。例如，如果将现销记录为赊销，将出售经营性固定资产所得的收入记录为营业收

入，则导致交易分类的错误，违反了分类的目标。

（六）列报（presentation）

由列报认定推导出的审计目标是确认被审计单位的交易和事项已被恰当地汇总或分解且表述清楚，相关披露在适用的财务报告编制基础下是相关的、可理解的。

二、与期末账户余额相关的审计目标

注册会计师对期末账户余额运用的认定和审计目标通常分为下列类别：

（一）存在（occurrence）

由存在认定推导的审计目标是确认记录的金额确实存在。例如，如果不存在某顾客的应收账款，在应收账款试算平衡表中却列入了对该顾客的应收账款，则违反了存在目标。

（二）权利和义务（rights and obligations）

由权利和义务认定推导的审计目标是确认资产归属于被审计单位，负债属于被审计单位的义务。例如，将他人寄售商品记入被审计单位的存货中，违反了权利的目标；将不属于被审计单位的债务记入账内，违反了义务目标。

（三）完整性（completeness）

由完整性认定推导的审计目标是确认已存在的金额均已记录，所有应包括在财务报表中的相关披露均已包括。例如，如果存在某顾客的应收账款，在应收账款试算平衡表中却没有列入对该顾客的应收账款，则违反了完整性目标。

（四）准确性、计价和分摊（accuracy、valuation and allocation）

资产、负债和所有者权益以恰当的金额包括在财务报表中，与之相关的计价或分摊调整已恰当记录，相关披露已得到恰当计量和描述。例如，在资产负债表中，应收账款按照原值列示，而不是按照净值列示，则违反了计价和分摊目标。

（五）分类（classification）

资产、负债和所有者权益已记录于恰当的账户。

（六）列报（presentation）

资产、负债和所有者权益已被恰当地汇总或分解且表述清楚，相关披露在使用的财务报告编制基础下是相关的、可理解的。

第三节　审计目标的实现

审计目标确定后，注册会计师就可以开始收集审计证据，从而实现财务报表审计总目标和各项具体审计目标。而审计证据的收集是在审计过程中实现的，因此，审计目标的实现与审计过程密切相关。具体说来，审计过程可以包括以下几个阶段：

一、接受业务委托

会计师事务所应当按照执业准则的规定，谨慎决策是否接受或保持某客户关系和具体审计业务。在接受新客户的业务前，或决定是否保持现有业务或考虑接受现有客户的新业务时会计师事务所应当执行有关客户接受与保持的程序，以获取如下信息：（1）考虑客户的诚信，没有信息表明客户缺乏诚信；（2）具有执行业务必要的素质、专业胜任能力、时间和资源；（3）能够遵守相关职业道德要求。

二、计划审计工作

计划审计工作十分重要，计划不周不仅会导致盲目实施审计程序，无法获得充分、适当的审计证据以将审计风险降至可接受的低水平，影响审计目标的实现，而且还会浪费有限的审计资源，增加不必要的审计成本，影响审计工作的效率。因此，对于任何一项审计业务，注册会计师在执行具体审计程序之前，都必须根据具体情况指定科学、合理的计划，使审计业务以有效的方式得到执行。一般来说，计划审计工作主要包括：在本期审计业务开始时开展的初步业务活动；制定总体审计策略；制定具体审计计划等。计划审计工作不是审计业务的一个孤立阶段，而是一个持续的、不断修正的过程，贯穿于整个审计业务的始终。

三、实施风险评估程序

审计准则规定，注册会计师必须实施风险评估程序，以此作为评估财务报表层次和认定层次重大错报风险的基础。所谓风险评估程序，是指注册会计师实施的了解被审计单位及其环境并识别和评估财务报表重大错报风险的程序。风险评估程序是注册会计师在审计中必须执行的程序，其中了解被审计单位及其环境特别是为注册会计师在许多关键环节做出职业判断提供了重要基础。具体来说，风险评估程序主要包括以下两部分：

（一）了解被审计单位的经营战略和经营过程并评价风险

为了适当地评价财务报表中错报的风险，并解释整个审计过程中所获资料，了解被审计单位的经营战略和经营过程至关重要。例如，注册会计师应当研究被审计单位的经营模式，执行分析性程序，并与竞争对手进行其他比较。此外，注册会计师必须理解被审计单位所在行业所特有的会计要求。例如，当审计一家保险公司时，注册会计师必须了解如何计算损失准备。在注册会计师了解了被审计单位所在行业和经营战略后，他就能够评价财务报表的错报风险。例如，被审计单位可能正在扩张销售收入，其手段是向信用等级低的顾客销售。注册会计师就应当对其应收账款可变现净值的错报风险评价为较高的风险，并计划扩大这一领域的测试范围。

（二）了解内部控制，评估控制风险

如果被审计单位在计算机运行和业务处理方面拥有有效的控制，财务报表错报风险就会降低。在审计理论与实务中，一个最重要的和被普遍接受的理念就是：被审计单位内部控制的功能是产生可靠财务信息和保护资产与记录的安全完整。注册会计师了解内部控制和评价其有效性的过程就称为“评价控制风险”。如果内部控制被认为有效，控制风险计划评估水平就可以降低，所需收集的审计证据数量就可以显著小于内部控制不健全时的数量。

四、执行控制测试和交易实质性测试

当内部控制被认为有效时，注册会计师要为降低控制风险计划评估水平提出正当理由，就必须对内部控制有效性进行测试。用于这种测试的程序通常称为“控制测试”。注册会计师还可以通过验证交易的金额来评价被审计单位的交易记录。这就叫作“交易实质性测试”。例如，注册会计师将销售发票副本上的销售单价与经核准的价目表进行比较，测试销售交易的准确性。与前一段所述的控制测试一样，这一测试也用来满足与销售交易相关的审计目标中的准确性目标。通常，注册会计师同时执行控制测试和交易实质性测试。

五、执行实质性分析程序和余额细节测试

分析程序使用比较和关系来评价账户余额或其他数据是否合理。例如，审查销售日记账，寻找金额巨大的销售交易，并将各月销售总额与上一年度相同月份进行比较，可以同时为销售交易准确性目标（与交易相关的审计目标）和应收账款准确性目标（与余额相关的审计目标）提供某种程度的保证。如果公司一直在使用错误的销售价格，这就很可能发生重大差异。

余额细节测试是专门用于测试财务报表余额中的金额错报的一种具体程序。它与应收账款准确性目标（与余额相关的审计目标）相关。余额细节测试对审计的执行至关重要，因为由此获得的绝大多数证据的来源都独立于被审计单位，因而可靠性较高。

六、完成审计工作和出具审计报告

注册会计师在完成了每一个审计目标和每一个财务报表账户的全部程序后，

就有必要将所获得的信息综合起来，形成对财务报表是否公允反映的总体结论。在审计完成后，注册会计师必须对被审计单位公布的财务报表出具审计报告。这一过程的主要工作有：整理、评价执行审计业务中收集到的审计证据；复核审计工作底稿，审计期后事项；汇总审计差异，并提请被审计单位调整或作出适当披露；形成审计意见，编制审计报告。为了实现审计目标，注册会计师必须正确运用职业判断，综合所收集到的各种证据，根据审计准则，形成适当的审计意见，出具审计报告。

第四节 管理层责任与注册会计师责任的划分

在财务报表审计中，被审计单位管理层和注册会计师承担着不同的责任，不能相互混淆和替代。明确划分责任，不仅有助于被审计单位管理层和注册会计师认真履行各自的责任，为财务报表及其审计报告的使用者提供有用的经济决策信息，还有利于保护相关各方的正当权益。

一、被审计单位管理层和治理层的会计责任

企业的所有权与经营权分离后，经营者负责企业的日常经营管理并承担受托责任。管理层通过编制财务报表反映受托责任的履行情况。为了借助公司内部之间的权力平衡和制约关系保证财务信息的质量，现代公司治理结构往往要求治理层对管理层编制财务报表的过程实施有效的监督。在被审计单位治理层的监督下，按照适用的会计准则和相关会计制度的规定编制财务报表是被审计单位管理层的责任。

管理层对编制财务报表的责任具体包括：

1. 按照适用的财务报告编制基础编制财务报告，并使其实现公允反映（如适用）。

2. 设计、执行和维护必要的内部控制，以使财务报表不存在由于舞弊或错误导致的重大错报。

3. 向注册会计师提供必要的工作条件，包括允许注册会计师接触与编制财务报表相关的所有信息（如记录、文件和其他事项），向注册会计师提供审计所需的其他信息，允许注册会计师在获取审计证据是不受限制地接触其认为必要的内部人员和其他人员。

二、注册会计师的审计责任

美国《审计准则说明书第 1 号》（SAS1）指出：注册会计师有责任计划和执行审计，以便为财务报表中是否不存在因错误或舞弊而引起的重要错报获得合理保证。由于受审计证据性质和舞弊特性的影响，注册会计师只能为发现重要错报获得合理的而不是绝对的保证。

基于以下原因，注册会计师只能对合理保证而非绝对保证负责：

第一，企业财务报告的主体和核心是财务报表。管理层编制财务报表，需要根据被审计单位的事实和情况运用适用的财务报告编制基础的规定，在这一过程中需要作出判断。此外，许多财务报表项目涉及主观决策、评估或一定程度的不确定性，并且可能存在一系列可接受的解释或判断。因此，某些财务报表项目的金额本身就存在一定的变动幅度，这种变动幅度不蹦通过实施追加审计程序来消除。例如，某些会计估计通常如此。

第二，注册会计师获取审计证据的能力受到实务和法律上的限制。例如：(1) 管理层或其他人员可能有意或无意地不提供与财务编制相关的或注册会计师要求的全部信息。因此，即使实施了旨在保证获取所有相关信息的审计程序，注册会计师也不能保证信息的完整性；(2) 舞弊可能涉及精心策划和蓄意实施以进行隐瞒。因此，用以收集审计证据的审计程序可能对于发现舞弊是无效的。例如，舞弊导致的错报涉及串通伪造文件，使得注册会计师误以为有效的证据实际上是无效的；(3) 审计不是对涉嫌违法行为的官方调查。因此，注册会计师没有被授予特定的法律权力（如搜查权），而这种权力对调查是必要的。

第三，审计中的困难、时间或成本等事项本身，不能作为注册会计师省略不可替代审计程序或满足于说服力不足的审计证据的正当理由。制定适当的审计计划有助于保证执行审计工作需要的充分的时间和资源。尽管如此，信息的相关性及其价值会随着时间的推移而降低，所以需在信息的可靠性和成本之间进行权衡。这在某些财务报告编制基础中得到认可。

如果要注册会计师负责保证报表中的所有认定都正确，那么，所要求的证据和由此引起的履行审计职能的成本将会大幅度增加，从而使审计在经济上是不切实际的。即使这样，注册会计师也不可能在每一次审计中都能发现所有重要错报。当在审计中未能发现重要错报时，注册会计师最好的抗辩理由就是说明审计是按照适用的审计准则执行的。

我国相关审计准则也认为，注册会计师作为独立的第三方，对财务报表发表审计意见，有利于提高财务报表的可信赖程度。为履行这一职责，注册会计师应当遵守职业道德规范，按照审计准则的规定计划和实施审计工作，获取充分、适当的审计证据，并根据获取的审计证据得出合理的审计结论、发表恰当的审计意见。注册会计师通过签署审计报告确认其责任。需要强调的是，注册会计师的审计只能合理保证财务报表不存在重大错报。为实现对财务报表不存在重大错报漏报的合理保证，注册会计师需要在整个审计过程中遵守以下原则：

（一）遵守职业道德守则

注册会计师应当遵守相关的职业道德规范，恪守独立、客观、公正的原则，保持专业胜任能力和应有的关注，并对执业过程中获知的信息保密。基于此，制定并遵循一套行业职业道德规范，是注册会计师维护行业形象、取信于社会公众的基础。截至目前，我国出台的注册会计师职业道德规范主要是《中国注册会计师职业道德守则》。《中国注册会计师职业道德守则》要求注册会计师在执行鉴证业务时，恪守独立、客观、公正的原则，保持专业胜任能力和应有的职业关注，并对执业过程中获知的信息保密。其中，应有的职业关注是指专业人士对其所提供服务承担的勤勉尽责的义务。具体就报表审计服务而言，注册会计师应当保持职业怀疑态度，运用其专业知识、技能和经验，获取和客观评价审计证据。

（二）遵守质量控制准则

目前，我国财政部已发布了两项质量控制准则：《会计师事务所质量控制准则第 5101 号——业务质量控制》和《中国注册会计师审计准则第 1121 号——对财务报表审计实施的质量管理》。前者从会计师事务所层面上进行规范，适用于包括历史财务信息审计业务在内的各项业务；后者从执行审计项目的负责人层面上进行规范，仅适用于历史财务信息审计业务。这两项准则联系紧密，前者是后者的制定依据。各会计师事务所应当根据质量控制准则并结合具体情况，制定事务所自身合适的质量控制制度，包括质量控制政策和程序，以合理实现质量控制的两大目标：（1）保证会计师事务所及其人员遵守法律法规、中国注册会计师职业道德规范以及中国注册会计师审计准则、中国注册会计师审阅准则、中国注册会计师其他鉴证业务准则和中国注册会计师相关服务准则的规定；（2）会计师事务所和项目负责人根据具体情况出具恰当的报告。

（三）遵守审计准则

注册会计师应当按照审计准则的规定执行审计工作。审计准则是衡量注册会计师执行财务报表审计业务的权威性标准，涵盖从接受业务委托到出具审计报告的整个过程。注册会计师应当按照审计准则的规定执行审计工作，以保证审计工作质量、维护社会公众利益，增进社会公众对注册会计师行业的信心。

为了确保注册会计师在执行审计业务时遵守审计准则，注册会计师应当遵守会计师事务所按照有关质量控制准则要求而建立的适合于本所的质量控制制度。

（四）合理运用职业判断

审计中的职业判断是指在审计准则、财务报告编制基础和职业道德要求的框架下，注册会计师综合运用相关知识、技能和经验，作出适合审计业务具体情况、有根据的行动决策。被审计单位的具体情况千差万别，审计准则不可能针对所有可能遇到的情况规定对应的审计程序。因此，在审计过程中，注册会计师运用职业判断至关重要。注册会计师在确定审计程序的性质、时间和范围，评价审计证据，得出审计结论和形成审计意见时，都离不开职业判断。注册会计师在确定拟实施的审计程序时，除需要考虑审计准则中规定的审计程序外，还需要根据职业判断实施为实现审计目标而需要执行的其他审计程序。

（五）保持职业怀疑态度

职业怀疑是一种态度，包括采取质疑的思维方式，对可能表明由于舞弊或错误导致错报的情况保持警觉，以及对审计证据进行审慎评价。注册会计师不应当假定管理层是不诚实的，但必须考虑他们不诚实的可能性。注册会计师也不应当假定管理层肯定是诚实的。职业怀疑态度要求注册会计师凭证据“说话”。职业怀疑态度意味着，在进行询问和实施其他审计程序时，注册会计师不能因轻信管理层和治理层的诚信而满足于说服力不够的审计证据。相应地，为得出审计结论、注册会计师也不应使用管理层声明替代应当获取的充分、适当的审计证据。例如，注册会计师不能仅凭管理层声明，而对重要的应收账款不进行函证就得出应收账款余额存在的结论。

三、管理层责任与注册会计师责任的关系

财务报表编制和财务报表审计是财务信息生成链条上的不同环节，两者各司其职。注册会计师对财务报表的审计并不能减轻被审计单位管理层和治理层的责任。有关法律法规要求管理层和治理层对财务报表的编制承担责任，有利于从源头上保证财务信息质量。管理层和治理层作为内部人员，对企业的情况更为了解，更能作出适合企业特点的会计处理决策和判断，因此管理层和治理层理应对编制财务报表承担完全责任。尽管在审计过程中，注册会计师可能向管理层和治理层提出调整建议，甚至在不违反独立性的前提下为管理层编制财务报表提供协助，但管理层仍然对编制财务报表承担责任，并通过签署财务报表确认这一责任。相应地，注册会计师的审计责任也并不能因为财务报表是管理层所编制的就得到减轻。

【课后习题】

一、思考题

1. 审计总体目标经历了哪几个阶段？各阶段的审计目标有哪些？
2. 简述财务报表审计的总体目标和具体目标？
3. 简述财务报表审计只能对财务报表不存在重大错报漏报提供合理保证而

不是绝对保证的理由？

4. 什么是被审计单位管理层认定？认定分为哪几类？它与审计目标的关系是什么？

5. 注册会计师的审计过程大致可以分为哪几个阶段？各阶段主要有哪些工作？

6. 简述控制测试的概念及其在审计过程中的应用。

7. 简述分析程序的概念及其在审计过程中的应用。

8. 简述管理层责任和注册会计师责任，并指出二者的区别和联系。

9. 简述注册会计师责任为什么不能减轻被审计单位治理层和管理层的责任。

10. 为实现对财务报表不存在重大错报漏报的合理保证，注册会计师需要在整个审计过程中遵守哪些原则？

二、案例题

1. XYZ 会计师事务所负责审计甲公司 2020 年财务报表，B 注册会计师是审计项目合伙人。B 注册会计师在审计工作底稿中记录了所了解的甲公司情况及其环境，部分内容摘录如下：

（1）在审查销售部门的销货合同时，发现与 A 公司有一笔 100 万元的销售未入账，通过函证 A 公司，检查该销货记录，证实 A 公司实际已购货且欠款 100 万元。

（2）2020 年 3 月，甲公司向丙公司采购合同总价为 1 000 万元的原材料，原材料已入库。双方因原材料质量问题产生争议，甲公司未记录该笔采购交易。2020 年 11 月，乙公司根据合同约定提出仲裁申请，要求甲公司全额支付货款并赔偿利息。根据律师估计，甲公司败诉的可能性高达 70%。

（3）2019 年 12 月 31 日，甲公司采购的金额为 600 万元的原材料已入库，但因未收到供应商发票，未确认应付账款。

（4）在盘点固定资产时发现甲公司已经将一台设备抵押给乙公司，但未在财务报表附注中披露。

（5）在审查销货记录时，发现一笔 50 万的销货收入提前确认为收入。

［要求］逐项指出上述所列事项与哪些财务报表项目（仅限于主营业务收入、应付账款、预付款项、存货、其他应收款、或有负债、固定资产）的哪些认定相关。

2. ABC 会计师事务所负责审计丙公司 2020 年度财务报表，A 注册会计师为项目合伙人，在对丙公司 2020 年度财务报表执行审计的过程中发现下列事项：

（1）将应收账款 60 万元记为 600 万元。

（2）将应付 B 公司的款项 50 万元记在 C 公司名下。

（3）将经营租赁的固定资产记为固定资产。

(4) 将一笔本应在2021年1月2日销售收入提前在2020年12月31日确认为收入。

(5) 将一笔100万元的“一年内到期的长期借款”继续列在“长期借款”科目当中。

(6) 应收账款账户余额为2 000万元，坏账损失为200万元，资产负债表列示的“应收账款”金额为2 000万元。

[要求] 上述事项中是否违反了相关认定，若违反了相关认定，请指出涉及哪些财务报表项目的哪些认定。

第六章　审计证据与审计工作底稿

【本章教学目的和要求】

通过本章的学习，要求学生掌握审计证据的含义、内容与特征；掌握审计证据的充分性和适当性的含义；熟悉审计程序的种类及其含义；了解审计工作底稿的含义与作用；了解审计工作底稿的编制过程；了解审计工作底稿的复核程序和要点；熟悉审计工作底稿的归整工作。

【引导案例】

2012 年 5 月 9 日，美国证券监管委员会（SEC）针对德勤上海提起诉讼，理由是德勤上海违背了萨班斯法案（《2002 上市公司会计改革与投资者保护法案》），拒绝向 SEC 提供一家因涉嫌财务造假而被调查的中国公司的审计底稿。该法案要求具有审计在美上市的公司资格的会计师事务所，都必须接受美国监管当局的各种审查，包括出示审计工作底稿。2012 年 7 月 2 日，时任国务院副总理王岐山会见了 SEC 主席夏皮罗，双方就两国证券监管合作问题等交换了看法。2012 年 9 月，中国财政部、证券监督管理委员会与美国公众公司审计监察委员会（PCAOB）签订了美方来华观察中方检查的协议，同意 PCAOB 派员工以观察员身份来华观察中方对在美注册的境内会计师事务所质量控制的检查。然而，2012 年 12 月 3 日，SEC 又提起针对包括“四大”在内的 5 家会计师事务所中国成员所普华永道中天、德勤华永、毕马威华振、安永华明及全球第 5 大会计师事务所德豪国际会计公司中国成员所大华会计师事务所的行政诉讼，指控其拒绝提供 SEC 对在美上市的中国公司涉嫌财务造假的调查提供相关审计资料及文件。

上述案件的症结在于中美两国的法律存在冲突。美国监管机构根据其本国的法律要求境外的会计师事务所提供相关审计文件资料，而中国境内的会计师事务所又必须遵从中国的法律法规，不得擅自向境外机构和个人提供相关审计资料。由此可见，中美两国达成审计监管合作协议才是目前困境的出路。

【引导案例思考】 通过阅读上述案例你认为注册会计师审计工作底

稿包括哪些内容？我国对注册会计师审计工作底稿的归档和管理有哪些具体要求？

第一节 审计证据

审计证据是审计理论的核心概念之一，实现审计目标必须以具有证明力的、充分的审计证据为依据。审计的整个过程实际上就是执行审计计划、收集审计证据、根据审计证据形成审计结论和意见的过程。

一、审计证据的基本概念

（一）含义

审计证据是指注册会计师为了得出审计结论、形成审计意见而使用的所有信息，包括财务报表依据的会计记录中含有的信息和其他信息。这些信息使注册会计师确认财务报表是否遵循可适用的企业会计准则和相关会计制度表达的说服力存在很大差异，既包括具有高度说服力的资料，如注册会计师盘点有价证券的结果；也包括说服力较弱的资料，如被审计单位雇员对提问的答复。审计证据的作用在于它能支持审计结论性意见。审计意见要令人信服，就必须以充分适当的审计证据为依据。

（二）决策

对任何既定审计业务，注册会计师都可以采用多种方法来收集证据，以实现审计总体目标。注册会计师在选择审计方法时，要考虑两个最关键问题：一是注册会计师履行职业责任必须收集的充分适当的证据；二是应当使收集这些证据的成本最小化。其中，第一个问题是最重要的，但是，如果会计师事务所要保持其竞争力和盈利能力，成本最小化也是必须考虑的。如果不要控制成本，则作出证据决策就非常容易。注册会计师就可以一直增加证据，而不考虑效率，直至他们可以充分肯定没有重大错报为止。

但是，注册会计师基于成本效益的考虑不可能在审计中针对所有的项目进行详查，即不能检查被审计单位全年所有的交易及账户余额等相关证据，只能采取抽样审计的方法，因此，每个注册会计师都要就所需审计证据的数量与质量作出决策。这是一个非常重要的审计判断。一般来说，审计证据的决策主要包括以下四个方面：

1. 选用何种审计程序；
2. 对选定的程序，应选取多大的样本规模；

3. 应从总体中选取哪些项目；

4. 何时执行这些程序。

以上四项内容是审计程序必不可少的内容。审计程序通常要把样本规模、选取项目和时间安排表达清楚，也就是要包括所有四项审计证据决策。

审计程序是指在审计过程中对所要获取的审计证据如何进行收集的详细指令。选用何种审计程序涉及的是用什么方法收集审计证据。一旦选取了一项审计程序，样本规模可以是所测总体中的一个项目到所有项目不等。对于每项审计程序，注册会计师都必须作出应测试多少个项目的决策。同一程序所需样本规模因具体审计对象不同而异。在确定审计程序的样本规模之后，就必须确定应该测试总体中的哪些项目。例如，注册会计师可以选择一定期间内的项目、金额最大的若干项目、随机选取项目还可以选取注册会计师认为最有可能出现差错的项目，或者结合这些方法选取所需的项目。财务报表审计通常覆盖一定的期间，例如一年，而审计通常又要在期末后几个星期或者几个月才完成。因此，可以在会计期间早期至期末结束后的很长一段时间内任意时点执行审计程序。从某种意义上说，时间安排决策受被审计单位对审计完成时间要求的影响。另外，执行审计程序的时间安排还要考虑审计证据的有效性和审计小组的人力情况。例如，注册会计师通常会尽可能把存货盘点的时间安排在接近于资产负债表日。

（三）审计证据的说服力

审计准则要求注册会计师要收集充分适当的证据以支持所发表的审计意见。由于受审计证据特征和执行一项审计的成本因素的影响，注册会计师不可能确定其意见是完全正确的。但是，注册会计师又必须有高度保证确信其意见是正确的，注册会计师只有将整个审计工作中所获证据综合起来，才能决定如何有把握地出具一份审计报告。

审计证据说服力的两个决定因素分别是充分性和适当性。

1. 适当性。

证据的适当性是指对证据质量的一种度量，是证据在实现交易类别、账户余额以及相关披露等审计目标时的相关性和可靠性。如果证据被认为是高度适当的，那么它就能很好地帮助注册会计师判断财务报表是否得到公允表达。注意，证据的适当性仅与选用的审计程序有关。扩大样本规模或选择不同的总体项目并不能提高审计证据的适当性。只有选用那些更具相关性或能提供更可靠证据的审计程序才能提高审计证据的适当性。

（1）相关性。审计证据要说服力就必须与注册会计师正在测试的审计目标相关。例如，注册会计师怀疑被审计单位发了货却没有向顾客开发票（完整性目标）。如果注册会计师从销售发票副本中选取一个样本，并追查每张发票至相应的发货单，由此所获证据与完整性目标就不相关，因而该证据也并不是与该目标的适当证据。与完整性目标相关的程序应当是追查发货单样本至相应的销售发票副本，以确定每张发货单是否均已开票。因为货物的发送是用来确定一项销售是否已经发生和是否应该记录的常用标准，所以，第二项审计程序是相关的。通过追查发货单至相应的销售发票副本，注册会计师能确定发货后是否向被审计单位开发票。在第一个程序中，注册会计师是从发票追查至相应的发货单的，这不可能发现未记录的发货。

因为与某一审计目标相关的证据不见得与另一目标相关，所以，相关性只能结合具体审计目标来考虑。在上例中，当注册会计师从销售发票副本追查相应的发货单，所获得的证据与交易存在目标相关。大多数证据都与一个以上的审计目标相关，但并不是与所有审计目标都相关。

（2）可靠性。证据的可靠性是指证据可以信赖或值得信赖的程度。像相关性一样，如果证据被认为是可靠的，那么它就能很好地帮助注册会计师判断财务报表的公允表达。证据的可靠性（乃至证据的适当性）取决于以下六个特征因素：

①提供者的独立性。从被审计单位外部获取的证据要比从被审计单位内部获取的证据更可靠。例如，来源于被审计单位外部的凭证被认为比来源于被审计单位内部并且从未离开过被审计单位组织的凭证更可靠。

②被审计单位内部控制的有效性。在被审计单位内部控制有效时，所获取的证据要比其内部控制薄弱时所获取的证据更可靠。例如，如果销售和开票业务的内部控制有效，那么注册会计师就能从销售发票和发货单中获取比相关内部控制不健全时更可靠的证据。

③直接了解获得。注册会计师通过执行审计程序直接获得的证据比间接获得的信息更可靠。例如，如果注册会计师计算销售毛利率，并与前期进行比较，所获得的证据就比依靠被审计单位财务人员的计算结果更可靠。

④信息提供者的资格。即使信息来源是独立的，但如果证据提供者不具备相应资格，那么证据也是不可靠的。因而，与律师的沟通信息和银行函证的可靠性通常高于来自不熟悉企业环境之人的应收账款函证的可靠性。

⑤客观程度。客观证据比那些需要经过大量主观判断才能确定其是否正确的证据更可靠。客观证据如对应收账款和银行存款余额的函证，对有价证券和现金的实物盘点。主观证据如在存货实物检查时对存货陈旧的观察，以及向被审计单位信用经理关于非本期应收账款可收回性的询问。在评价主观证据的可靠性时，提供证据者的资格很重要。

⑥及时性。审计证据的及时性既可以指收集证据的时间，也可以指审计工作开展的期间。对资产负债表账户而言，证据越接近于资产负债表日获取，通常越可靠。例如，注册会计师在资产负债表日盘点有价证券所获得的证据就比两个月

前盘点更可靠。对利益表账户而言，从被审计单位的整个会计期间选取样本所获得的证据，比仅从其中一段期间选取样本所获得的证据更可靠。例如，从全年销售交易中随机选样，比仅从上半年销售交易中选取的样本更可靠。

2. 充分性。

审计证据的充分性取决于所获证据的数量。证据的充分性主要通过注册会计师选取的样本规模来衡量。对某一特定的审计程序而言，从100个样本中获得的证据显然要比从50个样本中获得的证据更充分。

在审计中，样本规模是否适当取决于诸多因素。其中最重要的两项因素是注册会计师对错报的估计和被审计单位内部控制的有效性。例如，假设在对某公司的审计中，注册会计师认为，鉴于被审计单位所在行业的特征，存货过时的可能性相当高。那么在这样的审计中，注册会计师就要选取比存货过时的可能性低时更多的存货样本，以确定其是否过时。类似地，如果注册会计师认为，被审计单位对记录固定资产存在有效的内部控制，那么在审计固定资产的购置时，较小的样本规模就可以了。

除了样本规模以外，所测试的单个项目也会影响证据的充分性。若样本中既包含了金额大的项目，也包含了出现错报可能性高的项目和有代表性的项目，则所获证据通常被认为是充分的。相反地，大多数注册会计师通常认为，要是样本中只包括总体中金额最大的项目，那么，除非这些项目构成了总体金额的大部分，否则，这样的样本是不充分的。

值得注意的是，只有在综合考虑了适当性和充分性以及对之发生作用的各种因素的实际影响后，才能对证据的说服力作出评价。但是，审计证据的收集是需要成本的，所以，就既定审计进行证据决策时，必须同时考虑证据的说服力和成本。只用一类证据验证信息的情况极为少见。因此，在选取最佳的某种类型或某些类型的证据之前，必须考虑各种方案的证据说服力和成本。注册会计师的目标是，以尽可能低的总成本，获取充分数量的适当证据。但是，成本永远不能成为省去一项必要程序或不收集一个充足样本规模的理由。

二、审计程序的类别

注册会计师在决定采用哪些审计程序来收集审计证据时，有七大类程序可供其选择。这些类别也被称为审计证据的类型。每一项审计程序总能获得以下证据类型中的一类或多类：检查、观察、询问、函证、重新计算、重新执行、分析程序。

（一）检查

检查包括检查记录或文件和检查有形资产。

检查记录或文件是指注册会计师检查被审计单位的凭证和记录，以证实财务报表所包含或应包含的信息。注册会计师所检查的记录或文件是被审计单位用来有条理地为其经营管理提供信息的记录，它们可能是纸质的、电子的或其他媒介，可能是被审计单位内部生成的，也可能是被审计单位外部生成的。由于被审计单位内的每一笔交易通常至少有一张凭证记载，因此注册会计师可获取大量此类证据。例如，被审计单位通常对每一笔销售交易都保留一份顾客订单、一张发货单和一份销售发票副本。这些内容相同的凭证对注册会计师验证被审计单位所记录的销售交易的准确性是很有用的证据。因为注册会计师能以相对较低的成本获取这类证据，所以，记录或文件检查是每一次审计中都广泛使用的一种证据类型。有时甚至是可获取的唯一合理的证据类型。

检查有形资产一般又被称为实物检查，它是注册会计师对有形资产所作的检查或盘点。大多数这类证据通常与存货和现金有关，但也适用于有价证券、应收票据和有形固定资产的验证。在审计中，诸如有价证券和现金之类资产的实物检查与诸如已核销支票和销售凭证之类的文件检查有显著差异。如果被检查的对象，如销售发票，其本身没有价值，则这种证据就是文件检查证据。例如，支票在签发前是文件；签发以后变成了资产；核销以后，又变成了文件。从正确的审计术语上看，只能在支票是一项资产时，才能对它进行实物检查。

实物检查是验证资产确实存在（存在目标）的直接手段，但较少用于确定存在资产是否已记录（目标）。它被认为是最可靠、最有用的审计证据类型之一。一般而言，实物检查是认定资产数量和规格的一种客观手段。在某些情况下，它还是评价资产状况和质量的一种有用方法。但是，要验证存在的资产确实为被审计单位所有（权利和义务目标），仅靠实物检查证据是不充分的，并且在许多情况下，注册会计师也没有胜任能力去判断诸如陈旧或确实性（可实现价值）之类的质量因素。还有，一般也不能通过实物检查来确定为编制财务报表所作出的计价是否恰当（准确性目标）。

（二）观察

观察是指注册会计师察看被审计单位相关人员正在从事的活动或执行的程序。例如，注册会计师可以通过参观厂房获得对被审计单位设备的总体印象；通过观看雇员从事会计工作来确定其职责履行是否恰当。观察证据本身并不能提供充分的证据，这是因为考虑到注册会计师就在现场，被审计单位的雇员很有可能会改变其平时一贯的行为。他们可能会遵守被审计单位的政策而中规中矩地履行其职责，但一旦注册会计师离开现场，又一切恢复如故。因此有了初步印象以后，还要有其他类型的佐证证据的支持。尽管如此，在大部分审计工作中，观察仍是有用的证据。

（三）询问

询问是指注册会计师以书面或口头方式，从被审计单位内部或外部的知情人员获取财务信息和非财务信息，并对答复进行评价的过程。尽管有相当多的证据是通过询问从被审计单位获得的，但这些证据通常不能作为结论性证据，因为它不仅不是来自于独立的来源，并且可能偏向被审计单位的意愿。因此，在注册会计师通过询问取得证据后，通常有必要通过其他程序获取进一步的佐证信息（佐证证据是支持原始证据的其他证据）。例如，当注册会计师想要获得有关被审计单位记录和控制会计业务方法的信息时，他通常要先询问被审计单位内部控制是如何运行的，然后利用文件检查和观察执行审计测试，以确定交易是否按被审计单位所述方法进行记录（完整性目标）和授权（发生目标）的。

（四）函证

函证是指注册会计师为了获取影响财务报表或相关披露认定的项目的信息，通过直接来自第三方对有关信息和现存状况的声明，获取和评价审计证据的过程。例如对应收账款或银行存款的函证。函证来自独立的第三方针对注册会计师的要求回答的信息的准确性所作出的书面或口头答复。此类要求是针对被审计单位，并且是被审计单位要求独立的第三方直接把结果反馈给注册会计师。

由于函证来自于独立于被审计单位的第三方，所以是要高度重视和经常使用的证据类型。但是，获取函证的成本相对较高，并有可能给提供者带来某些不便。因此，并不是在每一种适用函证的情况下都使用函证。由于函证具有高度的可靠性，因而实务中典型情况是只要条件允许，注册会计师都应该取得书面答复而不是口头答复。书面函证便于会计师事务所复核人的复核工作，并且在必须证明回函确已收到时，书面函证还可提供更好的证实。

究竟是否应当使用函证，取决于在具体情况下对可靠性的要求以及替代证据的可获得性。在具体实务中，执业人员习惯性地认为，函证极少用于固定资产增加的审计，这是因为固定资产的增加，通过文件检查和实物检查便足以得到验证。同样，函证一般也不用于验证单位之间的具体交易，如销售交易，因为注册会计师能够通过检查文件能够达到这一目的。当然也有例外，假设注册会计师确定在年末前三天记录了金额异常大的两笔销售交易。对这两笔交易进行函证是适当的。

出于对证据可靠性的考虑，函证从编制开始到收到为止的整个过程必须由注册会计师控制。如果由被审计单位控制这一过程，那么注册会计师就会对其失去控制并丧失独立性，证据的可靠性也因此会削弱。

（五）重新计算

重新计算是指注册会计师以人工方式或使用计算机辅助审计技术，对记录或文件中的数据计算的准确性进行核对。换而言之，所谓重新计算就是对被审计单位所作的计算予以再核对。再核对被审计单位的计算是指测试被审计单位数学计算的准确性，包括计算销售发票和存货总额、加总日记账和明细账并核对折旧费用和预付费用的计算。

（六）重新执行

重新执行是指注册会计师以人工方式或使用计算机辅助审计技术，重新独立执行作为被审计单位内部控制组成部分的程序或控制。重新计算涉及的是再核对某一具体的计算，而重新执行是检查其他程序。例如，注册会计师可能会对比销售发票上的单价和经批准的单价清单上的单价；再如，通过追查对出现多处的相同信息，核对这些信息的传递以验证信息的记录是不是每次都是按相同的金额记录。具体地来说，注册会计师可以利用被审计单位的银行存款日记账和银行对账单，重新编制银行存款余额调节表，并与被审计单位编制的银行存款余额调节表进行比较。

（七）分析程序

分析程序是指注册会计师通过研究不同财务数据之间以及财务数据与非财务数据之间的内在关系，对财务信息作出评价。例如，注册会计师通过比较本年和上年的毛利率来分析销售收入或销售成本是否正常。分析程序还包括在必要时对识别出的、与其他相关信息不一致或与预期差异重大的波动或关系进行调查和分析。分析程序被广泛地应用于实务中，并且随着计算机执行计算能力的增强，它的用途变得越来越显著。

第二节 审计工作底稿

一、审计工作底稿的含义与作用

（一）审计工作底稿的含义

审计工作底稿，是指注册会计师对制定的审计计划、实施的审计程序、获取的相关审计证据，以及得出的审计结论作出的记录。审计工作底稿是审计证据的载体，是注册会计师在审计过程中形成的审计工作记录和获取的资料。它形成于审计过程，也反映了整个审计过程。

（二）编制审计工作底稿的作用

注册会计师应当及时编制审计工作底稿，以实现下列作用：

1. 提供充分、适当的记录，作为审计报告的基础。

审计工作底稿是注册会计师形成审计结论、发表审计意见的直接依据。及时编制审计工作底稿有助于提高审计工作的质量，便于在出具审计报告之前，对取得的审计证据和得出的审计结论进行有效复核和评价。

2. 证明注册会计师已按照审计准则的规定执业。

在会计师事务所因执业质量而涉及诉讼或有关监管机构进行执业质量检查时，审计工作底稿能够提供证据，证明会计师事务所是否按照审计准则的规定执行了审计工作。

3. 审计工作底稿是联结整个审计工作的纽带。

审计项目小组一般由多人组成，项目小组内要进行合理分工，不同的审计程序、不同的会计账项的审计往往由不同人员执行。而最终形成审计结论和发表审计意见时，则主要针对被审计单位的会计报表进行。因此，必须把不同人员的审计工作有机地联结起来，以便对整体会计报表发表意见，而这种联结必须借助于审计工作底稿。

4. 审计工作底稿对未来的审计业务具有参考备查价值。

审计业务有一定的连续性，同一被审计单位前后年度的审计业务具有众多联系或共同点，因此，本年度的审计工作底稿对以后年度审计业务具有很大的参考或备查作用。

（三）审计工作底稿使用的保密性

为了获取充分、适当的审计证据，注册会计师必须能自由获得被审计单位经营的各种信息，其中许多信息是保密性的，如单位产品的边际利润、与其他公司合并经营的暂时计划及高级官员、关键雇员的薪酬等。被审计单位公司的管理人员通常不愿意向注册会计师提供那些不愿让竞争对手、雇员或其他人员知晓的信息，除非他们相信注册会计师能够在这些事项上保持沉默。因此，正如《中国注册会计师职业道德守则第 1 号——职业道德基本原则》（2020 年）所指出的，注册会计师应当遵循保密原则，对职业活动中所获知的涉密信息保密。

二、审计工作底稿的内容与要素

（一）审计工作底稿的内容

审计工作底稿按性质和作用可分为综合类工作底稿、业务类工作底稿和备查类工作底稿。

1. 综合类工作底稿。

综合类工作底稿是指审计人员在审计计划阶段和审计报告阶段为规划、控制和总结整个审计工作，并为最终发表审计意见所形成的审计工作底稿。主要包括审计业务约定书、审计计划、审计总结、未审计财务报表、试算平衡表、审计差异调整表、审计报告、管理建议书、被审计单位声明书以及注册会计师对整个审计工作进行组织管理的所有记录和资料等。

2. 业务类工作底稿。

业务类工作底稿是指审计人员在审计实施阶段为执行具体审计程序而形成的

工作底稿。常见的业务类工作底稿有原材料盘点表（如表6－1所示）、函证的回函、各种明细表和核对表、各种凭证的复印件、分析、计算表、具体内部控制测试底稿等。

表6－1　　　　　　审计工作底稿——原材料盘点表

被审计单位名称：　　　编制人：　　　日期：　　　底稿索引号：
　　　　　　　　　　　复核人：　　　日期：

编号	规格品种	计量单位	单价	账存		实存		盘盈		盘亏	
				数量	金额	数量	金额	数量	金额	数量	金额

原因分析：
盘盈：　　　盘亏：　　　账外物资：　　　其他：
审计负责人：　　　审计员：　　　会计主管：　　　保管：

3. 备查类工作底稿。

备查类工作底稿是指对审计工作仅有备查作用的审计工作底稿。如法律性文件、执照、章程、原始资料的复印件。

需要注意的是，审计工作底稿通常不包括已被取代的审计工作底稿的草稿或财务报表的草稿、反映不全或初步思考的记录、存在印刷错误或其他错误而作废的文本，以及重复的文件记录等。由于这些内容不直接构成审计结论和审计意见的支持性证据，因此，注册会计师通常无须保留这些记录。

（二）审计工作底稿的要素

通常，审计工作底稿包括下列全部或部分要素：

1. 被审计单位名称。

被审计单位名称即接受审计机关审计监督的政府部门、国有金融机构、国有企业事业组织以及接受审计机关审计的其他组织。如果被审计单位下面有子（分）公司，或内部的车间、部门，则应同时注明子（分）公司或部门名称。

2. 审计项目名称。

审计项目名称即被审计的内容，如审计的是某一会计报表项目，如存货；或某一业务循环，如销售及收款循环的控制测试。

3. 审计项目时点或期间。

审计项目时点或期间，是根据审计事项所属财务报表确定的会计期间或会计时点。如果审计事项属于资产负债表的内容，则选用会计时点；如果审计事项属于利润表的内容，则选用会计期间。

4. 审计过程及其说明。

审计过程及其说明，是所实施审计程序的记录，审计测试的记录，注册会计师的判断、评价、处理意见和建议，审计组讨论的记录和审计复核记录，审计组核实与采纳被审计单位对审计报告反馈意见的情况说明，其他与审计事项有关的记录等。

5. 审计标识及其说明。

审计标识是账表、账账、账证核对以及有关数据横向、纵向加总等的符号。如果在整套审计工作底稿前有一张审计标识表的，则在每张工作底稿上运用这些标识时，可不必注明所用标识的含义。但在每张底稿上把所用到的标识在附注中对其含义作出说明则更好。

6. 审计结论。

审计结论是注册会计师对该审计事项所作的结论或评价结果。

7. 索引号及页次。

索引号及页次，是根据一定规则统一规定的各审计事项的编号及本页工作底稿属于该审计事项的第几页。

8. 编制者姓名及编制日期。

编制者姓名及编制日期即实施该项目审计并将记录审计工作结果的注册会计师及编制该工作底稿的时间。

9. 复核者姓名及复核日期。

复核者姓名及复核日期即负责检查、监督一般注册会计师工作质量的人员及实施复核的时间。如是多级复核，则每级复核者均应签名和注明复核日期。

10. 其他应说明的事项。

其他应说明的事项即注册会计师根据其专业判断，认为需要在审计工作底稿上注明的其他相关事项。

值得注意的是，审计工作底稿可以以纸质、电子或其他介质形式存在。在实务中，许多工作底稿由注册会计师在工作现场用计算机审计软件编制的。随着信息技术的广泛运用，审计工作底稿的形式从传统的纸质形式逐渐扩展到电子或其他介质形式。但是，为便于会计师事务所内部进行质量控制和外部执业质量检查或调查，以电子或其他介质形式存在的审计工作底稿，应与其他纸质形式的审计工作底稿一并归档，并应能通过打印等方式，转换成纸质形式的审计工作底稿。

三、审计工作底稿的复核与归档

（一）审计工作底稿的复核

1. 审计工作底稿复核的作用。

审计工作底稿是注册会计师发表审计意见、出具审计报告的依据，必须进行复核以防止差错。审计工作底稿复核的作用主要有三个方面：(1) 减少或者解除人为的审计误差，降低审计风险，提高审计质量；(2) 及时发现和解决问题，保证审计计划顺利执行，协调审计进度，节约审计时间，提高审计效率；(3) 便于对注册会计师进行审计质量监控，进行工作业绩考评。

2. 审计工作底稿复核的内容。

审计工作底稿复核的内容包括以下四项内容：

(1) 所引用的有关资料是否翔实可靠；

(2) 所获取的审计证据是否充分、适当；

(3) 审计判断是否有理有据；

(4) 审计结论是否恰当。

3. 审计工作底稿的三级复核制度。

三级复核制度，就是会计师事务所制定的以主任会计师、部门经理和项目经理为复核人，对审计工作底稿进行逐级复核的一种复核制度。

(1) 项目经理复核是三级复核制度中的第一级复核，称为详细复核。它要求项目经理对下属审计人员形成的工作底稿逐张复核。

(2) 部门经理复核是三级复核制度中的第二级复核，称为一般复核。它是对工作底稿重要会计账项的审计、重要审计程序的执行以及审计调整事项进行复核，也称重点把关。

(3) 主任会计师复核是三级复核中的最后一级复核，又称重点复核。它是对审计过程中的重大会计审计问题，重大审计调整事项及重要的审计工作底稿进行的复核。是对整个审计工作的计划、进度和质量的重点把握。

如果部门经理是某一审计项目的负责人，该项目不论是否有项目经理参加，该部门经理的复核应视为项目经理复核，主任会计师应另行指定人员代为执行部门经理的复核工作，以保证三级复核的执行。

(二) 审计工作底稿的归档

1. 审计工作底稿归档的期限。

对每项具体审计业务，注册会计师应当将审计工作底稿归整为审计档案。在审计过程中所编制的审计记录，包括由被审计单位为注册会计师编制的明细表，都是注册会计师的财产。任何其他人，包括被审计单位在内，只有在法庭将审计记录作为法律证据传唤时，才有法定权力审查审计记录。在审计完成后，审计档案保存在会计师事务所，以供将来参考。

根据《中国注册会计师审计准则第 1131 号——审计工作底稿》(2020 年) 的相关规定，审计工作底稿的归档期限为审计报告日后 60 天内。如果注册会计师未能完成审计业务，审计工作底稿的归档期限为审计业务中止后的 60 天内。如果针对被审计单位的同一财务信息执行不同的委托业务，出具两个或多个不同的报告，会计师事务所应当将其视为不同的业务，根据会计师事务所内部制定的政策和程序，在规定的归档期限内分别将审计工作底稿归整为最终审计档案。

2. 审计工作底稿的保存期限。

会计师事务所应当自审计报告日起，对审计工作底稿至少保存10年。如果注册会计师未能完成审计业务，会计师事务所应当自审计业务中止日起，对审计工作底稿至少保存10年。

值得注意的是，对于连续审计的情况，当期归整的永久性档案虽然包括以前年度获取的资料（有可能是10年以前），但由于其作为本期档案的一部分，并作为支持审计结论的基础。因此，注册会计师对于这些对当期有效的档案，应视为当期取得并保存10年。如果这些资料在某个审计期间被替换，被替换资料可以从被替换的年度起至少保存10年。

3. 审计工作底稿归档后的变动。

（1）需要变动审计工作底稿的情形。在完成最终审计档案的归整工作后，注册会计师不应在规定的保存期限届满前删除或废弃任何性质的审计工作底稿。在以下两种情形下，注册会计师认为有必要可以修改现有审计工作底稿或增加新的审计工作底稿：

①注册会计师已实施了必要的审计程序，获取了充分、适当的审计证据并得出了恰当的审计结论，但审计工作底稿的记录不够充分。

②审计报告日后发现与已审计财务信息相关，且在审计报告日已经存在的事实，该事实如果被注册会计师在审计报告日前获知，可能影响审计报告。例如，注册会计师在审计报告日后才获知法院在审计报告日前已对被审计单位的诉讼、索赔事项作出最终判决结果。例外情况可能在审计报告日后发现，也可能在财务报表报出日后发现，注册会计师应当按照《中国注册会计师审计准则第1332号——期后事项》（2016年）第三节“注册会计师在财务报表报出后知悉的事实”的相关规定，对例外事项实施新的或追加的审计程序。

（2）变动审计工作底稿后的记录要求。在完成最终审计档案的归整工作后，如果发现有必要修改现有审计工作底稿或增加新的审计工作底稿，无论修改或增加的性质如何，注册会计师均应当记录下列事项：

①修改或增加审计工作底稿的理由；

②修改或增加审计工作底稿的时间和人员，以及复核的时间和人员。

[拓展应用] 运用分析程序收集审计证据

上海电气股份有限公司（以下简称“本公司”）是一家电力电气上市公司，主要从事供电、供热以及燃料销售等。大华会计师事务所受其委托审计2006年会计报表，由于该公司固定资产类别较多、价值较大，我们在进行风险评估后，认为固定资产可能存在重大错报风险，特别是固定资产折旧的计提。

在风险评估过程中，将主营业务收入与主营业务成本进行配比分析最为常见。通过对比该公司2006年度主营业务收入的贷方发生额和主营业务成本的借方发生额各月之间的差异，如图6－1所示，我们发现前3个月（1月至3月）企业的收入高于成本，但从4月份开始到8月份企业的成本高于收入，而后4个月（9月至12月）收入高于成本，因此，我们认为该公司2006年度主营业务收入波动幅度异常，主营业务收入或主营业务成本可能存在高估或低估错报，是重大错报风险领域之一。主营业务收入的真实性将结合应收账款函证进行审计。

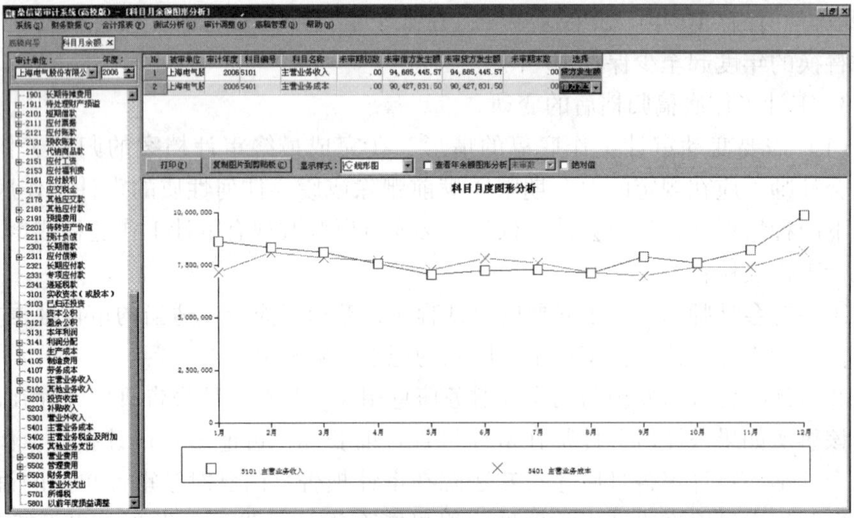

图6－1　主营业务收入与成本配比分析

主营业务成本是从库存商品中转来，而库存商品由直接材料、直接人工和制造费用构成，一般认为，制造费用最容易受到人为因素的影响，而制造费用中占最大比重的是生产设备提计的折旧，因此，我们接下来查看"累计折旧"的明细账，分析每月计提折旧的金额，如图6－2所示。

更进一步，"累计折旧"的明细账只显了累计折旧的总额，是否是生产设备多提计了折旧，还有待于进一步分析。我们将固定资产折旧分解为生产设备计提的折旧和管理设备计提的折旧两大类，如图6－3所示。其中，每月管理用固定资产计提的折旧均为6.6万元左右，如果被审计单位在当期没有新增或减少管理用固定资产、采用平均年限法计提折旧、没有计提减值准备，那么管理费用中的折旧就不存在重大错报。但生产用固定资产计提的折旧前7个月为108万元左右，第8月为59万元多，后9个月为32万元多，明显存在问题。我们通过估算被审计单位可能多提或少提折旧 510 万元左右，估算公式为（101 万元 - 32 万元）×7 +（59 万元 - 32 万元）。

鼎信诺审计系统(单机版) - [总账&明细账]

审计期间 2006.01-2006.12　被审计单位 上海电气股份有限公司

科目明细账

被审计单位：上海电气股份有限公司　　2006年1月--2006年12月

(1502) \累计折旧　　期初余额：114,636,610.2　期末余额：124,440,698.:

抽	疑	记账时间	月份	凭证编号	凭证种类	业务说明	借方发生额	贷方发生额
□	□	20060131	1	352	记	计提第[1]期间折旧	0.00	1,083,502.66
□	□	20060228	2	167	记	计提第[2]期间折旧	0.00	1,083,502.66
□	□	20060328	3	171	记	计提第[3]期间折旧	0.00	1,083,502.66
□	□	20060427	4	255	记	计提第[4]期间折旧	0.00	1,083,625.51
□	□	20060531	5	235	记	计提第[5]期间折旧	0.00	1,083,625.51
□	□	20060628	6	213	记	计提第[6]期间折旧	0.00	1,083,625.51
□	□	20060628	6	214	记	洗衣机报废	4,482.00	0.00
□	□	20060728	7	235	记	计提第[7]期间折旧	0.00	1,076,089.14
□	□	20060824	8	125	记	计提第[8]期间折旧	0.00	663,557.15
□	□	20060927	9	138	记	计提第[9]期间折旧	0.00	392,267.58
□	□	20061025	10	101	记	计提第[10]期间折旧	0.00	391,999.14
□	□	20061130	11	249	记	计提11月份折旧	0.00	391,641.70
□	□	20061221	12	122	记	计提第[12]期间折旧	0.00	391,630.79
		合计:		13			4,482.00	9,808,570.01

图 6-2　累计折旧明细账

Microsoft Excel - ZO 固定资产

折旧分配测算表

被审计单位：上海电气股份有限公司　编制：　日期：　索引号：ZO-6

报表截止日：2006年12月31日　复核：　日期：　项目：固定资产-折旧分配测算表

月份	本期折旧计提金额	本期折旧分配金额						差额	备注
		生产成本	制造费用	营业费用	管理费用	…	合计		
放入科目	1502 累计折旧		410502 折旧		550202 折旧费		——	——	
1	1,083,502.66	-	1,017,133.67	-	66,368.99	-	1,083,502.66	-	
2	1,083,502.66	-	1,017,133.67	-	66,368.99	-	1,083,502.66	-	
3	1,083,502.66	-	1,017,133.67	-	66,368.99	-	1,083,502.66	-	
4	1,083,625.51	-	1,017,133.67	-	66,491.84	-	1,083,625.51	-	
5	1,083,625.51	-	1,017,133.67	-	66,491.84	-	1,083,625.51	-	
6	1,083,625.51	-	1,017,133.67	-	66,491.84	-	1,083,625.51	-	
7	1,076,089.14	-	1,009,597.30	-	66,491.84	-	1,076,089.14	-	
8	663,557.15	-	597,065.31	-	66,491.84	-	663,557.15	-	
9	392,267.58	-	325,735.09	-	66,532.49	-	392,267.58	-	
10	391,999.14	-	325,466.65	-	66,532.49	-	391,999.14	-	
11	391,641.70	-	325,333.15	-	66,308.55	-	391,641.70	-	
12	391,630.79	-	325,023.30	-	66,607.49	-	391,630.79	-	
合计	9,808,570.01	-	9,011,022.82	-	797,547.19	-	9,808,570.01	-	
本期折旧计提金额	——						-	——	
差额	——	-	9,011,022.82	-	797,547.19	-	9,808,570.01	——	

图 6-3　折旧分配测算表

接下来，审计软件根据该公司固定资产卡片信息“重新计算”的结果为“本期应提折旧”栏，如图6－4所示，其与被审计单位计算的账面数据即“本期已提折旧”是否存在差异？以其中“锅炉机组”为例，审计软件显示2006年该公司多计提折旧1 196 070.81元。该“锅炉机组”1995年12月购入，使用年限为120个月（10年），当在2005年底应将折旧全部计提完，2006年不应再计提折旧。被审计单位之所以出现这种情况，主要是因为前期计提固定资产折旧少了，截至2006年底，固定资产折旧仍没有计提完，所以在2006年仍需继续计提，从而导致2006年多计提折旧。最终，从图6－5来看，2006年该公司合计多计提折旧为5 130 846.55元，这一金额与前面我们估算的结果（510万元左右）相差不大。

最后，我们得出结论，被审计单位2006年固定资产计提折旧存在重大错报，很可能多计提生产设备折旧，从而导致主营业务成本虚增（该公司2006年12月31日库存商品余额为零，所有产品均已卖出），进而虚减利润。

固定资产折旧计算表（直线法）

被审计单位：上海电气股份有限公司　编制：　日期：　索引号：Z0-8
报表截止日：2006年12月31日　复核：　日期：　项目：固定资产-SLN直线法

固定资产编码	固定资产名称	审计截止日	购入年月	原值（元）	残值率（%）	折旧年限（单位：月）	年初累计折旧	残值	本期折旧期间（单位：月）	本期应提折旧	本期已提折旧	差额	累计折旧	备注
3003	冷却塔行车支撑架	2006年12月31日	2002-12-1	26,091.58	0.10	120	7,044.84	2,609.16	12	2,348.24	2,348.28	-0.04	9,393.08	
3004	鸿基电力工程	2006年12月31日	2004-4-28	136,912.02	0.10	120	20,536.80	13,691.20	12	12,322.08	12,322.08	0.00	32,858.88	
3005	源水泵房	2006年12月31日	2005-4-14	1,770,578.93	0.10	120	106,234.72	177,057.89	12	159,352.10	159,352.08	0.02	265,586.82	
4001	锅炉机组	2006年12月31日	1995-12-1	20,934,228.01	0.10	120	17,732,603.10	2,093,422.80	0	-	1,196,070.81	-1,196,070.81	17,732,603.10	
4002	锅炉辅机	2006年12月31日	1995-12-1	5,984,296.82	0.10	120	5,056,517.75	598,429.68	0	-	329,349.39	-329,349.39	5,056,517.75	
4003	汽轮发电机组	2006年12月31日	1995-12-1	16,984,894.90	0.10	120	14,464,651.22	1,698,489.49	0	-	1,022,901.59	-1,022,901.59	14,464,651.22	
4004	汽轮辅机	2006年12月31日	1995-12-1	4,403,780.45	0.10	120	3,724,264.51	440,378.05	0	-	239,137.89	-239,137.89	3,724,264.51	
4005	发电机配套电器设备	2006年12月31日	1995-12-1	6,209,103.85	0.10	120	5,251,021.64	620,910.39	0	-	337,171.82	-337,171.82	5,251,021.64	
4006	电气系统	2006年12月31日	1995-12-1	7,664,162.60	0.10	120	6,651,293.90	766,416.26	0	-	566,951.08	-566,951.08	6,651,293.90	
4007	变电工程	2006年12月31日	1995-12-1	8,996,447.01	0.10	120	7,559,457.98	899,644.70	0	-	445,859.33	-445,859.33	7,559,457.98	
4008	主变压器系统	2006年12月31日	1995-12-1	2,676,611.16	0.10	120	2,265,649.97	267,661.12	0	-	143,300.07	-143,300.07	2,265,649.97	
4009	输煤系统	2006年12月31日	1995-12-1	794,564.03	0.10	120	672,568.41	79,456.40	0	-	42,539.22	-42,539.22	672,568.41	
4010	升压站设备	2006年12月31日	1995-12-1	736,665.30	0.10	120	623,559.39	73,666.53	0	-	39,439.38	-39,439.38	623,559.39	
4011	除煤设备	2006年12月31日	1995-12-1	331,639.33	0.10	120	280,720.42	33,163.93	0	-	17,754.98	-17,754.98	280,720.42	
4012	化水设备	2006年12月31日	1995-12-1	7,091,868.03	0.10	120	5,961,783.52	709,186.80	0	-	362,468.16	-362,468.16	5,961,783.52	
4013	循环水泵	2006年12月31日	1995-12-1	5,883,060.94	0.10	120	4,947,049.16	588,306.09	0	-	282,226.18	-282,226.18	4,947,049.16	
4014	行车	2006年12月31日	1995-12-1	1,512,421.85	0.10	120	1,280,207.74	151,242.19	0	-	80,971.92	-80,971.92	1,280,207.74	
4015	起重机	2006年12月31日	1996-4-1	25,500.00	0.10	120	17,703.61	2,550.00	4	765.00	2,295.00	-1,530.00	18,468.61	
4016	计量泵	2006年12月31日	1996-5-1	29,132.00	0.10	120	26,218.80	2,913.20	5	1,092.45	-	1,092.45	27,311.25	
4017	铂金坩锅	2006年12月31日	1996-8-1	5,576.58	0.10	120	4,292.15	557.66	8	334.59	501.84	-167.25	4,626.74	
4018	动力箱	2006年12月31日	1996-9-1	7,350.00	0.10	120	6,615.00	735.00	9	496.13	-	496.13	7,111.13	
4019	空压机	2006年12月31日	1997-4-1	6,280.00	0.10	120	5,652.00	628.00	12	565.20	-	565.20	6,217.20	
4020	装载机	2006年12月31日	1997-6-1	199,800.00	0.10	120	110,660.20	19,980.00	12	17,982.00	17,982.00	-	128,642.20	
4021	给煤机	2006年12月31日	1997-7-1	5,000.00	0.10	120	3,900.93	500.00	12	450.00	450.00	-	4,350.93	

图6－4　固定资产折旧计算表

固定资产折旧计算表（直线法）

编制：　　日期：

06年12月31日　　复核：　　日期：

	固定资产名称	审计截止日	购入年月	原值(元)	残值率	折旧年	年初累计折旧	残值	本期折旧期间(单	本期应提折旧	本期已提折旧	差额	累计折旧
292	宾馆家具	2006年12月31日	1996-4-1	52,000.00	0.10	60	46,800.00	5,200.00	0	-	-	-	46,800.00
293	宾馆家具	2006年12月31日	1996-8-1	52,000.00	0.10	60	46,800.00	5,200.00	0	-	-	-	46,800.00
294	宾馆家具	2006年12月31日	1996-8-1	36,400.00	0.10	60	32,760.00	3,640.00	0	-	-	-	32,760.00
295	红木办公桌	2006年12月31日	1996-9-1	40,000.00	0.10	60	36,000.00	4,000.00	0	-	-	-	36,000.00
296	家具	2006年12月31日	1997-2-1	6,120.00	0.10	60	5,508.00	612.00	0	-	-	-	5,508.00
297	会议桌	2006年12月31日	1997-10-1	14,800.00	0.10	60	13,320.00	1,480.00	0	-	-	-	13,320.00
298	联想电脑一台	2006年12月31日	2005-5-31	4,999.00	0.10	60	524.93	499.90	12	899.82	899.88	-0.06	1,424.75
299	联想电脑一台	2006年12月31日	2005-5-31	7,529.00	0.10	60	790.58	752.90	12	1,355.22	1,355.28	-0.06	2,145.80
300													
301	合计			188,338,847.96	—	—	114,636,610.20	18,833,884.80	—	4,677,723.46	9,808,570.01	-5,130,846.55	119,314,333.66

图 6－5　固定资产折旧计算表

【课后习题】

一、思考题

1. 收集审计证据的审计程序有哪些？并从成本与效益方面指出其区别。

2. 在确定审计工作底稿的格式、内容和范围时，注册会计师应当考虑哪些因素？

3. 相对于手工编制工作底稿，计算机审计的应用给审计工作底稿的编制带来了哪些不同？

4. 什么是审计工作底稿的三级复核制度？具体内容分别是什么？

5. 审计档案按其使用时间可以分为哪几类？

二、案例题

深圳鹏城会计师事务所与绿大地造假案

云南绿大地生物科技股份有限公司（以下简称“绿大地”）始建于1996年，股票于2007年12月21日在深圳证券交易所上市。自上市后，绿大地的管理层就不断以各种不规范行为“挑战”着监管部门。在2010年3月，因绿大地涉嫌信息披露违规被中国证监会立案调查。随后，司法机关认定，绿大地在招股说明书中编造虚假资产、虚假业务收入。绿大地编造虚假资产、虚假业务收入的金额巨大，性质严重。绿大地2004年至2006年财务报表披露的各年度前5大销售客户与实际不符，为其提供审计服务的深圳鹏城会计师事务所（以下简称“深圳鹏城”）的审计底稿中没有记录对绿大地前5大销售客户的审计程序。绿大地招股说明书披露的2006年销售收入中包含通过绿大地交通银行3711银行账户核算的销售收入，交通银行提供的资料显示，上述交易部分不存在。绿大地招股说明书披露，2006年12月31日货币资金余额为47 742 838.19元；其中，交通银行3711账户余额为32 295 131.74元。交通银行提供的资料显示，2006年12月31日的3711账户余额为4 974 568.16元。深圳鹏城没有向交通银行函证绿大地交通银行3711账户2006年12月31日的余额。

根据当事人违法行为的事实、性质、情节与社会危害程度，依据《证券法》相关规定，中国证监会、财政部决定：撤销深圳鹏城的证券服务业务许可。同时，中国证监会决定没收深圳鹏城业务收入60万元，并处以60万元的罚款，对上述违法行为直接负责的主管人员分别给予警告并处以10万元罚款。

［要求］讨论注册会计师一般应采用哪些审计程序收集有关销售收入与银行存款真实性的审计证据？试就深圳鹏城会计师事务所审计失败的原因进行分析和评价。

第七章　计划审计工作

【本章教学目的和要求】

通过本章的学习，要求学生了解审计初步业务活动的内容；了解审计总体审计策略和具体审计计划包含的内容；了解业务约定书应包括的主要内容及其作用；掌握重要性水平的概念及其影响因素；把握审计工作的三个阶段中重要性水平的运用；了解审计实务中对重要性水平的确定及在各个账户中的分配程序；理解并掌握审计风险的概念及风险模型。

【引导案例】

不恰当的审计计划可能导致审计失败

东海公司是一家集医药批发、零售连锁为一体的医药上市公司，成立于1995年，经过20多年的发展如今已成为一家拥有数百家零售连锁店的药品上市帝国。虽然在外界看来该公司经营状况良好，但实际上已处于破产的边缘。在药品帝国的背后隐藏的是该公司已达5年之久的虚假做账。公司一直保持两套账：一套是用于注册会计师的审计的账簿，另一套则是反映企业真实状况的账簿。该公司先将所有的损失归入一个所谓的“水桶账户”，然后再将该账户的金额通过虚增存货的方式重新分配到公司的数百家连锁药店中。他们仿造购货发票和相应的合同资料，伪造增加存货的同时减少销售成本的虚假记账凭证，确认购货但是不同时确认负债，由此多记数倍的存货数量。存货的价值占资产的比率在2009~2014年这5年的时间内从40%上升到接近60%。

在2020年底，东海公司的虚增存货的手法已经逐渐凸显出来，但问题是注册会计师在制定审计计划时，只是对数百家连锁药店的10%进行存货监盘，并将要监盘的连锁药店事先告知东海公司，诚信会计师事务所的注册会计师虽然意识到该公司的存货存在异常变动，但其在接下来的4年中并未改变关于对存货监盘的审计计划，存货监盘抽取的连锁药店的比例甚至药店的名单也较少改动。注册会计师不恰当的存货监盘计划为东海公司虚增存货提供了机会，为了应付审计人员的监盘，东海公司把其他连锁药店的存货转移到将要监盘的连锁药店中，最终注册会计师未能发现这一起舞弊现象。

由于注册会计师未能恰当地计划审计工作，导致未发现这起舞弊，他们也为此付出了昂贵的代价。这项审计失败使会计师事务所在民事诉讼中损失了3亿元，而且负责的相关注册会计师被吊销了资格证并判处有期徒刑3年。

【引导案例思考】 你认为在上述案例中注册会计师在制定审计计划时存在哪些不恰当的做法？如果你负责审计某家上市公司的报表，你在计划审计工作时应该如何制定审计计划以确保审计质量？

第一节　初步业务活动

在注册会计师制定详细业务计划之前，必须考虑是否承接新的业务或续聘原有的业务。在作此决定时，注册会计师应当针对保持客户关系和具体审计业务实施相应的质量管理程序、评价遵守相关职业道德要求的情况，并与目标客户就审计业务约定书的条款达成一致，并签订审计业务约定书。注册会计师开展初步业务活动的目的在于确保在计划审计工作时注册会计师已具备执业所需的独立性和专业胜任能力，不存在因管理层诚信问题而可能影响注册会计师保持该项业务意愿的事项，与被审计单位之间不存在对业务约定条款的误解。

一、承接或续聘客户

注册会计师在接受审计业务之前，需要对目标客户的情况进行必要的调查和相关的评估。其目的是为了避免因接受不当客户的委托而使会计师事务所遭受损失。为此，注册会计师需要做许多工作以决定是否接受该业务，这些工作主要包括：获取目标客户的背景信息；评价为目标客户提供业务可能存在的风险因素；决定是否接受该业务；获取审计业务约定书。

在对目标客户的情况进行调查和评估时，注册会计师必须对以下因素进行评估：

1. 目标客户管理层的诚信情况；
2. 目标公司的声誉与形象；
3. 目标客户是否遵循适用的财务报告框架；
4. 目标客户业绩和财务状况；

5. 接受并完成这项审计业务是否能给会计师事务所带来合理的收益。

如果目标客户存在前任注册会计师，在取得目标客户的同意后，后任注册会计师就还应该与他取得联系。如果目标客户全部或部分予以拒绝，后任注册会计师就应当考虑目标客户的拒绝对未来的审计可能产生的影响，尤其是考虑管理层的诚信。一旦获得了目标客户的同意，前任注册会计师必须对后任注册会计师提出的合理咨询予以答复。

后任注册会计师与前任注册会计师之间可以就以下问题进行讨论：

（1）是否发现被审计单位管理层存在诚信方面的问题；

（2）前任注册会计师与管理层在重大会计、审计等问题上存在的分歧；

（3）前任注册会计师与被审计单位治理层沟通的管理层舞弊、违反法律法规行为以及值得关注的内部控制的缺陷；

（4）前任注册会计师认为导致被审计单位变更会计师事务所的原因。

二、评价注册会计师自身的独立性与专业胜任能力

在接受审计业务之前，注册会计师应当确定他们是否有能力按照审计准则的要求完成该项审计业务。这个评价包括三方面的内容：一是评价执行审计的能力；二是评价独立性；三是评价保持应有谨慎的能力。具体地，可以考虑：（1）会计师事务所人员是否熟悉相关行业或业务对象；（2）会计师事务所人员是否具有执行类似业务的经验，或者是否具备获取必要技能和知识的能力；（3）会计师事务所是否拥有足够的具有必要素质和专业胜任能力的人员；（4）在需要时，是否能够得到专家的帮助；（5）如果需要项目质量控制复核，是否具备符合标准和资格要求的项目质量控制复核人员；（6）会计师事务所是否能够在提交报告的最后期限内完成业务。

项目组负责人为了就审计业务的独立性要求是否得到遵守形成结论，应当采取下列措施：（1）从会计师事务所获取相关信息，以识别、评价对独立性造成威胁的情况和关系；（2）评价已识别的违反会计师事务所独立性政策和程序的情况，以确定是否对审计业务的独立性造成威胁；（3）采取适当的防护性措施以消除对独立性的威胁，或将其降低至可接受的水平，对未能解决的事项，项目负责人应当立即向会计师事务所报告；（4）记录与独立性有关的结论及讨论的情况。

三、商定审计业务约定书的相关条款

会计师事务所在被审计单位签订业务约定书之前，首先应该就业务工作的性质和范围取得一致认识。例如，审计业务一般有年度财务报表审计、专项审计、

期中审计和资本金验证等，业务范围受限可能会导致注册会计师无法就业务对象表示专业意见。在确定收费时，会计师事务所应当考虑：（1）专业服务所需的知识和技能；（2）所需专业人员的数量、水平和经验；（3）每一专业人员提供服务所需的时间；（4）提供审计服务所需承担的责任；（5）各地有关审计收费标准的规定。我国目前会计师事务所收费标准一般由注册会计师协会统一规定，审计收费方法可以采用计件收费和计时收费两种方法。

第二节　审计业务约定书

大多数情况下，注册会计师可能很快就能得出是否可以接受目标客户的结论。在接受客户并与客户就审计业务的条款达成一致意见后，就应当与客户签订一份业务约定书。它是会计师事务所与客户签订的协议，它明确规定了执行业务的详细条款。其主要作用是能够避免被审计单位和会计师事务所将来发生误解；可以将被审计单位对会计师事务所提供服务不满意的可能性降低至最低，或者将会计师事务所提供服务后不能收取相应报酬的可能性降低至最低。

审计业务约定书是指会计事务所与被审计单位签订的，用以记录和确认审计业务的委托与受托关系、审计目标和范围、双方的责任以及报告的格式等事项的书面协议。这一概念可从以下几个方面加以理解：（1）签约主体通常是会计师事务所和被审计单位，但也存在委托人与被审计单位不是同一方的情形，在这种情形下，签约主体通常还包括委托人；（2）约定内容主要涉及审计业务的委托与受托关系、审计目标和范围、双方责任以及报告的格式；（3）文件性质属于书面协议，具有委托合同的性质，一经有关签约主体签字或盖章，在各签约主体之间即具有法律约束力。

（一）审计业务约定书的具体内容可能会因被审计单位的不同而存在差异，审计业务约定书的具体内容至少应当包括以下主要内容

1. 财务报表审计的目标与范围；
2. 注册会计师的责任；
3. 管理层责任；
4. 管理层用于编制财务报表所适用的财务报告编制基础；
5. 注册会计师拟出具审计报告的预期形式和内容。

（二）审计业务约定书的其他特殊考虑

1. 详细说明审计工作的范围，包括提及适用的法律法规、审计准则，以及注册会计师协会发布的职业道德守则和其他公告；
2. 对审计结果的其他沟通形式；

3. 关于注册会计师按照《中国注册会计师审计准则第 1504 号——在审计报告中沟通关键审计事项》的规定，在审计报告中沟通关键审计事项的要求；

4. 说明由于审计和内部控制的固有限制，即使审计工作按照审计准则的规定得到恰当的计划和执行，仍不可避免地存在某些重大错报未被发现的风险；

5. 计划和执行审计工作的安排，包括审计项目组的构成；

6. 预期管理层将提供书面声明；

7. 预期管理层将允许注册会计师接触管理层知悉的与财务报表编制相关的所有信息（包括与披露相关的信息）；

8. 管理层同意向注册会计师及时提供财务报表草稿（包括与财务报表及披露的编制相关的所有信息）和其他所有附带信息（如有），以使注册会计师能够按照预定的时间表完成审计工作；

9. 管理层同意告知注册会计师在审计报告日至财务报表报出日之间注意到的可能影响财务报表的事实；

10. 收费计算基础和收费安排；

11. 管理层确认收到审计业务约定书并同意其中条款；

12. 在某些方面对利用其他注册会计师和专家工作的安排；

13. 对审计涉及的内部审计人员和被审单位其他员工工作的安排；

14. 在首次审计情况下，与前任注册会计师（如存在）沟通的事项；

15. 说明注册会计师责任方面可能存在的限制；

16. 注册会计师与被审计单位之间需要达成进一步协议的事项；

17. 向其他机构或人员提供审计工作底稿的义务；

审计业务约定书的结构和内容的范例如下：

审计业务约定书

甲方：ABC 股份有限公司

乙方：××会计师事务所

兹由甲方委托乙方对 20×8 年度财务报表进行审计，经双方协商，达成以下约定：

一、审计的目标和范围

1. 乙方接受甲方委托，对甲方按照企业会计准则和《××会计制度》编制的 20×9 年 12 月 31 日的资产负债表，20×8 年度的利润表、股东权益变动表和现金流量表以及财务报表附注（以下统称财务报表）进行审计。

2. 乙方审计工作的目标是对财务报表整体是否不存在由于舞弊或者错误导致的重大错报获取合理保证，并出具包含审计意见的审计报告。合理保证是高水平的保证，但并不能保证按照审计准则执行的审计在某一重大错报存在时总能发现。错报可能由于舞弊或者错误导致，如果合理预期错报单独或者汇总起来可能影响财务报表使用者依据财务报表作出的经济决策，则通常认为错报是重大的。

3. 乙方通过执行审计工作，对财务报表的下列方面发表审计意见：(1) 财务报表是否按照企业会计准则和《××会计制度》的规定编制；(2) 财务报表是否在所有重大方面公允反映被审计单位的财务状况、经营成果和现金流量。

二、甲方的责任与义务

(一) 甲方的责任

1. 根据《中华人民共和国会计法》及《企业财务会计报告条例》，甲方及甲方负责人有责任保证会计资料的真实性和完整性。因此，甲方管理层有责任妥善保存和提供会计记录（包括但不限于会计凭证、会计账簿及其他会计资料），这些记录必须真实、完整地反映甲方的财务状况、经营成果和现金流量。

2. 按照企业会计准则和《××会计制度》的规定编制财务报表是甲方管理层的责任，这种责任包括：(1) 按照企业会计准则的规定编制财务报表，并使其实现公允反映；(2) 设计、执行和维护必要的内部控制，以使财务报表不存在由于舞弊或错误导致的重大错报。

(二) 甲方的义务

1. 及时为乙方的审计工作提供与审计有关的所有记录、文件和所需的其他的信息（在20×9年×月×日之前提供审计所需的全部资料，如果在审计过程中需要补充资料，亦应及时提供），并保证所提供资料的真实性和完整性。

2. 确保乙方不受限制地接触任何其认为必要的甲方内部人员和其他相关人员。

[下段适用于集团财务报表审计业务，使用时需按每位客户/约定项目的特定情况而修改，如果加入此段，应相应修改下面其他条款编号。]

【3. 为乙方对甲方合并财务报表发表审计意见的需要，甲方须确保：

乙方和为组成部分执行审计的其他会计师事务所的注册会计师（以下简称其他注册会计师）之间的沟通不受任何限制。

组成部分是指甲方的子公司、分部、分公司、合营企业、联营企业等。

如果甲方管理层、负责编制组成部分财务信息的管理层（以下简称组成部分管理层）对其他注册会计师的审计范围施加了限制，或客观环境使其他注册会计师的审计范围受到限制，甲方管理层和组成部分管理层应当及时告知乙方。

乙方及时获悉其他注册会计师与组成部分治理层和管理层之间进行的重要沟通（包括就内部控制重大缺陷进行的沟通）；

乙方及时获悉组成部分治理层和管理层与监管机构就财务信息事项进行的重要沟通。

在乙方认为必要时，允许乙方接触组成部分的信息、组成部分管理层或其他

注册会计师（包括其他注册会计师的审计工作底稿），并允许乙方对组成部分的财务信息实施审计程序。】

3. 甲方管理层对其作出的与审计有关的声明予以书面确认。

4. 为乙方派出的有关工作人员提供必要的工作条件和协助，主要事项将由乙方于外勤工作开始前提供清单。

5. 按本约定书的约定及时足额支付审计费用以及乙方人员在审计期间的交通、食宿和其他相关费用。

三、乙方的责任和义务

（一）乙方的责任

1. 乙方的责任是在实施审计工作的基础上对甲方财务报表发表审计意见。乙方按照中国注册会计师审计准则（以下简称审计准则）的规定进行审计。审计准则要求注册会计师遵守职业道德规范，计划和执行审计工作，以对财务报表是否不存在重大错报获取合理保证。

[下段适用于集团财务报表审计业务，使用时需按每位客户/约定项目的特定情况而修改，如果加入此段，应相应修改其他条款编号。]

【2. 乙方并不对非由乙方审计的组成部分的财务信息单独出具审计报告；有关的责任由对该组成部分执行审计的其他注册会计师及其所在的会计师事务所负责。】

2. 审计工作涉及实施审计程序，以获取有关财务报表金额和披露的审计证据。选择的审计程序取决于乙方的判断，包括对由于舞弊或错误导致的财务报表重大错报风险的评估。在进行风险评估时，乙方考虑与财务报表编制和公允列表相关的内部控制，以设计恰当的审计程序，但目的并非对内部控制的有效性发表意见。审计工作还包括评价管理层选用会计政策的恰当性和作出会计估计的合理性，以及评价财务报表的总体列报。

3. 乙方需要合理计划和实施审计工作，以使乙方能够获取充分、适当的审计证据，为甲方财务报表是否不存在重大错报获取合理保证。

4. 乙方有责任在审计报告中指明所发现的甲方在重大方面没有遵循企业会计准则和《××会计制度》编制财务报表且未按乙方的建议进行调整的事项。

5. 由于测试的性质和审计的其他固有限制，以及内部控制的固有局限性，不可避免地存在着某些重大错报在审计后可能仍然未被乙方发现的风险。

6. 在审计过程中，乙方若发现甲方内部控制存在乙方认为的重要缺陷，应向甲方提交管理建议书。但乙方在管理建议书中提出的各种事项，并不代表已全面说明所有可能存在的缺陷或已提出所有可行的改善建议。甲方在实施乙方提出的改善建议前应全面评估其影响。未经乙方书面许可，甲方不得向任何第三方提供乙方出具的管理建议书。

7. 乙方的审计不能减轻甲方及甲方管理层的责任。

(二) 乙方的义务

1. 按照约定时间完成审计工作，出具审计报告。乙方应于20×9年×月×日前出具审计报告。

2. 除下列情况外，乙方应当对执行业务过程中知悉的甲方信息予以保密：(1) 取得甲方的授权；(2) 根据法律法规的规定，为法律诉讼准备文件或提供证据，以及向监管机构报告发现的违反法规行为；(3) 接受行业协会和监管机构依法进行的质量检查；(4) 监管机构对乙方进行行政处罚（包括监管机构处罚前的调查、听证）以及乙方对此提起行政复议。

四、审计收费

1. 本次审计服务的收费是以乙方各级别工作人员在本次工作中所耗费的时间为基础计算的。乙方预计本次审计服务的费用总额为人民币××万元。

2. 甲方应于本约定书签署之日起×日内支付×%的审计费用，剩余款项于审计报告草稿完成日结清。

3. 如果由于无法预见的原因，致使乙方从事本约定书所涉及的审计服务实际时间较本约定书签订时预计的时间有明显的增加或减少时，甲乙双方应通过协商，相应调整本约定书第四条第1项下所述的审计费用。

4. 如果由于无法预见的原因，致使乙方人员抵达甲方的工作现场后，本约定书所涉及的审计服务不再进行，甲方不得要求退还预付的审计费用；如上述情况发生于乙方人员完成现场审计工作，并离开甲方的工作现场之后，甲方应另行向乙方支付人民币××元的补偿费，该补偿费应于甲方收到乙方的收款通知之日起×日内支付。

5. 与本次审计有关的其他费用（包括交通费、食宿费等）由甲方承担。

五、审计报告和审计报告的使用

1. 乙方按照《中国注册会计师审计准则第1501号——审计报告》和《中国注册会计师审计准则第1502号——非标准审计报告》规定的格式和类型出具审计报告。

2. 乙方向甲方致送审计报告一式××份。

3. 甲方在提交或对外公布审计报告时，不得修改或删节乙方出具的审计报告；不得修改或删除重要的会计数据、重要的报表附注和所作的重要说明。

六、本约定书的有效期间

本约定书自签署之日起生效，并在双方履行完毕本约定书约定的所有义务后终止。但其中第三（二）2、四、五、八、九、十项并不因本约定书终止而失效。

七、约定事项的变更

如果出现不可预见的情况，影响审计工作如期完成，或需要提前出具审计报告时，甲乙双方均可要求变更约定事项，但应及时通知对方，并由双方协商解决。

八、终止条款

1. 如果根据乙方的职业道德及其他有关专业职责、适用的法律、法规或其他任何法定的要求，乙方认为已不适宜继续为甲方提供本约定书约定的审计服务时，乙方可以采取向甲方提出合理通知的方式终止履行本约定书。

2. 在终止业务约定的情况下，乙方有权就其于本约定书终止之日前对约定的审计服务项目所做的工作收取合理的审计费用。

九、违约责任

甲乙双方按照《中华人民共和国合同法》的规定承担违约责任。

十、适用法律和争议解决

本约定书的所有方面均应适用中华人民共和国法律进行解释并受其约束。本约定书履行地为乙方出具审计报告所在地，因本约定书所引起的或与本约定书有关的任何纠纷或争议（包括关于本约定书条款的存在、效力或终止，或无效之后果），双方选择第____种解决方式：

（1）向有管辖权的人民法院提起诉讼；

（2）提交××仲裁委员会仲裁。

十一、双方对其他有关事项的约定

本约定书一式两份，甲乙方各执一份，具有同等法律效力。

甲方：ABC股份有限公司（盖章）	乙方：××会计师事务所（盖章）
授权代表：（签章）	授权代表：（签章）
二〇×九年×月×日	二〇×九年×月×日

第三节 总体审计策略和具体审计计划

在接受被审计单位的委托后，下一步工作就是制定审计计划。注册会计师制订计划有两大目的：（1）获取被审计单位的背景信息，有助于增进业务计划的效率效果；（2）指出审计业务中需要特别注意的潜在问题。

审计计划分为总体审计策略和具体审计计划两个层次。计划审计工作是一项持续的过程，通常情况下总体审计策略在具体审计计划之前，但是两项计划具有内在紧密联系，对其中一项的决定可能会影响甚至改变另一项的决定。因此，项目负责人和项目组其他关键成员应当参与审计计划工作，利用其经验和见解，制定好总体审计策略和具体审计计划，以将审计风险降至可接受的水平。

一、总体审计策略

总体审计策略用以确定审计范围、时间安排和方向，并指导制定具体审计计划。在制定总体审计策略时，注册会计师应当考虑的以下几个方面：

（一）审计范围

在考虑审计范围时，应考虑下列具体事项：

1. 编制拟审计的财务信息所依据的财务报告编制基础，包括是否需要将财务信息调整至按照其他财务报告编制基础编制；

2. 特定行业的报告要求，如某些行业的监管部门要求提交的报告；

3. 预期的审计工作涵盖范围，包括应涵盖的组成部分的数量及所在地点；

4. 母公司和集团组成部分之间存在的控制关系的性质，以确定如何编制合并财务报表；

5. 由组成部分注册会计师审计组成部分的范围；

6. 拟审计的经营分部的性质，包括是否需要具备专业知识；

7. 外币折算，包括外币交易的会计处理、外币财务报表的折算以及相关信息的披露。

8. 除为合并目的执行审计工作之外，对个别财务报表进行法定审计的需求；

9. 内部审计工作的可获得性及注册会计师对内部审计工作的拟依赖程度；

10. 被审计单位使用服务机构的情况以及注册会计师如何取得有关服务机构内部控制设计和运行有效性的证据；

11. 对利用在以前审计工作中获取的审计证据（如获取的风险评估程序和控制测试相关的审计证据）的预期；

12. 信息技术对审计程序的影响，包括数据的可获得性和对使用计算机辅助审计技术的预期；

13. 协调审计工作与中期财务信息审阅的预期涵盖范围和时间安排，以及中期审阅所获取的信息对审计工作的影响；

14. 与被审计单位的人员时间协调和相关数据的可获得性。

（二）明确报告目标、时间安排和所需沟通的性质

要明确审计业务的报告目标、时间安排及所需沟通的性质等问题，应当对以下方面给予充分考虑：

1. 被审计单位对外报告的时间表，包括中间和最终阶段；

2. 与管理层和治理层就审计工作的性质、范围和时间安排举行会谈；

3. 与管理层和治理层讨论注册会计师拟出具的报告类型和时间安排以及其他沟通事项（口头或书面沟通），包括审计报告、管理建议书和向治理层通报的其他事项；

4. 与组成部分注册会计师沟通拟出具的报告类型和时间安排，以及与组成部分审计相关的其他事项；

5. 项目组成员之间沟通的预期性质和时间安排，包括项目组会议的性质和时间安排及复核已执行工作的时间安排；

6. 与管理层讨论预期在整个审计过程中对审计工作的进展进行沟通；

7. 预期是否需要跟第三方沟通，包括与审计相关的法定或约定的报告责任。

（三）根据职业判断，考虑用以指导项目组工作方向的重要因素

总体审计策略的制定应当包括考虑影响审计业务的重要因素，以确定项目组工作方向。总体审计策略的指导作用体现在为具体审计工作的开展确定基本方向和目标。在确定审计方向时，应当考虑以下因素：

1. 重要性水平。包括：（1）为计划目的确定重要性水平；（2）组成部分注册会计师沟通并确定组成部分的重要性水平；（3）在审计过程中重新考虑重要性水平；（4）识别重要的组成部分和账户余额。

2. 重大错报风险较高的审计领域。

3. 评估的财务报表层次的重大错报风险对指导和监督以及复核的影响。

4. 项目组成员的选择（在必要时包括项目质量控制复核人员）和工作分工，包括向重大错报风险较高的审计领域分派具有适当经验的人员。

5. 项目预算，包括考虑为重大错报风险可能较高的审计领域分配适当的时间。

6. 如何向项目组成员强调在收集和评价审计证据过程中保持职业怀疑的必要性。

7. 以往审计中对内部控制运行有效性进行评价的结果，包括所识别的控制缺陷的性质及应对措施。

8. 管理层重视设计和实施健全的内部控制的相关证据，包括这些内部控制得以适当记录的证据。

9. 业务交易量规模，以基于审计效率的考虑确定是否依赖被审单位内部控制。

10. 对内部控制重要性的重视程度。

11. 管理层用于识别和编制适用的财务报告编制基础所要求的披露（包括从总账和明细账之外的其他途径获取的信息）的流程。

12. 影响被审计单位经营的重大发展变化，包括信息技术和业务流程变化，关键管理人员变化，以及收购、兼并和分立。

13. 重大的行业发展情况，如行业法规变化和新的报告规定。

14. 会计准则及会计制度的变化，该变化可能涉及作出重大的新披露或对现有披露作出重大修改。

15. 其他重大变化，如影响被审计单位的法律环境的变化。

（四）审计资源

注册会计师应当在总体审计策略中清楚地说明如何进行审计资源规划和调配，包括确定执行审计业务的审计资源的性质、时间和范围，具体内容如下：

1. 向具体审计领域调配的资源，包括向高风险领域分派有适当经验的项目组成员、就复杂的问题利用专家工作等方面。

2. 向具体审计领域分配资源的多少，包括分派到重要地点进行存货监盘的项目组成员人数，在集团审计中复核组成部分注册会计师工作的范围，向高风险领域分配的审计时间预算等。

3. 何时调配这些资源，包括是在期中审计阶段还是在关键的截止日期调配资源等。

4. 如何管理、指导、监督这些资源，包括预期何时召开项目组预备会和总结会，预期项目合伙人和经理如何进行复核，是否需要实施项目质量控制复核等。

二、具体审计计划

与总体审计策略相比，具体审计计划更加详细。具体审计计划的核心在于确定审计程序的性质、时间安排和范围以获取充分、适当的审计证据，并将审计风险降至可接受的低水平。具体审计计划应包括拟实施的风险评估程序的性质、时间安排和范围；认定层次拟实施的进一步审计程序的性质、时间安排和范围；拟实施的其他审计程序。据此，具体审计计划的实施应分为风险评估程序、进一步的审计程序以及其他审计程序。

（一）风险评估程序

风险评估程序是指注册会计师为了解被审计单位及其环境以识别和评估财务报表层次和认定层次的重大错报风险而实施的审计程序。在具体审计计划中，应当按照《中国注册会计师审计准则第 1211 号——通过了解被审计单位及其环境识别和评估重大错报风险》规定：注册会计师应当实施风险评估程序，为识别和评估财务报表重大错报风险提供基础。

（二）计划实施的进一步审计程序

具体审计计划包括针对评估的认定层次的重大错报风险以及注册会计师计划实施的进一步审计程序的性质、时间安排和范围。进一步审计程序包括控制测试和实质性程序。进一步审计程序是对总体方案的延伸和细化，它通常包括控制测试和实质性程序的性质、时间安排和范围。在实务中，注册会计师通常单独制定一套包括这些具体程序的“进一步审计程序表”，待具体实施审计程序时，注册会计师将基于所计划的具体审计程序，进一步记录所实施的审计程序及结果，并最终形成有关进一步审计程序的审计工作底稿。

另外，完整、详细的进一步审计程序的计划既包括对各类交易、账户余额和披露实施的具体审计程序的性质、时间安排和范围，又包括抽取的样本量等。在实务中，注册会计师可以统筹安排进一步审计程序的先后顺序，如果对某类交易、账户余额或披露已经作出计划，则可以安排先行开展工作，与此同时再制定其他交易、账户余额和披露的进一步审计程序。

（三）计划其他审计程序

在具体审计计划阶段，除了按照审计准则要求的程序进行计划工作之外，注册会计师还需要兼顾其他准则中规定的、针对特定项目在审计计划阶段应执行的程序及记录要求。由于被审计单位所在行业以及被审计单位自身特点的不同，对特定项目在审计计划阶段应当执行的程序及其记录的要求也有所不同。例如，有些企业可能涉及环境事项、电子商务等。在实务中，注册会计师应根据被审计单位的具体情况确定特定项目并执行相应的审计程序。

三、审计过程中对计划的更改

在执行审计计划过程中，有时常常发生计划与实际不一致的情况。审计过程有不同的阶段，整个审计业务的环节也很多，而通常前面阶段的审计工作结果会对后面阶段的审计工作产生重大影响，后面阶段的工作过程中又可能需要对已制定的相关计划进行相应的更新和修改。一般来说，这些更新和修改可能涉及比较重要的事项。例如，对重要性水平的修改，对某类交易、账户余额和披露的重大错报风险的评估和进一步审计程序的更新和修改等，一旦审计计划发生了更改，随后的审计工作也应当随之作出调整。

四、指导、监督与复核

注册会计师还应当对项目组成员的指导、监督以及复核制定计划，以确定指导、监督及复核工作的性质、时间安排和范围，其决定因素包括以下几点：

1. 被审计单位的规模和复杂程度；
2. 审计领域；
3. 评估的重大错报风险；
4. 执行审计工作的项目组成员的专业素质和胜任能力。

总之，注册会计师应在评估重大错报风险的基础上，计划对项目组成员工作的指导、监督和复核的性质、时间安排和范围。随着评估的重大错报风险增加，指导和监督的范围也将扩大，复核工作的执行也会更加详细。在计划复核的性质、时间安排和范围时，注册会计师还应考虑单个项目组成员的专业素质和胜任能力。

第四节 审计重要性

审计重要性是现代审计理论与实务中的一个非常重要的概念。审计重要性的运用贯穿于整个审计过程，它是决定审计风险、审计范围和审计程序的直接依据之一。正确理解、科学运用审计重要性概念，对于注册会计师制订审计计划、选择审计方法、降低审计风险、提高审计效率都具有十分重要的意义。

一、重要性的含义

国际会计准则委员会（IASC）对重要性的定义是："如果信息的错报会影响使用者根据财务报表采取的经济决策，信息就具有重要性。"

美国财务会计准则委员会（FASB）对重要性的定义是："一项会计信息的错报是重要的，是指在特定环境下，一个理性的人依赖该信息所作的决策可能因为这一错报得以变化或修正。"

英国会计准则委员会（ASB）对重要性的定义是："错报可能影响到财务报表使用者的决策即为重要性。重要性可能在整个财务报表范围内、单个财务报表或财务报表的单个项目中加以考虑。"

《中国注册会计师审计准则第 1221 号——重要性》中界定了重要义的含义："重要性取决于具体环境下对错报金额和性质的判断。如果一项错报单独或连同其他错报可能影响财务报表使用者依据财务报表作出的经济决策，则该错报是重大的。"

为了更清楚地理解重要性的概念、需要注意以下几点：

1. 重要性概念中的错报包含漏报。进一步来说，财务报表错报包括财务报表金额的错报和财务报表披露的错报。

2. 重要性包括对数量和性质两个方面的考虑。所谓数量方面，是指错报的金额大小，性质方面则是指错报的性质。一般而言，金额大的错报比金额小的错报更重要。在有些情况下，某些金额的错报从数量上看并不重要，但从性质上考虑，则可能是重要的；同时某些时候对于某些财务报表披露的错报，难以从数量上判断是否重要，应从性质上考虑其是否重要。

3. 重要性概念是针对财务报表使用者决策的信息需求而言的。判断一项错报重要与否，应视其对财务报表使用者依据财务报表作出经济决策的影响程度而定。如果财务报表中的某项错报或漏报足以改变或影响财务报表使用者的相关决策，则该项错报或漏报就是重要的，否则就不重要。

4. 重要性的确定离不开具体环境。不同的被审计单位面临着不同的环境，不同的报表使用者有着不同的信息需求，因而注册会计师确定的重要性也不相同。某一金额的错报对某被审计单位的财务报表来说是重要的，而对另一个被审计单位的财务报表来说可能不重要。

5. 对重要性的评估需要运用职业判断。影响重要性的因素很多，注册会计师应当根据被审计单位面临的环境，并综合考虑其他因素，合理确定重要性水平。

二、计划重要性水平的确定

（一）确定重要性的意义

对重要性的确定是注册会计师的一种专业判断。在确定审计程序的性质、时间和范围及评价审计结果时，注册会计师必须运用重要性原则，其重要意义如下：

1. 运用重要性原则可以提高审计效率，保证审计质量。

由于社会经济环境的发展变化，企业规模的扩大，企业组织结构日趋复杂，详细审计已经不可能。在抽样审计下，注册会计师的决策不能不涉及重要性问题。同时，在抽样审计下，注册会计师对未查部分是否正确要承担一定的风险，而风险的大小与重要性的判断有关。因此，注册会计师对重要性做出恰当的判断可以保证审计质量。

2. 对重要性的考虑贯穿于审计的全过程。

在审计计划阶段，注册会计师为了确定审计程序的性质、时间和范围，需要考虑计划的重要性水平。注册会计师应当考虑导致财务报表发生重大错报的原因，并在了解被审单位及其环境的基础上，确定一个可接受的重要性水平，即财务报表层次上的重要性水平，以发现金额上的重大错报；同时，还应当评估各类交易、账户余额以及列报认定层次的重要性，以便确定进一步审计程序的性质、时间和范围。

在审计执行阶段，随着审计进程的推进，注册会计师应当及时评价审计计划阶段确定的重要性水平是否仍然合理，并根据具体环境的变化或在审计执行过程中进一步获取的信息，修正计划的重要性水平，进而修改进一步审计程序的性质、时间和范围。

在评价审计结果时，注册会计师确定的重要性可能与计划审计工作时评估的重要性存在差异，注册会计师应当考虑已实施的审计程序是否充分。

（二）从数量方面考虑重要性

注册会计师应当考虑财务报表层次和各类交易、账户余额、列报认定层次的重要性。重要性水平是针对错报的金额大小而言。重要性水平是一个经验值，注册会计师只能通过职业判断确定重要性水平。在审计过程中，注册会计师应当考虑财务报表层次和各类交易、账户余额、列报认定层次的重要性水平。

1. 财务报表层次的重要性水平。

由于财务报表审计的目标是注册会计师通过审计工作对财务报表发表审计意见，因此注册会计师首先应当考虑财务报表层次的重要性。确定多大错报会影响到财务报表使用者所作的决策，需要注册会计师运用自身的职业判断作出决定。一般说来，注册会计师通常先选择一个恰当的基准，再选用适当的百分比乘以该基准，进而得出财务报表层次的重要性水平。在实务中，有许多汇总性财务数据可以用作确定财务报表层次重要性水平的基准，如总资产、净资产、费用总额、销售收入、毛利、净利润等。在选择适当的基准时，注册会计师应当考虑的因素包括：

（1）财务报表的要素（如资产、负债、所有者权益、收入和费用）；

（2）对被审计单位而言，是否存在特定会计主体的财务报表使用者特别关注的财务报表项目（如特别关注与评价经营成果相关的信息）；

（3）被审计单位的性质、所处的生命周期阶段以及所在行业和经济环境；

（4）被审计单位的所有权结构以及融资方式；

（5）基准的相对波动性。

注册会计师对基准的选择有赖于被审计单位的性质和环境。例如，对以营利为目的的被审计单位，来自经常性业务的税前利润或税后净利润可能是一个适当的基准；而对收益不稳定的被审计单位或非营利组织，选择税前利润或税后净利润作为判断重要性水平的基准就不合适；而如果企业的微利或微亏是由宏观经济环境的波动或企业自身经营的周期性所导致，则可以考虑过去3~5年经常性业务的平均税前利润作为基准；对资产管理公司，净资产可能是一个适当的基准。注册会计师通常选择一个相对稳定、可预测且能够反映被审计单位正常规模的基准。由于销售收入和总资产具有相对稳定性，注册会计师经常将其用作确定计划重要性水平的基准。

在确定恰当的基准后，注册会计师通常运用职业判断合理选择百分比，据以确定重要性水平。以下是一些参考数值的举例：

（1）对以盈利为目的的企业，来自经常性业务的税前利润或税后净利润的5%，或总收入的1%。在适当情况下，也可采用总资产或净资产的一定比例等；

（2）对非营利组织，费用总额或总收入的1%；

（3）对共同基金公司，净资产的0.5%。

2. 各类交易、账户余额、列报认定层次的重要性水平。

各类交易、账户余额、列报认定层次的重要性水平称为“可容忍错报”。可容忍错报的确定以注册会计师对财务报表层次重要性水平的初步评估为基础。它是在不导致财务报表存在重大错报的情况下，注册会计师对各类交易、账户余额、列报确定的可接受的最大错报。

在确定各类交易、账户余额、列报认定层次的重要性水平时，注册会计师应当考虑以下主要因素：(1) 各类交易、账户余额、列报的性质及错报的可能性；(2) 各类交易、账户余额、列报的重要性水平与财务报表层次重要性水平的关系。由于为各类交易、账户余额、列报确定的重要性水平即可容忍错报，对所需要的审计证据数量和质量有直接的影响，因而注册会计师应当合理确定可容忍错报。

(三) 从性质方面考虑重要性

有些时候，金额不重要的错报从性质上看有可能是重要的。注册会计师在判断错报的性质是否重要时应该考虑的具体情况包括：

1. 错报对遵守法律法规要求的影响程度；

2. 错报对遵守债务契约或其他合同要求的影响程度；

3. 错报掩盖收益或其他趋势变化的程度（尤其在联系宏观经济背景和行业状况进行考虑时）；

4. 错报对用于评价被审计单位财务状况、经营成果或现金流量的有关比率的影响程度；

5. 错报对财务报表中列报的分部信息的影响程度。例如，错报事项对分部或被审计单位其他经营部分的重要程度，而这些分部或经营部分对被审计单位的经营或营利有重大影响；

6. 错报对增加管理层报酬的影响程度。例如，管理层通过错报来达到有关奖金或其他激励政策规定的要求，从而增加其报酬；

7. 错报对某些账户余额之间错误分类的影响程度，这些错误分类影响到财务报表中应单独披露的项目。例如，经营收益和非经营收益之间的错误分类，非营利单位的受到限制资源和非限制资源的错误分类；

8. 相对于注册会计师所了解的以前向报表使用者传达的信息（例如，盈利预测）而言，错报的重大程度；

9. 错报是否与涉及特定方的项目相关。例如，与被审计单位发生交易的外部单位是否与被审计单位管理层的成员有关联；

10. 错报对信息漏报的影响程度。在有些情况下，适用的会计准则和相关会计制度并未对该信息作出具体要求，但是注册会计师运用职业判断，认为该信息对财务报表使用者了解被审计单位的财务状况、经营成果或现金流量很重要；

11. 错报对与已审计财务报表一同披露的其他信息的影响程度，该影响程度能被合理预期将对财务报表使用者作出经营决策产生影响。

需要指出的是，这些因素只是举例，不可能包括所有情况，也并非所有审计都会出现上述全部因素。注册会计师不能以存在这些因素为由而必然认为错报是重大的。这些因素仅供注册会计师参考。

三、实际执行的重要性的确定

实际执行的重要性，是指注册会计师确定的低于财务报表整体的重要性的一个或多个金额，旨在将未更正和未发现错报的汇总数超过财务报表整体的重要性的可能性降至适当的低水平。如果适用，实际执行的重要性还指注册会计师确定的低于特定类别的交易、账户余额或披露的重要性水平的一个或多个金额。确定财务报表整体的实际执行的重要性，旨在将财务报表中未发现错报的汇总数超过财务报表整体的重要性的可能性降至适当的低水平。与特定类别的交易、账户余额或披露的重要性水平相关的实际执行的重要性，旨在将这些特定类别的交易、账户余额或披露中未发现或未更正错报的汇总数超过这些交易、账户余额或披露的重要性水平的可能性降至适当的低水平。

关于实际执行的重要性水平的确定，审计准则要求注册会计师确定低于财务报表整体重要性的一个或多个金额作为实际执行的重要性，注册会计师无需通过将财务报表整体的重要性平均分配或按比例分配至各个报表项目的方法来确定实际执行的重要性，而是根据对报表项目的风险评估的结果，确定一个或多个实际执行的重要性。例如，根据以前期间的审计经验和本期审计计划阶段的风险评估结果，注册会计师认为可以以财务报表整体重要性的75%作为大多数报表项目的实际执行的重要性；与营业收入项目相关的内部控制存在控制缺陷，而且以前年度审计中存在审计调整，因此考虑以财务报表整体重要性的50%作为营业收入项目的实际执行的重要性，从而有针对性地对高风险领域执行更多的审计工作。

计划的重要性与实际执行的重要性之间的关系如图7－1所示。

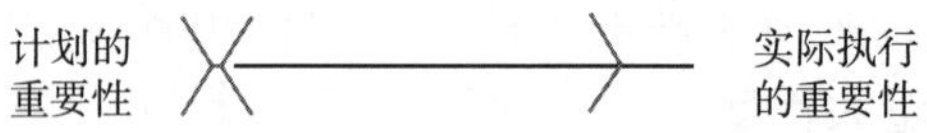

图7－1　实际执行的重要性

四、重要性与审计风险的关系

审计风险是指财务报表存在重大错报而注册会计师发表不恰当审计意见的可能性。重要性与审计风险之间存在反向关系，注册会计师在确定审计程序的性质、时间和范围时应当考虑这种反向关系，保持应有的职业谨慎，合理确定重要性水平。也就是说，重要性水平越高，审计风险就越低；反之，重要性水平越低，审计风险就越高。这里，重要性水平的高低指的是金额的大小。一般来说，2 000元的重要性水平比1 000元的重要性水平高。在理解两者之间的关系时，必须注意，重要性水平是注册会计师从财务报表使用者的角度进行判断的结果。如果重要性水平是2 000元，则意味着低于2 000元的错报与漏报不会影响到财务报表使用者的判断与决策，注册会计师仅仅需要通过执行有关审计程序查出高于2 000元的错报与漏报；如果重要性水平是1 000元，则金额在1 000元～2 000元之间的错报仍然会影响到财务报表使用者的判断与决策，注册会计师需要通过执行有关审计程序查出金额在1 000元～2 000元之间的错报和漏报。显然，重要性水平为2 000元时的审计风险要比重要性水平为1 000元的审计风险低。

五、重要性的运用

（一）计划审计工作对重要性的评估

1. 计划审计工作评估重要性的目的。

在计划审计工作时，注册会计师应当考虑导致财务报表发生重大错报的原因，并应当在了解被审计单位及其环境的基础上，确定一个可接受的重要性水平。同时，注册会计师还应当评估各类交易、账户余额及列报认定层次的重要性，并据此确定进一步审计程序的性质、时间和范围，将审计风险降至可接受的低水平。

2. 确定计划的重要性水平时应考虑的因素。

注册会计师应综合考虑以下因素，结合其审计经验，以确定计划的重要性水平：

（1）对被审计单位及其环境的了解。被审计单位的行业状况、法律环境与监管环境等其他外部因素，以及被审计单位的规模、业务的性质、对会计政策的选择和应用等都将影响注册会计师对重要性水平的判断。

（2）审计的目标，包括特定报告要求。信息使用者的要求等因素影响注册会计师对重要性水平的确定。例如，对特定报表项目进行审计的业务，其重要性水平可能需要以该项目金额，而不是以财务报表的一些汇总性财务数据为基础加以确定。

（3）财务报表各项目的性质及其相互关系。财务报表使用者对不同的报表项目的关心程度不同。一般而言，财务报表使用者十分关心流动性较高的项目，因此，注册会计师应当对此从严制定重要性水平。由于财务报表各项目之间是相互联系的，注册会计师在确定重要性水平时，不得不考虑这种相互联系。

（4）财务报表项目的金额及其波动幅度。财务报表项目的金额及其波动幅度可能成为财务报表使用者作出不同反应的信号。因此，注册会计师在确定重要性水平时，应当深入研究这些项目的金额及其波动幅度。

（二）审计执行阶段对重要性的调整

1. 调整计划重要性水平的必要性。

在一个审计项目中，计划的重要性水平不是一成不变的，它只反映了注册会计师在计划审计阶段对财务报表整体错报水平的初步判断。随着审计过程的推进，在审计执行阶段，可能由于确定计划的重要性水平的基础被修改，或者出现某些新的信息，注册会计师应当及时评价计划阶段确定的重要性水平是否仍然合理，并应根据获取的新信息及具体环境的变化修正计划的重要性水平。

2. 调整计划的重要性水平的方法。

在确定审计程序后，如果注册会计师决定接受更低的重要性水平，审计风险将相应增加。注册会计师则应选用下列方法将审计风险降至可接受的低水平：

（1）如有可能，通过扩大控制测试范围或实施追加的控制测试，降低评估的重大错报风险，并支持降低后的重大错报风险水平；

（2）通过修改计划实施的实质性程序的性质、时间和范围，降低检查风险。

（三）评价审计结果时对重要性的运用

1. 评价审计结果时所运用的重要性水平。

注册会计师在评价审计结果时所确定的重要性水平，可能与计划审计工作时评估的重要性存在差异。如果前者大大低于后者，注册会计师应当考虑实施的审计程序是否充分。这是因为，计划审计工作时评估的较高的重要性水平意味着较低的审计风险，所需要执行的审计程序和收集的证据相对较少；而评估审计结果时所运用的重要性水平比原来有所降低，审计风险相应增加，这就表示要执行更多的程序，收集更多的证据。

2. 尚未更正的错报的汇总数。

注册会计师在评价审计结果时，应当汇总尚未更正的错报，将其与财务报表层次的重要水平进行比较，以考虑其金额与性质是否对财务报表产生重大影响。尚未更正的错报包括：

（1）已经识别的具体错报。已经识别的具体错报是指注册会计师在审计过程中发现的，能够准确计量的错报，包括以下两类：

①对事实的错报。这类错报是由被审计单位收集和处理数据的错误，对事实的忽略或误解，或故意舞弊行为等产生。如注册会计师在审计测试中发现最新发生的一笔应收账款为20万元，但被审计单位的账面记录只有10万元，此时，应收账款和营业收入分别被低估10万元。

②涉及主观决策的错报。这类错报源自管理层和注册会计师对会计估值以及选择和运用会计政策的判断差异。一方面，如果管理层作出的估计值超出了注册会计师确定的一个合理范围，而管理层却认为估计合理，则会出现判断差异；另一方面，注册会计师认为管理层选用会计政策造成错报，管理层却认为选择的会

计政策适当，从而出现判断差异。

（2）推断的错报。推断的错报是注册会计师通过审计抽样或执行实质性分析程序，对于不能明确、具体识别的其他错报所作出的最佳估计数，这种推断的错报既包括了注册会计师通过测试样本估计出的总体错报减去在测试中已识别的具体错报这一差值，也包括注册会计师通过实质性分析程序推断出的估计错报。

（3）评价尚未更正错报的汇总数的影响。注册会计师在出具审计报告前，应当将汇总的尚未更正的错报与财务报表层次的重要性水平进行比较，评估尚未更正的错报单独或累积的影响是否重大：

如果尚未更正的错报或者汇总数超过或接近重要性水平，那么它对财务报表的影响可能是重大的，注册会计师应当考虑采取两种措施：一是扩大审计程序的范围，以进一步确认汇总数是否重要；二是要求管理层调整财务报表，以使汇总数低于重要性水平，降低审计风险。

如果管理层拒绝调整财务报表，且扩大审计程序范围的结果不能使注册会计师确认尚未更正的错报的汇总数并不重大，注册会计师应当考虑出具非无保留意见的审计报告。

如果已识别但尚未调整的错报的汇总数接近重要性水平，由于该汇总数连同尚未发现的错报可能超过重要性水平，因此注册会计师应当考虑实施追加的审计程序，或要求管理层进一步调整已识别的错报，降低审计风险。

如果尚未更正的错报的汇总数低于重要性水平，且特定项目的尚未更正的错报也低于考虑其性质时所设定的更低的重要性水平时，则说明该错报对财务报表的影响并不重大，注册会计师可以发表无保留意见的审计报告。

应当指出的是，如果某项错报是（或可能是）由舞弊造成的，无论其金额的大小，注册会计师均应按照《中国注册会计师审计准则第 1141 号——财务报表审计中对舞弊的考虑》的规定，考虑其对整个财务报表审计的影响。

此外，注册会计师在评估未调整的错报是否重大时，不仅需要考虑每项错报对财务报表的单独影响，还需考虑所有错报对财务报表的累积影响及其形成原因。单独地看，一笔小金额的错报无论是性质上还是金额上都是不重要的，但是其累计数却可能对财务报表产生重大影响。

第五节　审计风险

审计风险是指财务报表存在重大错报而注册会计师发表不恰当审计意见的可能性。与审计风险相对应的一个概念是可接受的审计风险，可接受审计风险的确定需要考虑会计师事务所对审计风险的态度、审计失败对会计师事务所可能造成的损失的大小等因素。需要注意的是，审计业务虽然不能对财务报表错报漏报提供绝对的保证，但却是一种保证程度高的鉴证业务，因此可接受的审计风险应当足够低，以使注册会计师能够合理保证所审计财务报表不含有重大错报。从理论上来说，审计风险高低取决于重大错报风险和检查风险。

一、重大错报风险

重大错报风险是指财务报表在审计前存在重大错报的可能性。在设计审计程序以确定财务报表整体是否存在重大错报前，注册会计师应当从财务报表层次和各类交易、账户余额、列报和披露等认定层次考虑重大错报风险。《中国注册会计师审计准则第 1211 号——通过了解被审计单位及其环境识别并评估重大错报风险》对注册会计师如何评估财务报表层次和各类交易、账户余额、列报和披露等认定层次的重大错报风险提出了详细的要求。

（一）两个层次的重大错报风险

1. 财务报表层次重大错报风险。

财务报表层次重大错报风险与财务报表整体存在广泛联系，它可能影响多项认定。此类风险通常与控制环境有关，如管理层缺乏诚信、治理层形同虚设而不能对管理层进行有效监督等；但也可能与其他因素有关，如经济萧条、企业所处行业处于衰退期。此类风险难以被界定于某类交易、账户余额和披露的具体认定，相反，此类风险增大了一个或多个不同认定发生重大错报的可能性。此类风险对注册会计师考虑由舞弊引起的风险尤其相关。

注册会计师评估财务报表层次重大错报风险的措施包括：考虑审计项目组承担重要责任的人员的学识、技术和能力，是否需要专家介入；考虑给予业务助理人员适当程度的监督指导；考虑是否存在怀疑被审计单位持续经营假设合理性的事项或情况。

2. 各类交易、账户余额和披露认定层次的重大错报风险。

注册会计师同时考虑各类交易、账户余额和披露认定层次的重大错报风险，考虑的结果直接有利于注册会计师确定认定层次上实施的进一步审计程序的性质、时间安排和范围。注册会计师在各类交易、账户余额、列报认定层次获取审计证据，以便在审计工作完成时，以可接受的低审计风险水平对财务报表整体发表意见。

（二）固有风险和控制风险

认定层次的重大错报风险又可进一步细分为固有风险和控制风险。

固有风险是指在考虑相关的内部控制之前，某类交易、账户余额或披露的某一认定易于发生错报（该错报单独或者连同其他错报可能是重大的）的可能性。

控制风险是指某类交易、账户余额或披露的某一认定发生错报，该错报单独或连同其他错报是重大的，但没有被内部控制及时防止或发现并纠正的可能性。控制风险取决于与财务报表编制有关的内部控制设计和运行的有效性。由于控制的固有局限性，某种程序的控制风险始终存在。

需要特别说明的是，由于固有风险和控制风险不可分割地交织在一起，有时无法单独进行评估，审计准则通常不再单独提到固有风险和控制风险，而只是将这两者合并称为“重大错报风险”。但这并不意味着，注册会计师不可以单独对固有风险和控制风险进行评估。相反，注册会计师既可以单独对两者单独进行评估，也可以对两者进行合并评估。

二、检查风险

检查风险是指如果存在某一错报，该错报单独或连同其他错报可能是重大的，注册会计师为将审计风险降至可接受的低水平而实施程序后没有发现这种错报的风险。

检查风险取决于审计程序设计的合理性和执行的有效性。由于注册会计师通常并不对所有的交易、账户余额和披露进行检查，以及其他原因，检查风险不可能降低为零。其他原因包括注册会计师可能选择了不恰当的审计程序、审计过程执行不当，或者错误理解了审计结论。这些其他因素可以通过适当计划、在项目组成员之间进行恰当的职责分配、保持职业怀疑态度以及对审计项目组成员执行的工作进行监督、指导和复核得以解决。

三、检查风险与重大错报风险的相互关系

在既定的审计风险水平下，可接受的检查风险水平与认定层次重大错报风险的评估结果成反向关系。评估的重大错报风险越高，可接受的检查风险越低；评估的重大错报风险越低，可接受的检查风险越高。检查风险与重大错报风险的反向关系用数学模型表示如下：

$$审计风险 = 重大错报风险 \times 检查风险$$

上述模型也就是审计风险模型。假设针对某一认定，注册会计师将可接受的审计风险水平设定为5%，注册会计师实施风险评估程序后将重大错报风险评估为25%，则根据上述模型，可接受的检查风险为20%。当然，在实务中，注册会计师不一定用绝对数量表达这些风险水平，而选用“高”“中”“低”等文字描述。

【课后习题】

一、思考题

1. 注册会计师在接受审计业务之前，需要对目标客户的情况进行调查和评估，此时注册会计师要考虑哪些因素？

2. 在评价注册会计师自身的独立性与专业胜任能力时需要考虑哪些因素？

3. 总体审计策略在确定审计范围时，应考虑哪些具体事项？

4. 具体审计计划包括的内容有哪些？

5. 在选择适当的基准确定财务报表层次的重要性水平时，注册会计师应当考虑哪些因素？

6. 什么是实际执行的重要性水平？确定实际执行的重要性水平有何作用？

7. 当尚未更正错报汇总数与重要性水平有差距时，可以采取哪些措施？

8. 什么是审计风险？其高低取决于哪些因素？

9. 什么是检查风险？如何分析和评价检查风险？

10. 什么是重大错报风险？认定层次的重大错报风险具体包括的内容有哪些？

11. 审计风险模型的组成要素有哪些？各风险要素间相互关系如何？

二、案例题

1. 刘畅是甲会计师事务所负责对乙机械厂审计的合伙人，该企业有遍布二十几个省份的连锁企业集团。甲会计师事务所已经对乙机械厂审计了8年，对该公司的基本情况十分了解。在这8年的审计过程中发现，乙机械厂的管理当局为人诚信，在审计过程中积极配合，合作比较愉快。而且该公司建厂时间比较早，拥有较高的竞争地位，而且有明确的发展战略，营利能力强，流动性好，并且几乎没有债务。管理层和供应商以及雇员的关系相处比较融洽。

在事务所每年一次的客户续约会议上，刘畅与其他合伙人见面后，建议对乙机械厂的可接受审计风险评定为高水平。对甲会计师事务所来说，这意味着无需增加工作量来获取更多的审计证据，对工作底稿进行“标准”复核，对业务按“标准”配备审计人员。

讨论：甲会计师事务所的做法是否正确，并简要说明理由。

2. 注册会计师A对被审计单位甲公司的主营业务收入进行审计时，面临的可接受的审计风险和主营业务收入发生认定层次的重大错报风险水平可能出现以下四种情况，见下表：

风险类别	情况一	情况二	情况三	情况四
可接受的审计风险	3%	3%	5%	5%
重大错报风险	50%	80%	50%	80%

［要求］

(1) 计算上述四种情况的可接受的检查风险水平分别是多少？

(2) 在上述四种情况中哪种情况需要获取的审计证据最多？并简要说明理由。

第八章 风险评估

【本章教学目的和要求】

通过本章的学习，要求学生理解并掌握风险评估程序的含义、注册会计师的风险评估程序以及对应的信息来源。掌握注册会计师对被审计单位及其环境的了解；掌握注册会计师对被审计单位内部控制的了解；理解内部控制的固有局限性；掌握注册会计师识别和评估重大错报风险的审计程序，识别注册会计师评估重大错报风险的影响因素。

【引导案例】

常诚和王朝是一对好朋友，都是注册会计师，分别供职于不同的会计师事务所。有一天在共进午餐时，他们谈起了内部控制在决定应收集的审计证据的数量方面的重要性。

常诚认为，在任何公司，不管其规模如何，都应该以类似的方式对内部控制进行细致的调查和评价。他所在的会计师事务所，要求在执行每一项审计业务时，都要使用事务所设计的标准内部控制调查问卷表，对于每类经济业务，都应该编制内部控制流程图。另外，事务所还要求注册会计师仔细评价内部控制制度，根据内部控制的强弱，调整拟收集的审计证据的数量。

王朝则指出，他所审计的大量小规模企业，不可能有充分的、严密的内部控制。因此，他在从事审计时，通常假设内部控制不充分，从而忽略内部控制，直接进行大量的实质性测试。他说，“当我一开始就知道内部控制制度中存在各种各样的弱点时，我干吗要浪费大量的时间和精力去调查内部控制、评价控制风险？我宁愿把钱花在填写内部控制调查评价表格上的时间，用在测试财务报表的表述是否正确上。”

【引导案例思考】 你认同谁的观点？谁的做法体现了风险导向审计理念？

第一节　注册会计师的风险评估程序

《中国注册会计师审计准则第 1211 号——通过了解被审计单位及其环境识别和评估重大错报风险》作为专门规范风险评估的准则，规定注册会计师应当了解被审计单位及其环境，以充分识别和评估财务报表重大错报风险，设计和实施进一步审计程序。

了解被审计单位及其环境是必要程序，特别是为注册会计师在下列关键环节作出职业判断提供重要基础：

1. 确定重要性水平，并随着审计工作的进程评估对重要性水平的判断是否仍然适当；
2. 考虑会计政策的选择和运用是否恰当，以及财务报表的列报是否适当；
3. 识别需要特别考虑的领域，包括关联方交易、管理层运用持续经营假设的合理性，或交易是否具有合理的商业目的等；
4. 确定在实施分析程序时所使用的预期值；
5. 设计和实施进一步审计程序，以将审计风险降至可接受的低水平；
6. 评价所获取审计证据的充分性和适当性。

了解被审计单位及其环境是一个连续和动态地收集、更新与分析信息的过程，贯穿于整个审计过程的始终。注册会计师应当运用职业判断确定需要了解被审计单位及其环境的程度。

评价对被审计单位及其环境了解的程度是否恰当，关键是看注册会计师对被审计单位及其环境的了解是否足以识别和评估财务报表的重大错报风险。如果了解被审计单位及其环境获得的信息足以识别和评估财务报表的重大错报风险，设计和实施进一步审计程序，那么，了解的程度就是恰当的。当然，要求注册会计师对被审计单位及其环境了解的程度，要低于管理层为经营管理企业而对被审计单位及其环境需要了解的程度。

注册会计师为了了解被审计单位及其环境，应当实施的风险评估程序主要包括：询问管理层、适当的内部审计人员，以及被审计单位内部其他人员；分析程序；观察和检查。

一、询问管理层、适当的内部审计人员，以及被审计单位内部其他人员

询问被审计单位管理层和内部其他相关人员是注册会计师了解被审计单位及

其环境的一个重要信息来源。有经验的注册会计师通常会针对公司内部的不同人员询问不同的问题，以提升风险评估程序的效率和效果。需要询问的被审计单位内部其他人员，是注册会计师根据判断认为可能拥有某些信息的人员，这些信息有助于识别由于舞弊或错误导致的重大错报风险。询问被审计单位内部其他相关人员可以为注册会计师提供不同的信息来源。视不同的情况，注册会计师可能询问的人员主要有：内部注册会计师；有关产品的生产、营销、销售或其他的相关人员；不同授权层次的员工；参与生产、处理或记录复杂或异常的员工；内部法律顾问；治理层或审计委员会。

一般说来，询问治理层，有助于注册会计师理解财务报表编制的环境；询问内部注册会计师，有助于注册会计师了解其针对被审计单位内部控制设计和运行有效性而实施的工作，以及管理层对内部审计发现的问题是否采取适当的措施；询问参与生成、处理或记录复杂或异常交易的员工，有助于注册会计师评估被审计单位选择和运用某项会计政策的适当性；询问采购人员和生产人员，有助于注册会计师了解被审计单位的原材料采购和产品生产等情况；询问仓库人员，有助于注册会计师了解原材料、产成品等存货的进出、保管和盘点等情况。

二、分析程序

（一）分析程序概述

分析程序是指注册会计师通过研究不同财务数据之间以及财务数据与非财务数据之间的内在关系，对财务信息作出评价。分析程序还包括调查识别出的、与其他相关信息不一致或与预期数据严重偏离的波动和关系。分析程序既可用作风险评估程序和实质性程序，也可用于对财务报表的总体复核。

（二）审计计划阶段分析程序的实施

注册会计师在计划审计工作时，应当实施分析程序。审计计划阶段实施分析程序有助于注册会计师了解被审计单位及其环境，识别可能存在重大错报的特定领域。在实施分析程序时，注册会计师应当预期可能存在的合理关系，并与依据历史和同期数据计算的比率或趋势相比较，如果发现异常波动，注册会计师应当在询问管理当局有关解释的基础上，推断异常波动产生的原因，并在识别重大错报风险时考虑这些比较结果。例如，注册会计师通过实施分析程序发现，两个会计期间的销售毛利率相当，注册会计师通过对被审计单位的了解，如获知在生产成本中占较大比例的原材料成本在相关期间内上升，注册会计师预期销售成本也应相应上升，而毛利率会相应下降。透过上述分析，注册会计师得出的一个推论是：销售成本可能存在重大错报风险，应对其给予足够的重视。此外，分析程序还可以借助汇总数据和非汇总数据展开分析。如果使用的是高度汇总的数据，实施分析程序的结果仅可能初步显示财务报表存在重大错报风险，注册会计师应当将分析结果连同识别重大错报风险时获取的其他信息一并考虑。

三、观察和检查

在询问和执行分析程序的基础上，进一步实施观察和检查程序不但可以印证对管理层和其他相关人员的询问结果、提供有关被审计单位及其环境的信息，而且可以在一定程度上验证注册会计师使用分析程序所推断的重点风险领域。具体而言，注册会计师应当实施下列观察和检查程序：

（一）观察被审计单位的生产经营活动

通过观察被审计单位的生产经营活动和内部控制活动，可以增加注册会计师对被审计单位人员如何进行生产经营活动及实施内部控制的了解。

（二）检查文件、记录和内部控制手册

通过检查被审计单位的章程、与其他单位签订的合同、协议，各业务流程操作指引和内部控制手册等，可以了解被审计单位组织结构和内部控制制度的建立健全情况。

（三）阅读由管理层和治理层编制的报告

具体包括：阅读被审计单位年度和中期财务报告，股东大会、董事会会议、高级管理层的会议记录或纪要，管理层的讨论和分析资料，经营计划和战略，对重要经营环节和外部因素的评价，被审计单位内部管理报告以及其他特殊目的报告等。通过阅读由管理层和治理层编制的报告可以了解自上一次审计结束至本次审计期间被审计单位发生的重大事项。

（四）实地察看被审计单位的生产经营场所和设备

通过现场访问和实地察看被审计单位的生产经营场所和设备，可以帮助注册会计师了解被审计单位的性质及其经营活动。在实地察看被审计单位厂房和办公场所的过程中，注册会计师可以有机会与被审计单位的管理层和担任不同职责的员工进行交流，从而可以进一步了解被审计单位的经营活动及其重大影响因素。

（五）追踪交易在财务报告信息系统中的处理过程（穿行测试）

这是注册会计师了解被审计单位业务流程及其相关控制时经常使用的审计程序。通过追踪某笔或某几笔交易在业务流程中如何生成、记录、处理和报告，以及相关内部控制如何执行，注册会计师可以确定被审计单位的交易流程和相关控制是否与之前通过其他程序所获得的了解一致，并确定相关控制是否得到执行。

第二节 了解被审计单位及其环境

审计过程的起点就是获得对被审计单位及其环境的了解，包括对其内部控制的了解。对被审计单位及其环境的了解是一个连续动态收集、更新、分析信息的过程，它贯穿于整个审计过程，其目的在于评估被审计单位面临的经营风险。按照《中国注册会计师审计准则第 1211 号——通过了解被审计单位及其环境识别和评估重大错报风险》的要求，注册会计师对被审计单位及其环境的了解应包括以下几个方面：（1）相关行业状况、法律环境和监管环境及其他外部因素，包括适用的财务报告编制基础；（2）被审计单位的性质；（3）被审计单位对会计政策的选择和运用，包括变更会计政策的原因；（4）被审计单位的目标、战略以及可能导致重大错报风险的相关经营风险；（5）对被审计单位财务业绩的衡量和评价；（6）被审计单位的内部控制。

一、相关行业状况、法律环境和监管环境及其他外部因素，包括适用的财务报告编制基础

注册会计师应获得与被审计单位有关的行业及其监管和其他外部因素的了解，这有助于注册会计师识别重大错报风险。有些行业由于其会计估计的与众不同，很容易产生财务报表重大错报风险。例如，一个财产和人寿保险公司需要根据历史数据建立损失准备金，这一估计就较之其他业务更容易产生错报。注册会计师一般需要关注市场和竞争、周期性或季节性生产、被审计单位的产品生产技术、资源的供应与成本等行业方面的情况；关注会计原则和行业特定惯例、行业监管框架、对被审计单位经营活动产生重大影响的法律和监管要求、税收政策、对被审计单位现行经营活动有影响的政府政策以及对所处行业和被审计单位经营的环保要求等监管方面的情况；关注宏观经济的景气度（萧条、增长）、利率和融资的可获得以及通货膨胀和币值变动等外部因素。

二、被审计单位的性质

被审计单位的性质指的是被审计单位的经营活动、所有权、正在和计划进行的投资种类、企业结构和融资结构。了解被审计单位的性质可以使注册会计师对财务报表内容有一个更好的认识。例如，一个有着复杂结构的公司，可能会由于其合资企业、分支机构、权益投资的会计处理的复杂性，孳生财务报表中的重大错报。注册会计师应了解包括行业一般会计惯例在内的会计原则的运用。

三、被审计单位对会计政策的选择和运用，包括变更会计政策的原因

了解被审计单位对会计政策的选择和运用是否适当时，注册会计师应该关注下列事项：

1. 重大和异常交易的会计处理方法。例如，本期发生的企业合并的会计处理方法。某些被审计单位可能存在与其所处行业相关的重大交易，例如，银行向客户发放贷款、证券公司对外投资、医药企业的研究与开发活动等。注册会计师应当考虑对重大的和不经常发生的交易的会计处理方法是否适当。

2. 在缺乏权威性标准或共识、有争议的或新兴领域采用重要会计政策产生的影响。

3. 会计政策的变更。即考虑：会计政策变更是否是法律、行政法规或者适用的会计准则和相关会计制度要求的变更；会计政策变更是否能够提供更可靠、更相关的会计信息；会计政策的变更是否得到恰当处理和充分披露。

4. 新颁布的财务报告准则、法律法规，以及被审计单位何时采用、如何采用这些规定。

四、被审计单位的目标、战略以及可能导致重大错报风险的相关经营风险

战略是管理层为了完成目标而采取的经营方法。例如，公司管理层为了达到企业目标，可能采取诸如提供低成本或高质量产品的企业战略。典型的企业目标包括增加市场份额、一流的声誉、理想的工作氛围和一流的服务等。经营风险是管理层能否实现这些目标所可能遇到的威胁。这些风险产生于重大的情况、事件、环境、企业的行为或不作为等，它们会对管理层能否执行战略，从而完成目标产生不利的影响。企业的行为、战略、目标和经营环境时刻处于变化之中，经营本身的动态性和复杂性必然会导致经营风险。例如，新产品的开发可能会面临失败，也有可能因新产品的一些瑕疵引起诉讼或损坏公司声誉。管理层有责任识别此类风险并作出相应的反应。

注册会计师必须识别并了解被审计单位的目标和完成其目标的战略，还有与目标、战略有关的经营风险。管理层的一般做法是执行一套风险评估程序来识别和控制由产业、经济、监管或其他因素引发的经营风险。注册会计师应该对这一套风险评估程序获取了解，包括管理层如何识别风险、估计这些风险的重大程度、评估这些风险发生的概率以及采取相应行动以管理这些风险。

五、对被审计单位财务业绩的衡量和评价

管理层用来衡量和评价其财务业绩的内部信息可能包括关键业绩指标、预

算、差异分析、分部信息和分支机构、部门或其他层次的业绩报告，以及被审计单位与其竞争对手的业绩对比。外部团体与个人（如分析师和贷款评级机构）也会衡量和评价被审计单位的财务业绩。被审计单位对其财务业绩的内部评价可以为管理层提供经营目标实现程度的信息，因此，业绩衡量中的偏差可能暗示着在相关的财务报表信息中存在错报风险。如果注册会计师想要在其审计业务中利用被审计单位的业绩衡量时，他们就必须考虑所获信息是否可靠、是否充分详细或准确。

六、被审计单位的内部控制

内部控制是被审计单位为了合理保证财务报告的可靠性、经营的效率和效果以及对法律法规的遵守，由治理层、管理层和其他人员设计与执行的政策及程序。内部控制主要包括控制环境、风险评估过程、信息系统与沟通、控制活动和对控制的监督。

（一）控制环境

控制环境包括治理职能和管理职能，以及治理层和管理层对内部控制及其重要性的态度、认识和措施。控制环境设定了被审计单位的内部控制基调，影响员工对内部控制的认识和态度。良好的控制环境是实施有效内部控制的基础。控制环境主要包括以下要素：

1. 对诚信和道德价值观念的沟通与落实。

诚信和道德价值观念是控制环境的重要组成部分，影响到重要业务流程的设计和运行。内部控制的有效性直接依赖于负责创建、管理和监控内部控制的人员的诚信和道德价值观念。被审计单位是否存在道德行为规范，以及这些规范如何在被审计单位内部得到沟通和落实，决定了是否能产生诚信和道德的行为。对诚信和道德价值观念的沟通与落实既包括管理层如何处理不诚实、非法或不道德行为，也包括在被审计单位内部，通过行为规范以及高层管理人员的身体力行，对诚信和道德价值观念的营造和保持。

2. 对胜任能力的重视。

胜任能力是指具备完成某一职位的工作所应有的知识和能力。管理层对胜任能力的重视包括对于特定工作所需的胜任能力水平的设定，以及对达到该水平所必需的知识和能力的要求。注册会计师应当考虑主要管理人员和其他相关人员是否能够胜任承担的工作和职责，例如，财会人员是否对编报财务报表所适用的会计准则和相关会计制度有足够的了解并能正确运用。

3. 治理层的参与程度。

被审计单位的控制环境在很大程度上受治理层的影响。治理层的职责应在被审计单位的章程和政策中予以规定。治理层（董事会）通常通过其自身的活动，并在审计委员会或类似机构的支持下，监督被审计单位的财务报告政策和程序。因此，董事会、审计委员会或类似机构应关注被审计单位的财务报告，并监督被审计单位的会计政策以及内部、外部的审计工作和结果。治理层的职责还包括监督用于复核内部控制有效性的政策和程序设计是否合理，执行是否有效。

治理层对控制环境影响的要素有：治理层相对于管理层的独立性、成员的经验和品德、对被审计单位业务活动的参与程度、治理层行为的适当性、治理层所获得的信息、管理层对治理层所提出问题的追踪程度，以及治理层与内部注册会计师和注册会计师的联系程度等。

4. 管理层的理念和经营风格。

管理层负责企业的运作以及经营策略和程序的制定、执行与监督。控制环境的每个方面在很大程度上都受管理层采取的措施和作出决策的影响，或在某些情况下受管理层不采取某些措施或不作出某种决策的影响。在有效的控制环境中，管理层的理念和经营风格可以创造一个积极的氛围，促进业务流程和内部控制的有效运行，同时创造一个减少错报发生可能性的环境。在管理层以一个或少数几个人为主时，管理层的理念和经营风格对内部控制的影响尤为突出。管理层的理念包括管理层对内部控制的理念，即管理层对内部控制以及对具体控制实施环境的重视程度。管理层对内部控制的重视，将有助于控制的有效执行，并减少特定控制被忽视或规避的可能性。控制理念反映在管理层制定的政策、程序及所采取的措施中，而不是反映在形式上。因此，要使控制理念成为控制环境的一个重要特质，管理层必须告知员工内部控制的重要性。同时，只有建立适当的管理层控制机制，控制理念才能产生预期的效果。

衡量管理层对内部控制重视程度的重要标准，是管理层收到有关内部控制弱点及违规事件的报告时是否作出适当反应。管理层及时下达纠弊措施，表明他们对内部控制的重视，也有利于加强企业内部控制的意识。

5. 组织结构及职权与责任的分配。

被审计单位的组织结构为计划、运作、控制及监督经营活动提供了一个整体框架。通过集权或分权决策，可在不同部门间进行适当的职责划分、建立适当层次的报告体系。组织结构将影响权利、责任和工作任务在组织成员中的分配。被审计单位的组织结构将在一定程度上取决于被审计单位的规模和经营活动的性质。

注册会计师应当考虑被审计单位组织结构中是否采用向个人或小组分配控制职责的方法，是否建立了执行特定职能（包括交易授权）的授权机制，是否确保每个人都清楚地了解报告关系和责任。注册会计师还需审查对分散经营活动的监督是否充分。有效的权责分配制度有助于形成整体的控制意识。

注册会计师应当关注组织结构及权责分配方法的实质，而不是仅仅关注其形式。相应地，注册会计师应当考虑相关人员对政策与程序的整体认识水平和遵守程度，以及管理层对其实施监督的程度。

6. 人力资源政策与实务。

政策与程序（包括内部控制）的有效性，通常取决于执行人。因此，被审计单位员工的能力与诚信是控制环境中不可缺少的因素。人力资源政策与实务涉及招聘、培训、考核、晋升和薪酬等方面。被审计单位是否有能力招聘并保留一定数量既有能力又有责任心的员工在很大程度上取决于其人事政策与实务。例如，如果招聘录用标准要求录用最合适的员工，包括强调员工的学历、经验、诚信和道德，这表明被审计单位希望录用有能力并值得信赖的人员。被审计单位有关培训方面的政策应显示员工应达到的工作表现和业绩水准。通过定期考核的晋升政策表明被审计单位希望具备相应资格的人员承担更多的职责。

（二）风险评估过程

风险评估是企业确认和分析与其目标实现相关风险的过程，它形成了如何管理风险的基础。风险评估要对与按照适用的会计准则编制的财务报表有关的风险进行确认、分析和管理，要考虑可能发生的外部和内部事件以及对管理层在财务报表中的认定有影响的记录处理、汇总、报告的环境。导致风险产生和变化的事项和情形包括监管及经营环境的变化、新员工的加入、新信息系统的使用或对原系统进行升级、业务快速发展、新技术、新产品新作业、企业重组、发展海外经营，以及可适用会计准则的变化等。

风险评估过程的作用是识别、评估和管理影响被审计单位实现经营目标能力的各种风险。而针对财务报告目标的风险评估过程则包括识别与财务报告相关的经营风险，评估风险的重大性和发生的可能性，以及采取措施管理这些风险。例如，风险评估可能会涉及被审计单位如何考虑对某些交易未予记录的可能性，或者识别和分析财务报告中的重大会计估计发生错报的可能性。与财务报告相关的风险也可能与特定事项和交易有关。

（三）信息系统与沟通

一个组织的信息系统应当包括用以生成、记录、处理和报告交易、事项和情况，对相关资产、负债和所有者权益履行经营管理责任的程序和记录。交易可能通过人工或自动化程序生成；记录包括识别和收集与交易、事项有关的信息；处理包括编辑、核对、计量、估价、汇总和调节活动，可能由人工或自动化程序来执行；报告是指用电子或书面形式编制财务报告和其他信息，供组织用于衡量和考核财务及其他方面的业绩。信息与沟通系统围绕在控制活动的周围，这些系统使企业内部的员工能取得他们执行、管理和控制企业经营过程中所需的信息，并交换这些信息。

对于财务报表审计来说，注册会计师关注的是与财务报告相关的信息系统和沟通，其中的信息系统又应当与业务流程相适应。业务流程是指被审计单位开发、采购、生产、销售、发送产品和提供服务、保证遵守法律法规、记录信息等一系列活动。与财务报告相关的信息系统通常包括下列职能：

1. 识别与记录所有的有效交易；
2. 及时、详细地描述交易，以便在财务报告中对交易作出恰当分类；
3. 恰当计量交易，以便在财务报告中对交易的金额作出准确记录；
4. 恰当确定交易生成的会计期间；
5. 在财务报表中恰当列报交易。

与财务报告相关的沟通包括使员工了解各自在与财务报告有关的内部控制方面的角色和职责、员工之间的工作联系，以及向适当级别的管理层报告例外事项的方式。公开的沟通渠道有助于确保例外情况得到报告和处理。沟通可以采用政策手册、会计和财务报告手册和备忘录等形式进行，也可以通过发送电子邮件、口头沟通和管理层的行动来进行。

（四）控制活动

控制活动是指为了确保管理层的指令得以实施而制定并执行的政策和程序，它主要包括与授权、业绩评价、信息处理、实物控制和职责分离等相关的活动。

1. 授权。

注册会计师应当了解与授权有关的控制活动，包括一般授权和特别授权。授权的目的在于保证交易在管理层授权范围内进行。一般授权是指管理层制定的要求组织内部遵守的普遍适用于某类交易或活动的政策。特别授权是指管理层针对特定类别的交易或活动逐一设置的授权，如重大资本支出和股票发行等。特别授权也可能用于超过一般授权限制的常规交易。例如，同意因某些特别原因，对某个不符合一般信用条件的客户赊购商品。

2. 业绩评价。

注册会计师应当了解与业绩评价有关的控制活动，主要包括被审计单位分析评价实际业绩与预算（或预测、前期业绩）的差异，综合分析财务数据与经营数据的内在关系，将内部数据与外部信息来源相比较，评价职能部门、分支机构或项目活动的业绩（如银行客户信贷经理复核各分行、地区和各种贷款类型的审批和收回），以及对发现的异常差异或关系采取必要的调查与纠正措施。

通过调查非预期的结果和非正常的趋势，管理层可以识别可能影响经营目标实现的情形。管理层对业绩信息的使用（如将这些信息用于经营决策，还是同时用于对财务报告系统报告的非预期结果进行追踪），决定了业绩指标的分析是只用于经营目的，还是同时用于财务报告目的。

3. 信息处理。

注册会计师应当了解与信息处理有关的控制活动，包括信息技术的一般控制和应用控制。被审计单位通常执行各种措施，检查各种类型信息处理环境下的交易的准确性、完整性和授权。信息处理控制可以是人工的、自动化的，或是基于自动流程的人工控制。信息处理控制分为两类，即信息技术的一般控制和应用控制。

信息技术一般控制是指与多个应用系统有关的政策和程序，有助于保证信息系统持续恰当地运行（包括信息的完整性和数据的安全性），支持应用控制作用的有效发挥，通常包括数据中心和网络运行控制，系统软件的购置、修改及维护控制，接触或访问权限控制，应用系统的购置、开发及维护控制。例如，程序改变的控制、限制接触程序和数据的控制、与新版应用软件包实施有关的控制等都属于信息系统一般控制。

信息技术应用控制主要是指在业务流程层次运行的人工或自动化程序，与用于生成、记录、处理、报告交易或其他财务数据的程序相关，通常包括检查数据计算的准确性，审核账户和试算平衡表，设置对输入数据和数字序号的自动检查，以及对例外报告进行人工干预。

4. 实物控制。

注册会计师应当了解实物控制，主要包括了解对资产和记录采取适当的安全保护措施，对访问计算机程序和数据文件设置授权，以及定期盘点并将盘点记录与会计记录相核对。例如，现金、有价证券和存货的定期盘点控制。实物控制的效果影响资产的安全，从而对财务报表的可靠性及审计产生影响。

5. 职责分离。

注册会计师应当了解职责分离，主要包括了解被审计单位如何将交易授权、交易记录以及资产保管等职责分配给不同员工，以防范同一员工在履行多项职责时可能发生的舞弊或错误。当信息技术运用于信息系统时，职责分离可以通过设置安全控制来实现。

（五）对控制的监督

对控制的监督是指被审计单位评价内部控制在一段时间内运行有效性的过程，该过程包括及时评价控制的设计和运行，以及根据情况的变化采取必要的纠正措施。例如，管理层对是否定期编制银行存款余额调节表进行复核，内部注册会计师评价销售人员是否遵守公司关于销售合同条款的政策，法律部门定期监控公司的道德规范和商务行为准则是否得以遵循等。监督对控制的持续有效运行十分重要。例如没有对银行存款余额调节表是否得到及时和准确的编制进行监督，该项控制可能无法得到持续的执行。

通常，被审计单位通过持续的监督活动、专门的评价活动或两者相结合，来实现对控制的监督。持续的监督活动通常贯穿于被审计单位的日常经营活动与常规管理工作中。例如，管理层在履行其日常管理活动时，取得内部控制持续发挥功能的信息。当业务报告、财务报告与他们获取的信息有较大差异时，会对有重大差异的报告提出疑问，并作必要的追踪调查和处理。

被审计单位可能使用内部注册会计师或具有类似职能的人员对内部控制的设计和执行进行专门的评价，以找出内部控制的优点和不足，并提出改进建议。关于内部注册会计师在内部控制方面的职责，被审计单位也可能利用与外部有关各方沟通或交流所获取的信息监督相关的控制活动。在某些情况下，外部信息可能显示内部控制存在的问题和需要改进之处。例如，客户通过付款来表示其同意发票金额，或者认为发票金额有误而不付款。监管机构（如银行监管机构）可能会对影响内部控制运行的问题与被审计单位沟通。管理层可能也会考虑与注册会计师就内部控制问题进行沟通，通过与外部信息的沟通，可以发现内部控制存在的问题，以便采取纠正措施。

（六）内部控制的固有局限性

内部控制存在固有局限性，无论如何设计和执行，只能对财务报告的可靠性提供合理的保证。内部控制存在固有局限性的主要原因是：

1. 在决策时人为判断可能出现错误和由于人为失误而导致内部控制失效。例如，被审计单位信息技术工作人员没有完全理解系统如何处理销售交易，为使系统能够处理新型产品的销售，可能错误地对系统进行更改；或者对系统的更改是正确的，但是程序员没能把此次更改转化为正确的程序代码。

2. 可能由于两个或更多的人员进行串通或管理层凌驾于内部控制之上而被规避。例如，管理层可能与客户签订背后协议，对标准的销售合同作出变动，从而导致收入确认发生错误。再如，软件中的编辑控制旨在发现和报告超过赊销信用额度的交易，但这一控制可能被逾越或规避。

3. 如果被审计单位内部行使控制职能的人员素质不适应岗位要求，也会影响内部控制功能的正常发挥。被审计单位实施内部控制的成本效益问题也会影响其职能，当实施某项控制成本大于控制效果而发生损失时，就没有必要设置控制环节或控制措施。内部控制一般都是针对经常而重复发生的业务而设置的，如果出现不经常发生或未预计到的业务，原有控制就可能不适用。

第三节　了解被审计单位的内部控制

了解被审计单位的内部控制是识别和评估重大错报风险、设计和实施进一步审计程序的基础。注册会计师应当了解与审计相关的内部控制以识别潜在错报的类型，考虑导致重大错报风险的因素，以及设计和实施进一步审计程序的性质、时间和范围。

一、与审计相关的控制

与审计相关的控制，包括被审计单位为实现财务报告可靠性目标设计和实施的控制。注册会计师应当运用职业判断，考虑一项控制单独或连同其他控制是否与评估重大错报风险以及针对评估的风险设计和实施进一步审计程序有关。在运用职业判断时，注册会计师应当考虑下列因素：注册会计师确定的重要性水平、被审计单位的性质与规模、被审计单位经营的多样性和复杂性、法律法规和监管要求以及作为内部控制组成部分的系统（包括利用服务机构）的性质和复杂性。

注册会计师应当考虑的其他与审计相关的控制，具体包括以下控制：如果在设计和实施进一步审计程序时拟利用被审计单位内部生成的信息，注册会计师应当考虑用以保证该信息完整性和准确性的控制可能与审计相关。注册会计师以前的经验以及在了解被审计单位及其环境过程中获得的信息，可以帮助注册会计师识别与审计相关的控制。如果用以保证经营效率、效果的控制以及对法律法规遵守的控制与实施审计程序时评价或使用的数据相关，注册会计师应当考虑这些控制可能与审计相关。例如，对于某些非财务数据（如生产统计数据）的控制，如果注册会计师在实施分析程序时使用这些数据，这些控制就可能与审计相关。为了遵守这些法规，被审计单位可能设计和执行相应的控制，这些控制也与注册会计师的审计相关。

二、对内部控制了解的深度

（一）评价控制的设计

注册会计师在了解内部控制时，应当评价控制的设计，并确定其是否得到执行。评价控制的设计是指考虑一项控制单独或连同其他控制是否能够有效防止或发现并纠正重大错报。控制得到执行是指某项控制存在且被审计单位正在使用。设计不当的控制可能表明内部控制存在重大缺陷，注册会计师在确定是否考虑控制得到执行时，应当首先考虑控制的设计。如果控制设计不当，不需要再考虑控制是否得到执行。

（二）获取控制设计和执行的审计证据

注册会计师通常实施下列风险评估程序，以获取有关控制设计和执行的审计证据：询问被审计单位的人员；观察特定控制的运用；检查文件和报告；追踪交易在财务报告信息系统中的处理过程（穿行测试）。这些程序是风险评估程序在了解被审计单位内部控制方面的具体运用。如果询问本身并不足以评价控制的设计以及确定其是否得到执行，注册会计师应当将询问与其他风险评估程序结合使用。

需要注意的是，除非存在某些可以使控制得到一贯运行的自动化控制，否则注册会计师对控制的了解并不能够代替对控制运行有效性的测试。

三、对被审计单位内部控制的了解

注册会计师应当对被审计单位内部控制的有效性进行了解和评估，应当利用其对被审计单位内部控制的了解来识别潜在错报的类型、考虑影响重大错报风险的因素，并恰当设计审计程序。对于被审计单位的内部控制，注册会计师可以就内部控制各要素，考虑其与审计的相关性和应了解的深度进行了解。

（一）对被审计单位控制环境的了解

注册会计师应当对控制环境的构成要素获取足够的了解，并考虑内部控制的实质及其综合效果，以了解管理层和治理层对内部控制及其重要性的态度、认识以及所采取的措施。在评价控制环境各个要素时，注册会计师应当考虑控制环境各个要素是否得到执行。

1. 了解和评估被审计单位诚信和道德价值观念的沟通与落实时应考虑的因素。

考虑的主要因素可能包括：

（1）被审计单位是否有书面的行为规范并向所有员工传达；

（2）被审计单位的企业文化是否强调诚信和道德价值观念的重要性；

（3）管理层是否身体力行，高级管理人员是否起表率作用；

（4）对违反有关政策和行为规范的情况，管理层是否采取适当的惩罚措施。

2. 了解和评估被审计单位对胜任能力的重视情况时应考虑的因素。

注册会计师在就被审计单位对胜任能力的重视情况进行了解和评估时，考虑的主要因素可能包括：

（1）财会人员以及信息管理人员是否具备与被审计单位业务性质和复杂程度相称的足够的胜任能力和培训，在发生错误时，是否通过调整人员或系统来加以处理；

（2）管理层是否配备足够的财会人员以适应业务发展和有关方面的需要；

（3）财会人员是否具备理解和运用会计准则所需的技能。

3. 了解和评估被审计单位治理层的参与程度时应考虑的因素。

考虑的主要因素可能包括：

（1）董事会是否建立了审计委员会或类似机构；

（2）董事会、审计委员会或类似机构是否与内部注册会计师以及注册会计师有联系和沟通，联系和沟通的性质以及频率是否与被审计单位的规模和业务复杂程度相匹配；

（3）董事会、审计委员会或类似机构的成员是否具备适当的经验和资历；

（4）董事会、审计委员会或类似机构是否独立于管理层；

（5）审计委员会或类似机构会议的数量和时间是否与被审计单位的规模和业务复杂程度相匹配；

（6）董事会、审计委员会或类似机构是否充分地参与了财务报告的过程；

（7）董事会、审计委员会或类似机构是否对经营风险的监控有足够的关注，进而影响被审计单位和管理层的风险评估进程（包括舞弊风险）；

（8）董事会成员是否保持相对的稳定性。

4. 了解和评估被审计单位管理层的理念和经营风格时应考虑的因素。

考虑的主要因素可能包括：

（1）管理层是否对内部控制，包括信息技术的控制，给予了适当的关注；

（2）管理层是否由一个或几个人所控制，而董事会、审计委员会或类似机构对其是否实施了有效监督；

（3）管理层在承担和监控经营风险方面是风险偏好者还是风险规避者；

（4）管理层在选择会计政策和作出会计估计时是倾向于激进还是保守；

（5）管理层对于信息管理人员以及财会人员是否给予了适当关注；

（6）对于重大的内部控制和会计事项，管理层是否征询了注册会计师的意见，或者经常在这些方面与注册会计师存在不同意见。

5. 了解和评估被审计单位组织结构和职权与责任分配时应考虑的因素。

主要考虑：

（1）在被审计单位内部是否有明确的职责划分，是否将业务授权、业务记录、资产保管和维护，以及业务执行的责任尽可能地分离；

（2）数据的所有权划分是否合理；

（3）是否已针对授权交易建立适当的政策和程序。

6. 了解和评估被审计单位人力资源政策与实务时应考虑的因素。

考虑的主要因素可能包括：

（1）被审计单位是否在招聘、培训、考核、晋升、薪酬、调动和辞退员工方面是否都有适当的政策和程序（特别是在会计、财务和信息系统方面）；

（2）是否有书面的员工岗位职责手册，或者在没有书面文件的情况下，对于工作职责和期望是否作了适当的沟通和交流；

（3）人力资源政策与程序是否清晰，并且定期发布和更新；

（4）是否对分散在各地区和海外的经营人员建立和沟通人力资源政策与程序。

在确定构成以上控制环境的要素是否得到执行时，注册会计师应当考虑将询问与其他风险评估程序相结合以获取审计证据。通过询问管理层和员工，注册会计师可能了解管理层如何就业务规程和道德价值观念与员工进行沟通；通过观察和检查，注册会计师可能了解管理层是否建立了正式的行为守则，在日常工作中行为守则是否得到遵守，以及管理层如何处理违反行为守则的情形。

控制环境对重大错报风险的评估具有广泛影响，注册会计师应当考虑控制环境的总体优势是否为内部控制的其他要素提供了适当的基础，并且未被控制环境中存在的缺陷所削弱。

（二）对被审计单位风险评估过程的了解

在评价被审计单位风险评估过程的设计和执行时，注册会计师应当确定管理层如何识别与财务报告相关的经营风险，如何估计该风险的重要性，如何评估风险发生的可能性，以及如何采取措施管理这些风险。如果被审计单位的风险评估过程符合其具体情况，了解被审计单位的风险评估过程和结果有助于注册会计师识别财务报表重大错报的风险。

1. 了解和评估被审计单位整体层面的风险评估过程时应考虑的因素。

考虑的主要因素可能包括：

（1）被审计单位是否已建立并沟通其整体目标，并辅以具体策略和业务流程层面的计划；

（2）被审计单位是否已建立风险评估过程，包括识别风险，估计风险的重大性，评估风险发生的可能性以及确定需要采取的应对措施；

（3）被审计单位是否已建立某种机制，识别和应对可能对被审计单位产生重大且普遍影响的变化，如在金融机构中建立资产负债管理委员会，在制造型企业中建立期货交易风险管理组等；

（4）会计部门是否建立了某种流程，以识别会计准则的重大变化；

（5）当被审计单位业务操作发生变化并影响交易记录的流程时，是否存在沟通渠道以通知会计部门；

（6）风险管理部门是否建立了某种流程，以识别经营环境包括监管环境发生的重大变化。

2. 对被审计单位进行了解时其他方面信息对风险评估的作用。

注册会计师可以通过了解被审计单位及其环境的其他方面信息，评价被审计单位风险评估过程的有效性。例如，在了解被审计单位的业务情况时，发现了某些经营风险，注册会计师应当了解管理层是否也意识到这些风险以及如何应对。在对业务流程的了解中，注册会计师还可能进一步地获得被审计单位有关业务流程的风险评估过程的信息。例如，在销售循环中，如果发现了销售的截止性错报的风险，注册会计师应当考虑管理层是否也识别了该错报风险以及如何应对该风险。

在审计过程中，如果发现与财务报表有关的风险因素，注册会计师可通过向管理层询问和检查有关文件确定被审计单位的风险评估过程是否也发现了该风险。在审计过程中，如果识别出管理层未能识别的重大错报风险，注册会计师应当考虑被审计单位的风险评估过程为何没有识别出这些风险，以及评估过程是否适合于具体环境。例如，在销售循环中，如果发现了销售的截止性错报的风险，注册会计师应当考虑管理层是否也识别了该错报风险，以及管理层如何应对该风险。

（三）对被审计单位控制活动的了解

1. 被审计单位控制活动了解的工作重点。

在了解被审计单位控制活动时，注册会计师应当重点考虑一项控制活动单独或连同其他控制活动，是否能够以及如何防止或发现并纠正各类交易、账户余额、列报存在的重大错报。注册会计师的工作重点是识别和了解针对重大错报可能发生的领域的控制活动。如果多项控制活动能够实现同一目标，注册会计师不必了解与该目标相关的每项控制活动。

2. 了解和评估被审计单位控制活动时应考虑的因素。

注册会计师对被审计单位整体层面的控制活动进行的了解和评估，主要是针对被审计单位的一般控制活动，特别是信息技术的一般控制。在了解和评估一般控制活动时考虑的主要因素可能包括：

（1）对被审计单位的主要经营活动是否都有必要的控制政策和程序；

（2）管理层对预算、利润和其他财务和经营业绩方面是否都有清晰的目标，在被审计单位内部，是否对这些目标加以清晰的记录和沟通，并且积极地对其进行监控；

（3）是否存在计划和报告系统，以识别与目标业绩的差异，并向适当层次的管理层报告该差异；

（4）是否由适当层次的管理层对差异进行调查，并及时采取适当的纠正措施；

（5）不同人员的职责应在何种程度上相分离，以降低舞弊和不当行为发生的风险；

（6）会计系统中的数据是否与实物资产定期核对；

（7）是否建立了适当的保护措施，以防止未经授权接触文件、记录和资产；

（8）是否存在信息安全职能部门负责监控信息安全政策和程序。

（四）对被审计单位信息系统与沟通的了解

1. 了解被审计单位与财务报告相关的信息系统。

注册会计师应当从下列方面了解被审计单位与财务报告相关的信息系统：

（1）在被审计单位经营过程中，对财务报表具有重大影响的各类交易；

（2）在信息技术和人工系统中，交易生成、记录、处理和报告的程序。在获取了解时，注册会计师应当同时考虑被审计单位将交易处理系统中的数据过入总分类账和财务报告的程序；

（3）与交易生成、记录、处理和报告有关的会计记录、支持性信息和财务报表中的特定项目。企业信息系统通常包括使用标准的会计分录，以记录销售、购货和现金付款等重复发生的交易，或记录管理层定期作出的会计估计，如应收账款可回收金额的变化。信息系统还包括使用非标准的分录，以记录不重复发生的、异常的交易或调整事项，如企业合并、资产减值等；

（4）信息系统如何获取除各类交易之外的对财务报表具有重大影响的事项和情况，如对固定资产和长期资产计提折旧或摊销、对应收账款计提坏账准备等；

（5）被审计单位编制财务报告的过程，包括作出的重大会计估计和披露。编制财务报告的程序应当同时确保适用的会计准则和相关会计制度要求披露的信息得以收集、记录、处理和汇总，并在财务报告中得到充分披露；

（6）管理层凌驾于账户记录控制之上的风险。

在了解与财务报告相关的信息系统时，注册会计师应当特别关注由于管理层凌驾于账户记录控制之上，或规避控制行为而产生的重大错报风险，并考虑被审计单位如何纠正不正确的交易处理。

自动化程序和控制可能降低了发生无意错误的风险，但是并没有消除个人凌驾于控制之上的风险，例如，某些高级管理人员可能篡改自动过入总分类账和财务报告系统的数据金额。当被审计单位运用信息技术进行数据的传递时，发生篡改可能不会留下痕迹或证据。

2. 了解财务报告相关重大事项的沟通。

注册会计师应当了解被审计单位内部如何对财务报告的岗位职责，以及与财务报告相关的重大事项进行沟通。注册会计师还应当了解管理层与治理层（特别是审计委员会）之间的沟通，以及被审计单位与外部（包括与监管部门）的沟通。具体包括：

（1）管理层就员工的职责和控制责任是否进行了有效沟通；

（2）针对可疑的不恰当事项和行为是否建立了沟通渠道；

（3）组织内部沟通的充分性是否能够使人员有效地履行职责；

（4）对于与客户、供应商、监管者和其他外部人士的沟通，管理层是否及时采取适当的进一步行动；

（5）被审计单位是否受到某些监管机构发布的监管要求的约束；

（6）外部人士如客户和供应商在多大程度上获知被审计单位的行为守则。

（五）了解被审计单位对内部控制的监督

1. 了解和评估被审计单位整体层面的监督时应考虑的因素。

考虑的主要因素可能包括：

（1）被审计单位是否定期评价内部控制；

（2）被审计单位人员在履行正常职责时，能够在多大程度上获得内部控制是否有效运行的证据；

（3）与外部的沟通能够在多大程度上证实内部产生的信息或者指出存在的问题；

（4）管理层是否采纳内部注册会计师和注册会计师有关内部控制的建议；

（5）管理层是否及时纠正控制运行中偏差；

（6）管理层根据监管机构的报告及建议是否及时采取纠正措施；

（7）是否存在协助管理层监督内部控制的职能部门（如内部审计部门）。

2. 了解被审计单位内部审计职能时应考虑的因素。

如被审计单位有内部审计部门，那么注册会计师对被审计单位内部审计职能的理解和评估还需进一步考虑以下因素：

（1）独立性和权威性；

（2）向谁报告；

（3）是否有足够的人员、培训和特殊技能；

（4）是否坚持适用的专业准则；

（5）活动的范围；

（6）计划、风险评估和执行工作的记录和形成结论的适当性；

（7）是否不承担经营管理责任。

（六）内部控制的描述

在对内部控制进行了解之后，应该把了解的结果记录在工作底稿上，以供下一步的控制风险评价及控制测试之用，也是以后年度审计的重要参考。描述内部控制主要有三种方法。它们分别是：文字说明书、调查问卷表、交易流程图。这几种方法可以单独使用，也可以结合使用。

1. 文字说明书。

文字说明书是将调查到的内部控制情况用文字叙述的方式记录下来，形成内部控制说明书。文字说明书一般可以按不同的交易循环或业务经营环节，逐项记述各环节所完成的工作，产生的各种文件记录，员工的不同分工等。例如，对东方股份公司的有价证券投资的内部控制进行调查之后，形成内部控制说明书（见图8-1）。文字说明书必须恰当地反映内部控制及关键的控制点，一般应具备以下四个特征：

（1）说明每一份文件和记录的来源；

（2）说明已发生的所有的程序和步骤；

（3）说明对每份文件和记录的处置情况；

（4）指出与控制风险评价有关的控制点。

被审计单位：××股份公司	财务报表日：20××年12月31日 索引号：P-2
审查项目：有价证券投资	编制人：××× 日期：20××/11/05
内部控制说明书	复核人：××× 日期：20××/11/10

公司有价证券投资由管理当局或董事会批准，通常是由管理当局的领导和董事组成一个投资委员会，并聘请一位投资顾问，而后授权该顾问制定有价证券投资决策。

有价证券往往是通过专门从事买卖证券的银行和经纪人经手购置，东方股份公司设立了核定购置单制度，这种购置单包括最高价格和最低收益、证券数量和付款等，核定购置单由人工填制。

有价证券放在保管库内，并且保管员与接触证券的其他人员如证券的审批人员、现金出纳人员、总分类账记账人员等是相互独立的。

在会计处理上，对有价证券的利息，按应计基础定期应付；对股利在收到时就及时入账。在会计期末，对账目进行检查和核对。

为了确定财务会计报告上的公允价值，东方股份公司指定负责投资的主管人员对有价证券进行估价，并且是每隔半年估价一次。在估价时，根据影响投资价值的基本情况，诸如公司内部的发展情况、销售趋势、财务状况等编写简要的、真实的说明书。

对有价证券投资，按其投资种类设置相应的分类进行会计核算，并且定期将明细分类账和总分类账相核对调节。

图8-1 内部控制说明书

内部控制文字说明书比较灵活，内容可根据实际情况详略适当，适用面广，可以充分披露内部控制中存在的问题。但是文字说明书也有其局限性，篇幅一般较长，使阅读时难以把握重点，一旦内控某些方面发生变动，原先的文字说明不再合适，那么必须重新描述内部控制的整个系统。

2. 调查问卷表。

调查问卷表是把每一个审计中关注的内部控制的必要事项，特别是与确保会计记录可靠性有关的事项作为调查项目，系统地列示出来，反映在一张表格上。一般也是按照交易来设计表格。表格中设计“是”“否”“不合适”“备注”等栏目。注册会计师将该表交给被审计单位有关人员，让他们按要求填写回答有关问题，或者注册会计师自行根据调查结果填写，根据回答情况注册会计师判断内部控制的强弱。内部控制调查问卷表如表8-1所示。

由于不同的企业对同样或类似的经济业务交易可能具有相同或类似的内部控制措施。因此，注册会计师在审计实务中往往采用标准格式的调查问卷表，这样可以避免注册会计师遗漏重要的内部控制情况。采用科学可靠的事先根据职业经验与其他资料制定出来的调查问卷表，可以帮助缺乏经验的初级注册会计师调查和评价内部控制。同时，这种方法能一并对内控进行调查与描述，所以提高了审计效率。但是，标准格式的调查表由于没有充分考虑到企业的实际情况，对于一些企业来说，会出现许多“不适用”的回答，无法涵盖这些企业的所有情况。同时，表格形式容易使注册会计师孤立地看待每一个项目，而不是整体考虑内部控制系统。有时也会使注册会计师机械地按照表格所提出的问题作出回答，忽略了专业判断的重要性。

表 8-1　　　　销售业务内部控制调查表（部分）

客户：××股份公司　　　　财务报表日：20××年12月31日

编制人：×××　　　　编制日期：20××年11月6日

复核人：×××　　　　复核日期：20××年11月10日

目标和问题	回答			备注
销售	是、否、不适用			
A. 已入账的销售业务是真实的业务				
1. 已入账的销售业务是否有经授权批准的销售单和发货单为依据？	√			根据赊销条件由信用部门经理或公司总经理批准
2. 对顾客的赊销是否经信用部门批准？	√			
3. 任何商品出库是否都要求有预先连续编号的书面发货单？	√			
B. 发生的销售业务均已入账				
1. 是否保留所有发货单存根？	√			
2. 控制发货单的方式能否保证所有发货都已开具发票？	√			
3. 发货单是否预先连续编号并已作了说明？	√			
4. 销售发票是否预先连续编号并已作了说明？	√			
C. 已入账的销售金额是发货金额，并且已正确开票和记录				
1. 发货单和销售发票上的数量是否经过独立核对？	√			
2. 是否采用经授权的价格表？	√			
3. 是否按月给顾客发送对账单？	√			
D. 已入账的销售业务经恰当分类			√	所有销售业务都是赊销且只有一个销售账户
1. 已入账的销售收入所采用的会计科目是否经过独立的核对？			√	
E. 销售业务记录于正确的日期				制度中存在薄弱环节
1. 发货单日期与入账日期是否经过独立的核对？		√		
F. 销售业务恰当地记录于总账及各明细账簿，并经过正确汇总				
1. 发货单上的顾客名称是否与应收账款明细账相符？		√		制度中存在薄弱环节
2. 记账凭证是否经过独立审核后正确过账？	√			
3. 销售明细账及应收账款明细账是否独立加总并定期同总账核对相符？	√			

3. 流程图。

流程图是运用符号和图形来反映企业的凭证及其在组织内部有序流动过程的图表，如图8-2所示。通过专用的符号和线条图形，注册会计师可以将企业的组织结构、职责分工、权限范围、凭证编制及顺序、会计记录、业务处理流程等内部控制各个组成展现在高度概括的一张图之中。内部控制流程图的最大优点在于形象直观，简明地把企业的某类交易的内部控制全过程展现出来，并且对关键控制点一目了然，容易使人了解内控的薄弱环节。另外，流程图的更新比文字说明书更容易，因此在后续年度的审计中可以提高审计效率。但是流程图的编制需要一定的技术，如果企业业务复杂程度加大，那么流程图就会变得很复杂。

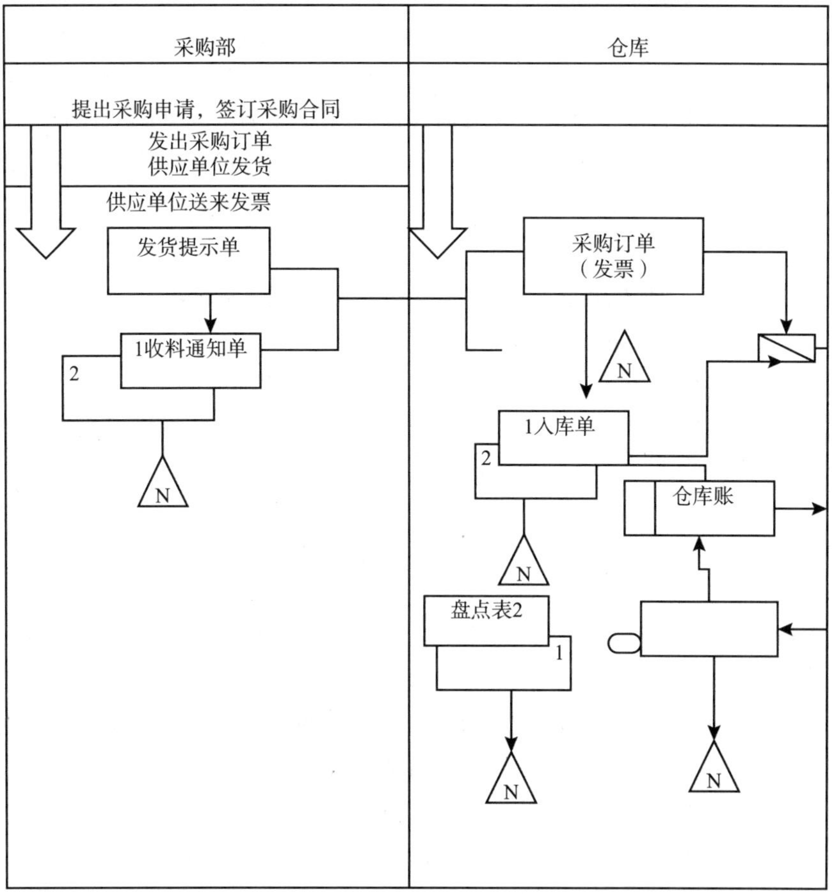

图 8-2 采购与付款循环内部控制流程图（部分）

一般说来，注册会计师同时运用流程图和调查问卷表是比较有效的调查方法。因为，流程图可以反映出内部控制的总体概况，而调查表则可以提醒注册会计师各种应当存在的控制点。两者结合可以给注册会计师提供比较完备的内控描述。

第四节 评估重大错报风险

在了解被审计单位及其环境的基础上，注册会计师在设计和实施审计测试前必须适当地评估重大错报风险，而不能不评估重大错报风险就直接进行审计测试，也不能简单地直接将重大错报风险设定为最高水平，进而实施更广泛地实质性测试。因为不弄清认定层次地重大错报风险，实施实质性测试很难查出财务报表中的重大错报。因此，评估财务报表的重大错报风险是审计工作的起点，风险评价的结果将影响实质性测试审计程序的性质、时间和范围。注册会计师在计划阶段应初步评估重大错报风险，实施阶段应在实质性测试的基础上修订初步评估水平，检查认定层次的重大错报风险，进而设计和执行审计程序以最终实现合理保证财务报表整体不存在重大错报。

一、识别和评估财务报表层次和认定层次的重大错报风险

（一）识别和评估重大错报风险的审计程序

在获得被审计单位及其环境的了解后，注册会计师应当评估重大错报风险，并根据风险评估的结果确定必要的审计程序。在识别和评估重大错报风险时，注册会计师应当按步骤实施下列审计程序：

1. 识别风险并考虑其对认定层次的影响。

在了解被审计单位及其环境的整个过程中识别风险，并考虑对各类交易、账户余额、列报等认定层次的影响。注册会计师应当运用各项风险评估程序，在了解被审计单位及其环境的整个过程中识别风险，并将识别的风险与各类交易、账户余额和列报相联系。例如，被审计单位因相关环境法规的实施需要更新设备，可能面临原有设备闲置或贬值的风险；宏观经济的低迷可能预示应收账款的回收存在问题；竞争者开发的新产品上市，可能导致被审计单位的主要产品在短期内过时，预示将出现存货跌价和长期资产的减值。

2. 联系已识别风险与潜在错报领域。

注册会计师应当将识别的风险与认定层次可能发生错报的领域相联系。例如，销售困难使产品的市场价格下降，可能导致年末存货成本高于其可变现净值而需要计提存货跌价准备，这显示存货的计价认定可能发生错报。

3. 考虑识别的风险是否重大。

风险是否重大是指风险造成后果的严重程度。销售困难使产品的市场价格下降，可能导致年末存货成本高于其可变现净值而需要计提存货跌价准备，这显示存货的计价认定可能发生错报。除考虑产品市场价格下降因素外，注册会计师还

应当考虑产品市场价格下降的幅度、该产品在被审计单位产品中的比重等，以确定识别的风险对财务报表的影响是否重大。

4. 考虑已识别风险导致财务报表重大错报的可能性。

考虑已识别的风险导致财务报表发生重大错报的可能性。在某些情况下，尽管识别的风险重大，但仍不至于导致财务报表发生重大错报。例如，期末财务报表中存货的余额较低，尽管识别的风险重大，但不至于导致存货的计价认定发生重大错报风险。

注册会计师应当利用实施风险评估程序获取的信息，包括在评价控制设计和确定其是否得到执行时获取的审计证据，作为支持风险评估结果的审计证据。如果注册会计师在进行风险评估时，预期被审计单位的内部控制运行是有效的，那么，他们就必须执行控制测试，以获得控制运行有效的证据。注册会计师应当根据风险评估结果，确定实施进一步审计程序的性质、时间和范围。

（二）可能表明被审计单位存在重大错报风险的事项和情况

当存在以下事项和情况时，注册会计师应当关注被审计单位是否存在重大错报风险，具体包括：在经济不稳定的国家或地区开展业务；在高度波动的市场开展业务；在严厉、复杂的监管环境中开展业务；持续经营和资产流动性出现问题，包括重要客户流失；融资能力受到限制；行业环境发生变化；供应链发生变化；开发新产品或提供新服务，或进入新的业务领域；开辟新的经营场所；发生重大收购、重组或其他非经常性事项；拟出售分支机构或业务分部；复杂的联营或合资；运用表外融资、特殊目的实体以及其他复杂的融资协议；存在未决诉讼和或有负债等等。注册会计师应当充分关注可能表明被审计单位存在重大错报风险的上述事项和情况，并考虑由于上述事项和情况导致的风险是否重大，以及该风险导致财务报表发生重大错报的可能性。

（三）关注两个层次的重大错报风险

在对重大错报风险进行识别和评估后，注册会计师应当确定，识别的重大错报风险是与特定的某类交易、账户余额、列报的认定相关，还是与财务报表整体广泛相关，进而影响多项认定。某些重大错报风险可能与特定的各类交易、账户余额、列报的认定相关。例如，被审计单位存在复杂的联营或合资，这一事项表明长期股权投资账户的认定可能存在重大错报风险。又如，被审计单位存在重大的关联方交易，该事项表明关联方及关联方交易的披露认定可能存在重大错报风险。

某些重大错报风险可能与财务报表整体广泛相关，进而影响多项认定。例如，在经济不稳定的国家和地区开展业务、资产的流动性出现问题、重要客户流失、融资能力受到限制等，可能导致注册会计师对被审计单位的持续经营能力产生重大疑虑。又如，管理层缺乏诚信或承受异常的压力可能引发舞弊风险，这些风险与财务报表整体相关。

（四）内部控制与重大错报风险

财务报表层次的重大错报风险很可能源于薄弱的控制环境。薄弱的控制环境带来的风险可能对财务报表产生广泛影响，而且很难将此类影响界定划分于交易、账户余额或列报层次。因此，注册会计师应当采取总体应对措施。例如，如果被审计单位治理层、管理层对内部控制的重要性缺乏认识，认为没有建立必要的制度和程序；或管理层经营理念偏于激进，又缺乏实现激进目标的人力资源等，薄弱的控制环境所造成的缺陷可能对财务报表产生广泛影响，需要注册会计师采取总体应对措施。

在评估重大错报风险时，注册会计师还应当将所了解的控制与特定认定相联系。这是因为控制有助于防止或发现并纠正认定层次的重大错报。在评估重大错报发生的可能性时，除了考虑可能的风险外，还要考虑控制对风险的抵消和遏制作用。有效的控制会减少错报发生的可能性，而控制不当或缺乏控制，错报就会由可能变成现实。控制可能与某一认定直接相关，也可能与某一认定间接相关。关系越间接，控制在防止或发现并纠正认定中错报的作用越小。注册会计师可能识别出有助于防止或发现并纠正特定认定发生重大错报的控制。在确定这些控制是否能够实现上述目标时，注册会计师应当将控制活动和其他要素综合考虑。如将销售和收款的控制置身于其所在的流程和系统中考虑，以确定其能否实现控制目标。因为单个的控制活动本身并不足以控制重大错报风险，只有多种控制活动和内部控制的其他要素综合作用才足以控制重大错报风险。

二、需要特别考虑的重大错报风险

（一）判断需要特别考虑的重大错报风险

注册会计师应当在考虑识别出的控制对相关风险的抵消效果前，根据风险的性质、潜在错报的重要程度（包括该风险是否可能导致多项错报）和发生的可能性，判断风险是否属于特别风险。在确定风险的性质时，注册会计师应当考虑下列事项：

1. 风险是否属于舞弊风险；
2. 风险是否与近期经济环境、会计处理方法和其他方面的重大变化有关；
3. 交易的复杂程度；
4. 风险是否涉及重大的关联方交易；
5. 财务信息计量的主观程度，特别是对不确定事项的计量；
6. 风险是否涉及异常或超出正常经营过程的重大交易。

日常的、不复杂的、经正规处理的交易不太可能产生特别风险，特别风险通常与重大的非常规交易和判断事项有关。非常规交易是指由于金额或性质异常而不经常发生的交易。例如，企业购并、债务重组、重大或有事项等。对于非常规交易，管理层会更多地介入会计处理；数据收集和处理涉及更多的人工成分；需要复杂的计算或会计处理方法；非常规交易的性质可能使被审计单位难以对由此产生的特别风险实施有效控制。由于非常规交易具有上述特征，与重大非常规交易相关的特别风险可能导致更高的重大错报风险。

（二）考虑针对特别风险的控制设计及其执行

对特别风险，注册会计师应当评价相关控制的设计情况，并确定其是否已经得到执行。由于与重大非常规交易或判断事项相关的风险很少受到日常控制的约束，注册会计师应当了解被审计单位是否针对该特别风险设计和实施了控制。例如，作出会计估计所依据的假设是否由管理层或专家进行复核，是否建立作出会计估计的正规程序，重大会计估计结果是否由治理层批准等。再如，管理层在收到重大诉讼事项的通知时采取的措施，包括这类事项是否提交适当的专家（如内部或外部的法律顾问）处理、是否对该事项的潜在影响作出评估、是否确定该事项在财务报表中的披露问题以及如何确定等。

如果管理层未能实施控制以恰当应对特别风险，注册会计师应当认为内部控制存在重大缺陷，并考虑其对风险评估的影响。在此情况下，注册会计师应当考虑就此类事项与治理层沟通。

【课后习题】

一、思考题

1. 风险评估程序的目的是什么？风险评估程序主要包括哪些？

2. 注册会计师在了解被审计单位及其环境时，主要了解被审计单位哪些方面的内容？

3. 什么是内部控制及其要素？

4. 内部控制存在哪些局限性？

5. 识别和评估重大错报风险的审计程序有哪些？

6. 在确定风险是否属于特别风险时，注册会计师应当考虑的事项有哪些？

二、案例题

洪良国际 IPO 造假与毕马威审计风险管理案例分析

2010 年 3 月 30 日，由于招股说明书涉嫌存在重大的虚假或误导性资料、严重夸大财务状况，上市仅三个月余的洪良国际控股有限公司（Hontex International Holdings Co.，00946. HK，以下简称“洪良国际”）在公布上市后的首份财务报告前夕，被香港证券及期货事务监察委员会（Securities and Futures Commission，以下简称“香港证监会”）勒令停牌。公开资料显示，洪良国际 1993 年创立于福建福清，生产基地在内地，董事会设在中国台湾，而注册地在离岸金融中心开曼群岛，公司主要生产综合化纤类针织布料，为李宁及安踏、迪卡侬、Kappa、美津浓等运动品牌供应商。2009 年 12 月 24 日，公司在香港主板成功上市，招股价为每股 2.15 港元，募集资金 10.75 亿港元。截至 2012 年 6 月，洪良国际 IPO 造假事件的性质得以认定，上市公司及其审计师（香港称为核数师）毕马威国际会计公司（KPMG，以下简称“毕马威”）、保荐人兆丰资本（亚洲）有限公司（以下简称“兆丰资本”）的命运业已尘埃落定。

（一）洪良国际 IPO 造假的财务表现

1. 布料偏高的毛利率。

洪良国际的主营业务布料生产属于传统的低毛利加工企业，毛利普遍偏低，最多的 10% 左右，但 2006 ~ 2008 年报告的毛利率分别为 23%、25% 和 28%，远高于同业水平。

2. 收购品牌膨胀的销售额。

2008 年 5 月，洪良国际以 1.4 亿元人民币收购麦根服饰（MXN），作为上市的最重要卖点。公开资料显示，麦根服饰于 2002 年 6 月以 20 万（美金）作为注册资本金成立。麦根服饰的目标消费群为 18 ~ 35 岁之间，品牌定位与美特斯邦威、森马等较为相似，只能算是专卖店里的批发，卖价比较低。而这个市场格局趋于稳定，留给麦根服饰的空间并不大。但截至 2008 年，麦根服饰的特许经营店为 420 家，仅仅半年之后增至 665 家门店。截至 2009 年 6 月底的 13 个月内，麦根服饰贡献超过 4.68 亿元收入，毛利达 1.55 亿元，已高出收购价；每店每月平均销售高达 6.2 万元，较安踏等知名品牌高出一倍。

3. 相悖的业绩报告。

洪良国际招股书显示，2008 年的税前溢利（即税前利润）超过 3 亿元人民币，但内地的报税资料显示实际利润仅 1 090 万元。由于中国内地会计准则与香港会计准则已实现等效认同，向香港监管部门提交的上市资料与在内地用作报税的财务资料不应有太大差距。更令人惊讶的是，洪良国际内地附属公司竟然有两本账，一本用作上市，而内地附属公司订立的外部会计顾问协议，不但未要求对方核实账目，反而要求对方将公司综合盈利“提升”至 1.5 亿元人民币。上市招股书还显示，金融危机影响依然深重的 2009 年上半年，其营业额同比增加 56.6%，至 8.17 亿元；净利润同比增加 93.4%，至 1.83 亿元，同样令人难以置信。

事实上，香港证监会调查发现，洪良国际的营业额、税前盈利和现金数据均失实。营业额虚报超过 20 亿元人民币，盈利夸大近 6 亿元人民币，招股章程内载有多项不实及严重夸大陈述，使其在 2008 年国际金融危机期间的毛利率远远高于同行，并以“粉饰”后的报表完成上市。洪良国际承认，其首次公开招股章程所载有关其截至2006年、2007年及2008年底各年度营业额的数字，以及其税前利润，均属虚假，并具有误导性。洪良国际在截至2007年12月31日、2008年12月31日及2009年6月30日各会计期间的现金及现金等价物的价值，也属虚假。2010年5月10日毕马威辞职后，填补其空缺的华利信会计师事务所，在衡量核数费用水平、可动用的内部资源，以及与核数有关的专业风险后也提出辞职。在2009～2011年度的年报公布期，洪良国际一再公告指出，曾经有人就公司关于截至2009年12月31日会计年度的财务报表提出若干项审计问题，公司需要更多时间研究该等问题，因此不能刊发业绩。

（二）IPO造假各方迥异的命运

1. 对上市公司的处罚。

香港证监会在提交给香港高等法院（High Court）的文件中，指控洪良国际违背了《证券及期货条例》中的数项有关欺诈、欺骗、提供虚假和误导性信息方面的规定，并要求香港高等法院发出禁制令，限制洪良国际及旗下四个全资附属公司在香港挪用资产；要求提出委任适当人员去收回、接收及管理洪良国际上市时募集的9.974亿港元资金净额，并要求洪良国际就有关资金支付利息。香港高等法院的裁决中写明，正是因为离上市时间不长，买入洪良国际的投资者可被视为是阅读了洪良国际的招股说明书才做出了投资行为。这是香港高等法院首次依据香港《证券及期货条例》第213条颁布这类命令，藉以对违反该法例的行为做出补救，同时也为证监会保障投资大众免受不当行为损害的工作，立下重要的里程碑。

2012年6月20日，因招股书资料造假被香港证监会勒令停牌超过两年的洪良国际宣布，与香港证监会达成协议，同意按被香港证监会勒令停牌时每股报价2.06港元，回购公司股份，涉及7 700名小股东，最多赔偿10.3亿港元。根据协议，洪良国际完成回购后，未来将从香港交易所退市。香港证监会破天荒地直接采取民事手段勒令上市公司赔偿，不仅为香港罕见，在全球范围内也少有先例。从勒令停牌、冻结资产，到要求返还募资所得，这也是迄今为止香港证监会针对新上市公司造假事件所采取的最为严厉的举措。

2. 对保荐人的处罚。

事件中的另一个关键角色兆丰资本，作为洪良国际2009年12月在港交所上市的唯一账簿管理人、牵头经办人及保荐人，被香港证监会于2012年4月22日以尽职审查不足及未达标、不当地依赖发行人、审核线索不足、没有充分监督员工，以及违反保荐人承诺及向联交所申报不实声明等五宗罪，认定存在重大过失，处以4 200万港元的罚金，相当于其作为洪良国际保荐人所获得的全部收入；并撤消了其保荐牌照，禁止其再为机构融资提供意见。这也是香港证券市场上最大的一张罚单（罚款4 200万元为史上最高），以及最严厉的处罚（吊销保荐人牌照为破天荒首次)。

3. 对审计师意外的处理结果。

洪良国际IPO造假案的另一焦点——审计师毕马威，由于率先发现洪良国际IPO造假，不仅没有隐瞒，还马上举报，躲过了被香港证监会惩罚的厄运，甚至被认为在及时挽回投资者损失方面功不可没。此次事件能顺利解决与其特殊性有关，由于洪良国际财务造假被揭露得早，香港证监会对其上市募集的资金及时冻结，投资者的损失尚能被追回。毕马威职员（高级经理、非执业会计师梁思哲等）卷入的受贿、行贿案件，惟审讯后因主要证人的证词矛盾，法官未能确定被告的犯罪意图，于2011年4月28日被判无罪。香港会计界的法定自律监管机构—香港会计师公会表示，由于法院已宣判会计师无罪，不会对该会计师或其雇主毕马威追究责任。

值得注意的是，在洪良国际IPO造假事件中，香港证监会不仅成功迫使造假上市的公司按照停牌前的股价将募集的资金退还中小股东，还严惩保荐机构，开创了处理同类事件的先河，唯有毕马威安然无恙。

（三）审计风险管理经验分析

在洪良国际IPO造假事件中，审计师毕马威明明发生了审计失败，其职员还卷入了受贿、行贿案件，为何能够独善其身呢？笔者认为，这与其恰当的风险管理手段和策略有关。

1. 风险管理的手段。

毕马威在审计洪良国际截至2009年12月31日会计年度的财务报表时，发现了差异和问题，也关注到负责该核数项目的某些成员可能曾经收取现金礼物。毕马威的高级经理、非执业会计师梁思哲被女下属刘淑婷通过内部热线举报，梁思哲在洪良国际首次公开募股（IPO）交易中，伙同“中间人”陈秋云向刘淑婷提供10万港元贿赂，作为就洪良国际IPO招股书拟备会计师报告的报酬。此外，梁思哲还涉嫌于2010年2月20日接受30万港元，作为洪良国际全球发售股份招股书拟备会计师报告的报酬。由于内部规则和程序明确禁止任何人士向会计师事务所的员工做出任何馈赠，毕马威宣布暂停梁思哲的职务。在内部调查后，毕马威主动向监管机构举报其内部成员在为洪良国际全球发售股份招股书拟备会计师报告时可能曾经收取现金礼物。毕马威还表示，由于与客户的关系已经受损，无法独立完成审计洪良国际截至2009年12月31日年度的财务报表，于2010年5月10日请辞审计师职务并生效。

2. 风险策略的分析。

毕马威审计洪良国际一案中，毕马威为什么要率先主动揭发洪良国际的财务造假及其贿赂事件？难道客户与审计职员之间的行贿受贿情节，真如毕马威所言，会造成与客户的关系受损，以致无法独立完成审计？为此还要放弃一笔即将到手的可观的审计费用，是否有些反应过头？事实上，这正是毕马威审计风险管理的一种策略，否则将难以有效规避声誉和经济上的巨大损失。

第一，洪良国际和毕马威内部员工之间的贿赂行为构成犯罪，事态严重。自从 1977 年美国《反国外贿赂法案》基于上市公司有责任对公众保持财务透明这一法律基础，第一次将商业贿赂与内部控制立法要求联系起来之后，包括我国大陆和香港地区在内的世界主要国家和地区都对上市公司商业贿赂做出了禁止性规定和内部控制约束。香港《防止贿赂条例》第 9 条《代理人的贪污交易》的相关条款规定：(1) 任何代理人无合法权限或合理辩解，索取或接受任何利益，作为他作出以下行为的诱因或报酬，或由于他作出以下行为而索取或接受任何利益，即属犯罪；(2) 任何人无合法权限或合理辩解，向任何代理人提供任何利益，作为该代理人作出以下行为的诱因或报酬，或由于他作出以下行为而索取或接受任何利益，即属犯罪。这里所指的“以下行为”均包括：①作出或不作为，或曾经作出或不作为任何与其主事人的事务或业务有关的行为。②在与其主事人的事务或业务有关的事情上对任何人予以或不予以，或曾经予以或不予优待或亏待。如果法庭做出有罪裁决，香港会计师公会还将对违规会员采取相应的纪律行动，包括永久或有限期地将违规者从会计师记录册中除名或吊销其执业证书、对其做出谴责，并罚款不多于 50 万港元，及支付纪律程序费用等。由于商业贿赂通常需要在簿记和报表上进行掩饰，很容易成为诉讼和处罚的把柄，一旦客户东窗事发，难免要让负责审计的会计师事务所承担巨大的道德和法律风险。从洪良国际审计案例来看，内部热线举报是毕马威一系列成功危机公关的起点。如果等到香港证监会找上门来，那么毕马威面临的将是审计失败甚至合谋欺诈之类的指控，处境将极为尴尬、被动和危险。

第二，贿赂问题影响的不仅是个别注册会计师的独立性，还会严重损伤会计师事务所层面的独立性，而且没有任何防范措施可以消除这种不利影响或将其降至可接受水平。独立性（Independence）是审计的灵魂和最值得珍贵的美德，是审计的“生命之水”，因此注册会计师审计素有独立审计之说。1982 年，米切尔·普莱特（Michael J. Pratt）曾形象地指出：“没有独立性，审计师将成为无足轻重的人，事实上比没有审计师更坏。因为他可以对财务报表赋予不应有的可信性，就像给臭蛋糕覆上一层糖衣。”尽管实质上的独立性事实上更为重要，但囿于难以观察，形式上的独立性成为注册会计师行业取得和维持社会信任的前提。按照审计准则的规定，接受审计客户贿赂可能产生自身利益威胁（Self-interest threats）、密切关系威胁（Familiarity or trust threats）和胁迫威胁（Intimidation threats）。如果会计师事务所或审计项目组成员接受礼品甚至贿赂，产生的不利影响将是重大的，没有防范措施可以将其降至可接受水平。

第三，从洪良国际的历史财务报表存在重大舞弊和行贿情节来看，足以表明管理层缺乏诚信，继续合作无异于刀口舔血。客户的诚信问题，虽然不会必然导致财务报表产生重大错报，但绝大多数的审计问题都来源于不诚信的客户。会计师事务所接受一个错误的客户带来的损失，可能远远超过源于这个客户的收费；陷于诉讼和声誉下降等带来的无形损失，更是难以估量和无法弥补的。如果选择继续与洪良国际合作，这种独立性受损的客户关系，将使毕马威的审计质量既难以在准则上得到承认，也难以在道德上得到尊重，势必因小失大。不仅客观的审计风险提高，陷于诉讼的概率增加，而且对本来良好的市场声誉和形象造成伤害。古训有云："君子不立于危墙之下。"因此放弃一笔可观的审计费用固然可惜，但此时维持市场公信力和值得信赖的审计师形象才是毕马威的当务之急。从质量控制和可持续发展的角度来看，与一个作虚假陈述和商业贿赂的客户保持过于紧密但有违审计准则的客户关系，还不如凭借良好声誉去巩固和发展适合长久合作的优质客户，因为"世上没有不透风的墙"。以史为鉴，美国司法部2002年3月对安然公司（Enron Corporation）审计失败提起刑事诉讼后，审计师安达信（AA）的客户迅速流失，包括其最大客户威斯特管理公司（WM）在内。之所以要撤换安达信，是因为即便安达信能够生存下来，客户也需要担心安达信的审计报告已不再是"CPA行业的金字招牌"，在投资者和监管当局心目中的份量太轻。最为可怕的是，参与安然公司审计的只有约100名CPA，而它的失败却殃及了安达信遍布全球84个国家的约8.5万名雇员，这样的历史教训不可谓不深刻。

总之，尽管发生了审计失败并伴有职员受贿、行贿等恶劣情节，但由于在发现客户财务异常和审计职员卷入贿赂事件时，不是心存侥幸，而是主动举报；不是抓住蝇头小利不放，而是主动请辞以洁身自好，毕马威的声誉和形象不仅没有受损，反而因其诚实和坦率赢得社会公众的信任和尊重，不失为一种值得推崇的审计风险管理和质量控制的做法。

（资料来源：刘华，洪良国际IPO造假与毕马威审计风险管理案例分析，财会学习，2012年第8期）

［要求］针对此案例谈谈注册会计师及会计师事务所风险评估的重要性。

第九章　风险应对

【本章教学目的和要求】

通过本章的学习，要求学生理解并掌握风险评估程序的含义、注册会计师的风险评估程序；掌握注册会计师对被审计单位及其环境的了解；掌握注册会计师对被审计单位内部控制的了解；识别注册会计师评估重大错报风险的影响因素；掌握对风险评估结果的应对措施；掌握进一步审计程序的内涵、性质、时间和范围；掌握控制测试的内涵、性质、时间和范围；掌握实质性程序的内涵、性质、时间和范围。

【引导案例】

康美药业（600518）成立于1997年，并于2001年在上交所上市。是国内率先把互联网布局中医药全产业链的大型上市企业。2019年4月30日，康美药业在上市公司披露年度业绩的最后关头，发布了高达近300亿元的“会计差错”，随后，康美药业股价一字跌停，昔日白马成为黑天鹅。据康美药业此前公告称，2018年12月28日，公司收到证监会调查通知书被立案调查，公司进行了不得已的自查以及必要的核查，2019年4月29日，公司披露了2018年年报，并发布公告表明2018年以前，在营业收入、营业成本、费用及款项收付方面存在“财务错误”——货币资金多记299.44亿元、营业收入多计88.98亿元、营业成本多计76.62亿元、存货少计195.46亿元、在建工程少计6.32亿元。针对2016年和2017年年报，审计康美药业的会计师事务所正中珠江认为康美药业公允地反映了公司的财务状况和经营成果，出具了“标准无保留意见”的审计报告，在2018年出具了“保留意见”的审计报告。

事后查明，正中珠江审计人员未保持应有的职业谨慎是导致审计失败的重要原因。据事后调查披露，康美药业在给证监会的回复里提到，公司存在使用不实单据和业务凭证造成多计银行存款及收入问题。理论上，公司在财务上多记收入，真实数据会在银行对账单、网银、询证函里出现与财务账不匹配的地方，但审计人员并没有发现这个问题。由于会计师事务所未保持应有的职业谨慎，最终导致了审计失败的产生。

【引导案例思考】 亲爱的读者们，通过阅读上述案例你认为审计师应从哪些方面进行有效的审计风险应对？

第一节 注册会计师对风险评估结果的应对

《中国注册会计师审计准则第1231号——针对评估的重大错报风险采取的应对措施》规定，注册会计师应针对评估的重大错报风险确定总体应对措施，设计和实施进一步审计程序。因此，注册会计师应当针对评估的重大错报风险实施程序，即针对评估的财务报表层次重大错报风险确定总体应对措施，并针对评估的认定层次重大错报风险设计和实施进一步审计程序，以将审计风险降至可接受的低水平。

一、财务报表层次重大错报风险的总体应对措施

在财务报表重大错报风险的评估过程中，注册会计师应当确定，识别的重大错报风险是与特定的某类交易、账户余额和披露的认定相关，还是与财务报表整体广泛相关，进而影响多项认定。如果是后者，则属于财务报表层次的重大错报风险。为此，注册会计师应当针对评估的财务报表层次重大错报风险确定下列总体应对措施：

1. 向项目组强调在收集和评价审计证据过程中保持职业怀疑态度的必要性。

2. 分派更有经验或具有特殊技能的注册会计师或利用专家的工作。

由于各行业在经营业务、经营风险、财务报告、法规要求等方面具有特殊性，注册会计师的专业分工细化成为一种趋势。审计项目组成员中应有一定比例的人员曾经参与被审计单位以前年度的审计，或具有被审单位所处特定行业的相关审计经验。必要时，要考虑利用信息技术、税务、评估、精算等方面专家的工作。

3. 提供更多的督导。

对于财务报表层次重大错报风险较高的审计项目，项目组的高级别成员，如项目负责人、项目经理等要对其他成员提供更详细、更经常、更及时的指导和监督并加强项目质量复核。

4. 在选择进一步审计程序时，应当注意使某些程序不被管理层预见或事先了解。

被审计单位人员，尤其是管理层，如果熟悉注册会计师的审计套路，就可能采取种种规避手段，掩盖财务报告中的舞弊行为。因此在设计拟实施的审计程序的性质、时间和范围时，为了避免既定思维对审计方案的限制，避免对审计效果

的人为干涉，注册会计师可以通过以下方式提高审计程序的不可预见性：

（1）对某些未测试过的低于设定的重要性水平或风险较小的账户余额和认定，实施实质性程序；

（2）调整实施审计程序的时间，使被审计单位不可作出预期；

（3）采取不同的审计抽样方法，使当期抽取的测试样本与以前有所不同；

（4）选取不同的地点实施审计程序，或预先不告知被审计单位所选定的测试地点。

5. 对拟实施审计程序的性质、时间和范围作出总体修改。

一般说来，财务报表层次的重大错报风险很可能源于薄弱的控制环境。薄弱的控制环境带来的风险可能对财务报表产生广泛影响，难以限于某类交易、账户余额、列报，因此注册会计师应当采取总体应对措施。如果控制环境存在缺陷，注册会计师在对拟实施审计程序的性质、时间和范围作出总体修改时应当考虑：

（1）在期末而非期中实施更多的审计程序。控制环境的缺陷通常会削弱期中获得的审计证据的可信赖程度。

（2）主要依赖实质性程序获取审计证据。良好的控制环境是其他控制要素发挥作用的基础。控制环境存在缺陷通常会削弱其他控制要素的作用，导致注册会计师无法信赖内部控制，而主要依赖实施实质性程序获取审计证据。

（3）修改审计程序的性质，获取更具说服力的审计证据。修改审计程序的性质主要是指调整拟实施审计程序的类别及组合，比如原先可能主要限于检查某项资产的账面记录或相关文件，而调整审计程序的性质后可能意味着更加重视实地检查该项资产。

（4）扩大审计程序的范围。例如扩大样本规模，或采用更详细的数据实施分析程序。

（5）增加拟纳入审计范围的经营地点的数量。

二、增加审计程序不可预见性的方法

（一）增加审计程序不可预见性的思路

1. 对某些以前未测试的低于设定的重要性水平或风险较小的账户余额和认定实施实质性程序。

注册会计师可以关注以前未曾关注过的审计领域，尽管这些领域可能重要程度比较低。如果这些领域有可能被用于掩盖舞弊行为，注册会计师就要针对这些领域实施一些具有不可预见性的测试。

2. 调整实施审计程序的时间，使其超出被审计单位的预期。

例如，注册会计师在以前年度的大多数审计工作都围绕着 12 月或在年底前后进行，那么被审计单位就会了解注册会计师这一审计习惯，因此可能会把一些不适当的会计调整放在年度的9月、10月或11月等，以避免引起注册会计师的注意。因此，注册会计师可以考虑调整实施审计程序时测试项目的时间，从测试12月的项目调整到测试9月、10月或11月的项目。

3. 采取不同的审计抽样方法，使当年抽取的测试样本与以前有所不同。

4. 选取不同的地点实施审计程序，或预先不告知被审计单位所选定的测试地点。

例如，在存货监盘程序中，注册会计师可以到未事先通知被审计单位的盘点现场进行监盘，使被审计单位没有机会事先清理现场，隐藏一些不想让注册会计师知道的情况。

（二）增加审计程序不可预见性的实施要点

1. 注册会计师需要与被审计单位的高层管理人员事先沟通，要求实施具有不可预见性的审计程序，但不能告知其具体内容。注册会计师可以在签订审计业务约定书时明确提出这一要求。

2. 虽然对于不可预见性程度没有量化的规定，但审计项目组可根据对舞弊风险的评估等确定具有不可预见性的审计程序。审计项目组可以汇总那些具有不可预见性的审计程序，并记录在审计工作底稿中。

3. 项目合伙人需要安排项目组成员有效地实施具有不可预见性的审计程序，但同时要避免使项目组成员处于困难境地。

三、总体应对措施对拟实施进一步审计程序的总体审计方案的影响

财务报表层次重大错报风险难以限于某类交易、账户余额和披露的特点，意味着此类风险可能对财务报表的多项认定产生广泛影响，并相应增加注册会计师对认定层次重大错报风险的评估难度。因此，注册会计师评估的财务报表层次重大错报风险以及采取的总体应对措施，对拟实施进一步审计程序的总体审计方案具有重大影响。

拟实施进一步审计程序的总体审计方案包括实质性方案和综合性方案。其中，实质性方案是指注册会计师实施的进一步审计程序以实质性程序为主；综合性方案是指注册会计师在实施进一步审计程序时，将控制测试与实质性程序结合使用。当评估的财务报表层次重大错报风险属于高风险水平（并相应采取更强调审计程序不可预见性以及重视调整审计程序的性质、时间安排和范围等总体应对措施）时，拟实施进一步审计程序的总体方案往往更倾向于实质性方案。

四、认定层次重大错报风险的应对

（一）进一步审计程序的含义

进一步审计程序相对于风险评估程序而言，是指注册会计师针对评估的各类

交易、账户余额和披露认定层次重大错报风险实施的审计程序，包括控制测试和实质性程序。

注册会计师应当针对所评估的认定层次重大错报风险来设计和实施进一步审计程序，包括审计程序的性质、时间和范围。注册会计师设计和实施的进一步审计程序的性质、时间安排和范围，应当与评估的认定层次重大错报风险具备明确的对应关系。注册会计师实施的审计程序应具有目的性和针对性，有的放矢地配置审计资源，有利于提高审计效率和效果。

注册会计师在设计进一步审计的性质、时间和范围时，最重要的是进一步审计程序的性质。例如，注册会计师评估的重大错报风险越高，实施进一步审计程序的范围通常越大；但是只有首先确保进一步审计程序的性质与特定风险相关时，扩大审计程序的范围才是有效的。

（二）设计进一步审计程序时的考虑因素

在设计进一步审计程序时，注册会计师应当考虑下列因素：

1. 风险的重要性。

风险的重要性是指风险造成的后果的严重程度。风险的后果越严重，就越需要注册会计师关注和重视，越需要精心设计有针对性的进一步审计程序。

2. 重大错报发生的可能性。

重大错报发生的可能性越大，同样越需要注册会计师精心设计进一步审计程序。

3. 涉及的各类交易、账户余额和列报的特征。

不同的交易、账户余额和列报，产生的认定层次的重大错报风险也会存在差异，适用的审计程序也有差别，需要注册会计师区别对待，并设计具有针对性的进一步审计程序予以应对。

4. 被审计单位采用的特定控制的性质。

不同性质的控制对注册会计师设计进一步的审计程序具有重要影响。

5. 注册会计师是否拟获取审计证据，以确定内部控制在防止、发现并纠正重大错报方面的有效性。

如果注册会计师在风险评估时预期内部控制运行有效，随后拟实施的进一步审计程序必须包括控制测试，而且实质性程序也会受到之前控制测试结果的影响。

综合上述几方面因素，注册会计师对认定层次重大错报风险的评估为确定进一步审计程序的总体方案奠定了基础。因此，注册会计师应当根据对认定层次重大错报风险的评估结果，恰当选用实质性方案或综合性方案。

通常情况下，注册会计师出于成本效益的考虑可以采用综合性方案设计进一步审计程序，即将测试控制运行的有效性与实质性程序结合使用。

在某些情况下，例如仅通过实质性程序无法应对重大错报风险时，注册会计师必须通过实施控制测试，才可能有效应对并评估出的某一认定的重大错报风险；而在另一些情况下，例如注册会计师的风险评估程序未能识别出与认定相关的任何控制，或注册会计师认为控制测试很可能不符合成本效益原则时，注册会计师可能认为仅实施实质性程序就是适当的。

需要特别说明的是，注册会计师对重大错报风险的评估毕竟是一种主观判断，可能无法充分识别所有的重大错报风险，同时内部控制存在固有局限性，因此，无论选择何种方案，注册会计师都应当对所有重大的各类交易、账户余额和披露设计和实施实质性程序。

（三）进一步审计程序的性质

1. 进一步审计程序性质的含义。

进一步审计程序的性质是指进一步审计程序的目的和类型。

进一步审计程序的目的包括通过实施控制测试以确定内部控制运行的有效性，通过实施实质性程序以发现认定层次的重大错报。

进一步审计程序的类型包括检查、观察、询问、函证、重新计算、重新执行和分析程序。

由于不同的审计程序应对特定认定错报风险的效力不同，因此在应对评估的风险时，合理确定审计程序的性质是最重要的。

例如，对于与收入完整性认定相关的重大错报风险，控制测试通常能更有效应对；对于与收入发生认定相关的重大错报风险，实质性程序通常能更有效应对。再如，实施应收账款的函证程序可以为应收账款在某一时点存在的认定提供审计证据，但通常不能为应收账款的计价认定提供审计证据。对应收账款的计价认定，注册会计师通常需要实施其他更为有效的审计程序，如审查应收账款账龄和期后收款情况，了解欠款客户的信用情况等。

2. 进一步审计程序性质的选择。

在确定进一步审计程序的性质时，注册会计师首先需要考虑的是认定层次重大错报风险的评估结果。因此，注册会计师应当根据认定层次重大错报风险的评估结果选择审计程序。评估的认定层次重大错报风险越高，对通过实质性程序获取的审计证据的相关性和可靠性的要求也就越高，从而可能影响进一步审计程序的类型及其综合运用。

除了从总体上把握认定层次重大错报风险的评估结果对选择进一步审计程序的影响外，在选择拟实施的审计程序时，注册会计师还应当考虑评估的认定层次重大错报风险产生的原因，包括考虑各类交易、账户余额、列报的具体特征以及内部控制等。

需要说明的是，如果在实施进一步审计程序时拟利用被审计单位信息系统生成的信息，则要求注册会计师应当就信息的准确性和完整性获取审计证据。

（四）进一步审计程序的时间

1. 进一步审计程序时间的含义。

进一步审计程序的时间，是指注册会计师何时实施进一步审计程序，或审计证据适用的期间或时点。因此，当提及进一步审计程序的时间时，在某些情况下指的是审计程序的实施时间，在另一些情况下是指需要获取的审计证据适用的期间或时点。

2. 进一步审计程序时间的选择。

有关进一步审计程序的时间的选择问题，有两个层面的含义：

第一个层面是注册会计师选择在何时实施进一步审计程序，这个层面的选择问题主要集中在如何权衡期中与期末实施审计程序的关系；

第二个层面是选择获取什么期间或时点的审计证据，这个层面的选择问题分别集中在如何权衡期中审计证据与期末审计证据的关系及如何权衡以前审计获取的审计证据和本期审计获取的审计证据的关系。

这两个层面的最终落脚点都是如何确保获取审计证据的效率和效果。

在选择实施审计程序的时间时，一项基本的考虑便是注册会计师评估的重大错报风险，因此当重大错报风险较高时，注册会计师应当考虑在期末或接近期末实施实质性程序，或采用不通知的方式或在管理层不能预见的时间实施审计程序。

（1）期中实施进一步审计程序的优点。

很多时候，虽然在期末实施审计程序很多情况下非常必要，但仍然不排除注册会计师在期中实施审计程序可能发挥的积极作用。在期中实施进一步审计程序，可能有助于注册会计师在审计工作初期识别重大事项，并在管理层的协助下及时解决这些事项，并针对这些事项制定有效的实质性方案或综合性方案。

（2）期中实施进一步审计程序的局限性。

首先，注册会计师往往难以仅凭在期中实施的进一步审计程序获取有关期中以前的充分、适当的审计证据；

其次，即使注册会计师在期中实施的进一步审计程序能够获取有关期中以前的充分、适当的审计证据，但从期中到期末这段剩余期间还往往会发生重大的交易或事项，从而对所审计期间的财务报表认定产生重大影响；

最后，被审计单位管理层也完全有可能在注册会计师于期中实施了进一步审计程序之后对期中以前的相关会计记录作出调整甚至篡改，使得注册会计师在期中通过实施进一步审计程序所获取的审计证据发生了变化。因此，注册会计师如果在期中实施了进一步审计程序，那么还应当针对剩余期间获取审计证据。

3. 进一步审计程序时间选择的影响因素。

(1) 控制环境。

良好的控制环境可以抵消在期中实施进一步审计程序的局限性，使注册会计师在确定实施进一步审计程序的时间时有更大的灵活度。

(2) 何时能得到相关信息。

例如，某些控制活动可能仅在期中（或期中以前）发生，而之后可能难以再被观察到。再如，某些电子化的交易和账户文档如未能及时取得，可能被覆盖。在这些情况下，注册会计师如果希望获取相关信息，则需要考虑能够获取、相关信息的时间。

(3) 错报风险的性质。

例如，被审计单位可能为了保证盈利目标的实现，而在会计期末以后伪造销售合同以虚增收入，此时注册会计师需要考虑在期末（即资产负债表日）这个特定时点获取被审计单位截至期末所能提供的所有销售合同及相关资料，以防范被审计单位作资产负债表日后伪造销售合同虚增收入的做法。

(4) 审计证据适用的期间或时点。

注册会计师应当根据需要获取的特定审计证据确定何时实施进一步审计程序。例如，为了获取资产负债表日的存货余额证据，显然不宜在与资产负债表日间隔过长的期中时点或期末以后时点实施存货监盘等相关审计程序。

（五）进一步审计程序的范围

1. 进一步审计程序的范围的含义。

进一步审计程序的范围是指实施进一步审计程序的数量，包括抽取的样本量、对某项控制活动的观察次数等。

2. 进一步审计程序范围选择的考虑因素。

(1) 确定的重要性水平。

确定的重要性水平越高，注册会计师实施进一步审计程序的范围越广。

(2) 评估的重大错报风险。

评估的重大错报风险越高，对拟获取审计证据的相关性、可靠性的要求越高，因此注册会计师实施的进一步审计程序的范围也越广。

(3) 计划获取的保证程度。

计划获取的保证程度，是指注册会计师计划通过所实施的审计程序对测试结果可靠性所获取的信心。计划获取的保证程度越高，对测试结果可靠性要求越高，注册会计师实施的进一步审计程序的范围就越广。例如，注册会计师判断财务报表是否存在重大错报的信心可能来自控制测试和实质性程序，如果注册会计师计划从控制测试中获取更高的保证程度，则控制测试的范围就更广。

第二节 控制测试

控制测试是为了获取关于控制防止或发现并纠正认定层次重大错报的有效性而实施的测试。注册会计师应当选择为相关认定提供证据的控制进行测试。

一、控制测试的内涵

（一）控制测试的含义

控制测试，是指用于评价内部控制在防止或发现并纠正认定层次重大错报方面的运行有效性的审计程序，这一概念需要“了解内部控制”进行区分。“了解内部控制”包含两层含义：一是评价控制的设计；二是确定控制是否得到执行。测试控制运行的有效性与确定控制是否得到执行所需获取的审计证据是不同的。

“了解内部控制”，主要指在实施风险评估程序以获取控制是否得到执行的审计证据时，注册会计师应当确定某项控制是否存在，被审计单位是否正在使用。

“测试内部控制”，则主要指注册会计师在调查和了解内部控制的阶段，可能已经收集了一些能够证明内部控制设计和运行的证据。但是，为了使具体控制政策和措施能够作为支持估定控制风险水平的依据，还必须取得一些证明这些控制政策和措施在整个或至少大部分被审计期间内有效运行的具体证据。控制测试就是为了确定内部控制是否在整个或至少大部分被审计期间内有效运行的审计测试。

（二）控制测试的关注点

控制测试通常有三个关注点：

1. 该项内部控制是否有切实应用？

2. 该项内部控制是否在被审计期间内一贯地应用？

3. 该项内部控制由谁来应用？

如果某项内部控制在被审计期间内是由被授权的人员适当且一贯应用，那么该项控制政策或措施就得到了有效的运行。相反，如果未能适当和一贯地应用，或由未被授权的人员来应用，则说明控制执行失效。

人们把这种控制运行的失效或不当，习惯称为“偏差”“偶发事件”或“例外”，而不称为“错报”。因为某些控制运行失效或不当，只意味着会计记录中有可能出错，但并不是一定会出错。比如，被审计单位的一些销售发票没有由第二个人独立验证其正确性，属于一项控制偏差，但如果第一个经办人员已经正确地填写了发票，那么，会计记录仍然可能是正确的。

二、控制测试的要求

控制测试并非在任何情况下都需要实施，当存在下列情形之一时，注册会计师应当实施控制测试：

（一）在评估认定层次重大错报风险时，预期控制的运行是有效的

如果在评估认定层次重大错报风险时预期控制的运行是有效的，注册会计师应当实施控制测试，就控制在相关期间或时点的运行有效性获取充分、适当的审计证据。

注册会计师通过实施风险评估程序，可能发现某项控制的设计是存在的，也是合理的，同时得到了执行。在这种情况下，出于成本效益的考虑，注册会计师可能预期，如果相关控制在不同时点都得到了一贯执行，与该项控制有关的财务报表认定发生重大错报的可能性就不会很大，也就不需要实施很多的实质性程序。为此，注册会计师可能会认为值得对相关控制在不同时点是否得到了一贯执行进行测试，即实施控制测试。这种测试主要是出于成本效益的考虑，其前提是注册会计师通过了解内部控制以后认为某项控制存在着被信赖和利用的可能。

因此，只有认为控制设计合理、能够防止或发现和纠正认定层次的重大错报，注册会计师才有必要对控制运行的有效性实施测试。

（二）仅实施实质性程序不足以提供认定层次充分、适当的审计证据

如果认为仅实施实质性程序获取的审计证据无法将认定层次重大错报风险降至可接受的低水平，注册会计师应当实施相关的控制测试，以获取控制运行有效性的审计证据。

三、控制测试的性质

控制测试的性质是指控制测试所使用的审计程序的类型及其组合。计划从控制测试中获取的保证水平是决定控制测试性质的主要因素之一。注册会计师应当选择适当类型的审计程序以获取有关控制运行有效性的保证。

当拟实施的进一步审计程序主要以控制测试为主，尤其是仅实施实质性程序获取的审计证据无法将认定层次重大错报风险降至可接受的低水平时，注册会计师应当获取有关控制运行有效性的更高的保证水平。控制测试采用审计程序包括询问、观察、检查和重新执行。

（一）询问

注册会计师可以向被审计单位适当员工询问，获取与内部控制运行情况相关的信息。

例如，询问信息系统管理人员有无未经授权接触计算机硬件和软件，向负责复核银行存款余额调节表的人员询问如何进行复核，包括复核的要点是什么、发现不符事项如何处理等。

然而，仅仅通过询问不能为控制运行的有效性提供充分的证据，注册会计师通常需要印证被询问者的答复，如向其他人员询问和检查执行控制时所使用的报告、手册或其他文件等。因此询问是一种有用的手段，但它必须和其他测试手段结合使用才能发挥作用。在询问过程中，注册会计师应当保持职业怀疑态度。

必须指出的是，询问本身并不足以测试控制运行的有效性，注册会计师应将询问与其他审计程序结合使用，以获取有关控制运行有效性的审计证据。

（二）观察

观察是测试不留下书面记录的控制（如职责分离）的运行情况的有效方法。例如，观察存货盘点控制的执行情况。观察也可运用于实物控制，如查看仓库门是否锁好，或空白支票是否妥善保管。

通常情况下，注册会计师通过观察直接获取的证据比间接获取的证据更可靠。但是，注册会计师还要考虑其所观察到的控制在注册会计师不在场时可能未被执行的情况。

（三）检查

对运行情况留有书面证据的控制，检查非常适用。书面说明、复核时留下的记号，或其他记录在偏差报告中的标志都可以被当作控制运行情况的证据。

例如，检查销售发票是否有复核人员签字，检查销售发票是否附有客户订购单和出库单等。

（四）重新执行

通常只有当询问、观察和检查程序结合在一起仍无法获得充分的证据时，注册会计师才考虑通过重新执行来证实控制是否有效运行。

例如，为了合理保证计价认定的准确性，被审计单位的一项控制是由复核人员核对销售发票上的价格与统一价格单上的价格是否一致。但是，要检查复核人员有没有认真执行核对，仅仅检查复核人员是否在相关文件上签字是不够的，注册会计师还需要自己选取一部分销售发票进行核对，这就是重新执行程序。

重新执行程序是需要成本的，因此如果需要进行大量的重新执行，注册会计师就要考虑通过实施控制测试以缩小实质性程序的范围是否有效率。

四、确定控制测试性质的要求

（一）考虑特定控制的性质

注册会计师应当根据特定控制的性质选择所需要实施审计程序的类型。

如果某些控制可能存在反映控制运行有效性的文件记录，那么注册会计师可以检查这些文件记录以获取控制运行有效的审计证据；

如果某些控制可能不存在文件记录，或文件记录与能否证实控制运行有效性不相关，注册会计师应当考虑实施检查以外的其他审计程序或借助计算机辅助审计技术，以获取相关控制运行有效性的审计证据。

（二）考虑测试与认定直接相关和间接相关的控制

在设计控制测试时，注册会计师不仅应当考虑与认定直接相关的控制，还应当考虑这些控制所依赖的与认定间接相关的控制，以获取支持控制运行有效性的审计证据。

例如，被审计单位可能针对超出信用额度的例外赊销交易设置报告和审核制度；在测试该项制度的运行有效性时，注册会计师不仅应当考虑审核的有效性，还应当考虑与例外赊销报告中信息准确性有关的控制是否有效运行。

（三）如何对一项自动化的应用控制实施控制测试

对于一项自动化的应用控制，由于信息技术处理过程的内在一贯性，注册会计师可以利用该项控制得以执行的审计证据和信息技术一般控制（特别是对系统变动的控制）运行有效性的审计证据，作为支持该项控制在相关期间运行有效性的重要审计证据。

（四）实施控制测试时对双重目的的实现

控制测试的目的是评价控制是否有效运行；细节测试的目的是发现认定层次的重大错报。尽管两者目的不同，但注册会计师可以考虑针对同一交易同时实施控制测试和细节测试，以实现双重目的。

例如，注册会计师通过检查某笔交易的发票可以确定其是否经过适当的授权，也可以获取关于该交易的金额、发生时间等细节证据。当然，如果拟实施双重目的测试，注册会计师应当仔细设计和评价测试程序。

（五）实施实质性程序的结果对控制测试结果的影响

如果通过实施实质性程序未发现某项认定存在错报，这本身并不能说明与该认定有关的控制是有效运行的；但如果通过实施实质性程序发现某项认定存在错报，注册会计师应当在评价相关控制运行的有效性时予以考虑。因此，注册会计师应当考虑实施实质性程序发现的错报对评价相关控制运行有效性的影响（如降低对相关控制的信赖程度、调整实质性程序的性质、扩大实质性程序的范围等）。

如果实施实质性程序发现被审计单位没有识别出的重大错报，通常表明内部控制存在重大缺陷，注册会计师应当就这些缺陷与管理层和治理层进行沟通。

五、控制测试的时间

（一）控制测试时间的含义

控制测试的时间有两层含义：

1. 何时实施控制测试；

2. 测试所针对的控制适用的时点或期间。

一个基本的原理是，如果测试特定时点的控制，注册会计师仅得到该时点控制运行有效性的审计证据；如果测试某一期间的控制，注册会计师可获取控制在该期间有效运行的审计证据。因此注册会计师应当根据控制测试的目的确定控制测试的时间，并确定拟信赖的相关控制的时点或期间。

控制测试的目的在一定程度上可以用以确定控制测试的时间。

（1）如果仅需要测试控制在特定时点的运行有效性（如对被审计单位期末存货盘点进行控制测试），注册会计师只需要获取该时点的审计证据；

（2）如果需要获取控制在某一期间有效运行的审计证据，仅获取与时点相关的审计证据是不充分的，注册会计师应当辅以其他控制测试，包括测试被审计单位对控制的监督。

需要注意的是，关于控制在多个不同时点的运行有效性的审计证据的简单累加并不能构成控制在某期间的运行有效性的充分、适当的审计证据；因此，“其他控制测试”应当具备的功能是，能提供相关控制在所有相关时点都运行有效的审计证据。

例如，被审计单位对控制的监督起到的就是一种检验相关控制在所有相关时点是否都有效运行的作用，因此“其他控制测试”在此就体现为：注册会计师测试这类活动能够强化控制在某期间运行有效性的审计证据效力。

（二）期中审计证据的考虑

注册会计师可能在期中实施进一步审计程序。对于控制测试而言，注册会计师在期中实施此类程序具有更积极的作用。需要注意的是，即使注册会计师已获取有关控制在期中运行有效性的审计证据，仍然需要考虑如何能够将控制在期中运行有效性的审计证据合理延伸至期末，一个基本的考虑是针对期中至期末这段剩余期间获取充分、适当的审计证据。

假如已获取有关控制在期中运行有效性的审计证据，并拟利用该证据，那么注册会计师应当实施下列审计程序：

1. 获取这些控制在剩余期间变化情况的审计证据；

2. 确定针对剩余期间还需获取的补充审计证据。

上述第一项审计程序是针对期中已获取审计证据的控制，考察这些控制在剩余期间的变化情况，如果这些控制在剩余期间没有发生变化，注册会计师可能决定信赖期中获取的审计证据；如果这些控制在剩余期间发生了变化，注册会计师需要了解并测试控制的变化对期中审计证据的影响。

上述第二项审计程序是针对期中证据以外的、剩余期间的补充证据。在执行该项规定时，注册会计师应当考虑的因素包括：

（1）评估的认定层次重大错报风险的重大程度。

评估的重大错报风险对财务报表的影响越大，注册会计师需要获取的剩余期间的补充证据越多。

（2）在期中测试的特定控制，在期中对有关控制运行有效性获取的审计证据的程度。

如果注册会计师在期中对有关控制运行有效性获取的审计证据比较充分，可以考虑适当减少需要获取的剩余期间的补充证据。

（3）剩余期间的长度。

一般说来剩余期间越长，注册会计师需要获取的剩余期间的补充证据越多。

（4）在期中测试的特定控制，以及自期中测试后发生的重大变动。例如，对自动化运行的控制，注册会计师更可能测试信息系统一般控制的运行有效性，以获取控制在剩余期间运行有效性的审计证据。

（5）在信赖控制的基础上拟减少缩小进一步实质性程序的范围。

注册会计师对相关控制的信赖程度越高，通常在信赖控制的基础上拟缩小进一步实质性程序的范围就越大，在这种情况下，注册会计师需要获取的剩余期间的补充证据越多。

（6）控制环境。

在注册会计师总体上拟信赖控制的前提下，控制环境越薄弱（或把握程度越低），注册会计师需要获取的剩余期间的补充证据越多。

除了上述的测试剩余期间控制的运行有效性，测试被审计单位对控制的监督也能够作为一项有益的补充证据，以便更有把握地将控制在期中运行有效性的审计证据延伸至期末。

（三）以前审计获取审计证据的考虑

1. 考虑以前审计获取的审计证据的意义。

内部控制中的诸多要素对于被审计单位往往是相对来说稳定的（相对于具体的交易、账户余额和披露），因此，注册会计师在本期审计时还是可以适当考虑利用以前审计获取的有关控制运行有效性的审计证据；

另一方面，内部控制在不同期间可能发生重大变化，注册会计师在利用以前审计获取的有关控制运行有效性的审计证据时需要格外慎重，充分考虑各种因素。

2. 考虑以前审计获取的审计证据的思路。

基本思路：考虑拟信赖的以前审计中测试的控制在本期是否发生变化。

如果拟信赖以前审计获取的有关控制运行有效性的审计证据，注册会计师应当通过实施询问并结合观察或检查程序，获取这些控制是否已经发生变化的审计证据。

例如，在以前审计中，注册会计师可能确定被审计单位某项自动控制能够发挥预期作用。那么在本期审计中，注册会计师需要获取审计证据以确定是否发生了影响该自动控制持续有效发挥作用的变化。因此，注册会计师可以通过询问管理层或检查日志，确定哪些控制已经发生变化。

3. 考虑以前审计获取的审计证据的做法。

在按照规定实施了有关审计程序后，注册会计师可能面临两种结果：控制在本期发生变化；控制在本期没有发生变化。

（1）控制在本期发生变化。

如果控制在本期发生变化，注册会计师应当考虑以前审计获取的有关控制运行有效性的审计证据是否与本期审计相关。

例如，如果系统的变化仅仅使被审计单位从中获取新的报告，这种变化通常不影响以前审计所获取证据的相关性；

如果系统的变化引起数据累积或计算发生改变，这种变化可能影响以前审计所获取证据的相关性。如果拟信赖的控制自上次测试后已发生变化，注册会计师应当在本期审计中测试这些控制的运行有效性。

（2）控制在本期未发生变化。

如果拟信赖的控制自上次测试后未发生变化，且不属于旨在减轻特别风险的控制，注册会计师应当运用职业判断确定是否在本期审计中测试其运行有效性，以及本次测试与上次测试的时间间隔，但每三年至少对控制测试一次。

4. 考虑以前审计获取的审计证据的影响因素。

在确定利用以前审计获取的有关控制运行有效性的审计证据是否适当以及再次测试控制的时间间隔时，注册会计师应当考虑的因素或情况包括：

（1）内部控制其他要素的有效性，包括控制环境、对控制的监督以及被审计单位的风险评估过程。

例如，当被审计单位控制环境薄弱或对控制的监督薄弱时，注册会计师应当缩短再次测试控制的时间间隔或完全不信赖以前审计获取的审计证据。

（2）控制特征（人工控制还是自动化控制）产生的风险。

当相关控制中人工控制的成分较大时，考虑到人工控制一般稳定性较差，注册会计师可能决定在本期审计中继续测试该控制的运行有效性。

（3）信息技术一般控制的有效性。

当信息技术一般控制薄弱时，注册会计师可能更少地依赖以前审计获取的审计证据。

（4）控制设计及其运行的有效性，包括在以前审计中测试控制运行有效性时发现的控制运行偏差的性质和程度。

例如，当所审计期间发生了对控制运行产生重大影响的人事变动时，注册会计师可能决定在本期审计中不依赖以前审计获取的审计证据。

（5）由于环境发生变化而特定控制缺乏相应变化导致的风险。

当环境的变化表明需要对控制作出相应的变动，但控制却没有作出相应变动时，注册会计师应当充分意识到控制不再有效，从而导致本期财务报表发生重大错报的可能，此时不应再依赖以前审计获取的有关控制运行有效性的审计证据。

（6）重大错报的风险和对控制的信赖程度。

如果重大错报风险较大或对控制的信赖程度较高，注册会计师应当缩短再次测试控制的时间间隔或完全不信赖以前审计获取的审计证据。

5. 不得依赖以前审计所获取证据的情形。

鉴于特别风险的特殊性，对于旨在减轻特别风险的控制，不论该控制在本期是否发生变化，注册会计师都不应依赖以前审计获取的证据。

因此，如果确定评估的认定层次重大错报风险是特别风险，并拟信赖旨在减轻特别风险的控制，注册会计师不应依赖以前审计获取的审计证据，而应在本期审计中测试这些控制的运行有效性。也就是说，如果注册会计师拟信赖针对特别风险的控制，那么，所有关于该控制运行有效性的审计证据必须来自当年的控制测试。相应地，注册会计师应当在每次审计中都测试这类控制。

六、控制测试的范围

对于控制测试的范围，其含义主要是指某项控制活动的测试次数。注册会计师应当设计控制测试，以获取控制在整个拟信赖的期间有效运行的充分、适当的审计证据。

（一）确定控制测试范围的一般考虑因素

注册会计师在确定某项控制的测试范围时通常考虑的一系列因素有：

1. 在整个拟信赖的期间，被审计单位执行控制的频率。

控制执行的频率越高、控制测试的范围越大。

2. 在所审计期间，注册会计师拟信赖控制运行有效性的时间长度。

拟信赖控制运行有效性的时间长度不同，在该时间长度内发生的控制活动次数也不同。注册会计师需要根据拟信赖控制的时间长度确定控制测试的范围。拟信赖期间越长，控制测试的范围越大。

3. 为证实控制能够防止或发现并纠正认定层次重大错报，所需获取审计证据的相关性和可靠性。

对审计证据的相关性和可靠性要求越高，控制测试的范围越大。

4. 通过测试与认定相关的其他控制获取的审计证据的范围。

针对同一认定，可能存在不同的控制。当针对其他控制获取审计证据的充分性和适当性较高时，测试该控制的范围可适当缩小。

5. 在风险评估时拟信赖控制运行有效性的程度。

注册会计师在风险评估时对控制运行有效性的拟信赖程度越高，需要实施控制测试的范围越大。

6. 控制的预期偏差。

预期偏差可以用控制未得到执行的预期次数占控制应当得到执行次数的比率加以衡量。考虑该因素，是因为在考虑测试结果是否可以得出控制运行有效性的结论时，不可能只要出现任何控制执行偏差就认定控制运行无效，所以需要确定一个合理水平的预期偏差率。

控制的预期偏差率越高，需要实施控制测试的范围越大。如果控制的预期偏差率过高，注册会计师应当考虑控制可能不足以将认定层次的重大错报风险降至可接受的低水平，从而针对某一认定实施的控制测试可能是无效的。

（二）对自动化控制的测试范围的特别考虑

一般说来，除非系统（包括系统使用的表格、文档或其他永久性数据）发生变动，注册会计师通常不需要增加自动化控制的测试范围。

信息技术处理具有内在一贯性，除非系统发生变动，一项自动化应用控制应当一贯运行。对于一项自动化应用控制，一旦确定被审计单位正在执行该控制，注册会计师通常无须扩大控制测试的范围，但需要考虑执行下列测试以确定该控制持续有效运行：

1. 测试与该应用控制有关的一般控制的运行有效性；
2. 确定系统是否发生变动，如果发生变动，是否存在适当的系统变动控制；
3. 确定对交易的处理是否使用授权批准的软件版本。

（三）测试两个层次控制时的注意事项

控制测试可用于被审计单位每个层次的内部控制。整体层次控制测试通常更加主观（如管理层对胜任能力的重视）。对整体层次控制进行测试，通常比业务流程层次控制（如检查付款是否得到授权）更难以记录。因此，整体层次控制和信息技术一般控制的评价通常记录的是文件备忘录和支持性证据。

注册会计师最好在审计的早期测试整体层次控制。原因在于对这些控制测试的结果会影响其他计划审计程序的性质和范围。

第三节　实质性程序

一、实质性程序的内涵

（一）实质性程序的含义

实质性程序是指注册会计师针对评估的重大错报风险实施的直接用以发现认定层次重大错报的审计程序。具体说来，实质性程序包括对各类交易、账户余额、列报的细节测试以及实质性分析程序。

注册会计师应当针对评估的重大错报风险设计和实施实质性程序，以发现认定层次的重大错报。由于注册会计师对重大错报风险的评估是一种判断，可能无法充分识别所有的重大错报风险，并且由于内部控制存在固有局限性，无论评估的重大错报风险结果如何，注册会计师都应当针对所有重大的各类交易、账户余额、列报实施实质性程序。

注册会计师实施的实质性程序应当包括下列与财务报表编制完成阶段相关的审计程序：

1. 将财务报表与其所依据的会计记录相核对；

2. 检查财务报表编制过程中作出的重大会计分录和其他会计调整。

注册会计师对会计分录和其他会计调整检查的性质和范围，取决于被审计单位财务报告过程的性质和复杂程度以及由此产生的重大错报风险。

（二）针对特别风险实施的实质性程序

如果认为评估的认定层次重大错报风险是特别风险，注册会计师应当专门针对该风险实施实质性程序。

例如，如果认为管理层面临实现盈利指标的压力而可能提前确认收入，注册会计师在设计询证函时不仅应当考虑函证应收账款的账户余额，还应当考虑询证销售协议的细节条款（如交货、结算及退货条款）；注册会计师还可考虑在实施函证的基础上针对销售协议及其变动情况询问被审计单位的非财务人员。

如果针对特别风险仅实施实质性程序，注册会计师应当使用细节测试，或将细节测试和实质性分析程序结合使用，以获取充分、适当的审计证据。不能单纯依赖实质性分析程序应对特别风险原因在于，为应对特别风险需要获取具有高度相关性和可靠性的审计证据，仅实施实质性分析程序不足以获取有关特别风险的充分、适当的审计证据。

（三）实质性分析程序

分析程序通常更适合那些往往在期间上可以预测的大容量交易。

在设计实质性分析程序时，注册会计师应该考虑以下事项：

1. 对给定认定使用实质性分析程序的适当性；

2. 形成已记录金额或比率的期望值中所采用数据的可靠性，无论是从内部还是从外部取得该数据；

3. 期望值是否足够准确以便在希望的保证水平上识别重大错报；

4. 已记录金额与期望值之间可以接受的差额。

分析程序通过分析被审单位重要的比率和趋势，包括调查这些比率或趋势的异常变动及其与预期数额和相关信息的差异，有助于查找那些需要在实质性测试中进一步调查的异常事项。

例如，如果存在应收账款显著下降的趋势，可能暗示着被审计单位当期在货款回收方面存在问题。相应地，这将影响应收账款的可变现净值，因此，注册会计师应扩大对应收账款明细账的审查，并扩大对资产负债表日后资金收回情况的分析，或增加对坏账准备的充分性的关注。

注册会计师应当将分析性复核程序运用于审计计划和审计报告阶段，也可运用于审计实施阶段。尤其需注意的是，审计报告阶段运用分析性复核程序，将帮助注册会计师得出审计结论并确定审计证据的充分性。

值得注意的是，根据审计准则的规定，分析程序在所有会计报表审计的计划和报告阶段都要求必须使用，但在审计实施阶段则是任意选择的，理由是：在审计实施阶段，虽然分析程序是直接作为一种实质性测试程序的，它可以提高审计的效率和效果。但是，分析程序的有效性取决于分析数据之间的预期关系、相关信息的可靠性等多方面的因素。所以，如果分析性测试使用的是内部控制生成的信息，而内部控制失效，注册会计师不应信赖这些信息及分析程序的结果。因此，当风险评估的结果显示被审计单位的重大错报风险较高时，注册会计师应更多地依靠实质性测试中的交易、余额以及列报和披露测试的结果，而较少依赖分析性测试的结果。

（四）实质性分析程序与细节测试的组合

细节测试更适合于对某些账户余额上的认定取得审计证据，包括存在性和计价。在一些情况下，注册会计师可能确定只执行实质性分析程序就足以将重大错报风险降至可接受的低水平。例如，当注册会计师的风险评估结果被从执行控制的运行有效性测试中取得的审计证据所支持时，注册会计师可能确定只执行实质性分析程序就足以对某种交易所评估出的重大错报风险作出反应。

在其他情况下，注册会计师可能确定只有细节测试才是适当的，或者实质性分析程序和细节测试的组合对所评估出的风险最具有针对性。

例如，为了取得充分适当的审计证据，从而在认定水平上实现计划的保证水平这一目标，注册会计师需针对所评估出的风险设计详细测试。在设计与存在或发生认定有关的实质性程序时，注册会计师在财务报表中包含的项目中进行选择并且取得相关的审计证据。另一方面，在设计与完整性认定有关的审计程序时，注册会计师从表明一个项目应当纳入相关财务报表金额的审计证据中进行选择并且调查该项目是否已被纳入。例如，注册会计师可能检查后续的现金支出以确定某一采购是否从应付账款中遗漏出去。

二、实质性程序的性质

（一）实质性程序的性质

实质性程序的性质，是指实质性程序的类型及其组合。实质性程序的两种基本类型包括细节测试和实质性分析程序。

细节测试是对各类交易、账户余额和披露的具体细节进行测试，目的在于直接识别财务报表认定是否存在错报。细节测试被用于获取与某些认定相关的审计证据，如存在、准确性、计价等。

实质性分析程序从技术特征上讲仍然是分析程序，主要是通过研究数据间关系评价信息，只是将该技术方法用做实质性程序，即用以识别各类交易、账户余额和披露及相关认定是否存在错报。实质性分析程序通常更适用于在一段时间内存在可预期关系的大量交易。

（二）细节测试和实质性分析程序的适用性

一般而言，由于细节测试和实质性分析程序的目的和技术手段存在一定差异，因此细节测试和实质性分析程序各自有不同的适用领域。细节测试适用于对各类交易、账户余额和披露认定的测试，尤其是对存在或发生、计价认定的测试；对在一段时间内存在可预期关系的大量交易，注册会计师可以考虑实施实质性分析程序。

三、实质性程序的时间

（一）实质性程序时间的含义

在进行实质性测试前，注册会计师必须在对审计风险、重要性水平和成本效益原则等考虑基础上作出职业判断，确定实质性测试的性质、时间和范围。

虽然大部分的实质性审计测试是在资产负债表日后进行，但为了节约期后审计的时间，部分实质性测试可能在期中审计阶段进行。

一般而言，注册会计师应在资产负债表日后进行余额的实质性测试，例如函证应收账款，监盘存货和复核银行存款余额调节表等；在期中审计和期后审计阶段进行交易实质性测试，例如对固定资产的新增和处置，研究开发支出，经营收入和费用，有价证券的购买和销售等交易的测试。

只有当某个交易循环的内部控制非常完善时，注册会计师可能会决定在资产负债表日前进行一定的余额测试。例如，如果与销售过程、开出发票和收款相关的内部控制被评价为完善的，注册会计师可以选择在期中审计阶段对被审计单位的应收账款进行函证。

（二）期中执行实质性程序的考虑

当实质性程序在期中执行时，注册会计师应当执行进一步的实质性程序或者执行结合控制测试的实质性程序以涵盖剩余期间，从而为将审计结论从中期延伸到期末提供合理的依据。

在一些情况下，实质性程序可能在中期执行，这增大了错报在期末可能存在未被注册会计师发现的风险。当剩余期间变长时，注册会计师应考虑包括以下内在的因素：

1. 控制环境和其他相关控制；
2. 在以后日期对审计而言所必需的信息的可获得性；
3. 实质性程序的目标；
4. 所评估的重大错报风险；
5. 交易种类或账户余额及相关认定的性质；
6. 注册会计师执行恰当实质性程序或结合控制程序以涵盖剩余期间，从而降低错报在期末存在而未被发现的风险。

（三）期中审计证据的考虑

如果在期中实施了实质性程序，注册会计师应当针对剩余期间实施进一步的实质性程序，或将实质性程序和控制测试结合使用，以将期中测试得出的结论合理延伸至期末。

在将期中实施的实质性程序得出的结论合理延伸至期末时，注册会计师有两种选择：

1. 针对剩余期间实施进一步的实质性程序；
2. 将实质性程序和控制测试结合使用。

如果拟将期中测试得出的结论延伸至期末，注册会计师应当考虑针对剩余期间仅实施实质性程序是否足够。如果认为实施实质性程序本身不充分，注册会计师还应测试剩余期间相关控制运行的有效性或针对期末实施实质性程序。

对于舞弊导致的重大错报风险（作为一类重要的特别风险），被审计单位存在故意错报或操纵的可能性，那么注册会计师更应慎重考虑能否将期中测试得出的结论延伸至期末。因此，如果已识别出由于舞弊导致的重大错报风险，为将期中得出的结论延伸至期末而实施的审计程序通常是无效的，注册会计师应当考虑在期末或者接近期末实施实质性程序。

（四）以前审计获取的审计证据的考虑

在以前审计中实施实质性程序获取的审计证据，通常对本期只有很弱的证据效力或没有证据效力，不足以应对本期的重大错报风险。只有当以前获取的审计证据及其相关事项未发生重大变动时，以前获取的审计证据才可能用做本期的有效审计证据。但即便如此，如果拟利用以前审计中实施实质性程序获取的审计证据，注册会计师应当在本期实施审计程序，以确定这些审计证据是否具有持续相关性。

四、实质性程序的范围

评估的认定层次重大错报风险和实施控制测试的结果是注册会计师在确定实质性程序的范围时的重要考虑因素。因此，注册会计师在确定实质性程序的范围时，应当考虑评估的认定层次重大错报风险和实施控制测试的结果。注册会计师评估的认定层次的重大错报风险越高，需要实施实质性程序的范围越广。如果对控制测试结果不满意，注册会计师应当考虑扩大实质性程序的范围。

在设计细节测试时，注册会计师除了从样本量的角度考虑测试范围外，还要考虑选样方法的有效性等因素。例如，从总体中选取大额或异常项目，而不是进行代表性抽样或分层抽样。

实质性分析程序的范围有两层含义：

1. 第一层含义是对什么层次上的数据进行分析。

注册会计师可以选择在高度汇总的财务数据层次进行分析，也可以根据重大错报风险的性质和水平调整分析层次。例如，按照不同产品线、不同季节或月份、不同经营地点或存货存放地点等实施实质性分析程序。

2. 第二层含义是需要对什么幅度或性质的偏差展开进一步调查。

实施分析程序可能发现偏差，但并非所有的偏差都值得展开进一步调查。可容忍或可接受的偏差（即预期偏差）越大，作为实质性分析程序一部分的进一步调查的范围就越小。于是确定适当的预期偏差幅度同样属于实质性分析程序的范畴。因此，在设计实质性分析程序时，注册会计师应到确定已记录金额与预期值之间可接受的差异额。在确定该差异额时，注册会计师应当主要考虑各类交易、账户余额和披露及相关认定的重要性和计划的保证水平。

【课后习题】

一、思考题

1. 在设计进一步审计程序时，注册会计师应当考虑哪些因素?

2. 期中实施进一步程序有何局限性?

3. 请简要回答内部控制程序与控制测试程序之间的联系与区别。

4. 阐述针对财务报表层次重大错报风险的总体应对措施。

5. 注册会计师应该怎样选择控制测试的性质?

6. 识别和评估重大错报风险的审计程序有哪些?

7. 在确定风险是否属于特别风险时，注册会计师应当考虑的事项有哪些?

8. 阐述针对财务报表层次重大错报风险的总体应对措施。

9. 什么是实质性程序? 在设计实质性程序时，注册会计师应当考虑哪些因素?

10. 注册会计师应该怎样选择实质性测试的时间?

二、案例题

1. 某企业材料采购业务的内部控制如下：(1) 由供应科根据生产经营计划和企业材料库存情况，提出材料采购计划，经企业主管厂长批准后，由财务科筹备采购资金，由供应科按计划组织采购。(2) 采购材料时，由供应科派人与供应单位签订订货合同，确定供应期限、品种、规格、质量、数量、单价、交货地以及货款结算方式等。(3) 企业设置专职材料保管员，保管库存材料。收到材料时，由材料保管员按合同规定验收，填制收料单，登记库存材料保管账，材料保管员须月末编制库存月报表，转交财务科，财务科据以核对材料明细账，财务科根据仓库转来的收料单及结算凭证，办理付款手续，并根据收料单和发票编制记账凭证，分别登记材料总账和材料明细账，并及时核对材料总账和材料明细账。月末盘点材料，填制材料盘点表，报经企业主管厂长审批后，按会计制度规定进行账务处理。

[要求] 分析注册会计师应如何对其进行控制测试。

2. Y 注册会计师负责对 X 公司 2014 年度财务报表进行审计。相关资料如下：(1) X 公司主要从事 A 产品的生产和销售，无明显产销淡旺季。产品销售采用赊销方式，正常信用期为 20 天。(2) 2014 年度，X 公司所处行业的统计资料显示，生产 A 产品 B 原材料主要依赖进口，汇率因素导致 B 原材料采购成本大幅上涨；替代产品面市使 A 产品的市场需求减少，市场竞争激烈，导致销售价格明显下降。

[要求] 假定 X 公司存在财务报表层次重大错报风险，作为审计项目组负责人，Y 注册会计师应当考虑采取哪些总体应对措施？

第十章　审计抽样

【本章教学目的和要求】

通过本章的学习，要求学生了解审计抽样的含义；了解审计抽样的理论基础和现实依据；了解选取测试项目的主要方法；了解审计抽样的适用情形；辨析审计抽样风险、非抽样风险、统计抽样与非统计抽样等概念；掌握属性抽样的概念与主要方法；掌握变量抽样的概念与主要方法，比较并区分传统变量抽样与 PPS 抽样。

【引导案例】

华思股份有限公司是一家拥有 50 000 名员工的大型制造业企业，主要从事通讯设备的生产与销售。2020 年 1 月，汉恒会计师事务所接受华思公司董事会的委托，承接了该公司 2019 年度的财务报表审计工作，并委派大学刚毕业的项目组审计人员张飞负责对该公司的应收账款实施发函询证。该公司 2019 年共有 12 500 个客户，应收账款账面价值总额为 56 420 万元。面对数以万记的客户资料，职场新人张飞不由得犯难了。对所有业务来往单位邮寄询证函显然是个不可能完成的任务，他就算起早贪黑地辛勤工作也无法在审计业务书约定的时间内完成邮寄 12 500 份函证这项无比艰巨的任务。因此，他决定采用审计抽样的方法来进行有效的审计。然而，当张飞开始制定审计抽样计划时，他又面临了一系列的困扰：首先，他应当采用统计抽样还是非统计抽样呢？其次，他应当如何选取样本呢，采用随机抽样、等距抽样或者其他方式？再次，他应如何确定样本规模，确定样本规模时又需要考虑哪些因素呢？以及，最后也是最重要的一个问题，抽样结束以后，他应如何根据样本结果来判断总体中是否存在重要的错报呢？

【引导案例思考】 怀揣这一肚子的疑问，从未接触过实务工作的张飞决定向经验丰富的同事求助。如果你是张飞的同事，你知道该如何解答张飞的这些问题吗？

第一节　审计抽样概述

20 世纪 30 年代，由于股份公司的发展壮大，经营活动日趋复杂，会计记录繁杂，传统的详细审计工作量极大，于是审计实务中逐渐出现抽查方法。20 世纪 60 年代以来，随着基于概率统计原理的抽样技术的引进，抽样审计方法逐步成为现代审计中的一个基本程序。当然，还有一些审计程序不需要应用抽样，如询问、观察和分析程序以及阅读会议记录和合同等，都无须采用抽样。

一、审计抽样的含义

审计抽样是指注册会计师对某类交易或账户余额中低于百分之百的项目实施审计程序，使所有抽样单元都有被选取的机会。

审计抽样应当具备三个基本特征：

（1）对某类交易或账户余额中低于百分之百的项目实施审计程序；

（2）所有抽样单元都有被选取的机会；

（3）审计测试的目的是评价该账户余额或交易类型的某一特征。

例如，如果注册会计师知道某些账户余额和交易类型更可能发生错报，则应在计划审计程序时加以考虑。对于这些账户余额或交易类型，注册会计师可以使用选取全部项目或选取特定项目的方法。但对于为实现审计目标需要进行测试的其他账户余额或交易类型，注册会计师通常缺乏特别的了解。在这种情形下，审计抽样特别有用。

随着被审计单位的规模不断扩大和经营复杂程度不断提高，为了控制审计成本、提高审计效率和保证审计效果，注册会计师在审计业务中使用审计抽样愈加普遍。

二、审计抽样的理论基础和现实依据

（一）审计目的的变迁使审计抽样成为必然

在审计目的从“查错防弊”向“对财务报表公允表达意见”转变之后，将全面会计记录作为审查对象进行详细审查已无任何必要。在此目的之下，只要求注册会计师运用一定的审计方法收集充分、可靠的审计证据，以为表达审计意见提供合理保证，因此审计目的的这一变迁使审计抽样发展成为必然。

（二）审计对象的多元化和复杂性使审计抽样成为必需

随着社会生产力水平的提高，经济活动的发生日益频繁且日益复杂，股份制公司，跨国公司等新的经济形式的不断涌现导致经济责任关系日益呈现多元化，多层次和复杂化趋势，同时使得现代企业的规模也越来越大。在这样的情况下，如果仍然采用传统的详细审查方法，势必会耗费很长的时间和巨大的人力、物力和财力，这无论对于审计机构还是被审计单位都是难以承受的。因此在现代审计要求时效性更高的情况下也必须实行既省时又省力的抽样审计。

（三）企业内部控制的完善为审计抽样创造了现实的依据

传统审计阶段，企业规模较小，生产程序简单，经济业务数量有限，管理活动未能受到足够重视，根本无内部控制可言，此时发生错报和舞弊的可能性很大，频率也很高，且发生后不易被发现，往往需要通过审计予以查错防弊。随着现代企业管理理论和实务的发展，企业内部控制环境日益优化，内部控制日益完善，会计记录中出现差错与舞弊的可能性减少，即或发生了错误和舞弊也较易发现并及时纠正，企业内部形成了一种自我约束自我调节的机制，这不仅使得全面的详细审计成为多余，而且也为抽样审计方法的运用创造了较为合理的现实基础。这使得注册会计师可以在评审内部控制的基础上，有针对性地确定抽查的范围，合理地选取被审查的样本。对于内部控制较为完善的环节可以少抽取或不抽取样本进行审查，而对于内部控制不很完善的环节则必须多抽取样本，甚至全面详细地进行审查。内部控制的日益健全，使审计抽样更加趋于科学，也在很大程度上克服了判断抽样的诸多缺陷。

（四）概率和数理统计理论和技术的发展为审计抽样提供了理论和技术依据

概率和数理统计理论在审计抽样中的运用，促进了审计抽样从主观的、任意的判断抽样阶段向科学的、合理的统计抽样阶段的发展，正是这一理论和方法基础的引入才使得审计抽样真正成为了一种十分有效的审计方法。它不仅使得抽样数量的确定、抽样方法的选择有了客观的基础，而且能够预先控制抽样误差，并对样本结果予以恰当评价。

三、选取测试项目的方法

在设计审计程序时，注册会计师应当确定选取测试项目的适当方法。注册会计师可以使用的方法，包括选取全部项目、选取特定项目和审计抽样。

（一）选取全部项目

对全部项目进行检查，通常更适用于细节测试，而不是控制测试。实施细节测试时，在某些情况下，基于重要性水平或风险的考虑，注册会计师可能认为需要测试总体中的全部项目。当存在下列情形之一时，注册会计师应当考虑选取全部项目进行测试：

1. 总体由少量的大额项目构成。

某类交易或账户余额中的所有项目的单个金额都较大时，注册会计师可能需要测试所有项目。

2. 存在特别风险且其他方法未提供充分、适当的审计证据。

某类交易或账户余额中所有项目虽然单个金额不大但存在特别风险，则注册会计师也可能需要测试所有项目。

3. 由于信息系统自动执行的计算或其他程序具有重复性，对全部项目进行检查符合成本效益原则。

注册会计师可运用计算机辅助审计技术选取全部项目进行测试。

（二）选取特定项目

根据对被审计单位的了解、评估的重大错报风险以及所测试总体的特征等，注册会计师可以确定从总体中选取特定项目进行测试。选取的特定项目可能包括：

1. 大额或关键项目。

2. 超过某一金额的全部项目。

3. 被用于获取某些信息的项目。

4. 被用于测试控制活动的项目。

选取特定项目时，注册会计师只对审计对象总体中的部分项目进行测试。

（三）审计抽样

选取了特定项目之后，注册会计师应当根据总体剩余部分的重大性，考虑是否需要针对剩余项目实施审计抽样。

在某类交易或账户余额中选取特定项目时，注册会计师实际上将该类交易或账户余额分成了两组，即被选取的项目和剩余项目。对被选取的项目，注册会计师对其进行百分之百的测试。对于剩余的项目，如果注册会计师实施分析程序后，认为仍需通过审计抽样获取与剩余项目有关的额外证据，则应当进行审计抽样。选取测试项目的三种方法之间的逻辑关系可以用图 10 - 1 来表示。

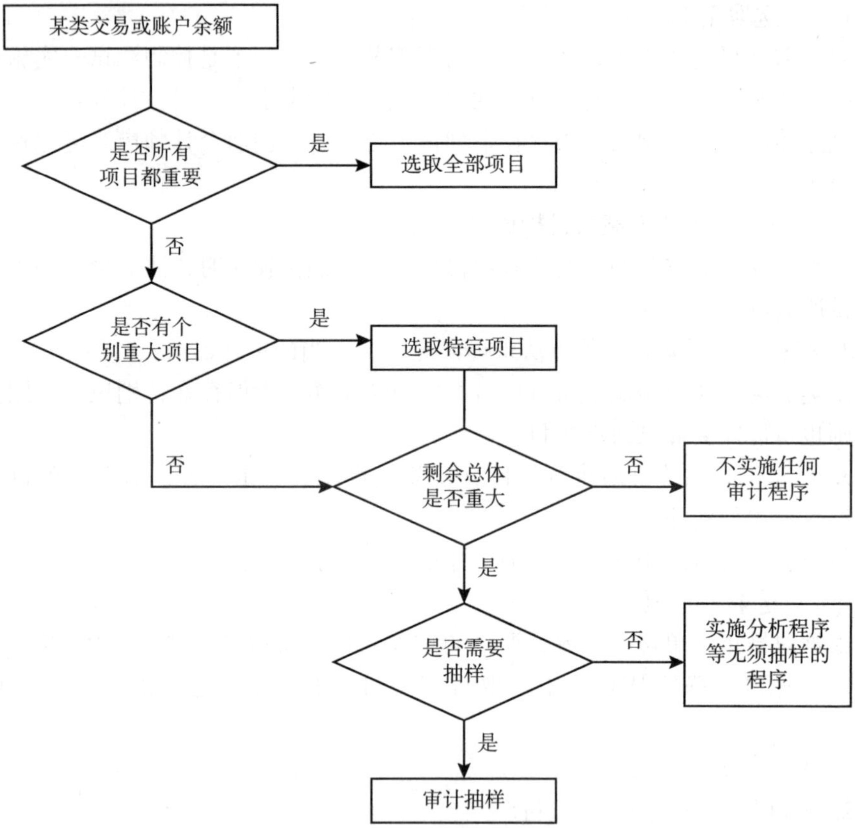

图 10－1 选取测试项目的方法之间的逻辑关系图

四、审计抽样的适用情形

注册会计师获取审计证据时可能使用三种目的的审计程序：风险评估、控制测试和实质性程序。注册会计师拟实施的审计程序将对运用审计抽样产生重要影响。有些审计程序可以使用审计抽样，有些审计程序则不宜使用审计抽样。

（一）风险评估程序

注册会计师实施风险评估程序的目的是了解被审计单位及其环境，识别和评估程序实施的范围较为广泛，且不需要对总体取得结论性证据；另一方面，风险评估程序实施的范围较为广泛，且根据所获取的信息形成的证据通常是说服性的，而非结论性的，具有较强的主观色彩，因此通常不设计使用审计抽样和其他选取测试项目的方法。

（二）控制测试

在了解被审计单位内部控制的基础上，注册会计师应当识别能够显示控制有效运行的特征，以及控制未有效运行时可能出现的异常情况，并采取适当的方法测试所识别的特征是否存在。

如果显示控制有效运行的特征留下了书面证据，即控制的运行留下了轨迹，对这些留下了运行轨迹的控制，注册会计师应当考虑检查这些文件记录，以获取控制运行有效性的审计证据，此时可以使用审计抽样来选取测试项目。

某些控制可能不存在文件记录，或文件记录与证实控制运行有效性不相关。对这些未留下运行轨迹的控制实施测试时，注册会计师应当考虑实施询问、观察等审计程序，以获取有关控制运行有效性的审计证据，此时不涉及审计抽样。

（三）实质性程序

实质性程序包括对各类交易、账户余额、列报的细节测试，以及实质性分析程序。在实施细节测试时，注册会计师可以使用审计抽样获取审计证据，以验证有关财务报表金额的一项或多项认定（如应收账款的存在性），或对某些金额作出独立估计（如陈旧存货的价值）。

在实施实质性分析程序时，注册会计师不宜使用审计抽样和其他选取测试项目的方法。

综上所述，在审计过程中，只有对留下了运行轨迹的控制实施的控制测试和对各类交易、账户余额、列报的细节测试才可能涉及审计抽样。

五、统计抽样与非统计抽样

在对某类交易或账户余额使用审计抽样时，注册会计师可以使用统计抽样方法，也可以使用非统计抽样方法。

统计抽样是指同时具备下列特征的抽样方法：一是随机选取样本；二是运用概率论评价样本结果，包括计量抽样风险。不同时具备上述两个特征的抽样方法为非统计抽样。

注册会计师在统计抽样和非统计抽样方法之间进行选择时主要考虑成本效益。统计抽样的优点在于能够客观地计量抽样风险，并通过调整样本规模精确地控制风险，这是与非统计抽样最重要的区别。另外，统计抽样还有助于注册会计师高效地设计样本，计量所获取证据的充分性以及定量评价样本结果。

统计抽样也可能发生额外的成本：首先，统计抽样需要特殊的专业技能，因此使用统计抽样需要增加额外的支出来培训注册会计师。其次，统计抽样要求单个样本项目符合统计要求，这些也可能需要支出额外的费用。

注册会计师使用非统计抽样时，必须考虑抽样风险并将其降至可接受水平，但不能精确地测定出抽样风险。不管统计抽样还是非统计抽样，两种方法都要求注册会计师在设计、实施抽样和评价样本时运用职业判断。

六、审计抽样与抽样风险

（一）对审计风险的影响

在获取审计证据时，注册会计师应当运用职业判断，评估重大错报风险，并设计进一步的审计程序，以确保将审计风险降至可接受的低水平。抽样风险和非抽样风险可能影响重大错报风险的评估和检查风险的确定。

例如，在抽样测试中，当总体实际偏差率非常高时，如果注册会计师实施了不适当的审计程序而未能发现样本中的错误，重大错报风险评估水平就会受到非抽样风险的影响。如果注册会计师实施了适当的审计程序而在样本中未发现偏差或仅发现少量偏差，并作出控制运行有效的结论，重大错报风险评估水平则会受到抽样风险的影响。

（二）抽样风险

抽样风险是指注册会计师根据样本得出的结论，与对总体全部项目实施与样本同样的审计程序得出的结论存在差异的可能性。

当对某类交易或账户余额中选取的样本实施控制测试或实质性程序时，注册会计师的结论可能与对全部项目实施同样的程序得出的结论不同，由此产生了抽样风险。也就是说，样本中包含的金额错报或对设定控制的偏差，可能不能代表某类交易或账户余额总体中存在的错报或控制偏差。例如，实施控制测试时，注册会计师在100个样本项目中发现2个偏差，并由此认为控制运行有效。但实际上，该总体的实际偏差率为8%，注册会计师本该作出控制未有效运行的结论。注册会计师错误地接受总体，是因为样本特征与总体实际特征不一致。只要注册会计师没有对总体中的全部项目实施审计程序，抽样风险就可能产生。

无论是在控制测试还是在细节测试中，抽样风险都可以分为两种类型：一类是影响审计效果的抽样风险；另一类是影响审计效率的抽样风险。但在控制测试和细节测试中，这两类抽样风险的表现形式有所不同。

在实施控制测试时，注册会计师要关注的两类抽样风险是信赖过度风险和信赖不足风险。

信赖过度风险是指推断的控制有效性高于其实际有效性的风险。信赖过度风险与审计的效果有关。如果注册会计师评估的控制有效性高于其实际有效性，从而导致评估的重大错报风险水平偏低，注册会计师可能不适当地减少从实质性程序中获取的证据，造成审计的有效性下降。对于注册会计师而言，信赖过度风险更容易导致注册会计师发表不恰当的审计意见，因而更应予以关注。

信赖不足风险是指推断的控制有效性低于其实际有效性的风险。信赖不足风险与审计的效率有关。当注册会计师评估的控制有效性低于其实际有效性时，评估的重大错报风险水平偏高，注册会计师可能会增加不必要的实质性程序。在这种情况下，审计效率可能会降低。

在实施细节测试时，注册会计师也要关注两类抽样风险：误受风险和误拒风险。

误受风险是指注册会计师推断某一重大错报不存在而实际上存在的风险。如果账面金额实际上存在重大错报而注册会计师认为其不存在重大错报，注册会计师通常会停止对该账面金额继续进行测试，并根据样本结果得出账面金额无重大错报的结论，与信赖过度风险类似，误受风险影响审计效果，容易导致注册会计师发表不恰当的审计意见，因此注册会计师更应予以关注。

误拒风险是指注册会计师推断某一重大错报存在而实际上不存在的风险，与信赖不足风险类似，误拒风险影响审计效率。如果账面金额不存在重大错报而注册会计师认为其存在重大错报，注册会计师会扩大细节测试的范围并考虑获取其他审计证据，最终注册会计师会得到恰当的结论。在这种情况下，审计效率可能会降低。

只要使用了审计抽样，抽样风险总会存在。在使用统计抽样时，注册会计师可以准确地计量和控制抽样风险。在使用非统计抽样时，注册会计师无法量化抽样风险，只能根据职业判断对其进行定性的评价和控制。

对特定样本而言，抽样风险与样本规模反向变动。既然抽样风险只与被检查项目的数量有关，那么控制抽样风险的唯一途径就是控制样本规模。无论是控制测试还是细节测试，注册会计师都可以通过扩大样本规模降低抽样风险。如果对总体中的所有项目都实施检查，就不存在抽样风险，此时审计风险完全由非抽样风险产生。

（三）非抽样风险

非抽样风险是指由于某些与样本规模无关的因素而导致注册会计师得出错误结论的可能性。非抽样风险包括审计风险中不是由抽样所导致的所有风险。注册会计师即使对某类交易或账户余额的所有项目实施某种审计程序，也可能仍未能发现重大错报或控制失效。

在审计过程中，可能导致非抽样风险的原因有：

（1）注册会计师选择的总体不适于测试目标；

（2）注册会计师未能适当地定义控制偏差或错报，导致注册会计师未能发现样本中存在的偏差或错报；

（3）注册会计师选择了不适于实现特定目标的审计程序。如注册会计师依赖应收账款函证来揭露未入账的应收账款；

（4）注册会计师未能适当地评价审计发现的情况。如注册会计师错误解读审计证据可能导致没有发现误差。注册会计师对所发现误差的重要性的判断有误，从而忽略了性质十分重要的误差，也可能导致得出不恰当的结论；

（5）其他原因。

非抽样风险是由人为错误造成的，因而可以降低、消除或防范。虽然在任何一种抽样方法中注册会计师都不能量化非抽样风险，但通过采取适当的质量控制政策和程序，对审计工作进行适当的指导、监督和复核，以及对注册会计师实务的适当改进，可以将非抽样风险降至可接受的水平。注册会计师也可以通过合理设计其审计程序尽量降低非抽样风险。

七、审计抽样的主要步骤

（一）样本设计

注册会计师围绕着样本的性质、样本量、抽样组织方式和抽样工作质量要求所进行的计划工作，称为样本设计。样本设计阶段的中心问题和难点是在确定抽样组织方式的前提下如何确定样本量。

1. 基本要求。

在设计审计样本时，注册会计师应当考虑审计程序的目标和抽样总体的属性。换言之，注册会计师首先应考虑拟实现的具体目标，并根据目标和总体的特点确定能够最好地实现该目标的审计程序组合，以及如何在实施审计程序时运用审计抽样。

2. 总体。

注册会计师应当根据所获取的审计证据的性质，以及与该审计证据相关的可能的误差情况或其他特征，界定误差构成条件和抽样总体。

在实施抽样之前，注册会计师必须仔细定义总体，确定抽样总体的范围。总体可以包括构成某类交易或账户余额的所有项目，也可以只包括某类交易或账户余额中的部分项目。

例如，如果应收账款中没有个别重大项目，注册会计师直接对应收账款账面余额进行抽样，则总体包括构成应收账款期末余额的所有项目。如果注册会计师已使用选取特定项目的方法将应收账款中的个别重大项目挑选出来单独测试，只对剩余的应收账款余额进行抽样，则总体只包括构成应收账款期末余额的部分项目。

注册会计师应当确保总体的适当性和完整性。也就是说，注册会计师所定义的总体应具备下列两个特征：

（1）适当性。注册会计师应确定总体适合于特定的审计目标，包括适合于测试的方向；

（2）完整性。注册会计师应当从总体项目内容和涉及时间等方面确定总体的完整性。

3. 分层。

如果总体项目存在重大变异性，注册会计师应当考虑分层。分层是指将一个总体划分为多个子总体的过程，每个子总体由一组具有相同特征（通常为货币金额）的抽样单元组成。分层可以降低每一层中项目的变异性，从而在抽样风险没有成比例增加的前提下减少样本规模。

例如，在对被审计单位的财务报表进行审计时，为了函证应收账款，注册会计师可以将应收账款账户按其金额大小分为3层，即账户金额在20 000元以上的，账户金额为5 000～20 000元的，账户金额在5 000元以下的。然后，根据各层的重要性分别采取不同的选择方法。对于金额在20 000元以上的应收账款账户，应进行全部函证；对于金额在5 000～20 000元及5 000元以下的应收账款账户，则可采用适当的选样方法选取进行函证的样本。

4. 样本规模的确定。

样本规模是指从总体中选取样本项目的数量。在确定样本规模时，注册会计师应当考虑能否将抽样风险降至可接受的低水平，样本规模的影响因素如下：

（1）可接受的抽样风险。样本规模受注册会计师可接受的抽样风险水平的影响：可接受的风险水平越低，需要的样本规模越大。

（2）可容忍误差。可容忍误差是指注册会计师能够容忍的最大误差。在其他因素既定的条件下，可容忍误差越大，所需的样本规模越小。

（3）预计总体误差。预计总体误差即注册会计师预期在审计过程中发现的误差。控制测试中，预计总体误差是指预计总体偏差率。在细节测试中，预计总体误差是指预计总体错报额。预计总体误差越大，可容忍误差也应当越大。在既定的可容忍误差下，当预计总体误差增加时，所需要的样本规模更大。

（4）总体变异性。总体变异性是指总体的某一特征（如金额）在各项目之间的差异程度。在控制测试中，注册会计师在确定样本规模时一般不考虑总体变异性。在细节测试中，注册会计师确定适当的样本规模时要考虑特征的变异性。

总体项目的变异性越低，样本规模越小。注册会计师可以通过分层，将总体分为相对同质的组，以尽可能降低每一组中变异性的影响，从而减少样本规模。未分层总体具有高度变异性，其样本规模通常很大。最有效的方法是根据预期会降低变异性的总体项目特征进行分层。

在实质性测试中分层的依据通常包括项目的账面金额，与项目处理有关的控制的性质，或与特定项目（如更可能包含错报的那部分总体项目）有关的特殊考虑等。分组后的每一组总体被称为一层，每层分别独立选取样本。

（5）总体规模。除非总体非常小，一般而言总体规模对样本规模的影响几乎为零。注册会计师通常将抽样单元超过5 000个的总体视为大规模总体。对大规模总体而言，总体的实际容量对样本规模几乎没有影响。对小规模总体而言，审计抽样比其他选择测试项目的效率低。

上述因素的样本规模的关系如表10－1所示。

表 10－1　　影响样本规模的因素

影响因素	控制测试	细节测试	与样本规模的关系
可接受的抽样风险	可接受的信赖过度风险	可接受的误受风险	反向变动
可容忍误差	可容忍偏差率	可容忍错报	反向变动
预计总体误差	预计总体偏差率	预计总体错报	同向变动
总体变异性	—	总体变异性	同向变动
总体规模	总体规模	总体规模	影响很小

（二）样本选取

1. 基本要求。

在选取样本项目时，注册会计师应当使总体中的所有抽样单元均有被选取的机会，这是审计抽样的基本特征之一。因此，不管使用统计抽样或非统计抽样方法，所有的审计抽样均要求注册会计师选取的样本对总体来讲具有代表性。否则，就无法根据样本结果推断总体。

2. 确定样本选取方法。

样本选取方法有多种，注册会计师应根据审计的目的和要求，被审计单位实际情况，审计资源条件的限制及已选定的审计抽样方法等因素进行综合考虑，并具体进行选择，以期达到预定的审计质量与效率。以下介绍几种常见的样本选取方法。

（1）随机选样。

在单据凭证已经事先编号并且顺序归档的情况下，注册会计师可以利用随机数表（random number table）来进行随机选样。表 10－2 就是一个随机数表的一部分。

表 10－2　　随机数表示例

编号	1	2	3	4	5	6	7	8
01	9492	4562	4180	5525	7255	1297	9296	1283
02	1557	0392	8989	6898	1072	6013	0020	8582
03	0714	5947	2520	6210	3824	2743	4217	3707

续表

编号	1	2	3	4	5	6	7	8
04	0558	8266	4990	8954	7455	6309	9543	1148
05	1458	8725	3750	3138	2499	6017	7744	1485
06	5169	6981	4319	3369	9424	4117	7632	5457
07	0328	5213	1017	5248	8622	6454	8120	4585
08	2462	2055	9782	4213	3452	9940	8859	1000
09	8408	8697	3982	8228	7668	8139	3736	4889
10	1818	5041	9706	4646	3992	4110	4091	7619
11	1771	8614	8593	0930	2095	5005	6387	4002
12	7050	1437	6847	4679	9059	4139	6602	6817
13	5875	2094	0495	3213	5694	5513	3547	9035
14	2473	2084	4618	1507	4471	9542	7565	2371
15	1976	1639	4956	9011	8221	4840	4513	5263
16	4006	4029	7270	8027	7476	7690	6362	1251
17	2149	8162	0667	0825	7353	4645	3273	1181
18	1669	7011	6548	5851	8278	9066	8176	1268
19	7436	5041	4087	1647	7205	3977	4257	9008
20	2178	3632	5745	2228	1780	6043	9296	4469

来源：Dan M. Guy，Statistical Sampling in Auditing，New York：John Wiley & Sons，1982，p. 24.

注册会计师在使用随机数表时应遵循以下几个步骤：

①注册会计师必须在单据凭证的编号与随机数表之间建立起联系。

例如，单据凭证的编号是4位，而随机数表中的随机数是5位，注册会计师必须确定要使用随机数的哪4位，并在整个选样过程中保持一致。如果所选择的某个随机数没有相对应的单据凭证编号，那么注册会计师应该忽略这个随机数，并按顺序继续选择下一个随机数。

②注册会计师必须确定在随机数表中移动的路径，路径一旦确定，就必须在选样的过程中保持一致。路径可以是纵向的、横向的或者是对角线的。

③注册会计师还需要确定随机数表中选样的起点，选样的起点同样必须是随机的。

在完成了以上三个步骤之后，注册会计师就可以根据事先确定的路径和起点，依序选取出样本单位，直到选取的样本数量达到样本规模。在前面的例子中，注册会计师为了测试采购付款循环的内部控制系统的有效性，所需的样本为181张购货凭证。假定购货凭证的编号是4位（从1至9050），注册会计师随机确定了选择的起点为第五行第三列的交叉点，移动路径为由上至下。据此，注册会计师依序选取出3750、4319、1017……当某个随机数没有对应的购货凭证时，注册会计师将忽略这个随机数。比如，选取的第四个随机数9782没有与之对应的凭证，注册会计师则跳过9782，继续依次选择下一个随机数3982。注册会计师依据以上规则选取样本，直到选取的购货凭证数量达到181张为止。注册会计师除了可以使用随机数表外，还可以利用计算机生成随机数的方法来进行随机选样。

（2）系统选样。

系统选样也称等距选样，是指首先计算选样间距，再随机确定一个（或多个）选样起点，然后按照间距，自动顺序选取样本。这里的选样间距可用总体规模除以样本量得出。如总体规模为1 500，样本量为60，则选择间距为25。

系统选样使用方便，一旦确定了间距和（最少一个）起点就能开始选样。此外，系统选样可以用于无限总体，而且总体中的项目不需要编号（注册会计师只需要简单地按间距数就可以了），这也是它的两个突出优点。

系统选样的缺陷是当总体不是随机排列时容易产生较大偏见，造成非随机的，不具代表性的样本。如总体里的循环周期与选样间距成倍数关系时就可能产生非随机的样本。注册会计师应警觉系统选样的缺陷，要么先确定总体确实是随机排列，要么使用设立多个随机起点的办法来减少这种可能性。当使用多个随机起点时，其间距等于一个起点时的选样间距乘以其起点数，这样才能保持样本量不变。

一般认为，在采用概率性选样时应当尽量考虑采用随机选样，只在不得已的情况下才采用系统选样。

（3）随意选样。

随意选样是指让注册会计师无视金额大小，资料来源的难易程度等种种因素，以无偏好的意识，随意地选取样本。随意选样属于非概率性选样。

这种选择方法的最大问题是难以彻底排除注册会计师的个人偏好对选取样本的影响，因而很可能使样本丧失代表性。由于各个注册会计师所受训练和文化前景的不同，每个注册会计师都可能无意识地带有某种偏好。例如，某些注册会计师会更倾向于选择处于明细账账页中间位置的那些分录或被审计单位的名称，另一些注册会计师则可能更倾向于选择处于明细账中较靠前页码的那些账页中的分录或被审计单位的名称进行抽样，他们的选择可能是主观上无偏好的，随意的，但他们的选择结果可能是客观上有偏见的，非随机的。

（4）整群选样。

整群选样的特征是按顺序选取一群样本，只要选中了一个，紧挨着的几个就会作为一群，也被选取作为样本。例如，要选取 100 个样本，可以选 5 群，每群 20 个，也可以选 10 群，每群 10 个，还可以选 50 群，每群 2 个等。整群选样也属于非概率性选样。

整群选样要注意的问题是，划分的群数不可太少。若群数太少，则选出的样本不具有代表性的可能性会过大，以至于不可接受。实务界要求划分群达到“合理数量”，但尚未就多大数目才算“合理数量”形成一致意见。一般认为，至少该划分 10 群以上才可能“合理”。

（5）判断选样。

判断选样完全依靠注册会计师的专业判断，属于非概率性选样。判断选样常被用来测试交易，而且在审计对象总体中抽样单位的数目较少时，采用判断选样往往会比采用随机选样的效果更好。当然，在运用专业判断时要注意以下几点：

①每类交易都应选取一些作为样本；

②交易可由多人处理时，应在每人处理的交易中选取一些作为样本；

③金额大的交易（或账户余额大的账户）应重点考虑。

以上提到的各种选样方法在特定情况下都可能成为最有效的方式，因此注册会计师应辨明各种选择方法的用法和范围，在可能的情况下选用适当的选样方法，节省时间和成本。

（三）对样本实施审计程序

注册会计师应当针对选取的每个项目，实施适合于具体审计目标的审计程序。对选取的样本项目实施审计程序旨在发现并记录样本中存在的误差。

如果选取的项目不适合实施审计程序，注册会计师通常使用替代项目。例如，注册会计师在测试付款是否得到制授权时选取的付款单据中可能包括一个空白的付款单。如果注册会计师确信该空白付款单是合理的且不构成误差，可以适当选择一个替代项目进行检查。

注册会计师通常对每一样本项目实施适合于特定审计目标的审计程序。有时，注册会计师可能无法对选取的抽样单元实施计划的审计程序（如由于原始单据丢失等原因）。注册会计师对未检查项目的处理取决于未检查项目对评价样本结果的影响。

1. 如果注册会计师对样本结果的评价不会因为未检查项目可能存在错报而改变，就不需对这些项目进行检查。

2. 如果未检查项目可能存在的错报会导致该类交易或账户余额存在重大错报，注册会计师就要考虑实施替代程序，为形成结论提供充分的证据。

例如，对应收账款的积极式函证没有收到回函时，注册会计师必须审查期后收款的情况，以证实应收账款的余额。注册会计师也要考虑无法对这些项目实施检查的原因是否会影响计划的重大错报风险评估水平或对舞弊风险的评估。如果注册会计师无法或者没有执行替代审计程序，则应将该项目视为一项误差。

（四）样本结果评价

注册会计师在对样本实施必要的审计程序后，要按以下步骤评价抽样结果。

1. 分析样本误差。

注册会计师应当考虑样本的结果，已识别的所有误差的性质和原因，以及其对具体审计目标和审计的其他方法可能产生的影响。

无论是统计抽样还是非统计抽样，对样本结果的定性评估和定量评估一样重要。即使样本的统计评价结果在可以接受的范围内，注册会计师也应对样本中的所有误差（包括控制测试中的控制偏差和细节测试中的金额错报）进行定性分析。

2. 推断总体误差。

在实施控制测试时，由于样本的误差率就是整个总体的推断误差率，注册会计师无须推断总体误差率。在控制测试中，注册会计师将样本中发现的偏差数量除以样本规模，就计算出样本偏差率。无论使用统计抽样或非统计抽样方法，样本偏差率都是注册会计师对总体偏差率的最佳估计，但注册会计师必须考虑抽样风险。

当实施细节测试时，注册会计师应当根据样本中发现的误差金额推断总体误差金额，并考虑推断误差对特定审计目标及审计的其他方面的影响。

3. 形成审计结论。

注册会计师应根据抽样结果的评价，确定审计证据是否足以证实某一审计对象的总体特征，从而得出审计结论。

（1）控制测试中的样本结果评价。

在控制测试中，注册会计师应当将总体偏差率与可容忍偏差率比较，但必须考虑抽样风险。

在统计抽样中，注册会计师通常使用表格或计算机程序计算抽样风险。经量化的抽样风险被称为抽样风险允许限度，它代表抽样风险对样本评价结果的影响，用来对推断的总体误差进行调整。在控制测试中，抽样风险允许限度用百分数表示。用以评价抽样结果的大多数计算机程序都能根据样本规模，样本结果，计算在注册会计师确定的信赖过度风险条件下可能发生的偏差率上限的估计值。该偏差率上限的估计值即总体偏差率与抽样风险允许限度之和。具体原则如下：

①如果估计的总体偏差率上限低于可容忍偏差率，则总体可以接受。

这时注册会计师对总体得出结论，样本结果支持计划评估的控制有效性，从而支持计划的重大错报风险评估水平。

②如果估计的总体偏差率上限大于或等于可容忍偏差率，则总体不能接受。

这时注册会计师对总体作出评价，样本结果不支持计划评估的控制有效性，从而不支持计划的重大错报风险评估水平。注册会计师应当修正重大错报风险评估水平，并增加实质性程序的数量。注册会计师也可以对影响重大错报风险评估水平的其他控制进行测试，以支持计划的重大错报风险评估水平。

③如果估计的总体偏差率低于但接近可容忍偏差率，注册会计师应当结合其他审计程序的结果，考虑是否接受总体，并考虑是否需要扩大测试范围，以进一步证实计划评估的控制有效性和重大错报风险水平。

在非统计抽样中，抽样风险无法直接计量。注册会计师通常将样本偏差率（即估计的总体偏差率）与可容忍偏差率相比较，以判断总体是否可以接受。具体规则如下：

①如果样本偏差率大于可容忍偏差率，则总体不能接受。

这时注册会计师对总体作出评价，样本结果不支持计划评估的控制有效性，从而不支持计划的重大错报风险评估水平。因此，注册会计师应当修正重大错报风险评估水平，并增加实质性程序的数量。注册会计师也可以对影响重大错报风险评估水平的其他控制进行测试，以支持计划的重大错报风险评估水平。

②如果样本偏差率低于总体的可容忍偏差率，注册会计师要考虑即便总体实际偏差率高于可容忍偏差时仍出现这种结果的风险。

如果样本偏差率大大低于可容忍偏差率，注册会计师通常认为总体可以接受。如果样本偏差率虽然低于可容忍偏差率，但两者很接近，注册会计师通常认为总体实际偏差率高于可容忍偏差率的抽样风险很高，因而总体不可接受。如果样本偏差率与可容忍偏差率之间的差额不是很大也不是很小，以至于不能认定总体是否可以接受时，注册会计师则要考虑扩大样本规模，以进一步收集证据。

（2）在细节测试中的样本结果评价。

在细节测试中，注册会计师首先必须根据样本中发现的实际错报要求被审计单位调整账面记录金额。将被审计单位已更正的错报从推断的总体错报金额中减掉后，注册会计师应当将调整后的推断总体错报与该类交易或账户余额的可容忍错报相比较，但必须考虑抽样风险。

在统计抽样中，注册会计师利用计算机程序或数学公式计算出总体错报上限，并将计算的总体错报上限与可容忍错报比较。计算的总体错报上限等于推断的总体错报（调整后）与抽样风险允许限度之和。具体规则如下：

①如果计算的总体错报上限低于可容忍错报，则总体可以接受。

这时注册会计师对总体作出评价，所测试的交易或账户余额不存在重大错报。

②如果计算的总体错报上限大于或等于可容忍错报，则总体不能接受。

这时注册会计师对总体作出评价，所测试的交易或账户余额存在重大错报。

在评价财务报表整体是否存在重大错报时，注册会计师应将该类交易或账户余额的错报与其他审计证据一起考虑。通常，注册会计师会建议被审计单位对错报进行调查，且在必要时调整账面记录。

在非统计抽样中，注册会计师运用其经验和职业判断评价抽样结果。

①如果调整后的总体错报大于可容忍错报，或虽小于可容忍错报但两者很接近，注册会计师通常作出总体实际错报大于可容忍错报的评价。也就是说，该类交易或账户余额存在重大错报，因而总体不能接受。

②如果对样本结果的评价显示，对总体相关特征的评估需要修正，注册会计师可以单独或综合采取下列措施：提请管理层对已识别的误差和存在更多误差的可能性进行调查，并在必要时予以调整；修改进一步审计程序的性质，时间和范围；考虑对审计报告的影响。具体规则如下：

首先，如果调整后的总体错报远远小于可容忍错报，注册会计师可以作出总体实际错报小于可容忍错报的评价，即该类交易或账户余额不存在重大错报，因而总体可以接受。

其次，如果调整后的总体错报小于可容忍错报但两者之间的差距很接近（既不很小又不很大），注册会计师必须特别仔细地考虑，总体实际错报超过可容忍错报的风险是否能够接受，并考虑是否需要扩大细节测试的范围，以获取进一步的证据。

第二节 属性抽样

一、属性抽样的基本原理

属性抽样法是一种用来推断总体中具有某一特征的项目所占比率的统计抽样方法。在控制测试中，注册会计师要对内部控制是否健全或没有被有效执行的例外情况的发生率进行测试，也就是注册会计师只需作出总体错误率是多少、被审查对象能否接受的结论，而不必对总体错误的金额大小作出估计。属性抽样法正是满足了这一需求，将重点放在了对被审计对象总体的质量特征进行定性评价之上，因此比较适用于对内部控制的测试。

二、属性抽样的基本方法

（一）固定样本量抽样

固定样本量抽样是使用广泛的属性抽样方法，常用于估计审计对象总体中某种误差发生的比例，通常用“多大比例”来衡量误差发生的频率。例如，用这种方法估计没有授权签字的付款凭单数，注册会计师就可以得出这样的结论："有95%的可信赖程度说明没有制授权签字的付款凭单数占总体的1% ~3%。"固定样本量抽样的基本步骤如下：

1. 确定审计目标。

例如，注册会计师准备审查被审计单位核准支付采购货款这一内部控制程序，他们就会关注该程序设计的有效性和执行的准确性。

2. 定义"误差"。

例如，在审查核对支付采购货款这一内部控制程序时，注册会计师如果发现下列问题都应定义为"误差"：（1）付款凭单没有适当的授权签字；（2）付款凭单后附的单据不全，后附的单据应该包括请购单、订购单、验收报告、入库单、采购发票等；（3）付款凭单与后附的单据存在不一致的情况，或者后附的单据之间存在不一致的情况等。

3. 定义审计对象总体。

在该项测试中，审计对象总体可以确定为连续编号的所有付款凭单，每张凭单就构成一个抽样单位。

4. 确定样本规模。

在统计抽样中，样本规模的确定受三个指标的影响。假定预期总体误差率为2%，可容忍误差率为5%，可信赖程度为95%，因此，根据统计抽样样本量表（见表10 -3）查出应选取的样本量为181个。同时，样本中的预期误差数为4，这就意味着如果在样本中发现5个或以上的误差，就说明抽样结果不能支持注册会计师对内部控制的预期信赖程度。

表10 -3　　　　95%的可信赖程度下统计抽样的样本量表

预期总体误差（%）	可容忍误差						
	2%	3%	4%	5%	6%	7%	8%
0.00	149（0）	99（0）	74（0）	59（0）	49（0）	42（0）	36（0）
0.25	236（1）	157（1）	117（1）	93（1）	78（1）	66（1）	58（1）
0.50	*	157（1）	117（1）	93（1）	78（1）	66（1）	58（1）
0.75	*	208（1）	117（1）	93（1）	78（1）	66（1）	58（1）
1.00	*	*	156（1）	124（1）	78（1）	66（1）	58（1）
1.25	*	*	156（1）	124（2）	78（1）	66（1）	58（1）
1.50	*	*	192（3）	124（2）	103（2）	88（2）	77（2）
1.75	*	*	227（4）	153（3）	103（2）	88（2）	77（2）

续表

预期总体误差（%）	可容忍误差						
	2%	3%	4%	5%	6%	7%	8%
2.00	*	*	*	181（4）	127（3）	88（2）	77（2）
2.25	*	*	*	208（5）	127（3）	88（2）	77（2）
2.50	*	*	*	*	150（4）	109（3）	77（2）
2.75	*	*	*	*	173（5）	109（3）	95（3）
3.00	*	*	*	*	195（6）	129（4）	95（3）

5. 确定样本选取方法。

因为凭单具有连续编号，所有注册会计师决定采用随机选样方法。

6. 选取样本并进行审查。

例如，在确定了样本量为181个之后，注册会计师就可以根据随机数表在所有的付款凭单中选择181张凭单，并对这181张凭单执行审查，以发现是否存在上述所定义的误差。

7. 评价抽样结果。

注册会计师在对所有的样本进行审查之后，应将发现的误差进行汇总，并评价抽样结果。注册会计师的评价抽样结果时，不仅需要考虑误差发生的次数，还需考虑误差的性质。具体评价结果如下：

（1）如果注册会计师在样本中没有发现误差或者发现的误差数为4个，且不存在由于欺诈、舞弊或超越内部控制而造成的误差，那么由于发现的误差数没有超过预期误差数，注册会计师可以得出总体误差率未超过4%的可信赖程度为95%的结论。

（2）如果注册会计师的样本中发现5个或更多的误差，且不存在由于欺诈、舞弊或超越内部控制而造成的误差，那么由于样本中误差数已经超过预期误差数，注册会计师就不能得出总体误差率未超过4%的可信赖程度为95%的结论。这时注册会计师应该减少对这一内部控制的信赖程度，同时需要根据样本误差数调整预期误差数，并相应增加样本量直至代之以详细。比如样本中发现的误差数如果是5，根据统计抽样样本量表预期总体误差应调整为2.25%，样本量也应该增加至208个。

（3）如果注册会计师在样本中发现由于欺诈、舞弊或超越内部控制而造成的误差，则不论其误差率是高还是低，均应认为是性质十分严重的误差。此时，注册会计师需要评价其对财务报表的影响，采用更有效的审计程序进一步揭示这类误差，并采取适当的方式与被审计单位进行沟通。

（二）停—走抽样

停—走抽样是固定样本量抽样的一种特殊形式。采用固定样本量抽样时，如果预期总体误差大大高于实际误差，其结果将是选取了过多的样本，降低了审计工作的效率。停—走抽样从预期总体误差为零开始，通过边抽样边评估来完成抽样审计工作，注册会计师先抽取一定量的样本进行审查，如果结果可以接受就停止抽样得出结论，如果结果不能接受就扩大样本量继续审查直至得出结论。因此，注册会计师采用停—走抽样方法就能够比采用固定样本量抽样更加有效地提高审计效率、降低审计费用。具体步骤如下：

1. 确定可容忍误差和风险水平。

例如，注册会计师确定可容忍误差为3%，风险水平为5%。

2. 确定初始样本量。

根据既定的可容忍误差和风险水平，通过查停—走抽样初始样本量表（见表10－4），得出初始样本量为100个。

表10－4　　停—走抽样初始样本量表（预期总体误差率为0%）

风险水平 可容忍误差	10%	5%	2.5%
10%	24	30	37
9%	27	34	42
8%	30	38	47
7%	35	43	53
6%	40	50	62
5%	48	60	74
4%	60	75	93
3%	80	100	124
2%	120	150	185
1%	240	300	270

3. 进行停—走抽样决策。

注册会计师先选取100个样本进行审查，如果在初始样本中没有发现误差，就可以停止抽样并得出在95%的可信赖程度下保证总体差不超过3%的结论。如果在初始样本中发现了误差，就应该根据样本中发现的误差数的风险水平，查停—走抽样样本量扩展及总体误差评估表（见表10－5）确定风险系数。根据风险系数计算总体误差，总体误差的计算公式是：

$$总体误差=\frac{风险系数}{样本量}$$

表 10-5　控制测试中常用的风险系数表

预期发生偏差的数量	信赖过度风险	
	5%	10%
0	3.0	2.3
1	4.8	3.9
2	6.3	5.3
3	7.8	6.7
4	9.2	8.0
5	10.5	9.3
6	11.9	10.6
7	13.2	11.8
8	14.5	13.0
9	15.7	14.2
10	17.0	15.4

4. 误差比较。

注册会计师应将总体误差与原先确定的可容忍误差进行比较，如果总体误差超过可容忍误差，就应该扩大样本量继续抽样。需要增加的样本量应该按照下列公式进行计算：

$$需要增加的样本量=\frac{风险系数}{可容忍误差}-已经抽取的样本量$$

例如，如果注册会计师在100个样本中发现2个误差，则查表得出此时的风险系数为6.3，计算出的总体误差是6.3%，超过可容忍误差3%，所以需要增加的样本量为110，即将样本量扩大到210个。在对新增的样本进行审查后，如果没有发现误差，注册会计师就可以停止抽样并得出在95%的可信赖程度下保证总体误差不超过3%的结论。如果在新增加的样本中发现了误差，则应重复上述的抽样过程，继续增加样本量，但增加的样本量不宜超过初始样本量的3倍。例如，注册会计师在新增的110个样本中又发现了1个误差，刚查表得出此时的风险系数应为7.8，计算出的总体误差是3.7%，超过可容忍误差3%，所以需要增加的样本量为50，即将样本量扩大到260个。由此可见，运用停—走抽样时，注册会计师需要依据上述步骤根据每次对样本的审查结果在停止抽样或增加样本量继续抽样之间进行决策，这一决策过程可以通过表 10 - 6 的停—走抽样决策表予以体现。

表 10 - 6 **停—走抽样决策表**

步骤	累计样本量	如果累计误差等于以下数量就停止抽样	如果累计误差等于以下数量就增加样本量	如果累计误差等于以下数量就转到第 5 步
1	60	0	1 ~ 4	4
2	96	1	2 ~ 4	4
3	126	2	3 ~ 4	4
4	156	3	4	4
5	以样本误差作为预期总体误差，采用固定样本量抽样			

（三）发现抽样

发现抽样是固定样本量抽样的另一种特殊形式，与固定样本量抽样的不同之处在于发现抽样将预期总体误差率直接定为 0，并根据可信赖程度和可容忍误差率一起确定样本量，在对选出的样本进行审查时，一旦发现一个误差就立即停止抽样。如果在样本中没有发现误差，则可以得出总体误差率可以接受的结论。发现抽样适合于查找重大舞弊或非法行为。

例如，如果注册会计师怀疑被审计单位存在依据虚假销售发票确认销售收入的情况，就必须在全部销售发票中发现虚构的销售发票。注册会计师确定可信赖程度为 95%，可容忍误差率为 5%，然后将预期总体误差率直接定为 0%，根据统计抽样样本量表（见表 10 - 3）确定样本量为 59 个。注册会计师在对选取的 59 张销售发票进行审查的过程中，如果没有发现任何的虚假发票，就可以得出总体误差率未超过 5% 的可信赖程度为 95% 的结论。相反，注册会计师在对 59 个样本进行审查时，一旦发现一张虚假发票就应立即停止抽样，并对总体进行全面的检查。

第三节 变量抽样

变量抽样法是一种能够对总体的数量余额作出估计的统计抽样方法。在实质性测试中，审查工作主要涉及数额、余额，需要对总体中的数额、余额是否存在错误及错误数额的大小进行定量测试和分析评价，而变量抽样法是直接针对总体中的数额、余额实施抽样，并从样本审查结果推断总体结果，从而对总体进行定量估计，这就为在实质性测试中对被审计对象总体数量特征的审查提供了简便而有效的方法，因而变量抽样法被广泛运用于实质性测试之中。变量抽样主要包括传统变量抽样与概率比例抽样，其中传统变量抽样又具体包括单位平均数抽样（mean per unit，MPU）、差额估计抽样（difference estimation）和比率估计抽样（ratio estimation）三种方法。

一、单位平均数抽样

（一）确定审计目标

变量抽样法一般用于测试账户余额记录的正确性。现假定注册会计师欲测试某被审计单位应收账款总账余额的正确性。该单位应收账款余额为 1 340 000 元（账面值），由 3 000 个顾客的账户余额合计构成。

（二）确定总体和抽样单位

变量抽样法下的总体一般由构成某一账户余额的各单个记录组成，相应地，各单个记录则成为抽样单位。本例中的总体是被审计单位应收账款明细账是 3 000 个余额记录，各明细账记录是抽样单位。

（三）确定样本规模

采用单位均值法时，样本规模的大小受总体规模、预期总体误差率、可容忍误差率和可信赖程度等因素的影响。总体标准差是衡量总体中个别项目值在总体平均值周围变异或离散程度的尺度。其计算公式如下：

$$总体标准差 = \sqrt{\frac{\sum_{i=1}^{n}(X_i - \overline{X})}{N}}$$

式中：X_i——第 i 个项目的数值；

$\overline{X}$——总体的平均值；

N——总体规模。

总体中各项目之间差异越大，总体标准差越大；反之亦然。在单位均值法中，预计的总体标准差越大，则要求的样本规模越大。在实际工作中，通常可以在正式抽样之前预先选取 30 ~ 50 个较小的样本，并以这些样本的实际值为基础计算出这些样本的标准差，作为预计的总体标准差。

可容忍误差是注册会计师认为抽样结果可以达到审计目的所愿意接受的审计总体的最大误差，可容忍误差受重要性判断的影响。可容忍误差与预期总体误差的差额称为计划的抽样误差。计划的抽样误差越大，所需的样本规模越小。由此可知，其他条件不变的情况下，可容忍误差越小、预期总体误差越大，则所需的样本规模也越大；可信赖程度超高，所需样本规模就越大。

单位均值法下的样本规模可采用如下公式计算：

$$n' = \left(\frac{U_r \times S \times N}{P}\right)^2$$

$$n = \frac{n'}{1 + \frac{n'}{N}}$$

式中：U_r——可信赖程度系数；

S——预计总体标准差；

N——总体规模；

P——计划的抽样误差（即可容忍误差减去预期总体误差）；

n'——放回抽样时的样本规模；

n——不放回抽样时的样本规模。

所谓放回抽样是指样本选取后将其放回总体之中，还有被选取的机会。审计工作中，通常采用不放回抽样。可信赖程度系数可从表10－7中查出。

表10－7　可信赖程度系数表

可信水平	α风险	可靠系数 U_r
0.99	0.01	2.58
0.95	0.05	1.96
0.90	0.10	1.65

假定注册会计师通过预先选取30个样本计算出其预期总体标准差为100，可容忍误差确定为60 000元；根据以往经验，预计应收账款总账余额记录的误差，即预期总体误差为18 000元，则可知计划的抽样误差为42 000元（60 000－18 000）。注册会计师要求的可信赖程度为95%，从表10－7中可知相应的可信赖程度系数为1.96，则有 $n' = (1.96 \times 100 \times 3\ 000 \div 42\ 000)^2 = 196$，而 $n = \frac{196}{1 + \frac{196}{3\ 000}} = 184$，因此，所需的样本规模为184个。

（四）选取样本并对样本进行测试

选取样本并对样本进行测试，得出各样本的实际值（即经审计确定的正确数值）以及样本实际值的平均值和标准差。假定注册会计师对样本进行测试后计算出样本实际值合计为81 328元，实际值的平均值为442元（81 324÷184）。样本实际值的标准差的计算结果假定为90元。

（五）评价抽样结果

采用单位均值法时，对抽样结果的评价首先要根据样本平均值与总体规模得出总体的点估计值，然后再根据实际抽样误差得出总体的区间估计值。实际抽样误差和总体的区间估计值采用下式计算：

$$P_1 = U_r \times \frac{S_1}{\sqrt{n_1}} \times N \times \sqrt{1 - \frac{n_1}{N}}$$

$$I = E \pm P_1$$

$$E = N \times \overline{V}$$

式中：P_1——实际抽样误差；

S_1——样本的标准差；

n_1——样本规模；

N——总体规模；

I——总体的区间估计值；

E——总体的点估计值；

$\overline{V}$——样本审计值的平均值。

在前例中，通过抽样推断总体值应在 1 288 197 元至 1 363 863 元之间，本例中应收账款账面值为 1 340 000 元，处于总体区间估计值之内，说明账面记录值可以接受。如果账面记录没有落在总体的区间估计值之内，则注册会计师应分析原因，采取扩大样本量或要求被审计单位调整账面值并重新评价抽样结果等措施。

二、差额估计抽样

差额估计抽样（difference estimation）是单位平均数抽样的一种变形，通过比较样本的审定值（AV）和账面值（BV）计算两者的平均差异，并用样本的平均差异额来来估计总体实际价值与账面价值的平均差异，再以这个平均差异乘以总体项目个数求得总体的实际价值与账面价值的差异总额，于是可将账面价值加上差异总额以推算总体的实际价值总额。如果 $AV - BV$ 为正，则表示账面值是低估的；如果 $AV - BV$ 为负，则表示账面值是高估的。

差额估计抽样有以下三个适用条件，只有这些条件同时满足时，注册会计师才能在实质性测试中采用差额估计抽样：（1）每个总体单位的账面值都是可以取得的，并且总账面值必须是个体账面值的总和，即明细账中的账户金额合计必须等于总账中的控制账户金额；（2）样本规模必须足够大，且满足正态分布；（3）总体规模较大，且总体中的高估金额和低估金额几乎相等，即差异与账面价值不成正比，注册会计师预期样本项目中的差异金额不受项目范围的影响。

由于个体单位审定值与账面值之间的差额的标准差必定小于个体单位审定值的标准差，因此差额估计抽样所需的样本规模小于单位平均数抽样的样本规模。

在可行的情况下，差额估计抽样比单位平均数抽样更符合成本效益原则。差额估计抽样的步骤与单位平均数抽样较为类似，下面仅进行简要的介绍。

（一）样本规模的确定

差额估计抽样的样本规模可以由如下等式确定：

$$n = \left(\frac{N \times SD_d \times U_r}{A}\right)^2$$

式中：N——总体规模；

SD_d——审定值与账面值的差额的标准差；

U_r——可靠系数；

A——期望精确范围。

1. 期望精确范围 A。

期望精确范围的确定与单位平均数抽样相同，可以用如下等式进行计算：

$$A = M \cdot \frac{1}{1 + \frac{Z_b}{Z_{a/2}}}$$

式中：M——重要性水平；

Z_b——β 风险的 Z 值；

$Z_{a/2}$——1/2 的 α 风险的 Z 值。

2. 审定值与账面值的差额的标准差 SD_d。

差额估计抽样的样本规模计算公式与单位平均数抽样的不同之处在于，用数值较小的 SD_d 代替了 SD。SD_d 通常用抽取试验性样本的方式来确定，试验性样本应包含至少 30 个不同差额的样本单位。首先计算出试验性样本中各个样本单位审定值与账面值的差额：

$$d_i = AV - BV$$

式中：AV——审定值；

BV——账面值。

然后根据下式来估计差额的标准差：

$$SD_d = \sqrt{\frac{\sum (d_i - \bar{d})^2}{n - 1}}$$

式中：d_i——试验性样本的个体差额；

$\bar{d}$——试验性样本差额的平均值；

n——试验性样本规模。

在计算出样本规模 n 后，如果 $n \geqslant 5\% N$，则需要用有限修正因子进行调整：

$$n' = \frac{n}{1 + n/N}$$

（二）样本的选取及审查

随机抽取出除试验性样本以外所需的剩余样本单位，并对各个样本单位进行审查。

（三）抽样结果的评价

1. 计算样本差额的平均值。

$$\bar{d} = \frac{\sum d_i}{n}$$

式中：d_i——样本的个体差额，即 $AV_i - BV_i$；

n——样本规模。

2. 计算样本差额的标准差。

$$SD'_d = \sqrt{\frac{\sum (d_i - \bar{d})^2}{n - 1}}$$

式中：d_i——样本的个体差额；

$\bar{d}$——样本差额的平均值；

n——样本规模。

3. 估算总体差额。

$$D = N \times \bar{d}$$

式中：N——总体规模；

$\bar{d}$——样本差额的平均值。

4. 估算总体审定值。

$$EAV = BV \pm D$$

式中：BV——总体账面值；

D——总体差额估计值。

5. 计算实际精确范围。

$$A' = N \times U_r \times \frac{SD'_d}{\sqrt{n}}$$

式中：N——总体规模；

U_r——可靠系数；

SD'_d——样本标准差；

n——样本规模。

在样本规模经过有限修正因子调整的情况下，实际精确范围修正如下：

$$A' = N \times U_r \times \frac{SD'_d}{\sqrt{n'}} \times \sqrt{\frac{N - n'}{N - 1}}$$

如果实际精确范围 A' 大于期望精确范围 A 时，则需要扩大样本继续抽样，直到将风险降低到可接受的水平。

（四）审计结论

在一定的可信水平下，推断总体的真实价值；计算可接受范围，判断总体账面值的公允性，并作出相应的审计结论。

（五）示例

1. 基本情况。

在审计X公司的应收账款时，注册会计师决定采用差额估计抽样方法。注册会计师在抽样之前确定了以下相关数值：

（1）总体规模为12 000个应收账户，总账面值为21 500 000元；

（2）设定α风险为5%。根据表10－6可知，可信水平为95%，可靠系数U_r为1.96；

（3）注册会计师在对收入循环的内部控制系统进行调查了解后，认为应收账款的内部控制是中等的，因而将控制风险评估为50%，并设定固有风险为50%。根据表10－5可知，β风险为20%；

（4）设定重要性水平为750 000元；

（5）随机抽取了80个应收账户作为试验性样本，并发出询证函。在对回函进行仔细审查后，计算出试验性样本差额的标准差为450元。

2. 样本规模的确定。

根据以上信息，样本规模计算如下：

$$n=\left(\frac{N\times SD_d\times U_r}{A}\right)^2=\left(\frac{12\,000\times 450\times 1.96}{523\,132}\right)^2=409$$

期望精确范围A计算如下：

$$A=M\cdot\frac{1}{1+\dfrac{Z_b}{Z_{a/2}}}=750\,000\times\frac{1}{1+\dfrac{0.85}{1.96}}=523\,132\text{（元）}$$

其中的Z值从表10－8中可知：$Z_b=0.85$，$Z_{a/2}=1.96$。

由于$409<12\,000\times 5\%$，因此不必用有限修正因子进行调整。

3. 样本的选取及审查。

注册会计师随机选取出除了试验性样本以外的其他329个应收账户，发出询证函，并对回函进行审查。对于多次发函询证都没有收到回函的账户，注册会计师采用替代程序，通过审查货运单、提货单和汇款单等单据凭证来实现估价、存在性和分类等审计目标。

4. 抽样结果的评价。

（1）样本差额的平均值及标准差。

假定注册会计师计算得出，样本差额的平均值为－65元，标准差为430元。

（2）总体差额。

$D = \bar{d} \times N = -65 \times 12\ 000 = -780\ 000$（元）

由此可知，X公司的应收账款高估了780 000元。

（3）总体审定值。

$EAV = BV \pm D = 21\ 500\ 000 - 780\ 000 = 20\ 720\ 000$（元）

（4）实际精确范围。

$$A' = N \times U_r \times \frac{SD'_d}{\sqrt{n}} = 12\ 000 \times 1.96 \times \frac{430}{\sqrt{409}} = 500\ 085\text{（元）}$$

由于实际精确范围$A' = 500\ 085$元小于期望精确范围$A = 523\ 132$元，因此不必扩大样本继续抽样。

5. 审计结论。

注册会计师可以作出结论：在95%的可信水平下，X公司应收账款的真实价值为20 720 000±500 085。这个结论也可以用表10－8的形式表示。

表10－8　　X公司应收账款的审定值　　单位：元

$EAV - A'$	EAV	$EAV + A'$
20 219 915	20 720 000	21 220 085

在确定了应收账款的审定值之后，注册会计师还需计算可接受范围：可接受范围的下限＝$EAV + A' - M$＝21 220 085－750 000＝20 470 085；可接受范围的上限＝$EAV - A' + M$＝20 219 915＋750 000＝20 969 915。可接受范围如表10－9所示。

表10－9　　X公司应收账款的可接受范围　　单位：元

可接受范围下限	可接受范围上限	应收账款账面值
20 470 085	20 969 915	21 500 000

由于总体账面值21 500 000元落在可接受范围（20 470 085，20 969 915）之外，因此注册会计师需要作出审计调整，将应收账款账面值降低到可接受水平的上限，最小调整额为530 085元（21 500 000－20 969 915）。这个调整额的其中一部分可以根据样本审查中实际发现的差错额，直接记入相应的应收账户，剩余部分则贷记坏账准备账户。

三、比率估计抽样

比率估计抽样（ratio estimation）又是差额估计抽样方法的变异，其原理与之极为类似，它是以样本审定值与账面值的比率关系，来估计总体实际值与账面值之间的比率关系，然后再以这个比率去乘以总体的账面值，从而求出总体实际值的估计金额的变量抽样方法。应用比率估计抽样的条件是误差与账面值成正比。比率估计抽样在样本规模的确定、样本的选取与审查、抽样结果评价等方面均与差额估计抽样基本相同，这里就不再赘述。比率估计抽样法在进行抽样结果评价时的计算公式如下：

比率 = 样本审定值之和 ÷ 样本账面值之和

估计的总体值 = 比率 × 总体的账面值

假如注册会计师用比率估计抽样对某被审计单位审计年度设备和其他资产增加的有关证据进行了检查，发现样本中多报的净货币性误差，有关信息如表10－10所示。

表 10－10　　比率估计抽样时计算总体估计金额所需的数据　　单位：元

新增加的账面金额	2 000 000
新增加的数量	1 000
样本量	400
样本的账面值	400 000
发现误差的金额	20 000
样本的审定值	380 000
可容忍误差	200 000

根据比率估计抽样这一方法计算的比率为0.95（380 000 ÷ 400 000），因此，推断的总体估计金额为1 900 000元（2 000 000 × 0.95）。若注册会计师使用的差额估计抽样，则所计算的平均差额为50元（20 000 ÷ 400），估计总体差额为50 000元（50 × 1 000），推断的总体估计金额为1 950 000元（2 000 000 － 50 000）。

在以上所介绍的三种具体的变量抽样方法中，差额估计抽样和比率估计抽样所需的样本量较小，但必须知道样本的账面值，而且样本的审定值与样本的账面值之间必须存在一定数量的差额；在采用分层技术时，差额估计抽样和比率估计抽样这两种方法对样本量的影响较小，而单位平均数抽样则可以大大缩小样本量。

四、概率比例规模抽样

概率比例规模抽样（Porbablity－Proprotional－to－Size Sampling，简称 PPS 抽样）是一种运用属性抽样原理对货币金额而不是对发生率得出结论的统计抽样方法。PPS 抽样以货币单位作为抽样单元，有时也被称为金额加权抽样，货币单位抽样（MUS），累计货币金额抽样（CMAS），以及综合属性变量抽样等。在该方法下，总体中的每个货币单位被选中的机会相同，所以总体中某一项目被选中的概率等于该项目的金额与总体金额的比率。项目金额越大，被选中的概率就越大。但实际上注册会计师并不是对总体中的货币单位实施检查，而是对包含被选取货币单位的余额或交易实施检查。注册会计师检查的余额或交易被称为逻辑单元或实物单元。PPS 抽样有助于注册会计师将审计重点放在较大的余额或交易。此抽样方法之所以得名，是因为总体中每一余额或交易被选取的概率与其账面金额（规模）成比例。

PPS 抽样有以下两个适用条件，只有这些条件同时满足时，注册会计师才能在实质性测试中采用 PPS 抽样：

（1）总体的错报率很低（低于 10%），且总体规模在 2 000 以上。

（2）总体中任一项目的错报金额不能超过该项目的账面金额。也就是说，如果某账户的账面金额为 100 元，其错报金额不能超过 100 元。

相对于传统变量抽样而言，PPS 抽样的优点在于：

（1）PPS 抽样一般比传统变量抽样更易于使用，可以很方便地计算样本规模，并手工或使用量表评价样本结果。样本的选取可以在计算机程序或计算器的协助下进行。

（2）PPS 抽样可以如同大海捞针一样发现极少量的大额错报，原因在它通过将少量大额实物单元拆成数量众多、金额很小的货币单元，从而赋予大额项目更多的机会被选入样本。

（3）PPS 抽样的样本规模不需考虑被审计金额的预计变异性。传统变量抽样在确定所需的样本规模时需要计算总体标准差，而 PPS 抽样在确定所需的样本规模时不需要直接考虑货币金额的标准差。

（4）PPS 抽样中项目被选取的概率与其货币金额大小成比例，因而生成的样本自动分层。如果使用传统变量抽样，注册会计师通常需要对总体进行分层，以减小样本规模。在 PPS 抽样中，如果项目金额超过选样问距，PPS 系统选样自动识别所有单个重大项目。例如，若选样间隔为 1 000 元，某项目的账面金额超过 100 元，则必然抽中这个项目。

（5）如果注册会计师预计错报不存在或很小，PPS 抽样的样本规模通常比传统变量抽样方法更小。

（6）PPS抽样的样本更容易设计，且可在能够获得完整的总体之前开始选取样本。

PPS抽样的缺点在于：

（1）PPS抽样要求总体每一实物单元的错报金额不能超出其账面金额，从而限制了其应用范围。

（2）在PPS抽样中，被低估的实物单元被选取的概率更低。PPS抽样不适用于测试低估。如果在PPS抽样的样本中发现低估，评价样本时需要特别考虑。

（3）对零余额或负余额的选取需要在设计时特别考虑。例如，如果准备对应收账款进行抽样，注册会计师可能需要将贷方余额分离出去，作为一个单独的总体。如果检查零余额的项目对审计目标非常重要，注册会计师需要单独对其进行测试，因为零余额在PPS抽样中不会被选取。

（4）当总体中错报数量增加时，PPS抽样所需的样本规模也会增加。在这些情况下，PPS抽样的样本规模可能大于传统变量抽样所需的规模。

（5）当发现错报时，如果风险水平一定，PPS抽样在评价样本时可能高估抽样风险的影响，从而导致注册会计师更可能拒绝一个可接受的总体账面金额。

（6）在PPS抽样中注册会计师通常需要逐个累计总体金额。但如果相关的会计数据以电子形式储存，就不会额外增加大量的审计成本。

PPS抽样在确定审计目标、抽样结果评价等步骤与传统变量抽样较为类似，二者的区别主要体现在确定样本规模和推断总体两个方面，下面对此进行简要的介绍。

（一）确定样本规模

在PPS抽样中，注册会计师可以通过直接查寻控制测试的统计抽样样本量表来推算样本规模，也可以根据下列公式计算样本规模：

$$n = \frac{BV \times R}{TM - r \times E^*}$$

式中：n——样本规模；

BV——总体账面价值；

R——风险系数；

TM——可容忍错报；

r——扩张系数；

E^*——预计总体错报。

风险系数R代表注册会计师愿意接受的误受风险，不同水平的误受风险对应的风险系数可从表10－11中查找。根据表10－11中“高估错报数量”为0的那一行，即可确定误受风险的风险系数。例如，如果所需的误受风险为10%，注册会计师从表10－11中查得的风险系数为2.310。

表 10－11　　PPS 抽样风险系数表（适用于高估）

高估错报数量	误受风险								
	1%	5%	10%	15%	20%	25%	30%	37%	50%
0	4.61	3	2.31	1.9	1.61	1.39	1.21	1	0.7
1	6.64	4.75	3.89	3.38	3	2.7	2.44	2.14	1.68
2	8.41	6.3	5.33	4.72	4.28	3.93	3.62	3.25	2.68
3	10.05	7.76	6.69	6.02	5.52	5.11	4.77	4.34	3.68
4	11.61	9.16	8	7.27	6.73	6.28	5.9	5.43	4.68
5	13.11	10.52	9.28	8.5	7.91	7.43	7.01	6.49	5.68
6	14.57	11.85	10.54	9.71	9.08	8.56	8.12	7.56	6.67
7	16	13.15	11.78	10.9	10.24	9.69	9.21	8.63	7.67
8	17.41	14.44	13	12.08	11.38	10.81	10.31	9.68	8.67
9	18.79	15.71	14.21	13.25	12.52	11.92	11.39	10.74	9.67
10	20.15	16.97	15.41	14.42	13.66	13.02	12.47	11.79	10.67
11	21.49	18.21	16.6	15.57	14.78	14.13	13.55	12.84	11.67
12	22.83	19.45	17.79	16.72	15.9	15.22	14.63	13.89	12.67
13	24.14	20.67	18.96	17.86	17.02	16.32	15.7	14.93	13.67
14	25.45	21.89	20.13	19	18.13	17.4	16.77	15.97	14.67
15	26.75	23.1	21.3	20.13	19.24	18.49	17.84	17.02	15.67
16	28.03	24.31	22.46	21.26	20.34	19.58	18.9	18.06	16.67
17	29.31	25.5	23.61	22.39	21.44	20.66	19.97	19.1	17.67
18	30.59	26.7	24.76	23.51	22.54	21.74	21.03	20.14	18.67
19	31.85	27.88	25.91	24.63	23.64	22.81	22.09	21.18	19.67
20	33.11	29.07	27.05	25.74	24.73	23.89	23.15	22.22	20.67

如果注册会计师预计总体中存在错报，在使用公式计算样本规模时必须对可容忍错报进行调整，即从可容忍错报中减去预计错报的影响。预计错报的影响等于预计错报与适当的扩张系数的乘积。表 10－12 提供了一些常用的误受风险所对应的扩张系数。例如，如果误受风险为 20%，扩张系数就是 1.3。

表 10－12　　预计总体错报的扩张系数表

	误受风险								
	1%	5%	10%	15%	20%	25%	30%	37%	50%
扩张系数	1.9	1.6	1.5	1.4	1.3	1.25	1.2	1.15	1

若总体账面价值是500 000元，误受风险是5%，可容忍错报是25 000，预计总体错报是6 250，则根据公式可知：

$$样本规模\ n = \frac{500\ 000 \times 3}{25\ 000 - (6\ 250 \times 1.6)} = 100$$

（二）样本的选取与审查

PPS样本可以通过运用计算机软件、随机数表等随机选样或系统选样法来获取。若采用系统选样方法抽取样本，抽样间隔的计算公式如下：

$$I = \frac{BV}{n}$$

式中：n——样本规模；

BV——总体账面价值。

随机起点RS——在0和I之间随机选取，选取的货币单元为RS，$RS+I$，$RS+2I$，$RS+3I$，…，$RS+(n-1)I$。注意，PPS抽样虽然以货币单位作为抽样单元，但注册会计师不能仅对具体货币单位进行审计，而应对与之相关联的实物单元（即逻辑单元）执行审计测试。

（三）抽样结果的评价

1. 计算错报比例。

如果在实物单元中发现了错报，注册会计师要计算该实物单元错报的比例（用t表示）。

$$t = \frac{错报金额}{项目账面金额}$$

2. 推断总体。

完成排序后，注册会计师可使用泊松分布评价特定抽样风险水平下货币单元的抽样结果。注册会计师应当计算在一定的保证水平下总体中的错报上限，并判断总体是否存在重大错报。

假设某总体包含N个抽样单元，如果在样本的n个货币单元中发现了x个错报，那么计算的既定风险水平下每个抽样单元存在错报的最大比率就是$\frac{MF_x}{n_o}$注册会计师可以推断，总体中存在高估错报的抽样单元的数量不超过：

$$总体高估错报的最大数量（MNM）= N \cdot \frac{MF_x}{n}$$

如果这些抽样单元中的错报金额最大是X，那么估计总体高估错报最大金额是：

$$总体高估错报的最大金额（MDM）= N \cdot \frac{MF_X}{n} \cdot X$$

对 PPS 样本而言，账面金额（BV）就是总体中包含的货币单元数量，每一货币单元可能发生的最大高估错报是 1 元（PPS 抽样要求任一项目错报金额不能超过账面金额）。既然 $N = BV$，$X = 1$，则估计的总体高估错报上限是：

$$\text{总体高估错报上限（UML）} = BV \cdot \frac{MF_X}{n} \cdot 1$$

但是，这样计算出来的总体高估错报上限假设总体中每一错报的错报比例均为 100%（即实际金额为 0），而在许多抽样中，并非所有错报的错报比例都是 100%。为了提高预计总体错报上限的准确度，注册会计师可以利用从样本中发现的其他信息和泊松分布中 MF_x 累积增加的特点，对上述总体高估错报上限的点估计值进行修正。

首先，如果样本中没有发现错报，注册会计师估计的总体错报上限（当没有错报时称为“基本界限”）是：

$$\text{基本界限} = BV \cdot \frac{MF_0}{n} \cdot 1$$

“基本界限”表示，不管样本结果如何，注册会计师在给定的风险水平下估计的总体错报上限总是不会低于这个“基本界限”。在预计总体错报为 0 时，“基本界限”实际上等于可容忍错报。如果在样本中发现了 i 个错报，估计的总体错报上限就会大于这个“基本界限”。实际上，由于发现了 i 个错报而增加的总体错报上限点估计值是：

$$\text{发现 1 个错报所增加的错报上限} = BV \cdot \frac{MF_1 - MF_0}{n} \cdot 1$$

此时，总体错报上限的点估计值等于基本界限与样本中发现 1 个错报所增加的错报上限之和，即：

$$\text{总体错报上限} = BV \cdot \frac{MF_1}{n} \cdot 1 = \left(BV \cdot \frac{MF_0}{n} \cdot 1\right) + \left(BV \cdot \frac{MF_1 - MF_0}{n} \cdot 1\right)$$

注册会计师可以利用按相对大小排序的高估错报比例（t）来估计总体高估错报上限。由于高估错报不超过 1 元，基本界限仍然同上。但是，如果发现 l 个错报的错报比例是 t，发现这个错报的额外影响就是：

$$\text{发现 1 个错报所增加的错报上限} = BV \cdot \frac{MF_1 - MF_0}{n} \cdot t$$

如果发现了 2 个错报，它们的排序会影响其对总体错报上限点估计值的额外影响。令 t_1 表示排在第一（从高到低）的错报比例，t_2 表示排在第二的错报比例，那么：

$$\text{第一个错报的影响} = BV \cdot \frac{MF_1 - MF_0}{n} \cdot t_1$$

$$第二个错报的影响 = BV \cdot \frac{MF_2 - MF_1}{n} \cdot t_2$$

以此类推，计算修正后的总体错报上限：

$$总体错报上限 = \left(BV \cdot \frac{MF_0}{n} \cdot 1\right) + \left(BV \cdot \frac{MF_1 - MF_0}{n} \cdot 1\right) + \left(BV \cdot \frac{MF_2 - MF_1}{n} \cdot t_2\right) + \cdots\cdots$$

使用错报比例 t 计算的总体错报上限点估计值将是特定风险水平下最保守的估计值。注册会计师可将计算的总体错报上限与可容忍错报比较，决定是否接受账面金额。

如果在样本中既发现了高估错报又发现了低估错报，注册会计师可以根据发现的低估错报调整总体错报上限点估计值。

$$调整的总体错报上限 = 总体错报上限 - 总体账面金额 \times \frac{低估错报的错报比例合计}{样本规模}$$

但是，如果在测试高估错报时在样本中发现了大量低估错报，注册会计师应当引起注意，考虑是否使用其他抽样方法单独进行低估测试。

【课后习题】

一、思考题

1. 什么是审计抽样？它有哪些基本特征？

2. 什么是抽样风险？抽样风险具体表现为哪几种形式，各自对审计结果有何影响？

3. 什么是非抽样风险？非抽样风险具体表现为哪几种形式？

4. 选取测试项目的主要方法有哪些？试简述各自的特点。

5. 试简述审计抽样的基本流程。

6. 在确定审计抽样样本规模时应考虑哪些影响因素？

7. 什么是统计抽样？统计抽样有何优点？

8. 什么是属性抽样？它最适合在哪类审计测试中使用？属性抽样有哪几种基本方法？

9. 什么是变量抽样？它最适合在哪类审计测试中使用？变量抽样有哪几种基本方法？

10. 与传统变量抽样相比，概率比例抽样有哪些优缺点？

二、案例题

1. XYZ 会计师事务所接受委托对甲公司 2020 年度财务报表进行审计。在控制测试中，项目合伙人 A 注册会计师决定运用审计抽样的方法来测试甲公司赊销审批是否得到有效执行，相关资料如下：

（1）将甲公司 2020 年所有的发运单作为抽样的总体。

（2）由于甲公司2020年赊销业务数量庞大，因此A注册会计师认为总体规模对样本规模的影响可以忽略。

（3）为测试甲公司2020年度赊销审批控制是否有效运行，将缺乏审批人员签字或虽有签字但未按制度审批的赊销业务界定为控制偏差。

（4）在使用随机数表选取样本项目时，由于所选中的1张凭证已经丢失，无法测试，直接用随机数表另选1张凭证代替。

［要求］单独考虑上述情况（1）~（4），逐项指出注册会计师的观点或者做法是否恰当，如不恰当，简要说明理由。

2. XYZ会计师事务所接受委托对甲公司2020年度财务报表进行审计。在针对存货实施细节测试时，项目合伙人A注册会计师决定采用传统变量抽样方法实施统计抽样。甲公司2020年12月31日存货账面余额合计为45 000万元。A注册会计师确定的总体规模为3 000，样本规模为100，样本账面余额合计为1 800万元，样本审定金额合计为1 400万元。

［要求］代A注册会计师分别采用均值估计抽样、差额估计抽样和比率估计抽样三种方法计算推断的总体错报金额。

3. XYZ会计师事务所负责审计甲公司2020年度财务报表。在审计过程中，项目合伙人A注册会计师拟运用概率比例规模抽样方法（PPS）对存货项目实施抽样，相关资料如下：

（1）由于存货项目总体规模较大且预期总体错报率很高（25%），A注册会计师认为采用传统变量抽样比PPS抽样效率更高。

（2）因为PPS抽样法运用的是属性抽样的原理，所以A注册会计师认为不需要计算存货项目抽样总体的标准差。

（3）由于每项存货的金额差异较大，A注册会计师决定对总体进行分层，以减少样本规模。

［要求］

逐项单独考虑上述事项（1）至（3），指出A注册会计师的观点或做法是否存在不当之处，如存在不当之处，请简要说明理由。

第十一章 销售与收款循环审计

【本章教学目的和要求】

通过本章学习，要求了解销售与收款循环的主要业务活动和所涉及的主要凭证和会计记录；理解并掌握销售与收款循环的内部控制及其测试的内容；理解并掌握销售与收款循环重大错报风险的识别与评估的内容；理解并掌握主营业务收入和应收账款的实质性测试程序。

【引导案例】

注册会计师在对鑫合公司2021年度的主营业务收入进行分析性复核时，发现该年度的主营业务收入比上年明显增加，对照在前期调查了解到鑫合公司2021年度生产销售情况是历史上最差的实际情况，注册会计师感到主营业务收入的真实性值得怀疑，于是抽查相关的会计凭证。注册会计师在进一步审计的过程中发现，鑫合公司与其子公司合作开发的某高档小区楼盘正处于开发建设中，鑫合公司就上述楼盘的部分房屋已与购买业主签订了销售合同，合同约定金额为2.6亿元，且收到部分售房款计2亿元，但尚未办理完毕业主入住手续。鑫合公司的账务处理已确认销售收入2亿元。鑫合公司在其会计报表附注中对此予以披露。为此，注册会计师检查了相应的销售合同、收款凭证及其会计处理，认为不能获取其他充分的证据确定该商品房所有权上的重要风险和报酬已经转移，因此，主营业务收入不能确认，提请鑫合公司作出相应的调整分录，对于上述审计事项鑫合公司同意作出调整。

【引导案例思考】 亲爱的读者们，通过阅读上述案例，你认为注册会计师开展对鑫合公司2021年度的主营业务收入进行分析性复核的主要作用是什么？

第一节 销售与收款循环的业务活动与会计记录

一、销售与收款循环的主要业务活动

销售与收款业务是指企业对外销售商品、产品或提供劳务等收取货币资金的经营业务活动。销售分为现销和赊销两种形式，在此，主要阐述赊销业务活动。

（一）接受客户订购单

接受客户订购单是整个销售与收款循环的起点。

客户的订购单只有在符合企业管理层的授权标准时才能被接受，例如企业在收到客户的订单后，须经销售单管理部门审核是否列入企业管理层批准销售的客户名单范围。只有经过批准的订单，才能作为销售的依据。订单批准后，需编制一式多联的销售单。

销售单是证明管理层有关销售交易的“发生”认定的凭据之一，也是此笔销售的交易轨迹的起点之一。

（二）批准赊销信用

信用管理部门接到销售单管理部门的销售单后，根据管理当局的赊销政策和授权决定是否批准赊销。

信用管理部门应根据管理层的赊销政策在每个客户的已授权的信用额度内进行赊销业务的批准。执行人工赊销信用审批时，应合理划分工作职责，以避免销售人员为增加销售而使企业承受不适当的信用风险。

设计信用批准控制的目的是为了降低坏账风险，这些控制与应收账款账面余额的“计价和分摊”认定有关。

（三）按销售单供货

经过信用管理部门批准的销售单将传递至仓储部门，仓储部门根据经过批准的销售单发货。设立这项控制程序的目的是为了防止仓库在未经授权的情况下擅自发货。销售单既是运输部门发运的依据，也是登记存货账和开具发票的依据。

（四）按销售单装运货物

当产品由仓储部门转交给运输部门时，运输部门必须负责安排货物的装运。运输部门根据经过批准的发运凭证装运货物，填制提货单等货运文件，并将其送往开具发票的部门。发运凭证是在发运货物时填制的，用以反映发运货物的规格、数量和其他有关内容的凭据。发运凭证的一联留给客户，其余联（一联或数联）由企业保留，通常其中有一联由客户在收到商品时签署并返还给销售方，用作销售方确认收入及向客户收取货款的依据。

（五）给客户开具账单

开具账单是指开具并向客户寄送事先连续编号的销售发票。销售发票一般由会计部门开具。开具发票的员工首先应核对以下文件：批准的客户订购单、销售单、发运凭证。上述控制与销售交易的“发生”“完整性”以及“准确性”认定有关。企业通常保留销售发票的存根联。

（六）记录销售业务

开具发票后，会计部门根据销售发票等原始凭证编制记账凭证，再据以登记销售收入、应收账款等明细账和总账，以及库存商品明细账和总账。

（七）办理及记录收款业务

在办理收到客户的货款后，会计部门应编制相应的收款凭证，并及时、完整地予以记录，以确保回收货款的完整性。

（八）办理和记录销售退回、销售折扣与折让

发生销货退回、销售折扣与折让时，必须经授权批准，并分别控制实物流和会计处理。

所有销货折让与退回以及应收账款的注销的调整账项都必须填制连续编号的、并由一名无权接触现金或保管账户的负责人签字的贷项通知单。在记录销货退回之前，必须确保商品已经收回并验收入库。

（九）提取坏账准备

企业应根据以前坏账发生的情况以及应收账款的账龄合理地估计应该计提的坏账准备数。坏账准备提取的数额必须能够抵补企业以后无法收回的销货款。

（十）注销坏账

销售企业若认为某项货款再也无法收回，就必须注销这笔货款。对这些坏账，正确的处理方法应该是获取货款无法收回的确凿证据，经适当审批后及时作会计调整。

二、销售与收款循环涉及的主要凭证和会计记录

（一）涉及的主要凭证

销售与收款循环涉及的主要凭证有：客户订购单、销售单、发运凭证、销售发票、商品价目表、贷项通知单、汇款通知书、客户月末对账单、应收账款账龄分析表、坏账核销审批表。

（二）涉及的会计记录

销售与收款循环涉及的会计记录有：应收账款明细账、主营业务收入明细

账、现金和银行存款日记账、折扣与折让明细账、转账凭证、现金及银行存款凭证。

第二节 销售与收款循环的内部控制与重大错报风险评估

一、销售与收款循环的业务特点

注册会计师可以从以下方面了解销售与收款循环业务特点：

1. 了解行业宏观政策有无重大变动，所在行业的市场供求与竞争如何、生产经营的季节性和周期性、产品生产技术的变化、能源供应与成本、行业的关键指标和统计数据；

2. 了解企业销售政策及风险，如企业销售采用的是现销还是赊销，对于赊销是否严格授权审批等；

3. 了解企业对销售收入的确认是否符合销售收入确认原则，有无提前或推迟确认收入的情况；

4. 了解企业对异常销售，如销售退回、销售折让与折扣的处理是否正确；

5. 了解企业销售业绩评价标准的制定是否合理；

6. 了解和描述内部控制。

注册会计师应通过查阅被审计单位的有关规章制度和文件资料，以向有关人员口头查询和现场观察等方式，了解被审计单位销售与收款循环的特点和相关的内部控制，并采用适当的方法进行描述，载入审计工作底稿。

二、销售与收款循环的内部控制

销售与收款循环的内部控制主要有以下几个方面：合同订货制度、开票与结算制度、仓库发货制度、销售价格审批制度、销售退回与折让制度以及主营业务收入的核算和报告制度。

对销售与收款循环内部控制的了解应当遵循内部控制的主要原则，具体包括以下几点：

（一）授权审批

1. 销售发票和发货单须经企业有关负责部门和人员审批；

2. 由信用管理部门或专门的人员负责建立并及时更新有关客户信用的记录，授信额度内的信用管理部门有权批准，超过这一限额则应由更高级别的主管人员来负责决策；

3. 销售价格的确定，销售方式、结算方式的选择，销货折扣与折让制度的制定、调整，销售退回等均须经企业有关负责部门和人员审批；

4. 坏账损失的处理须经授权批准。

（二）职责分离

适当的职责分离有助于防止各种有意或无意的错误，因此企业应建立起销售与收款业务的不相容职务相分离制度，具体为：

1. 开票、发货、收款、记账职务应分离；

2. 应由独立于销售和收款的其他人员确认坏账是否发生。

（三）会计记录

充分的会计记录是实现其他控制目标的有效手段。

1. 销售通知单、发票和出库单应事先编号，并按顺序填列签发；

2. 所有的销售发票都开具出库单并交给客户，经客户签字确认；

3. 建立并及时登记应收账款总账、明细账，主营业务收入总账、明细账等账簿；

4. 使用事先编号的退货凭证，退回的货物经检验入库后退款给客户；

5. 使用事先编号的凭证来记录坏账的核销，并保留坏账的有关记录，以便冲销的应收账款以后又收回时进行会计处理。

6. 采用适当的方法记录收入、应收账款以及估计坏账准备的金额。

（四）定期核对

1. 应收账款总账、明细账，主营业务收入的总账、明细账等应定期进行核对；

2. 应收账款有核对、催收制度，每月由独立的人员负责向客户寄送对账单，并定期检查确定账龄较长的欠款，在必要的情况下，调整此类客户的信用限额。

三、销售与收款循环内部控制的了解与描述

了解销售与收款循环内部控制是初步评估销售与收款业务重大错报风险的基础，也是后续开展测试销售与收款循内部控制的前提，因此注册会计师首先应进行了解内部控制的工作。

注册会计师可以利用询问、观察、审查凭证和查阅文件等审计程序对销售与收款循环的内部控制进行了解，并将了解的过程和结果以适当的形式记录于审计工作底稿中。描述内部控制的方法通常有三种：文字表述法、调查表法和流程图法。常见的销售与收款循环内部控制调查表如表 11 – 1 所示。

表 11-1　　销售与收款循环内部控制调查表

问题	是	否	不适用	备注
1. 所有的销货行为是否都有合同并经主管核准?				
2. 签订合同前是否核准客户信用?				
3. 产品的单价及销货折扣的制定、调整是否经授权核准?				
4. 销售发票是否以审核后的销售合同为依据?				
5. 发票是否顺序填列签发?				
6. 是否所有的销售发票都开出提货单并交给客户?				
7. 提货单是否经顾客签字确认?				
8. 发货前是否核对客户是否已付款?				
9. 产品发货时是否核对发票的装箱单?				
10. 销售日记账是否根据提货单及发票的入账联登记?				
11. 销售退回是否经审核批准?				
12. 销货退回是否开出红字发票及产品入库单?				
13. 退货是否经检验入库后退款?				
14. 应收账款是否有核对、催收制度?				
15. 坏账损失的处理是否经授权批准?				

四、销售与收款循环内部控制的初步评价

注册会计师在对销售与收款循环的内部控制进行了解之后，应根据所收集的审计证据作出初步评价。

注册会计师应对销售与收款循环相关内部控制的设计有效性和是否得到执行（即执行有效性）两方面进行评价。由于对内部控制的了解和初步评价是在穿行测试完成后，但又在测试控制运行有效性，也即是内部控制运行的一贯有效性之前进行的，因此，上述评价只是初步结论，仍可能随控制测试后实质性程序的结果而发生变化。

注册会计师在了解内部控制以后，只对那些拟信赖的内部控制实施控制测试。注册会计师在风险评估时对内部控制的设计与执行有效性的拟信赖程度越高，需要实施控制测试的范围越大。内部控制的预期偏差率越高，需要实施控制测试的范围越大。

五、重大错报风险的识别与评估

注册会计师在了解与初步评价销售与收款循环内部控制后，应当对销售与收

款循环可能存在的重大错报风险进行识别与评估。由于被审计单位销售及收款业务受到企业经营环境及公司政策等内外部因素影响，会计处理存在一定的复杂性和模糊性，因此注册会计师应当充分考虑销售及收款循环业务中存在的重大错报风险，需对被审计单位经营活动中可能发生的重大错报风险保持警觉，积极识别、评估销售与收款循环的重大错报风险。

（一）销售与收款循环重大错报风险的识别

企业销售与收款循环中常见的重大错报风险迹象主要包括如下风险因素：

1. 收入确认的舞弊风险。

收入是利润的来源，直接关系到企业的财务状况和经营成果。有些企业管理层为达到粉饰财务报表的目的而采用虚增收入或隐瞒收入等方式实施舞弊。在财务报表舞弊案件中，涉及收入确认的舞弊占有很大比例，收入确认已成为注册会计师审计的高风险领域。中国注册会计师审计准则明确要求注册会计师基于收入确认存在舞弊风险的假定，评价哪些类型的收入、收入交易或认定导致舞弊风险。

2. 收入确认的复杂性风险。

被审计单位可能针对一些特定的产品或者服务提供一些特殊的交易安排（例如特殊的退货约定、特殊的服务期限安排等），但管理层可能对这些不同安排下所涉及的交易风险的判断缺乏经验，收入确认上就容易发生错误。

3. 收入截止的错误风险。

收入截止的错误风险体现为：将属于下一会计期间的收入有意或无意地计入本期，或者将属于本期的收入有意或无意地计入下一会计期间，可能导致本期收入以及本期期末应收账款余额、货币资金余额和应交税费余额的高估或低估。

4. 坏账准备的低估风险。

当被审计单位收入项目中欠款金额较大的几个主要客户面临财务困难，或者整体经济环境出现恶化时，这种风险压力更大，从而可能导致坏账准备的低估及资产负债表应收账款余额的高估。

5. 管理层凌驾于控制之上的风险。

被审计单位在年末编造虚假销售，然后在次年转回，可能导致当年收入以及当年年末应收账款余额、货币资金余额和应交税费余额的高估。

6. 员工舞弊风险。

如果被审计单位从事贸易业务，并且销售货款较多地以现金结算时，被审计单位员工发生舞弊和盗窃的风险较高，可能导致货币资金的损失。另一方面，在被审计单位员工利用销售调整和销售退回隐瞒盗窃现金行为时，将发生隐瞒盗窃的风险，可能导致收入、应收账款的高估和货币资金的低估。

7. 销售货款的回收风险。

销售货款的回收风险多产生于向没有良好付款能力的客户销售产品，或客户用无效的支票或盗取的信用卡进行货款结算，可能导致货币资金或应收账款的高估。

8. 发生错误的风险。

(1) 没有及时更新商品价目表，商品可能以错误的价格销售；

(2) 销售量较大时，如果扫描时没有读取商品条形码，收款员使用错误的手册，售出商品的数量发生错误，或收款员给客户的找零发生错误，错误均会发生。

(二) 销售与收款循环重大错报风险的评估

注册会计师在完成对销售与收款循环重大错报风险识别的基础上，应当根据其重大错报风险发生的可能性及影响进行风险评估。由于风险的各种潜在来源相互作用，共同决定影响销售与收款循环的实际风险是否存在以及是否重大。因此，注册会计师有必要理解风险的各种来源。

注册会计师在识别和评估与收入确认相关的重大错报风险时，应当基于收入确认存在舞弊风险的假定，评价哪些类型的收入、收入交易或认定导致舞弊风险。

当注册会计师假定收入确认存在舞弊风险，并不意味着注册会计师应当将与收入确认相关的所有认定都假定为存在舞弊风险。注册会计师需要结合对被审计单位及其环境的具体了解，考虑收入确认舞弊可能如何发生。

如果注册会计师认为收入确认存在舞弊风险的假定不适用于业务的具体情况，从而未将收入确认作为由于舞弊导致的重大错报风险领域，注册会计师应当在审计工作底稿中记录得出该结论的理由。

如果某种风险具有广泛性影响，特别是管理层收入确认的舞弊风险，会对财务报表信息产生一系列的深远影响，注册会计师更应重视该风险。如果已了解到可能产生舞弊动机或压力、提供舞弊机会、营造舞弊行为合理化环境的外部和内部因素，那么注册会计师在评估时就会认为重大错报风险较高。

注册会计师在评估销售与收款循环重大错报风险时，还应当将所了解的控制与特定认定相联系，并且，应当考虑对识别的销售与收款交易、账户余额和披露认定层次的重大错报风险予以汇总和评估，以确定进一步审计程序的性质、时间安排和范围。

第三节 销售与收款循环内部控制测试

一、销售与收款循环内部控制测试的概述

(一) 销售与收款循环内部控制测试的含义

注册会计师在评估销售与收款循环相关的认定层次重大错报风险时，如果预

期内部控制运行是有效的，则应当实施控制测试，就控制在相关期间或时点的运行有效性获取充分、适当的审计证据。

（二）销售与收款循环内部控制测试的前提

注册会计师无须测试针对销售与收款交易的所有控制活动。只有认为控制设计合理、能够防止或发现并纠正认定层次的重大错报，亦即拟信赖销售与收款循环中的某项内部控制，注册会计师才有必要对控制运行的有效性实施测试。

（三）销售与收款循环内部控制测试的方式

1. 以内部控制目标为起点的控制测试。

由于内部控制程序和活动是企业针对需要实现的内部控制目标而设计和执行的，控制测试则是注册会计师针对企业的内部控制程序和活动而实施的，因此注册会计师可以考虑以被审计单位的内部控制目标为起点实施控制测试。

2. 以风险为起点的控制测试。

为提高注册会计师审计工作效率及质量，在审计实务中，注册会计师也可以考虑以识别的重大错报风险为起点实施控制测试。由于企业内部控制存在自动化控制和人工控制两种类型，因此在控制测试中，如果人工控制在执行时，依赖信息系统生成的报告，那么注册会计师还应当针对系统生成报告的准确性执行测试。

二、销售与收款循环的内部控制测试

销售与收款循环内部控制的测试包括以下内容：

1. 抽取一定数量的销售发票作检查。

（1）检查发票是否连续编号，作废发票的处理是否正确；

（2）核对销售发票与销售订单、销售通知单、出库单所载明的品名、规格、数量、价格是否一致；

（3）检查销售通知单上是否有信用部门的有关人员批准赊销的签字；

（4）复核销售发票中所列的数量、单价和金额是否正确。包括：将销售发票中所列商品的单价与商品价目表的价格进行核对；验算发票金额的正确性；

（5）从销售发票追查至有关的记账凭证、应收账款明细账及主营业务收入明细账，确定被审计单位是否正确、及时地登记有关的凭证、账簿。

2. 抽取一定数量的出库单或提货单，并与相关的销售发票核对，检查已发出的商品是否均已向顾客开出发票。

3. 从主营业务收入明细账中抽取一定数量的会计记录，并与有关的记账凭证、销售发票进行核对，以确定是否存在收入高估或低估的情况。

4. 抽取一定数量的销售调整业务的会计凭证，检查销售退回、折让和折扣的核准与会计核算。主要包括：

（1）确定销售退回与折让的批准与贷项通知单的签发职责是否分离；

（2）确定现金折扣是否经过适当授权，授权人与收款人的职责是否分离；

（3）检查销售退回和折让是否附有按顺序编号并经主管人员核准的贷项通知单；

（4）检查退回的商品是否具有仓库签发的退货验收报告，并将验收报告的数量、金额与贷项通知单等进行核对；

（5）确定退货、折扣和折让的会计记录是否正确。

5. 抽取一定数量的记账凭证、应收账款明细账作检查。

（1）从应收账款明细账中抽取一定的记录并与相应的记账凭证进行核对，比较二者登记的时间、金额是否一致；

（2）从应收账款明细账中抽查一定数量坏账注销的业务，并与相应的记账凭证、原始凭证进行核对，确定坏账的注销是否符合有关法规的规定、企业主管人员是否核准等；

（3）确定企业是否定期与顾客对账，在可能的情况下，将企业一定期间的对账单与相应的应收账款明细账的余额进行核对，如有差异，则应进行追查。

6. 观察职员获得或接触资产、凭证和记录（包括存货、销售通知单、出库单、销售发票、凭证与账簿、现金及支票等）的途径，并观察职员在执行授权、发货和开票等职责时的表现，确定企业是否存在必要的职务分离以及在内部控制的执行过程中是否存在弊端。

三、进一步评价销售与收款循环的内部控制

注册会计师执行控制测试以后，应对内部控制进行重新评价，根据再次评价的控制风险水平，重新考虑和推算检查风险的水平，从而可以确定将要执行的实质性测试的性质、时间和范围。同时，对测试过程中发现的问题，应当在工作底稿中作出记录，并以适当的形式告知被审计单位的管理层。

第四节　销售与收款循环实质性测试

销售与收款循环的实质性测试审计程序分为实质性分析程序与细节测试程序。通常注册会计师在保证审计质量前提下依据成本效益原则，在对交易和余额实施细节测试前实施实质性分析程序。根据销售与收款循环涉及的主要会计报表项目及其披露，注册会计师需对营业收入、应收账款及其相关账户进行实质性测试。

一、营业收入审计

营业收入包括主营业务收入和其他业务收入两部分。

（一）营业收入审计的目标

营业收入的审计目标一般包括：确定利润表中记录的营业收入是否已发生，且与被审计单位有关（发生认定）；确定所有应当记录的营业收入是否均已记录（完整性认定）；确定与营业收入有关的金额及其他数据是否已恰当记录，包括对销售退回、销售折扣与折让的处理是否适当（准确性认定）；确定营业收入是否已记录于正确的会计期间（截止认定）；确定营业收入是否已按照企业会计准则的规定在财务报表中作出恰当的列报。

（二）主营业务收入的一般实质性程序

1. 取得或编制主营业务收入项目明细表，复核加计正确，并与报表数、总账数和明细账合计数核对相符；检查以非记账本位币结算的主营业务收入使用的折算汇率及折算是否正确。

2. 检查主营业务收入确认方法是否符合企业会计准则的规定。

注册会计师需要了解被审计单位确议产品销售收入的会计政策，并测试被审计单位是否依据企业会计准则确认产品销售收入。具体来说，被审计单位采取的销售方式不同，确认收入的时点也是不同的，因此注册会计师在检查主营业务收入的确认时，应特别注意以下情况：

（1）采用交款提货销售方式，通常应于货款已收到或取得收取货款的权利，同时已将发票和提货单交给购货单位时确认收入。注册会计师应着重检查被审计单位是否收到货款，发票和提货单是否已交付购货单位。注意有无扣压结算凭证，将当期收入转入下期入账的现象，或者虚记收入、开具假发票、虚列购货单位，虚记当期未实现的收入，在下期予以冲回的现象。

（2）采用预收账款销售方式，应于商品或产品发出时，确认收入的实现。对此，注册会计师应重点审查被审计单位是否收到了货款，商品或产品等是否已经发出。应注意有无将已收货款不入账而转为下期收入，或开具假出库单，虚增收入等现象。

（3）采用托收承付结算方式，应于商品已经发出，劳务已经提供，并已将发票提交银行、办妥收款手续时确认收入。注册会计师重点检查被审计单位是否发货，托收手续是否办妥，货物发运凭证是否真实，托收承付结算回单是否正确。

（4）企业长期工程合同收入，一般应当根据完工进度法或完工合同法确认主营业务收入。注册会计师应当重点审查收入的确认方法是否合理，并核对应计收入与实际收入是否一致，注意查明有无随意确认收入，虚增或虚减本期收入的情况。

（5）销售合同或协议明确采用递延方式收取货款，可能实质上具有融资性质的，应当按照应收的合同或协议价款的公允价值确定销售商品收入金额。应收的合同或协议价款与其公允价值之间的差额，通常应当在合同或协议期间内采用实际利率法进行摊销，计入当期损益。

（6）采用委托其他单位代销产品等方式，应以代销产品已经销售、并收到代销单位代销清单时确认收入的实现。对此，注册会计师应注意查明有无产品未销售，编制假代销清单，虚增本期收入的现象。

（7）采用分期收款销售方式，应以本期收到价款或合同约定的本期应收账款日期作为本期销售收入的实现日期。对此，注册会计师应重点审查本期是否收到价款，查明合同约定的本期应收账款日期是否真实，是否存在收入不入账、少入账或缓入账的现象。

3. 实施实质性分析程序。

针对主营业务收入的分析程序通常包括：

（1）将本期与上期的主营业务收入进行比较，分析主营业务收入的结构和价格的变动是否正常，并分析异常变动的原因；

（2）计算本期重要产品的毛利率，分析比较本期与上期各类产品毛利率的变化情况，注意收入与成本是否配比，并检查重大波动和异常的原因；

（3）比较本期各月主营业务收入的波动情况，分析其变动趋势是否正常，并查明异常现象和重大波动的原因；

（4）将本期重要产品的毛利率与同行业企业进行对比分析，检查是否存在异常；

（5）根据增值税发票中报表或普通发票，估算全年收入，与实际收入金额比较。

4. 确定主营业务收入销售价格的合理性。

注册会计师应当获取商品价格目录，抽查销售价格是否合理，特别要注意销售给集团内所属企业、关联方和关系密切的重要客户的产品价格是否合理，查明有无低价结算、转移收入的现象。

5. 抽取本期一定数量的发运凭证。

审查发运凭证的存货出库日期、品名、数量等是否与销售发票、销售合同、记账凭证等一致。

6. 抽取本期一定数量的记账凭证。

审查记账凭证入账日期、品名、数量、单价、金额等是否与销售发票、发运凭证、销售合同等一致。

7. 函证主要客户主营业务收入。

结合对应收账款实施的函证程序，选择主要客户函证本期销售额。

8. 实施销售截止测试。

对主营业务收入项目实施截止测试，其目的主要在于确定被审计单位主营业务收入的会计记录归属期是否正确；应计入本期或下期的主营业务收入是否被推迟至下期或提前至本期。

实施截止测试的前提是注册会计师充分了解被审计单位的收入确认会计实务，并识别能够证明某笔销售符合收入确认条件的关键单据。

注册会计师对销售交易实施的截止测试可能包括以下程序：

（1）选取资产负债表日前后若干天的发运凭证，与应收账款和收入明细账进行核对；同时，从应收账款和收入明细账选取在资产负债表日前后若干天的凭证，与发运凭证核对，以确定销售是否存在跨期现象。

（2）复核资产负债表日前后销售和发货水平，确定业务活动水平是否异常，并考虑是否有必要追加实施截止测试程序。

（3）取得资产负债表日后所有的销售退回记录，检查是否存在提前确认收入的情况。

（4）结合对资产负债表日应收账款的函证程序，检查有无未取得对方认可的销售。

注册会计师在审计中应该注意把握三个主要与主营业务收入确认有密切关系的日期：一是发票开具日期或者收款日期；二是记账日期；三是发货日期（或提供劳务日期）。这里的发票开具日期是指开具增值税专用发票或普通发票的日期；记账日期是指被审计单位确认主营业务收入实现，并将该笔经济业务计入主营业务收入账户的日期；发货日期是指仓库开具出库单并发出库存商品的日期。检查三者是否归属于同一适当会计期间是主营业收入截止测试的关键所在。围绕上述三个重要日期，在审计实务中，注册会计师可以考虑选择三条审计路线实施主营业收入的截止期测试：

（1）以账簿记录为起点。

从报表日前后若干天的账簿记录追查至记账凭证，检查发票账单存根与装运凭证，目的是证实已入账收入是否在同一期间已开具发票并发货，有无多记收入。使用这种方法主要是为了防止高估主营业收入（真实性）。

（2）以销售发票为起点。

从报表日前后若干天的发票存根追查至装运凭证与账簿记录，确定已开具发票的货物是否已发货并于同一会计期间确认收入。使用这种方法主要是为了防止低估主营业收入（完整性）。

（3）以发运凭证为起点。

从报表日前后若干天的装运凭证追查至发票开具情况与账簿记录，确认营业收入是否已记入恰当的会计期间。使用这种方法主要也是为了防止低估主营业务收入（完整性）。

上述三条审计路线在实务中均被广泛采用。为提高审计效率，注册会计师应当借助专业经验和所掌握的信息、资料作出正确判断，选择其中的一条或两条审计路线实施更有效的主营业务收入截止测试。

9. 查找未经认可的大额销售。

注册会计师应结合对资产负债表日应收账款的函证程序，查明有无未经认可的大额销售。若有，应作出记录并提请被审计单位作出相应调整。

10. 审查被审计单位对销货退回、销货折扣与折让的处理是否合理。

（1）存在销货退回的，检查相关手续是否符合规定，结合原始销售凭证检查其会计处理是否正确，结合存货项目审计关注其真实性。

（2）存在销货折扣与折让的，注册会计师应获取折扣与折让明细表，复核加计正确，并与明细账合计数核对相符；此外，需了解被审计单位有关折扣与折让的政策和程序，抽查折扣与折让的授权批准情况，与实际执行情况进行核对；最后，需检查折扣与折让的会计处理是否正确。

11. 审查以外币结算的主营业务收入的折算方法是否正确。

注册会计师应注意汇率的选择原则是否具有一贯性、计算过程是否正确等。

12. 确认主营业务收入在利润表及会计报表附注中是否恰当披露。

注册会计师应审查利润表上的主营业务收入项目，数字是否与审定数相符，主营业务收入确认所采用的会计政策是否已在会计报表附注中披露。

（三）主营业务收入的特别审计程序

除了上述较为常规的审计程序外，注册会计师还要根据被审计单位的特定情况和收入的重大错报风险程度，考虑是否有必要实施一些特别的审计程序。

（1）附有销售退回条件的商品销售，如果对退货部分能作合理估计的，确定其是否按估计不会退货部分确认收入；如果对退货部分不能作合理估计的，确定其是否在退货期满时确认收入。

（2）售后回购，分析特定销售回购的实质，判断其是属于真正的销售交易，还是属于融资行为。

（3）以旧换新销售，确定销售的商品是否按照商品销售的方法确认收入，回收的商品是否作为购进商品处理。

（4）出口销售，根据交易的定价和成交方式（离岸价格、到岸价格或成本加运费价格等），并结合合同（包括购销合同和运输合同）中有关货物运输途中风险承担的条款，确定收入确认的时点和金额。

如果注册会计师认为被审计单位存在通过虚假销售做高利润的舞弊风险，可能采取一些非常规的审计程序应对该风险。

（四）其他业务收入的实质性程序

其他业务收入的实质性程序一般包括以下内容：

1. 获取其他业务收入明细表，复核加计是否正确，并与总账数和明细账合计数核对是否相符，结合主营业务收入科目与营业收入报表数核对是否相符。

2. 计算本期其他业务收入与其他业务成本的比率，并与上期该比率比较，检查是否有重大波动，并查明原因。

3. 检查其他业务收入是否真实准确，收入确议原则及会计处理是否符合规定，抽查原始凭证予以核实。

4. 对异常项目，追查入账依据及有关法律文件是否充分。

5. 抽查资产负债表日前后一定数量的记账凭证，实施截止测试，确定入账时间是否正确。

6. 确定其他业务收入在财务报表中的列报是否恰当。

二、应收账款审计

应收账款余额一般包括应收账款账面余额和相应的坏账准备两部分。

应收账款指企业因销售商品、提供劳务而形成的债权，即由于企业销售商品、提供劳务等原因，应向购货客户或接受劳务的客户收取的款项或代垫的运杂费，是企业的债权性资产。

坏账是指企业无法收回或收回可能性极小的应收款项（包括应收票据、应收账款、预付款项、其他应收款和长期应收款等由于发生杯账而产生的损失称为坏账损失。企业通常应当定期或者至少于每年年度终了，对应收款项进行全面检查，合理预计各项应收款项可能发生的坏账，相应计提坏账准备。

（一）应收账款的审计目标

应收账款的审计目标包括：确定资产负债表中记录的应收账款是否存在；确定所有应当记录的应收账款是否均已记录；确定记录的应收账款是否被审计单位拥有或控制；确定应收账款是否可收回，坏账准备的计提方法和比例是否恰当、计提是否充分；确定应收账款及其坏账准备期末余额是否正确；确定应收账款及其坏账准备是否已按照企业会计准则的规定在财务报表中作出恰当列报。

（二）应收账款审计的实质性程序

1. 取得或编制应收账款明细表。

（1）复核加计正确，并与报表数、总账数和明细账合计数核对相符。

（2）检查非记账本位币应收账款的折算汇率及折算是否正确。

（3）分析有贷方余额的项目，查明原因，必要时，建议作重分类调整。

（4）结合其他应收款，预收款项等往来项目的明细余额，调查有无同一客户多处挂账、异常余额或与销售无关的其他款项（如，代销账户、关联方账户或员工账户）。如有，应作出记录，必要时提出调整建议。

2. 实施分析程序，检查涉及应收账款的相关财务指标。

（1）复核应收账款借方累计发生额与主营业务收入关系是否合理，并将当期应收账款借方发生额占销售收入净额的百分比与管理层考核指标比较和被审计单位相关赊销政策比较，如存在异常应查明原因。

（2）计算应收账款周转率、应收账款周转天数等指标，并与被审计单位相关赊销政策、被审计单位以前年度指标、同行业同期相关指标对比分析，检查是否存在重大异常。

3. 检查应收账款账龄分析是否正确。

（1）获取应收账款账龄分析表。

被审计单位通常会编制应收账款账龄分析报告，以监控货款回收情况、及时识别可能无法收回的应收账款并作为计提坏账准备的依据之一。注册会计师可以通过查看应收账款账龄分析表了解和评估应收账款的可收回性。

（2）测试应收账款账龄分析表计算的准确性，并将应收账款账龄分析表中的合计数与应收账款总分类账余额相比较，并调查重大调节项目。

（3）从账龄分析表中抽取一定数量的项目，追查至相关销售原始凭证，测试账龄划分的准确性。

4. 函证应收账款。

函证是指注册会计师为了证实影响会计报表认定的账户余额或其他信息的真实性，以被审计单位的名义向第三方发出询证函，获取和评价审计证据的过程。函证应收账款的目的是为了证实应收账款余额的真实性、正确性。通过第三方提供的函证回复，可以比较有效地证明被询证者的存在和被审计单位记录的可靠性。

注册会计师应根据被审计单位的经营环境、内部控制的有效性、应收账款账户的性质、被询证者处理询证函的习惯做法及回函的可能性等，确定应收账款函证的范围、对象、方式和时间。

（1）函证范围和对象。

除非有充分的证据表明应收账款对被审计单位财务报表而言是不重要的，或者函证很可能是无效的，否则，注册会计师应当对应收账款进行函证。如果认为函证很可能是无效的，注册会计师应当实施替代审计程序，获取相关、可靠的审计证据。

影响函证范围的主要因素有：

①应收账款在全部资产中的重要性；

②被审计单位内部控制的强弱；

③以前年度的函证结果；

④函证方式的选择。

注册会计师选择函证项目时，除了考虑金额较大的项目，也需要考虑风险较高的项目。一般情况下，注册会计师应选择以下项目作为函证对象：

①大额或账龄较长的项目；

②与债务人发生纠纷的项目；
③关联方项目；
④主要客户（包括关系密切的客户）项目；
⑤交易频繁但期末余额较小甚至为零的项目；
⑥可能产生重大错报或舞弊的非正常项目。

（2）函证方式与适用范围。

函证分为两种方式：肯定式函证和否定式函证。肯定式函证，也称积极式函证，是指无论函证的内容与被函证人的记录是否一致，都要予以回复的函证方式。肯定式询证函的格式如表 11－2 所示。

表 11－2　企业询证函

企业询证函　　编号：

________（公司）

本公司聘请的×××会计师事务所正在对本公司的会计报表进行审计，按照《中国注册会计师执业准则》的要求，应当询证本公司与贵公司的往来账项等事项。下列数据出自本公司账簿记录，如与贵公司记录相符，请在本函下端“数据证明无误”处签章证明；如有不符，请在“数据不符”处列明不符金额。回函请直接寄至×××会计师事务所。

通信地址：　　邮编：

电话：　　传真：

1. 本公司与贵公司的往来账项列示如下：

截止日期	贵公司欠	欠贵公司	备注

2. 其他事项：

本函仅为复核账目之用，并非催款结算。若款项在上述日期之后已经付清，仍请及时函复为盼。

（公司盖章）
（日期）

结论：1. 信息证明无误

（公司盖章）
（日期）

2. 信息不符，请列明不符的详细情况

（公司盖章）
（日期）

肯定式函证的结果比较可靠，能为注册会计师提供较高的保证，但肯定式函证成本较高。

肯定式函证适用于以下情况：

①欠款金额较大的客户；

②可能存在差错、争议等问题的账户。

否定式函证，也称消极式函证，是指只有在函证的内容与被函证人的记录不一致时，才予以回复的函证方式。采用否定式函证的成本较低，但是否定式函证结果的可靠性较差。

否定式函证适用于以下情况：

①重大错报风险评估为低水平；

②预计错误率比较低；

③欠款金额小的债务人数量很多；

④没有理由认为被函证对象对不一致的情况不予以回复。

(3) 函证时间的选择。

注册会计师通常以资产负债表日为截止日，在期后适当时间内实施函证。如果重大错报风险评估为低水平，注册会计师可选择资产负债表日前适当日期为截止日实施函证，并对所函证项目自该截止日起至资产负债表日止发生的变动实施其他实质性程序。

(4) 函证的控制。

注册会计师应直接控制询证函的发送和回收。对于无法投递退回的信函要进行分析、研究和处理，查明是由于被函证者地址迁移、差错而致信函无法投递，还是该笔应收账款本来就是一笔假账。

对于肯定式函证，注册会计师未能收到回函时，应当考虑是否再次函证，或实施替代审计程序。例如检查与销售有关的文件，包括销售合同、出库单、发运凭证以及销售发票副本，以验证这些应收账款的真实性。

需要注意的是如果被询证者以传真、电子邮件等方式回函，注册会计师应当直接接收，并要求被询证者寄回询证函原件。

(5) 函证结果不符事项的处理。

函证出现了不符事项，注册会计师应当首先提请被审计单位查明原因，确定其是否构成错报。注册会计师不能仅通过询问被审计单位相关人员对不符事项的性质和原因得出结论，而是要在询问原因的基础上，检查相关的原始凭证和文件资料予以证实。必要时与被询证方联系，获取相关信息和解释。对于不符事项，注册会计师需查明是由于双方登记入账的时间不一致，还是由于一方或双方记账错误，还是属于被审计单位的舞弊行为。

(6) 对未回函项目实施替代程序。

如果未收到被询证方的回函，注册会计师应当实施替代审计程序，例如：

①检查资产负债表日后收回的货款。注册会计师不能仅查看应收账款的贷方

发生额，而是要查看相关的收款单据，以证实付款方确为该客户且确与资产负债表日的应收账款相关。

②检查相关的销售合同、销售单、发运凭证等文件。注册会计师需要根据被审计单位的收入确认条件和时点，确定能够证明收入发生的凭证；

③检查被审计单位与客户之间的往来邮件，如有关发货、对账、催款等事宜邮件。

在某些情况下，注册会计师可能认为取得积极式函证回函是获取充分、适当的审计证据的必要程序，尤其是识别出有关收入确认的舞弊风险，导致注册会计师不能信赖从被审计单位取得的审计证据，则替代程序不能提供注册会计师需要的审计证据。在这种情况下，如果未获取回函，注册会计师应当确定其对审计工作和审计意见的影响。

需要指出的是，注册会计师应当将询证函回函作为审计证据，纳入审计工作底稿管理，询证函回函的所有权归属所在会计师事务所。

（7）对函证结果的总结和评价。

注册会计师对函证结果可进行如下评价：

①重新考虑对内部控制的原有评价是否适当，控制测试的结果是否适当；分析程序的结果是否适当；相关的风险评价是否适当等。

②如果函证结果表明没有审计差异，则可以合理地推论，全部应收账款总体是正确的。

③如果函证结果表明存在审计差异，则应当估算应收账款总额中可能出现的累计差错是多少，估算未被选中进行函证的应收账款的累计差错是多少。为取得对应收账款累计差错更加准确的估计，也可以进一步扩大函证范围。

5. 确定已收回的应收账款金额。

注册会计师应提请被审计单位协助，在应收账款明细表上标出至审计时已收回的应收账款金额。对已回收金额较大的款项进行检查，如核对收款凭证、银行对账单、销售发票副本等，并注意凭证发生的日期的合理性，分析收款时间是否与合同相关要素一致。

6. 检查未函证的应收账款。

对于未函证的应收账款，注册会计师需要实施其他审计程序获取有关应收账款的审计证据。这种程序通常与上述未收到回函情况下实施的替代程序相似。具体而言，注册会计师应抽查有关原始凭证，如销售合同、出库单、发运凭证以及销售发票副本等，以验证这些应收账款的真实性。

7. 抽查有无不属于结算业务的债权。

不属于结算业务的债权，不应在应收账款中核算。如有，应作出记录或建议被审计单位作适当调整。

8. 审查坏账损失的处理。

(1) 检查应收账款中有无债务人破产或者死亡的，以及破产财产或者遗产清偿后仍无法收回的，或者债务人长期未履行偿债义务的情况；

(2) 检查年度内发生的坏账损失有无授权批准、有无已作坏账损失处理后又收回的账款；

(3) 按照计提坏账准备的范围、标准测算已提坏账准备是否充分，并核对坏账准备总账余额与报表数是否相符；

(4) 确定坏账准备在资产负债表上的披露是否恰当。

9. 确定应收账款的列报是否恰当。

如果被审计单位设立“预收账款”账户，应注意资产负债表中“应收账款”项目的数额是否根据“应收账款”和“预收账款”账户所属的明细账户的期末借方余额的合计数填列。

除了企业会计准则要求的披露之外，如果被审计单位为上市公司，注册会计师还要评价其披露是否符合证券监管部门的特别规定。

(三) 坏账准备的实质性程序

1. 取得坏账准备明细表，复核加计是否正确，与坏账准备总账数、明细账合计数核对是否相符。

2. 将应收账款坏账准备本期计提数与资产减值损失相应明细项目的发生额核对是否相符。

3. 检查应收账款坏账准备计提和核销的批准程序，取得书面报告等证明文件，结合应收账款函证回函结果，评价计提坏账准备所依据的资料、假设及方法。

4. 实际发生坏账损失的，检查转销依据是否符合有关规定，会计处理是否正确。

5. 已经确认并转销的坏账重新收回的，检查其会计处理是否正确。

6. 确定应收账款和坏账准备的披露是否恰当。

三、其他相关账户审计

销售与收款循环审计中除包括前述主要账户外，还涉及其他如：应收票据、预收账款、应交税费、税金及附加、营业费用、其他业务收入、其他业务支出等账户的审计。下面介绍其中主要账户相应的实质性审计程序。

(一) 应收票据审计

企业因销售商品、提供劳务等收到客户的商业汇票，包括商业承兑汇票和银行承兑汇票，便产生了应收票据。应收票据是以书面形式表现的企业债权，经背书后可以转让或提交银行贴现。因此，应收票据的审计应结合企业赊销业务进行，企业对销售、收取票据、计息、贴现、收款等活动的控制是保证应收票据正确核算的基础。

应收票据的审计目标一般包括内容：确定应收票据是否存在；确定应收票据是否归被审计单位所有；确定应收票据增减变动的记录是否完整；确定应收票据是否有效，可否收回；确定应收票据期末余额是否正确；确定应收票据在会计报表上的披露是否恰当。

应收票据审计的实质性程序包括：

1. 获取或编制应收票据明细表，列明出票人姓名、出票日、到期日、金额和利率等内容。

注册会计师首先应复核加计合计数，并与期末余额合计数、报表数、总账数和明细账合计数核对相符。其次，根据明细表抽取部分票据追查有无相关销售业务，票据是否到期，有无逾期而应转为应收账款的票据。

2. 监盘库存票据。

注意票据的种类、号数、交易合同号、签收的日期、到期日、票面金额、利率、收款日期、收回金额、付款人、承兑人、背书人姓名或单位名称；以及票据是否已作抵押或贴现，贴现额是否被退回等情况与应收票据登记簿的记录核对相符。

3. 从明细表中抽取部分票据向出票人函证。

方法与应收账款的函证基本一致，以证实其存在性和可收回性，并对函证结果进行分析。

4. 检查应收票据的利息收入入账是否正确。

注册会计师应根据应收票据的有关资料，复核应计利息收入计算是否正确，并与“财务费用——利息收入”账户核对票据利息收入入账是否正确。

5. 审查已贴现的应收票据。

因已贴现的应收票据除在应收票据账户的贷方反映外，还会在应收票据登记簿中被注明贴现情况，注册会计师应结合应收票据登记簿审查票据贴现额与利息额的计算是否正确，会计处理方法是否适当，复核已贴现以及已转让但未到期的应收票据的金额与应收票据贷方账户登记是否一致。

6. 对于以外币结算的应收票据，检查其采用的折算汇率和汇兑损益的账务处理是否正确。

7. 检查应收票据在会计报表上的披露是否恰当。

企业除应在资产负债表中列明应收票据账户余额外，对于已贴现的商业承兑汇票应在报表下端补充资料内加以反映；项目数额是否与审定数相符，是否剔除了已贴现票据。如果被审计单位是上市公司，其会计报表附注中通常应披露贴现或用做抵押的应收票据的情况和原因说明。

（二）应交税费的审计

由于增值税和所得税与企业销售业务关系较为密切，我们将应交税费放在销售与收款循环中审计。在对应交税费审计时应结合收入、利润账户进行，并注意与税金及附加账户相关数据核对。

应交税费的审计目标包括：确定应计和已交税金的记录是否完整；确定应交税费的期末余额是否正确；确定应交税费在会计报表的披露是否恰当。

应交税费审计的实质性测试程序如下：

1. 获取或编制应交税费明细表，复核加计正确，并与报表数、总账数和明细账合计数核对相符。

注册会计师尤其应注意不属于应交税费账户核算的项目，如印花税、耕地占用税等。

2. 获取被审计单位纳税鉴定及纳税通知、减免税的批准文件等有关资料，了解被审计单位应纳税种、适用税率，以及减免税的范围与期限，确认被审计单位应纳税的内容。

3. 检查应交增值税的核算是否正确。

（1）将“应交增值税明细表”与“企业增值税纳税申报表”核对，检查进项税额、销项税额、已交税金、未交税金的金额是否相符，入账与申报期间是否一致，各月增值税纳税申报表是否经税务机关认定。

（2）检查进项税核算是否正确。抽查进项税的入账是否符合规定，计算是否正确：对于进口货物、购进的免税农产品、接受投资或捐赠、接受应税劳务等应计的进项税额是否按规定进行了会计处理，有无不符合规定多记进项税额的情况。

（3）检查销项税核算是否正确。结合收入账户检查应税商品和劳务的销售是否按规定计算了销项税；对于销售材料，或将材料用于投资、无偿馈赠他人、分配给股东（或投资者）应计的销项税额，以及将自产、委托加工的产品用于非应税项目等特殊形式的销售是否按规定计算销项税额，并作账务处理。

（4）检查进项税转出的核算是否正确；对于发生的因存货改变用途或发生非常损失是否已按规定作了进项税额转出，计算及会计处理是否正确。

4. 检查应交消费税的核算是否正确。

结合税金及附加等项目，根据审定的应税消费品销售额（或数量），检查消费税计税依据是否正确，适用税率（或单位税额）是否符合税法规定，期末余额是否正确，是否按规定进行了会计处理。

5. 检查应交城市维护建设税的核算是否正确。

根据审定的本期应交增值税的金额计算本期应交城市维护建设税的金额。并与税金及附加账户及应交城市维护建设税明细账贷方数核对，检查城市维护建设税的计税基础和适用的税率是否符合规定，复核被审计单位本期应交未交城市维护建设税的税额是否正确。

6. 检查应交所得税的核算是否正确。

（1）取得被审计单位有关所得税的纳税鉴定资料，核对所得税适用税率、减免税及期限与被审计单位的计税依据是否一致，结合审定的利润额和所得税费用项目，复核所得税计算是否正确；

（2）检查计算纳税所得时应按税法规定进行调整的有关账户是否已作纳税调整，复核调整计算是否正确；

（3）检查所得税的会计理方法是否正确，应付税款法或纳税影响会计法的采用前期后各期是否一致；

（4）复核本期已预交所得税金额，确定应交数额是否正确。

7. 确定应交税费在资产负债表上是否恰当披露。

（三）销售费用审计

销售费用核算企业销售商品过程中发生的各项费用，如因销售产品而发生的运杂费、包装费、广告费和展览费、专设销售机构经费等。

销售费用的审计目标一般包括：确定销售费用的内容是否真实、完整；确定销售费用的分类、归属和会计处理是否正确；确定销售费用在会计报表上的披露是否恰当。

销售费用审计的实质性程序主要包括：

1. 获取或编制销售费用明细表，复核计算正确，并与报表数、总账数及明细账合计数核对相符，检查明细项目的设置是否符合规定。

2. 检查销售费用的各项支出是否符合规定标准，是否正确区分销售费用与其他费用的界限，会计处理是否正确。

3. 进行分析程序。将本期各月的销售费用进行比较，并将本期销售费用与上期销售费用进行比较，对于发现的重大波动和异常情况，应查明原因，并作适当处理。

4. 审查销售费用在利润表上的披露是否恰当。

【课后习题】

一、思考题

1. 销售与收款循环的主要业务活动包括哪些？

2. 销售与收款循环的主要内部控制内容包括哪些？

3. 销售与收款循环中的重大错报风险包括哪些，应如何进行识别与评估？

4. 执行应收账款函证程序时，如何确定函证的范围、对象和方式？

5. 注册会计师如何实施销售的截止测试？

二、案例题

1. 审计人员在审查某企业上年度 12 月报表中发现下列情况：

(1) 售给A工厂乙产品3 000件，货款已收到，未入账。

(2) 公司办公楼大修理领用乙产品100件，未入账。

(3) A工厂退回甲产品400件，产品已收到，账中未作处理。

(4) 售给A工厂乙产品3 000件没有结转成本。

另知，甲产品单位售价为16元，制造成本为11元，乙产品单位售价为20元，制造成本为13元。

[要求] 计算出应调整的销售收入、销售成本，并指出该公司在销售业务中存在的问题。

2. 审计人员在对某企业应收账款进行审计时，发现应收账款明细账中，有A公司2008年1月1日借方余额50 000元，本年借方、贷方均无发生额，2008年末仍为借方余额50 000元。据查，此款是2005年A公司欠该企业的购货款。

[要求] 分析此款可能存在的问题，并提出处理意见。

3. 审计人员在对ABC公司的主营业务收入实施审计时发现，上年12月30日从仓库发出甲商品4 200件（单位售价30元，成本22元），该公司没有作相应的会计处理，到今年1月8日开出销售发票时，才作如下处理：

借：应收账款——M公司	147 420	
贷：主营业务收入		126 000
应交税费——应交增值税（销项税额）		21 420
借：库存商品——甲商品	92 400	
贷：主营业务成本——甲商品		92 400

[要求] 指出该公司业务处理的恰当性，并作出相应的账务调整。

第十二章　采购与付款循环审计

【本章教学目的和要求】

通过本章学习，应当了解采购与付款循环的主要业务活动和所涉及的主要凭证和会计记录；理解并掌握采购与付款循环的内部控制及其测试的内容；理解并掌握采购与付款循环重大错报风险的识别与评估的内容；以及理解并掌握应付账款、固定资产及其累计折旧的实质性测试程序。

【引导案例】

2018 年中国资本市场爆出 LXKJ 财务造假和信披违规事项。根据 2018 年《行政处罚事先告知书》中的描述，LXKJ 公司在 2015 ~ 2017 年间虚增收入，并与关联方联手虚构相关原料采购，配合收入造假形成看似合理的交易闭环。

2018 年《行政处罚事先告知书》披露显示，2015 年至 2017 年，LXKJ 公司通过虚开增值税发票或未开票即确认收入的方式，通过 11 家客户在正常业务基础上虚增业绩，账面形成大量虚假应收账款。同时利用体外资金虚构客户回款，实际上是在 LXKJ 公司董事长廖某茂实际控制的公司进行资金空转。为了使虚增的收入更加“合理化”“真实化”，LXKJ 公司按照正常业务的毛利率虚假结转成本，为了支撑结转的虚假成本，LXKJ 公司倒算出需采购的原材料数据，虚构采购交易。账面形成大量虚假主营业务成本和应付账款。对于支付的采购货款，表面是支付给供应商货款，实则支付给 LXKJ 公司董事长廖某茂实际控制的公司。

【引导案例思考】 亲爱的读者们，你认为注册会计师该从哪些途径识别 LXKJ 公司虚假采购会计造假？

第一节 采购与付款循环的业务活动与会计记录

企业采购与付款循环是企业生产经营活动的起点，是企业资金周转的关键环节，只有及时组织好资产的采购、验收业务，才能保证生产、销售业务的正常运行。采购与付款循环包括购买商品、劳务和固定资产，以及企业在经营活动中为获取收入而发生的直接或间接的支出。

采购与付款循环根据会计报表项目与业务循环的相关程度，采购与付款循环相关的会计报表项目一般包括预付账款、固定资产累计折旧、固定资产减值准备、在建工程、工程物资、固定资产清理、应付票据和应付账款等，涉及的利润表项目通常为管理费用。

本节主要包括两方面内容：一是本循环所涉及的主要业务活动；二是本循环涉及的主要凭证和会计记录。

一、采购与付款循环的主要业务活动

采购与付款循环涉及采购、验收、储存、会计等部门，根据职责分离原则，企业应尽可能地将各项职能活动指派给不同的部门或职员来完成，以保证业务处理的正确性、可靠性。采购与付款循环中的主要业务活动包括以下内容：

（一）制定采购计划

基于企业的生产经营计划，生产、仓库等部门定期编制采购计划，经部门负责人等适当的管理人员审批后提交采购部门，具体安排商品及服务采购。

（二）供应商认证及信息维护

企业通常对于合作的供应商事先进行资质等审核、将通过审核的供应商信息录入系统，形成完整的供应商清单，并及时对其信息变更进行更新。采购部门只能向通过审核的供应商进行采购。

（三）请购商品和劳务

企业采购商品分为一般授权和特别授权两种形式。一般授权是指企业对正常经营活动所需物资的采购。例如，仓库在现有库存达到再订货点时就可直接提出采购申请，其他部门也可为正常的工作直接请购有关物品。特别授权则是指对涉及资本支出和租赁合同等重大采购事项，企业通常要求只允许指定人员提出请购。

大多数企业对正常经营所需物资的购买均作一般授权，例如生产部门在现有库存达到再订货点时就可提出采购申请，其他部门也可为正常的维修工作和类似工作直接申请采购有关物品。请购单可由手工或计算机编制。由于企业内不少部门都可以填列请购单，可以分别部门设置请购单的连续编号，每张请购单必须经过对这类支出预算负责的主管人员签字批准。

请购单是证明有关采购交易的“发生”认定的凭据之一，也是采购交易轨迹的起点。

（四）编制订购单

采购部门在收到请购单后，只对经过批准的请购单发出订购单。

对每张订购单，采购部门应确定最佳的供应商。对一些大额、重要的采购项目，应采取竞价方式来确定供应商，以保证供货的质量和低成本。

订购单应预先按顺序编号并经过被授权的采购人员签名，其正联送交供应商，副联则送至企业内部的验收部门、应付凭单部门和编制请购单的部门。随后，应独立检查订购单的处理，以确定是否实际收到商品并正确入账。这项检查与采购交易的“完整性”和“发生”认定有关。

（五）验收商品

购入的商品，均应由独立于采购、存储等部门以外的部门负责验收。验收部门首先应比较所收商品与订购单上的要求是否相符，然后再盘点商品数量并检查有无损坏。验收后，验收部门应对已收货的每张订购单编制一式多联、预先顺序编号的验收单，作为验收和检验商品的依据。

验收单是支持资产或费用以及与采购有关的负债的“存在或发生”认定的重要凭证。定期独立检查验收单的顺序以确定每笔采购交易都已编制凭单，则与采购交易的“完整性”认定有关。

（六）储存已验收的商品

商品入库须由存储部门先行点验和检查，然后在验收单的副联上签收。据此，存储部门确立了本身应负的资产保管责任，并对验收部门的工作进行验证。将已验收商品的保管与采购职责相分离，目的是减少未经授权的采购和盗用商品的风险。此外，存放商品的仓储区应相对独立、限制无关人员接近。这些控制与商品的“存在”认定有关。同时，存储部门还应根据商品的品质特征分类存放，并填制标签。

（七）编制付款凭单

货物验收后，记录采购交易之前，应付凭单部门应核对购货单、验收单和供货发票的一致性，并编制付款凭单。

这项控制的功能包括：

1. 确定供应商发票的内容与相关的验收单、订购单的一致性。
2. 确定供应商发票计算的正确性。

3. 编制有预先顺序编号的付款凭单，并附上支持性凭证（如订购单、验收单和供应商发票等）。

4. 独立检查付款凭单计算的正确性。

5. 在付款凭单上填入应借记的资产或费用账户名称。

6. 由被授权人员在凭单上签字，以示批准照此凭单要求付款。所有未付凭单的副联应保存在未付凭单挡案中，以待日后付款。

经适当批准和有预先编号的凭单为记录采购交易提供了依据，因此，这些控制与“存在”“发生”“完整性”“权利和义务”和“计价和分摊”等认定有关。

（八）确认与记录负债

企业应正确地确认已验收货物的债务，并要求会计部门准确、及时地记录负债。应付凭单部门应将已批准的未付款凭单送达会计部门，据以编制有关记账凭证和登记有关账簿。会计部门一般有责任核查购置的财产，并在应付凭单登记簿或应付账款明细账中加以记录。

应付账款确认与记录的一项重要控制是要求记录现金支出的人员不得经手现金、有价证券和其他资产恰当的凭证、记录与记账手续，对业绩的独立考核和应付账款职能而言是必不可少的控制。

（九）办理付款

通常由应付凭单部门负责确定未付凭单在到期日付款。以常用的支票结算方式为例，编制和签发支票的有关控制包括如下内容：

1. 独立检查已签发支票的总额与所处理的付款凭单的总额的一致性。

2. 应由被授权的财务部门的人员负责签署支票。

3. 被授权签署支票的人员应确定每张支票都附有一张已经适当批准的未付款凭单，并确定支票收款人姓名和金额与凭单内容一致。

4. 支票一经签署就应在其凭单和支持性凭证上用加盖印戳或打洞等方式将其注销，以免重复付款。

5. 支票签署人不应签发无记名甚至空白的支票。

6. 支票应预先顺序编号，保证支出支票存根的完整性和作废支票处理的恰当性。

7. 应确保只有被授权的人员才能接近未经使用的空白支票。

（十）记录现金、银行存款支出

以支票结算方式为例，会计人员应根据已签发的支票编制付款凭证，并据以登记银行存款日记账及其他相关账簿。记录银行存款支出的有关控制包括如下内容：

1. 会计主管应独立检查记入银行存款日记账和应付账款明细账的金额，以及与支票汇总记录的一致性；

2. 定期比较银行存款日记账记录的日期与支票副本的日期，独立检查入账的及时性；

3. 独立编制银行存款余额调节表。

二、采购与付款循环涉及的主要凭证和会计记录

采购与付款业务通常要经过请购—订货—验收—付款此类程序，同销售与收款业务一样，在内部控制比较健全的企业，处理采购与付款业务通常也需要使用很多凭证和会计记录。

（一）涉及的主要凭证

采购与付款循环所涉及的主要凭证有：采购计划、供应商清单、请购单、订购单、验收及入库单、购货发票、付款凭单、转账凭证、付款凭证、供应商对账单。

（二）涉及的会计记录

采购与付款循环所涉及的会计记录有：应付账款明细账和总账、现金日记账、银行存款日记账及总账。

第二节　采购与付款循环的内部控制与重大错报风险评估

一、采购与付款循环的业务特点

注册会计师可从以下方面了解采购与付款循环业务特点：

1. 购货与付款循环业务是财务报表重要错报的来源；
2. 购货与付款循环的交易量一般很大；
3. 可能发生未授权的采购和现金支出；
4. 已购买的资产可能被侵吞或滥用；
5. 可能出现划分资本性支出和费用性支出方面的问题；
6. 了解和描述内部控制。

注册会计师应通过查阅被审计单位的有关规章制度和文件资料，以向有关人员口头查询和现场观察等方式，了解被审计单位采购与付款循环的特点和相关的内部控制，并采用适当的方法进行描述，载入审计工作底稿。

二、采购与付款循环的内部控制

采购与付款循环的内部控制主要有以下几个方面：适当的职责分离、审批控制、请购业务控制、采订购业务控制、验收业务控制、付款控制和应付账款控制等。

（一）适当的职责分离

适当的职责分离有助于防止各种有意或无意的错误。企业应当建立采购与付款交易的岗位责任制，明确相关部门和岗位的职责、权限，确保办理采购与付款交易的不相容岗位相互分离、制约和监督。

采购与付款业务不相容岗位主要包括：

①请购与审批；

②询价与确定供应商；

③采购合同的订立与审查；

④采购与验收；

⑤采购、验收与相关会计记录；

⑥付款审批与付款执行。

（二）审批控制

企业应当对采购与付款业务建立严格的授权批准制度，明确审批人对采购与付款业务的授权批准方式、权限、程序、责任和相关控制措施，规定经办人办理采购与付款业务的职责范围和工作要求。对于重要和技术性较强的采购业务，应当组织专家进行论证，实行集体决策和审批，防止出现决策失误而造成严重损失。严禁未经授权的机构或人员办理采购与付款业务。

（三）请购业务控制

企业应当建立采购申请制度，依据购置物品或劳务类型，确定归口管理部门，授予相应的请购权，并明确相关部门或人员的职责权限及相应的请购程序。单位应当加强采购业务的预算管理。

（四）订购业务控制

企业应当建立采购环节的管理制度，对采购方式确定、供应商选择程序等作出明确规定，确保采购过程的透明化。单位应当根据物品或劳务等的性质及其供应情况确定采购方式。一般物品或劳务等的采购应采用订单采购或合同订货等方式，小额零星物品或劳务等的采购可以采用直接购买等方式。单位应当制定例外紧急需求的特殊采购处理程序。

（五）验收业务控制

企业应当根据规定的验收制度和经批准的订单、合同等采购文件，由独立的验收部门或指定专人对所购物品或劳务等的品种、规格、数量、质量和其他相关内容进行验收，出具验收证明。对验收过程中发现的异常情况，负责验收的部门或人员应当立即向有关部门报告；有关部门应查明原因，及时处理。

（六）付款控制

对付款的控制包括：企业应当按照《现金管理暂行条例》《支付结算办法》等有关货币资金内部会计控制的规定办理采购付款交易。企业财会部门在办理付款交易时，应当对采购发票、结算凭证、验收证明等相关凭证的真实性、完整性、合法性及合规性进行严格审核。企业应当建立预付账款和定金的授权批准制度，加强预付账款和定金的管理。

（七）应付账款控制

对应付账款的控制包括：应付账款的记录必须由独立于请购、采购、验收、付款的人员进行；应付账款的入账必须在取得和审核的各种凭证后才能进行；企业应当加强应付账款和应付票据的管理，由专人按照约定的付款日期、折扣条件等管理应付款项。已到期的应付款项需经有关授权人员审批后方可办理结算与支付；企业应定期与供应商核对应付账款、应付票据、预付款项等往来款项。如有不符，应查明原因，及时处理。

三、采购与付款循环内部控制的了解与描述

了解采购与付款循环内部控制是初步评估采购与付款业务重大错报风险的基础，也是后续开展内部控制测试的前提，因此注册会计师首先应进行了解采购与付款循环内部控制工作。

注册会计师可以通过询问、观察、审查凭证和查阅文件等程序，了解被审计单位购货与付款内部控制的情况。注册会计师一般利用内部控制调查表（见表12－1）来完成，注册会计师还应通过流程图、文字说明等形式，将其对内部控制的了解记录于审计工作底稿中。

表12－1　　购货与付款内部控制调查表

问题	是	否	不适用	备注
1. 请购商品或劳务				
（1）是否已建立请购的授权批准程序？				
（2）每笔采购业务是否都必须具有经过批准的请购单？				
2. 订购商品或劳务				
（1）每笔采购业务是否均填制订购单？				
（2）是否使用预先编号的订购单？				

续表

问题	是	否	不适用	备注
3. 验收商品				
（1）验收部门接收货物之前是否必须取得订购单？				
（2）是否清点、检验货物，并与订购单相核对？				
（3）验收单是否预先编号，并附有验收人员的签字？				
（4）验收部门将商品送交仓库后，是否取得对方签章的收据？				
4. 存储已验收的商品				
（1）商品是否存放在安全的地点，并仅限经过批准的人接近？				
（2）是否设有保安人员守卫仓库存货？				
5. 记录负债				
（1）是否对有关记账凭证的分录进行独立检查，以确定账户分类的适当性和入账的及时性？				
（2）是否核对购货发票与相关的订购前单、验收单等，审核其内容是否一致？				

四、采购与付款循环内部控制的初步评价

对采购与付款内部控制进行初步评价，其目的在于注册会计师对其进行实质性程序前确定对采购与付款内部控制的可信赖程序。

注册会计师可通过下列措施来完成初步评价：

1. 确定该项认定可能发生哪些潜在的错报或漏报；

2. 确认哪些控制可以防止或者发现、更正这些错报或漏报。

注册会计师确认了每一目标的有效控制和薄弱环节，就要对每一控制目标的控制风险作出初步评估，并制定对哪些控制实施控制测试的计划，应根据对控制风险的初步评估和计划实施的控制测试来加以确定。

五、重大错报风险的识别与评估

（一）采购与付款循环重大错报风险的识别

企业采购与付款循环中常见的重大错报风险可能包括：

1. 低估负债或相关准备。

在承受反映较高盈利水平和营运资本的压力下，被审计单位管理层可能试图低估应付账款等负债或资产相关准备，包括低估对存货应计提的跌价准备。该类重大错报风险常集中体现在：

（1）遗漏交易，例如未记录已收取货物但尚未收到发票的采购相关的负债或未记录尚未付款的已经购买的服务支出等；

（2）采用不正确的费用支出截止期，例如将本期的支出延迟到下期确认；

（3）将应当及时确认损益的费用性支出资本化，然后通过资产的逐步摊销予以消化等。

这些将对完整性、截止、发生、存在、准确性和分类认定产生影响。

2. 管理层错报负债费用支出的偏好和动因。

被审计单位管理层可能为了完成预算，满足业绩考核要求，保证从银行获得资金，吸引潜在投资者，误导股东，影响公司股价等动机，通过操纵负债和费用的确认控制损益。

（1）平滑利润。通过多计准备或少计负债和准备，把损益控制在被审计单位管理层希望的程度；

（2）利用特别目的实体把负债从资产负债表中剥离，或利用关联方间的费用定价优势制造虚假的收益增长趋势；

（3）被审计单位管理层把私人费用计入企业费用，把企业资金当作私人资金运作。

3. 费用支出的复杂性。

例如，被审计单位以复杂的交易安排购买一定期间的多种服务，管理层对于涉及的服务受益与付款安排所涉及的复杂性缺乏足够的了解。这可能导致费用支出分配或计提的错误。

4. 不正确地记录外币交易。

当被审计单位进口用于出售的商品时，可能由于采用不恰当的外币汇率而导致该项采购的记录出现差错。此外，还存在未能将诸如运费、保险费和关税等与存货相关的进口费用进行正确分摊的风险。

5. 舞弊和盗窃的固有风险。

如果被审计单位经营大型零售业务，由于所采购商品和固定资产的数量及支付的款项庞大，交易复杂，容易造成商品发运错误，员工和客户发生舞弊和盗窃的风险较高。如果那些负责付款的会计人员有权接触应付账款主文档，并能够通过在应付账款主文档中擅自添加新的账户来虚构采购交易，风险也会增加。

6. 存在未记录的权利和义务。

这可能导致资产负债表分类错误以及财务报表附注不正确或披露不充分。

（二）采购与付款循环重大错报风险的评估

注册会计师应在了解被审计单位及其环境的过程中，识别和评估购货与付款循环的重大错报风险。

当被审计单位管理层具有高估利润的动机时，注册会计师应当主要关注费用支出和应付账款的低计。重大错报风险集中体现在遗漏交易，采用不正确的费用支出截止期，以及错误划分资本性支出和费用性支出。这些将对完整性、截止、发生、存在、准确性和分类认定产生影响。

为评估重大错报风险，注册会计师还应详细了解有关交易或付款的内部控制，这些控制主要是为预防、检查和纠正前面所认定的重大错报的固有风险而设置的。注册会计师可以通过审阅以前年度审计工作底稿、观察内部控制执行情况、询问管理层和员工、检查相关的文件和资料等方法加以了解。注册会计师只有对被审计单位的重大错报风险进行有效的识别与评估，并在此基础上设计并实施进一步审计程序，才能有效应对重大错报风险。

第三节　采购与付款循环的内部控制测试

注册会计师在评估采购与付款循环相关的认定层次重大错报风险时，如果预期内部控制运行是有效的，则应当实施控制测试，就采购与付款循环控制在相关期间或时点的运行有效性获取充分、适当的审计证据。

一、采购与付款循环的内部控制测试

（一）请购商品或劳务内部控制的测试

请购制度有助于对订购单和购货发票的控制，从而使得控制的结果为进一步信赖该制度提供有力的证据。注册会计师应关注对请购单的提出和核准的控制程序，对其进行控制测试时，应选择若干张请购单，检查摘要、数量及日期和相应文件的完整性，审核核准的证据手续是否完整，有无核准人签字。

（二）订购商品或劳务内部控制的测试

订购单是经核准的采购业务的执行凭证，注册会计师通常更注意对订购单的填制和处理的控制，关注订购单是否准确处理和全部有效。测试时，应注意订购单的完整性，如编号、日期、摘要、数量、价格、规格、质量及运输要求是否齐全，审查订购单是否附有请购单或其他授权文件。

（三）货物验收内部控制的测试

注册会计师应确定购货发票是否与验收单一致，验收部门是否独立行使职责，并编制正确的验收单，查询并观察验收部门在收货时对货物的检查情况，检查按编号顺序处理验收单的完整性，即验收单的内容填写是否完整，查阅货物质量检验单的内容和处理程序。

（四）付款业务内部控制的测试

注册会计师可通过查询、观察、检查以及重新执行内部控制等措施对资金支出进行测试，其步骤与方法是：检查支票样本，审核付款是否经过批准，支票是否与应付凭单一致，付款后是否注销凭单，支票是否经过授权批准的人员签发；检查支票登记簿的编号次序，与相应的应付账款明细账以及银行存款日记账核对，审查其金额是否一致；观察编制凭证和签发支票、签发支票与保管支票的职责分工是否符合内部控制原则；检查付款支票样本，确定资金支付是否完整地记录在适当的会计期间。

（五）应付账款内部控制的测试

注册会计师应检查购货业务的原始凭证，包括每一张记录负债增加的记账凭证是否均附有订购单、验收发票，审核这些原始凭证的数量、单价、金额是否一致，原始凭证上和各种手续是否齐全。应注意现金折扣的处理是否经授权的经办人按规定处理，测试中可抽查部分购货发票，注意有关人员是否在现金折扣期限内按原发票价格支付货款，然后从供货方取得退款支票或现金，有无放弃应获得的折扣问题。注册会计师还应根据付款凭证记录的内容，分别追查应付账款和存货明细账与总账是否进行平行登记，金额是否一致。

二、固定资产的内部控制测试

固定资产内部控制制度是采购与付款循环内部控制重要组成部分，鉴于其重要性，本节将固定资产内部控制测试单独列出进行专门讨论。

（一）固定资产的预算制度

注册会计师应选取固定资产投资预算和投资可行性项目论证报告，检查是否编制预算并进行论证，以及是否经适当层次审批；对实际支出与预算之间的差异以及未列入预算的特殊事项，应检查其是否履行特别的审批手续。如果固定资产增减均能处于良好的经批准的预算控制之内，注册会计师即可适当减少针对固定资产增加、减少实施的实质性程序的样本量。

（二）固定资产的授权批准制度

注册会计师不仅应检查被审计单位固定资产授权批准制度本身是否完善，还应选取固定资产请购单及相关采购合同，检查是否得到适当审批和签署，关注授权批准制度是否得到切实执行。

（三）固定资产的账簿记录制度

注册会计师应当认识到，一套设置完善的固定资产明细分类账和登记卡，将为分析固定资产的取得和处置、复核折旧费用和修理支出的列支带来帮助。

（四）固定资产的职责分工制度

注册会计师应当认识到，明确的职责分工制度，有利于防止舞弊、降低注册会计师的审计风险。

（五）固定资产的资本性和收益性支出制度

注册会计师应当检查该制度是否遵循企业会计准则的要求，是否适应被审计单位的行业特点和经营规模，并抽查实际发生与固定资产相关的支出时是否按照该制度进行恰当的会计处理。

（六）固定资产的处置制度

注册会计师应当关注被审计单位是否建立了有关固定资产处置的分级申请报批程序；抽取固定资产盘点明细表，检查账实之间的差异是否经审批后及时处理；抽取固定资产报废单，检查报废是否经适当批准和处理；抽取固定资产内部调拨单，检查调入、调出是否已进行适当处理；抽取固定资产增减变动情况分析报告，检查是否经复核。

（七）固定资产的定期盘点制度

注册会计师应了解和评价企业固定资产盘点制度，并应注意查询盘盈、盘亏固定资产的处理情况。

（八）固定资产的保险制度

固定资产保险制度对企业固定资产安全完整具有重要意义，因此注册会计师应抽取固定资产保险单盘点表，检查是否已办理商业保险。

三、进一步评价采购与付款循环内部控制

采购与付款循环的内部控制的进一步评价目的是对采购与付款业务进行实质性程序前，是否信赖其内部控制，以及可信赖程度的一种评价。注册会计师执行控制测试以后，应对内部控制进行重新评价，根据再次评价的控制风险水平，重新考虑和推算检查风险的水平，从而可以确定将要执行的实质性测试审计程序的性质、时间和范围。

第四节　采购与付款循环的实质性测试

采购与付款循环的的主要重大错报风险通常是低估费用和应付债务，从而高估利润、粉饰财务状况，因此注册会计师应着重关注采购费用支出及应付债务的审计。根据采购与付款循环涉及的主要会计报表项目及其披露，注册会计师需对应付账款、固定资产及其相关账户进行实质性测试。

一、应付账款的审计

应付账款是企业在正常经营过程中，因购买材料、商品和接受劳务供应等经

营活动而应付给供应单位的款项。因此，注册会计师应结合赊购交易对应付账款进行审计。

（一）应付账款的审计目标

应付账款的审计目标一般包括：确定资产负债表中记录的应付账款是否存在；确定所有应当记录的应付账款是否均已记录；确定资产负债表中记录的应付账款是否为被审计单位应当履行的现时义务；确定应付账款是否以恰当的金额包括在财务报表中，与之相关的计价调整是否已恰当记录；确定应付账款是否已按照企业会计准则的规定在财务报表中作出恰当的列报。

（二）应付账款审计的实质性程序

1. 获取或编制应付账款明细表，并执行以下工作：

（1）复核加计是否正确，并与报表数、总账数和明细账合计数核对是否相符；

（2）检查非记账本位币应付账款的折算汇率及折算是否正确；

（3）分析出现借方余额的项目，查明原因，必要时，建议作重分类调整；

（4）结合预付账款、其他应付款等往来项目的明细余额，检查有无针对同一交易在应付账款和预付款项同时记账的情况、异常余额或与购货无关的其他款项（如关联方账户或雇员账户）。

2. 根据被审计单位实际情况，选择适当的方法对应付账款执行分析程序。

（1）将应付账款期末余额与期初余额进行比较，查找是否存在异常波动现象，分析其波动原因；

（2）分析长期挂账的应付账款，要求被审计单位作出解释，判断被审计单位是否缺乏偿债能力或利用应付账款隐瞒利润，并注意其是否可能无须支付，对确实无须支付的应付款的会计处理是否正确，依据是否充分；

（3）计算应付账款与存货的比率，应付账款与流动负债的比率，并与以前年度相关比率对比分析，评价应付账款整体的合理性；

（4）分析存货、主营业务收入和主营业务成本等项目的增减变动判断应付账款增减变动的合理性。

3. 函证应付账款。

一般情况下，应付账款并非必须进行函证，因为函证并不能确保查出未记录的应付账款，况且注册会计师能够取得采购发票等外部凭证来证实应付账款的余额。但如果控制风险较高，对应付账款明细金额较大债权人或被审计单位处于财务困难阶段，则应进行应付账款的函证。应付账款函证与应收账款函证的程序、方法基本相同。

4. 检查应付账款是否计入了正确的会计期间，是否存在未入账的应付账款。

为了防止企业低估负债，注册会计师应通过检查债务形成的相关原始凭证、供应商对账单、银行对账单、资产负债表日后应付账款明细账贷方发生额凭证，并结合存货监盘程序，来检查被审计单位有无故意漏记应付账款行为。

5. 寻找未入账负债的测试。

获取期后收取、记录或支付的发票明细，包括获取支票登记簿、电汇报告、银行对账单以及入账的发票和未入账的发票。从中选取项目（尽量接近审计报告日）进行测试并实施以下程序：

（1）检查支持性文件，如相关的发票、采购合同或申请、收货文件以及接受劳务明细，以确定收到商品或接受劳务的日期及应在期末之前入账的日期。

（2）追踪已选取项目至应付账款明细账、货到票未到的暂估入账或预提费用明细表，并关注费用所计入的会计期间。调查并跟进所有已识别的差异。

（3）评价费用是否被记录于正确的会计期间，并相应确定是否存在期末未入账负债。

6. 检查应付账款长期挂账的原因并作出记录，对确实无须支付的应付款的会计处理是否正确。

7. 针对已偿付的应付账款，追查至银行对账单、银行付款单据和其他原始凭证，检查其是否在资产负债表日前真实偿付。

8. 针对异常或大额交易及重大调整事项（如大额的购货折扣或退回，会计处理异常的交易，未经授权的交易，或缺乏支持性凭证的交易等），检查相关原始凭证和会计记录，以分析交易的真实性、合理性。

9. 被审计单位与债权人进行债务重组的，检查不同债务重组方式下的会计处理方法是否正确。

10. 结合其他应付款、预付款项等项目的审计，检查有无同时挂账的项目，或有无属于其他应付款的款项。如有，应作出记录，必要时，建议被审计单位作重分类调整或会计误差调整。

11. 标明应付关联方［包括持5%以上（含5%）表决权股份的股东］的款项，执行关联方及其交易审计程序，并注明合并报表时应予抵销的金额。

12. 确定应付账款的披露是否恰当。

一般来说，“应付账款”项目应根据“应付账款”和“预付账款”科目所属明细科目的期末贷方余额的合计数填列。

二、固定资产审计

固定资产是为生产商品、提供劳务、出租或经营管理而持有的，使用寿命超过一个会计年度的，在使用过程中保持实物形态不变的，单位价值较高的有形资产。由于固定资产在企业资产总额中一般所占的比重较大，固定资产的安全、完整对企业的生产经营影响极大，注册会计师应对固定资产的审计予以高度重视。

固定资产审计的范围很广，包括固定资产原价、累计折旧和固定资产减值准备。此外，由于固定资产的增加包括购置、自行建造、投资者投入、租赁、更新改造、以应收债权换入、以非货币性资产交换方式换入、经批准无偿调入、接受捐赠和盘盈等多种途径，相应涉及货币资金、应付账款、预付款项、在建工程、股本、资本公积、长期应付款、递延所得税负债等项目；企业的固定资产又因出售、报废、投资转出、捐赠转出、抵债转出、以非货币性资产交换方式换出、无偿调出、毁损和盘亏等原因而减少，与固定资产清理、其他应收款、营业外收入和营业外支出等项目有关；另外，企业按月计提固定资产折旧，又与制造费用、销售费用、管理费用等项目联系在一起。因此，在进行固定资产审计时，应当关注这些相关项目。

（一）固定资产的审计目标

固定资产的审计目标一般包括：确定资产负债表中记录的固定资产是否存在；确定所有应记录的固定资产是否均已记录；确定记录的固定资产是否由被审计单位拥有或控制；确定固定资产以恰当的金额包括在财务报表中，与之相关的计价或分摊已恰当记录；确定固定资产原价、累计折旧和固定资产减值准备是否已按照企业会计准则的规定在财务报表中作出恰当列报。

（二）固定资产审计的实质性程序

固定资产审计的实质性程序一般包括如下内容：

1. 获取或编制固定资产、累计折旧及减值准备分类汇总表，检查固定资产的分类是否正确，复核加计是否正确，并与报表数、总账余额和明细账余额合计数核对相符。

注册会计师首先应获取或编制固定资产、累计折旧及减值准备分类汇总表，如表 12 - 2 所示。

表 12 - 2　　固定资产、累计折旧及减值准备分类汇总表

被审计单位：　　　　索引号：

项目：固定资产、累计折旧及减值准备明细表　　　　财务报表截止日/期间：

编制：　　　　复核：

日期：　　　　日期：

项目名称	期初余额	本期增加	本期减少	期末余额	备注
1. 原价合计					
其中：房屋、建筑物					
机器设备					
运输工具					

续表

项目名称	期初余额	本期增加	本期减少	期末余额	备注
2. 累计折旧合计					
其中：房屋、建筑物					
机器设备					
运输工具					
3. 固定资产减值准备合计					
其中：房屋、建筑物					
机器设备					
运输工具					
4. 固定资产账面价值合计					
其中：房屋、建筑物					
机器设备					
运输工具					

2. 根据具体情况，选择适当的方法对固定资产实施分析程序。

（1）计算固定资产原值与全年产量的比率，并与以前年度比较，分析其波动原因，可能发现闲置固定资产或已减少固定资产未在账户上注销的问题。

（2）计算本期计提折旧额与固定资产总成本的比率，将此比率同上期比较，旨在发现本期折旧额计算上可能存在的错误。

（3）计算累计折旧与固定资产总成本的比率，将此比率同上期比较，旨在发现累计折旧核算上可能存在的错误。

（4）比较本期各月之间、本期与以前各期之间的修理及维护费用，旨在发现资本性支出和收益性支出区分上可能存在的错误。

（5）比较本期与以前各期的固定资产增加和减少。

由于被审计单位的生产经营情况不断变化，各期之间固定资产增加和减少的数额可能相差很大。注册会计师应当深入分析其差异，并根据被审计单位以往和今后的生产经营趋势，判断差异产生的原因是否合理。

（6）分析固定资产的构成及其增减变动情况，与在建工程、现金流量表、生产能力等相关信息交叉复核，检查固定资产相关金额的合理性和准确性。

3. 实地检查重要固定资产，确定其是否存在，关注是否存在已报废但仍挂账的固定资产。

实施实地检查审计程序时，注册会计师可以以固定资产明细分类账为起点，进行实地追查，以证明会计记录中所列固定资产确实存在，并了解其目前的使用状况；也可以以实地为起点，追查至固定资产明细分类账，以获取实际存在的固定资产均已入账的证据。

注册会计师实地检查的重点是本期新增加的重要固定资产，必要时，观察范围也会扩展到以前期间增加的重要固定资产。如为首次接受审计，则应适当扩大检查范围。

4. 检查固定资产的所有权或控制权。

（1）对各类固定资产，注册会计师应获取、收集不同的证据以确定其是否属于被审计单位所有。

（2）对外购的机器设备等固定资产，通常经审核采购发票、采购合同等予以确定；对于房地产类固定资产，尚需查阅有关的合同、产权证明、财产税单、抵押借款的还款凭据、保险单等书面文件。

对租赁取得的固定资产，应验证有关固定资产租赁合同是否合法、合理，内容是否恰当，双方是否严格履行；

（3）对汽车等运输设备，应验证有关运营证件等。对受留置权限制的固定资产，通常还应审核被审计单位的有关负债项目等予以证实。

5. 检查本期固定资产的增加。

被审计单位如果不正确核算固定资产的增加，将对资产负债表和利润表产生长期的影响。因此，审计固定资产的增加，是固定资产实质性程序中的重要内容。固定资产的增加有多种途径，审计中应注意：

（1）对于外购固定资产，通过核对采购合同、发票、保险单、发运凭证等资料，抽查测试其入账价值是否正确，授权批准手续是否齐备，会计处理是否正确；如果购买的是房屋建筑物，还应检查契税的会计处理是否正确；检查分期付款购买固定资产入账价值及会计处理是否正确。

（2）对于在建工程转入的固定资产，应检查竣工决算、验收和移交报告是否完备，与在建工程的相关记录是否核对相符，借款费用资本化金额是否恰当；对已经达到预定可使用状态，但尚未办理竣工决算手续的固定资产，检查其是否已暂估入账，并按规定计提折旧；是否待确定实际成本后再对固定资产原价进行了调整。

（3）对于投资者投入的固定资产，检查投资者投入的固定资产是否按投资各方确认的价值入账，并检查确认价值是否公允，交接手续是否齐全；涉及国有资产的是否有资产评估报告并经国有资产管理部门备案或核准确认。

（4）对于更新改造增加的固定资产，检查通过更新改造而增加的固定资产，增加的原值是否符合资本化条件，是否真实，会计处理是否正确；重新确定的剩余折旧年限是否恰当。

(5) 对于租赁增加的固定资产，获取租赁租入固定资产的相关证明文件，检查租赁合同主要内容，并结合长期应付款、未确认融资费用科目检查相关的会计处理是否正确。

(6) 对于企业合并、债务重组和非货币性资产交换增加的固定资产，检查产权过户手续是否齐备，检查固定资产入账价值及确认的损益和负债是否符合规定。

(7) 如果被审计单位为外商投资企业，检查其采购国产设备退还增值税的会计处理是否正确。

(8) 对于通过其他途径增加的固定资产，应检查增加固定资产的原始凭证，核对其计价及会计处理是否正确，法律手续是否齐全。

(9) 检查被审计单位的固定资产是否需要预计弃置费用，相关的会计处理是否符合规定。

6. 检查本期固定资产的减少。

固定资产的减少主要包括出售、向其他单位投资转出、向债权人抵债转出、报废、毁损、盘亏等。固定资产减少审计的主要目的就在于查明已经减少的固定资产是否已作适当的会计处理。其审计要点如下：

(1) 结合固定资产清理科目，抽查固定资产账面转销额是否正确；

(2) 检查出售、盘亏、转让、报废或毁损的固定资产是否经授权批准，会计处理是否正确；

(3) 检查因修理、更新改造而停止使用的固定资产的会计处理是否正确；

(4) 检查投资转出固定资产的会计处理是否正确；

(5) 检查债务重组或非货币性资产交换转出固定资产的会计处理是否正确；

(6) 检查转出的投资性房地产账面价值及会计处理是否正确。

7. 检查固定资产后续支出的核算是否符合规定。

确定固定资产有关的后续支出是否满足资产确认条件；如不满足，该支出是否在该后续支出发生时计入当期损益。

8. 获取暂时闲置固定资产的相关证明文件，并观察其实际状况，检查是否已按规定计提折旧，相关的会计处理是否正确。

9. 检查有无与关联方的固定资产购销活动，是否经过适当授权，交易价格是否公允。

10. 检查固定资产的抵押、担保情况。结合对银行借款等的检查，了解固定资产是否存在重大的抵押、担保情况。如存在，应取证，并作相应的记录，同时提请被审计单位作恰当披露。

11. 确定固定资产的披露是否恰当。

财务报表附注通常应说明固定资产的标准、分类、计价方法和折旧方法；各类固定资产的预计使用寿命和预计净残值；分类别披露固定资产期初余额、本期增加额、本期减少额及期末余额；还应披露在建工程转入的固定资产以及固定资产的出售、置换、抵押或担保等情况。

三、累计折旧的实质性程序

影响折旧的因素有固定资产账面原价、固定资产的残值和预计经济使用年限三个方面。固定资产折旧的审查，就是为了确定固定资产折旧的计算、提取和分配是否合法与公允。

固定资产累计折旧的审计目标有：确定折旧政策和方法是否符合国家有关的财务会计制度，是否一贯遵循；确定累计折旧增减变动的记录是否完整；确定折旧费用的计算、分摊是否正确、合理和一贯；确定累计折旧的期末余额是否正确；确定累计折旧在会计报表上的披露是否恰当。

累计折旧审计的实质性程序通常包括：

1. 获取或编制累计折旧分类汇总表，复核加计正确，并与总账数和明细账合计数核对相符。

2. 对累计折旧执行分析程序。

（1）对折旧计提的总体合理性进行复核，是测试折旧正确与否的一个有效方法。

在不考虑固定资产减值准备的前提下，计算、复核的方法是用应计提折旧的固定资产原价乘本期的折旧率。计算之前，注册会计师应对本期增加和减少固定资产、使用寿命长短不一的和折旧方法不同的固定资产作适当调整。如果总的计算结果与被审计单位的折旧总额相近，且固定资产及累计折旧的内部控制较健全时，就可以适当减少累计折旧和折旧费用的其他实质性程序工作量。

（2）计算本期计提折旧额占固定资产原值的比率，并与上期比较，分析本期折旧计提额的合理性和准确性。

（3）计算累计折旧占固定资产原值的比率，评估固定资产的老化程度，并估计因闲置、报废等原因可能发生的固定资产损失，结合固定资产减值准备，分析是否合理。

3. 复核本期折旧费用的计提。

（1）已计提部分减值准备的固定资产，计提的折旧是否正确。

按照《企业会计准则第 4 号——固定资产》的规定，已计提减值准备的固定资产的应计折旧额应当扣除已计提的固定资产减值准备累计金额，按照该固定资产的账面价值以及尚可使用寿命重新计算确定折旧率和折旧额。

（2）已全额计提减值准备的固定资产，是否已停止计提折旧。

（3）因更新改造而停止使用的固定资产是否已停止计提折旧，因大修理而停止使用的固定资产是否仍计提折旧。

（4）对按规定予以资本化的固定资产装修费用是否在两次装修期间与固定资产尚可使用年限两者中较短的期间内，采用合理的方法单独计提折旧，并在下次装修时将该项固定资产装修的余额一次全部计入了当期营业外支出。

（5）对承租人能够合理确定租赁期届满时取得租赁资产所有权的，检查其是否在租赁资产剩余使用寿命内计提折旧。无法合理确定租赁期届满时能够取得租赁资产所有权的，是否在租赁期与租赁资产剩余使用寿命两者孰短的期间内计提折旧。

（6）对采用经营租赁方式租入的固定资产发生的改良支出，是否在剩余租赁期与租赁资产尚可使用年限两者中较短的期间内，采用合理的方法单独计提折旧；

（7）未使用、不需用和暂时闲置的固定资产是否按规定计提折旧。

（8）持有待售的固定资产计提折旧是否符合规定。

4. 将"累计折旧"账户贷方的本期计提折旧额与相应的成本费用中的折旧费用明细账户的借方相比较，以查明所计提折旧金额是否已全部摊入本期产品成本或费用。

5. 检查累计折旧的减少是否合理、会计处理是否正确。

6. 检查累计折旧的披露是否恰当。

如果被审计单位是上市公司，通常应在其财务报表附注中按固定资产类别分项列示累计折旧期初余额、本期计提额、本期减少额及期末余额。

四、其他相关账户审计

在采购与付款循环中，除以上介绍的会计报表项目以外，还涉及预付账款、固定资产减值准备、在建工程、工程物资、应付票据等项目。这里主要介绍及预付账款和应付票据的审计程序和方法。

（一）预付账款的审计

预付账款是企业购买原材料、商品、接受劳务等，预先支付给供货单位的货款。会计上是通过"预付账款"或"应付账款"（借方）账户进行核算的。

预付账款审计的实质性程序主要有：

1. 获取或编制预付账款明细表，复核加计数额是否正确，并与报表致、总账和明细账的余额核对相符。

注册会计师应同时提请被审计单位协助，在预付账款明细表上标出截止审计外勤日已收到货物并冲销预付账款的项目。

2. 选择大额或异常的预付账款重要项目进行函证。

函证这些账户的余额是否正确，包括余额为零的账户，并根据回函情况编制函证结果汇总表，对回函金额不符的，要查明原因，作出记录或建议作适当调整；对未回函的，可再次函证，或采用替代方法进行检查。

3. 抽查入库记录，查核有无重复付款或将同一笔已付清的账款在预付账款和应付账款两个账户同时挂账的情况。

4. 分析预付账款明细账余额，对于出现贷方余额的项目，应查明原因，必要时建议作重分类调整。

5. 对于用非记账本位币结算的项付账款，检查其采用的折算汇率和汇兑损益处理的正确性。

6. 确定预付账款是否已在资产负债表上恰当披露。

（二）应付票据的审计

应付票据是指企业购买原材料、商品和接受劳务等而开出、承兑的商业汇票，包括银行承兑汇票和商业承兑汇票。随着商业活动的票据化，企业票据业务将越来越多，应付票据也成为一个重要的审计领域。

应付票据审计涉及的凭证和记录除大部分与应付账款相同外，还包括应付票据备查簿、应付票据明细账与总账、财务费用明细账与总账等。同样，应付票据的内部控制除大部分与应付账款相同外，还包括签发票据必须经过适当的授权批准；票据的签署、经办和记账应分工负责；由不经管票据的人员登记应付票据备查簿；定期独立检查应付票据的会计处理等。

应付票据审计的实质性程序主要有：

1. 获取或编制应付票据明细表。

注册会计师应首先获取或编制应付票据明细表，复核加计是否正确，并与应付票据备查簿、报表数、总账和明细账的余额核对相符。在核对过程中，注册会计师应注意被审计单位有无漏报或错报票据；有无漏列作为抵押的资产；有无漏记、多记或少记应付利息等情况。

2. 函证应付票据。

注册会计师应选择票面金额较大的商业汇票以及重要应付票据项目（包括余额为零的账户），函证其余额是否正确，应付票据函证应结合银行存款余额一同函证。询证函通常应包括出票日、到期日、票面未付金额、已付息期间、利息率以及票据抵押担保等内容。对未回函的，可再次函证，或采取其他替代审计程序以确定应付票据的真实性。

3. 抽查部分业务。

审查应付票据备查簿，并抽查若干重要原始凭证，以确定其是否真实，会计处理是否正确。审查内容如下：

（1）检查该笔债务的相关合同、发票、货物验收单等资料，核实交易事项的真实性；

(2) 抽查决算日后应付票据明细账及现金、银行存款日记账，核实其是否已付款并转销；

(3) 对截止报表日已偿付的应付票据，注意其凭证入账日期的合理性。

4. 检查逾期未兑付应付票据的原因，如为抵押票据，应作出记录，并提请被审计单位作必要的披露。

5. 确定应付票据是否已在资产负债表上恰当披露。

应付票据在资产负债表上应单独列示，并充分揭示其金额、利息率、到期日和担保抵押资产等。

【课后习题】

一、思考题

1. 采购与付款循环的主要业务活动包括哪些？

2. 采购与付款循环涉及的中重大错报风险包括哪些？

3. 固定资产实质性审计程序包括哪些内容？

4. 执行应付账款函证程序是否与函证应收账款一样有效和重要，为什么？

5. 简述应付职工薪酬的审计目标。

二、案例题

1. 审计人员在对某企业10月份工资费用审计时看到：

工资费用分配表

部门	人员类别	生产成本	制造费用	管理费用	营业费用	福利费
生产车间	生产工人	705 000				
	管理人员		67 000			
销售部门	门市部人员				9 000	
膳食科	炊事员					16 000
厂部	管理人员			12 000		
医务室	医务人员			8 200		
其他	固定资产清理	6 000				
	基建人员	18 000				
	退休人员					120 000
合计		729 000	67 000	20 200	9 000	136 000

该企业的所得税率为25%，法定盈余公积金提取率为10%，固定资产清理尚在进行。

［要求］指出企业工资分配中存在的问题，并提出审计意见。

2. 某会计师事务所审计人员在对长江公司 2021 年度财务报表审计时，注意到该公司没有及时记录已发生的应付账款。他们认为宏发公司管理层在资产负债表日故意推迟记录已发生的应付账款，于是决定实施审计程序进一步查找未入账的应付账款。

［要求］指出审计人员应怎样查找未入账的应付账款。

第十三章　存货与仓储循环审计

【本章教学目的和要求】

通过本章学习，应当了解存货与仓储循环的主要业务活动和所涉及的主要凭证和会计记录；理解并掌握存货与仓储循环的内部控制及其测试的内容；理解并掌握存货与仓储循环重大错报风险的识别与评估的内容；理解并掌握存货、应付职工薪酬、营业成本和其他业务成本的实质性测试内容。

【引导案例】

FEM 公司是一家拥有 300 个连锁药店的药品销售公司。它所实施的经营策略是“强力购买”，即通过提供大比例折扣来促销药品。然而，FEM 公司的创始人利用高超的作假手法来实现公司的迅速扩张。

FEM 公司的创始人首先做的就是把实际上并不盈利且未经审计的药店报表拿来，为其加上虚构的存货和利润，然后凭借空谈的天份和一套夸大了的报表，在一年之内骗取了足够的投资资金用以收购了 8 家药店，奠定了他的小型药品帝国的基础。一时间，FEM 公司的创始人成为金融领域的风云人物，他的公司则在药品市场赢得了令人崇拜的地位。

然而，人算不如天算，一次偶然的机会导致了这个精心设计的、引起 5 亿人民币损失的财务舞弊事件浮出水面，此时 FEM 公司的创始人炮制虚假利润已达十年之久。当时 FEM 公司的财务总监认为因公司以低于成本出售商品而招致了严重的损失，但是 FEM 公司的创始人认为通过“强力购买”，公司完全可以发展得足够大以使得它能顺利地坚持其销售方式。最终在公司创始人的强大压力下，这位财务总监卷入了这起舞弊案件。在随后的数年之中，财务总监和他的几位下属建立了两套账簿，一套用以应付注册会计师的审计，一套反映真实的亏损情况。

FEM 公司的高管们先将所有的损失归入一个所谓的“水桶账户”，然后再将该账产的金额通过虚增存货的方式重新分散到公司的数百家成员药店中。他们仿造购货发票、制造增加存货并减少销售成本的虚假记账凭证、确认购货却不同时确认负债、多计甚至加倍计算存货的数量。

财务部门之所以可以隐瞒存货短缺是因为注册会计师只对300家药店中的4家进行了存货监盘，而且他们会提前数月通知FEM公司他们将检查哪些药店。管理人员随之将4家药店内堆满实物存货，并把那些虚增的部分分配到其余的296家药店。如果不考虑其会计造假，FEM公司实际已濒临破产。

负责审计FEM公司的注册会计师一直未能发现这起舞弊事件，他们为此付出了昂贵的代价。这项审计失败使会计师事务所在民事诉讼中遭受重大索赔损失。FEM公司财务总监被判3年的有期徒刑，FEM公司的创始人则被判入狱5年。①

【引导案例思考】为何注册会计师一直未能发现FEM公司舞弊的迹象呢？有哪些识别存货舞弊的技术手段呢？

第一节　存货与仓储循环的业务活动与会计记录

存货与仓储循环同其他业务循环的联系非常密切。原材料经过采购与付款循环进入存货与仓储循环，存货与仓储循环又随销售与收款循环中产成品的销售环节而结束。存货与仓储循环涉及的内容主要是存货的管理及生产成本的计算等。考虑到财务报表项目与业务循环的相关程度，该循环所涉及的资产负债表项目主要是存货、应付职工薪酬等；所涉及的利润表项目主要是营业成本等项目。其中，存货又包括：材料采购或在途物资、原材料、材料成本差异、库存商品、发出商品、商品进销差价、委托加工物资、委托代销商品、受托代销商品、周转材料、生产成本、制造费用、劳务成本、存货跌价准备、受托代销商品款等。

一、存货与仓储循环的主要业务活动

存货与仓储循环由将原材料转化为产成品的有关活动组成。该循环包括制定生产计划；控制、保持存货水平以及与制造过程有关的交易和事项；涉及领料、生产加工、销售产成品等主要环节。以制造业为例，存货与仓储循环涉及的主要业务活动包括：计划和安排生产；发出原材料；生产产品；核算产品成本；产成品入库及储存；发出产成品；存货盘点；计提存货跌价准备等。上述业务活动通常涉及以下部门：生产计划部门、仓储部门、生产部门、人事部门、销售部门、

① 资料来源：纳税服务网 http：//www. cnnsr. com. cn/cssw/kjhtml/20150514184042177918. html。

会计部门等。

（一）计划和安排生产

生产计划部门的职责是根据顾客订单或者对销售预测和产品需求的分析来决定生产授权。如决定授权生产，即签发预先编号的生产通知单。生产通知单是企业下达制造产品等生产任务的书面文件，是通知生产车间组织产品制造，供应部门组织材料发放，会计部门组织成本计算的依据。生产计划部门通常应将发出的所有生产通知单编号并加以记录控制。此外，还需要编制一份材料需求报告，列示所需要的材料和零件及其库存。

（二）发出原材料

仓储部门的责任是根据从生产部门收到的领料单发出原材料。领料单上必须列示所需的材料数量和种类，以及领料部门的名称。领料单可以一料一单，也可以多料一单，通常需一式三联。仓库管理人员发料并签署后，将其中一联连同材料交给领料部门（生产部门存根联），一联留在仓库登记材料明细账（仓库联），一联交会计部门进行材料收发核算和成本核算（财务联）。

（三）生产产品

生产部门在收到生产通知单及领取原材料后，便将生产任务分解到每一个生产工人，并将所领取的原材料交给生产工人，据以执行生产任务。生产工人在完成生产任务后，将完成的产品交由生产部门查点，然后转交检验员验收并办理入库手续，或是将所完成的产品移交下一个部门，作进一步加工。生产部门根据生产情况的记录形成产量和工时记录。产量和工时记录是登记工人或生产班组在出勤期间完成的产品数量、质量和生产这些产品所耗费工时数量的原始记录。

（四）核算产品成本

为了正确核算并有效控制产品成本，必须建立健全成本会计制度，将生产控制和成本核算有机结合在一起。一方面，生产过程中的各种记录、生产通知单、领料单、入库单等文件资料都要汇集到会计部门，由会计部门对其进行检查和核对，了解和控制生产过程中存货的实物流转；另一方面，会计部门要设置相应的会计账户，会同有关部门对生产过程中的成本进行核算和控制。成本会计制度可以非常简单，只是在期末记录存货余额，也可以是完善的标准成本制度，它持续地记录所有材料处理、在产品和产成品，并形成对成本差异的分析报告。完善的成本会计制度应该提供原材料转为在产品，在产品转为产成品，以及按成本中心、分批生产任务通知单或生产周期所消耗的材料、人工和间接费用的分配与归集的详细资料。

（五）产成品入库及储存

产成品入库，须由仓库部门先行点验和检查，然后签收。签收后，仓库部门负责填制产成品入库单。产成品入库单至少一式三联，一联交生产部门，一联交会计部门，一联由仓库部门留存。据此，仓库部门确立了本身应承担的责任，并在检查、验收工作中对验收部门的工作进行验证。除此之外，仓库部门还应根据产成品的品质特征分类存放，并填制产成品标签，并定期进行盘点核对。

（六）发出产成品

产成品的发出须由独立的发运部门进行。装运产成品时必须持有经有关部门核准的发运通知单，并据此编制出库单。出库单至少一式四联，一联交仓库部门；一联发运部门留存；一联送交顾客；一联作为给顾客开发票的依据。

（七）存货盘点

管理人员编制盘点指令，安排适当人员对存货实物（包括原材料、在产品和产成品等所有存货类别）进行定期盘点，将盘点结果与存货账面数量进行核对，调查差异并进行适当调整。

（八）计提存货跌价准备

财务部门根据存货货龄分析表信息或相关部门提供的有关存货状况的其他信息，结合存货盘点过程中对存货状况的检查结果，对出现损毁、滞销、跌价等降低存货价值的情况进行分析计算，计提存货跌价准备。

二、存货与仓储循环涉及的主要凭证和会计记录

（一）涉及的主要凭证

以制造业为例，存货与仓储循环所涉及的主要凭证有：生产通知单、领发料凭证、产量和工时记录、工薪汇总表及工薪费用分配表、材料费用分配表、制造费用分配汇总表、成本计算单、产成品入库单和出库单、存货明细账、存货盘点指令和盘点表及盘点标签、存货货龄分析表。

1. 生产通知单。

生产通知单又称“生产任务通知单”或“生产指令”，是企业下达制造产品等生产任务的书面文件，用以通知供应部门组织材料发放，生产车间组织产品制造，会计部门组织成本计算。广义的生产通知单也包括用于指导产品加工的工艺规程，如机械加工企业的“路线图”等。

2. 领发料凭证。

领发料凭证是企业为控制材料发出所采用的各种凭证，如材料发出汇总表、领料单、限额领料单、领料登记簿、退料单等。

3. 产量和工时记录。

产量和工时记录是登记工人或生产班组在出勤时间内完成产品数量、质量和生产这些产品所耗费工时数量的原始记录。产量和工时记录的内容与格式是多种多样的，在不同的生产企业中，甚至在同一企业的不同生产车间中，由于生产类型不同而采用不同格式的产量和工时记录。常见的产量和工时记录主要有工作通

知单、工序进程单、工作班产量报告、产量通知单、产量明细表、废品通知单等。

4. 工薪汇总表及工薪费用分配表。

工薪汇总表是为了反映企业全部工薪的结算情况，并据以进行工薪总分类核算和汇总整个企业工薪费用而编制的，它是企业进行工薪费用分配的依据。工薪费用分配表反映了各生产车间各产品应负担的生产工人工薪及福利费。

5. 材料费用分配表。

材料费用分配表是用来汇总反映各生产车间各产品所耗费的材料费用的原始记录。

6. 制造费用分配汇总表。

制造费用分配汇总表是用来汇总反映各生产车间各产品所应负担的制造费用的原始记录。

7. 成本计算单。

成本计算单是用来归集某一成本计算对象所应承担的生产费用，计算该成本计算对象的总成本和单位成本的记录。

8. 产成品入库单和出库单。

产成品入库单是产品生产完成并经检验合格后从生产部门转入仓库的凭证。产成品出库单是根据经批准的销售单发出产成品的凭证。

9. 存货明细账。

存货明细账是用来反映各种存货增减变动情况和期末库存数量及相关成本信息的会计记录。

10. 存货盘点指令、盘点表及盘点标签。

一般制造型企业通常会定期对存货实物进行盘点，将实物盘点数量与账面数量进行核对，对差异进行分析调查，必要时作账务调整，以确保账实相符。在实施存货盘点之前，管理人员通常编制存货盘点指令，对存货盘点的时间、人员、流程及后续处理等方面作出安排。在盘点过程中，通常会使用盘点表记录盘点结果，使用盘点标签对已盘点存货及数量作出标识。

11. 存货货龄分析表。

很多制造型企业通过编制存货货龄分析表，识别流动较慢或滞销的存货，并根据市场情况和经营预测，确定是否需要计提存货跌价准备。这对于管理具有保质期的存货（如食物、药品、化妆品等）尤其重要。

（二）涉及的主要账户

存货与仓储循环涉及的主要账户有：原材料、生产成本、库存商品、应付职工薪酬、制造费用、现金、银行存款等。

第二节　存货与仓储循环的内部控制与重大错报风险评估

一、了解存货与仓储循环的业务特点

存货与仓储循环的内部控制主要包括存货的内部控制、成本会计制度的内部控制及工薪的内部控制三项内容。存货的内部控制可概括为存货的数量和计价两个关键因素的控制，与存货相关的内部控制涉及被审计单位供、产、销各个环节，包括采购、验收、仓储、领用、加工、装运出库等方面，还包括存货数量的盘存制度。

（一）采购

与采购相关的内部控制的总体目标是所有交易都已获得适当的授权与批准。使用购货订单是一项基本的内部控制措施。购货订单应当预先连续编号，事先确定采购价格并获得批准。此外，还应当定期清点购货订单。

（二）验收

与存货验收相关的内部控制的总体目标是所有收到的货物都已得到记录。使用验收报告单是一项基本的内部控制措施。被审计单位应当设置独立的部门负责验收货物，该部门具有验收存货实物、确定存货数量、编制验收报告、将验收报告传送至会计核算部门以及运送货物至仓库等一系列职能。

（三）仓储

与仓储相关的内部控制的总体目标是确保与存货实物的接触必须得到管理层的指示和批准。被审计单位应当采取实物控制措施，使用适当的存储设施，以使存货免受意外损毁、盗窃或破坏。

（四）领用

与领用相关的内部控制的总体目标是所有存货的领用均应得到批准和记录。使用存货领用单是一项基本的内部控制措施。对存货领用应该定期进行清点。

（五）加工（生产）

与加工（生产）相关的内部控制的总体目标是对所有的生产过程做出适当的记录。使用生产报告是一项基本的内部控制措施。在生产报告中，应当对产品质量缺陷和零部件使用及报废情况及时做出说明。

（六）装运出库

与装运出库相关的内部控制的总体目标是所有的装运都得到记录。使用发运凭证是一项基本的内部控制措施。发运凭证应当预先编号，定期进行清点，并作为日后开具收款账单的依据。

（七）存货的盘存制度

存货数量的盘存制度一般分为实地盘存制和永续盘存制。存货盘存制度不同，对存货数量的控制程度的影响也不同。但即使采用永续盘存制，也并不意味着无须对存货实物进行盘点。为了核对存货账面记录、加强对存货的管理，被审计单位每年至少应对存货进行一次全面盘点。

二、存货与仓储循环的内部控制

存货和仓储循环的控制目标为：生产业务是根据管理层一般或特定的授权进行的；记录的成本为实际发生的而非虚构的；所有耗费和物化劳动均已反映在成本中；成本以正确的金额，在恰当的会计期间及时记录于适当的账户；对存货实施保护措施，保管人员与记录、批准人员相互独立；账面存货与实际存货定期校对相符。

存货和仓储循环的关键控制点包括以下几点：

（一）授权审批制度

1. 生产通知单的发出应经过授权批准。

2. 存货入库应有严格的验收手续。

3. 存货的领用应严格遵循授权审批手续。

4. 存货的发出应按规定办理，杜绝不按规定发出存货。

5. 建立员工人事档案、工时卡等，并委派经授权人员对员工人事档案、工时卡进行管理。

（二）职责分离

1. 存货的采购、验收、保管、运输、付款、记录等职责相互分离。

2. 人事、考勤、工薪发放、记录等职责相互分离。

（三）充分的凭证和记录

1. 生产通知单、领发料凭证、产量和工时记录、工薪费用分配表、材料费用分配表、制造费用分配表均应事先编号并全部登记入账。

2. 会计部门根据生产部门传递来的领发料凭证审核填制记账凭证、登记账簿、计算成本，建立并登记存货总账和明细账、生产成本总账和明细账，对所有已发生的料、工、费的耗费及时、准确计入生产成本中，计算并填写职工薪酬分配表、职工薪酬汇总表，建立并登记应付职工薪酬总账和明细账。

3. 建立库存保管账，仓库保管员需及时记录存货的变动情况和结存，并定期于会计部门核对。

（四）资产接触和记录使用

1. 聘用称职的仓库保管人员。

2. 创造良好的仓储保管条件。

3. 单独存放代其他单位保管的物资材料，相关记录清晰明了。

4. 对存货和仓储循环所涉及的所有凭证和记录实行实物安全保护。

（五）独立稽核

建立独立的稽核制度，定期和不定期的审核购销发票、领料单、工资计算单、生产成本计算单以及存货汇总表等凭证和记录的正确性。

（六）定期盘点制度

1. 生产部门和仓储部门在盘点日前对所有存货进行清理和归整，便于盘点顺利进行。

2. 每一组盘点人员中应包括仓储部门以外的其他部门人员，即不能由负责保管存货的人员单独负责盘点存货；安排不同的工作人员分别负责初盘和复盘。

3. 盘点表和盘点标签事先连续编号，发放给盘点人员时登记领用人员；盘点结束后回收并清点所有已使用和未使用的盘点表和盘点标签。

4. 为防止存货被遗漏或重复盘点，所有盘点过的存货贴盘点标签，注明存货品名、数量和盘点人员，完成盘点前检查现场确认所有存货均已贴上盘点标签。

5. 将不属于本单位的代其他方保管的存货单独堆放并作标识；将盘点期间需要领用的原材料或出库的产成品分开堆放并作标识。

6. 汇总盘点结果，与存货账面数量进行比较，调查分析差异原因，并对认定的盘盈和盘亏提出账务调整，经仓储经理、生产经理、财务经理和总经理复核批准后入账。

（七）计提存货跌价准备

1. 定期编制存货货龄分析表，管理人员复核该分析表，确定是否有必要对滞销存货计提存货跌价准备，并计算存货可变现净值，据此计提存货跌价准备。

2. 生产部门和仓储部门每月上报残冷背次存货明细，采购部门和销售部门每月上报原材料和产成品最新价格信息，财务部门据此分析存货跌价风险并计提跌价准备，由财务经理和总经理复核批准并入账。

三、存货与仓储循环内部控制的了解和描述

了解和描述被审计单位存货与仓储循环的内部控制是识别和评估重大错报风险、设计和实施进一步审计程序的基础。注册会计师应当了解与审计相关的内部控制以识别潜在错报的类型，考虑导致重大错报风险的因素，以及设计和实施进一步审计程序的性质、时间和范围。注册会计师可以通过调查表这种简单易行的

方法来了解存货与仓储循环的内部控制。常见的存货与仓储循环内部控制调查表如表 13－1 所示。

表 13－1　存货与仓储循环内部控制调查表

问题	是	否	不适用	备注
1. 在正式接受订单之前，生产部门管理人员是否对订单要求进行审查？				
2. 生产计划对产品的工艺要求、制造日期、工时、设备、人员和材料的配备是否有详细的说明？				
3. 在产品正式生产前是否对产品成本进行估算？				
4. 生产计划编制后是否受到计划部门主管的审查批准？				
5. 工作通知单是否以生产计划为依据加以填制？				
6. 工作通知单是否由适当的被授权人签发？				
7. 工作通知单是否连续编号控制？				
8. 在产品在各生产部门之间的转移是否都有记录？				
9. 有无成本核算制度？其是否符合生产经营特点？				
10. 采用成本计算方法是否严格执行，有无随意变更现象？				
11. 是否制定和执行先进合理的定额和预算，有无以估价代替实际的计算成本的现象？				
12. 成本开支范围是否符合有关规定？				
13. 各成本项目的核算、制造费用的归集、产成品的结转是否严格按规定执行，前后期是否一致？				
14. 是否定期盘点产成品？				
15. 完工产品成本与在产品成本的分配方法是否严格执行？				

四、存货与仓储循环内部控制的初步评价

注册会计师应根据所收集的证据，结合自己的专业分析与职业判断，对存货与仓储循环内部控制进行评价，评价的主要内容包括：一是存货与仓储循环内部控制是否健全完善；二是存货与仓储循环内部控制是否得到有效执行；三是存货与仓储循环内部控制的整体强弱及各个部分的强弱；四是存货与仓储循环内部控制可信赖性及内部控制风险的大小。通过评价，了解哪些属于控制较强的部分，哪些属于控制较弱的部分，并对拟信赖的内部控制进行测试。

五、重大错报风险的识别与评估

以一般制造类企业为例，影响存货和仓储循环有关的重大错报风险可能包括：

1. 交易的数量和复杂性。制造类企业交易的数量庞大，业务复杂，这就增加了错误和舞弊的风险。

2. 成本基础的复杂性。制造类企业的成本基础是复杂的。虽然原材料和直接人工等直接费用的分配比较简单，但间接费用的分配就可能较为复杂，并且同一行业中的不同企业也可能采用不同的认定和计量基础。

3. 员工变动或者会计电算化。这可能导致在各个会计期间将费用分配至产品成本的方法出现不一致。

4. 产品的多元化。这可能要求聘请专家来验证其质量、状况或价值。另外，计算库存存货数量的方法也可能是不同的。例如，计量煤堆、筒仓里的谷物或糖、钻石或者其他贵重的宝石、圆木或者准备栽种的不同的木材、化工品和药剂产品的存储量的方法都可能不一样。这并不是要求注册会计师每次清点存货都需要专家配合，如果存货容易辨认、存货数量容易清点，就无需专家帮助。

5. 某些存货项目的可变现净值难以确定。例如价格受全球经济供求关系影响的存货，由于其可变现净值难以确定，会影响存货采购价格和销售价格的确定，并将影响注册会计师对与存货的计价认定有关的风险进行评估。

6. 销售附有担保条款的商品。企业出售附有担保条款的商品，就会面临换货或者销售退回的风险。出口到其他国家的商品也有途中毁损的风险，这将导致投保人索赔或者由企业来补充毁损的商品。

7. 存货存放在很多地点。大型企业可能将存货存放在很多地点，并且可以在不同的地点之间配送存货，这将增加商品途中毁损或遗失的风险，或者导致存货在两个地点被重复列示，也可能产生转移定价的错误或舞弊。

8. 寄存的存货。有时候存货虽然还存放在企业，但可能已经不归企业所有。反之，企业的存货也可能被寄存在其他企业。

综上所述，一般制造型企业的存货的重大错报风险通常包括：

1. 存货实物可能不存在（存在认定）；

2. 属于被审评单位的存货可能未在账面反映（完整性认定）；

3. 存货的所有权可能不属于被审计单位（权利和义务认定）；

4. 存货的单位成本可能存在计算错误（计价和分摊认定/准确性认定）；

5. 存货的账面价值可能无法实现，即存货跌价损失准备的计提可能不充分（计价和分摊认定）。

注册会计师应当了解被审计单位对存货和生产的管理程序。如果注册会计师认为被审计单位可能存在销售成本和存货的重大错报风险，通常需要考虑对已选取的控制活动的运行有效性进行测试，以证实计划依赖的控制已在整个期间内运行。

第三节 存货与仓储循环的控制测试

一、存货与仓储循环的内部控制测试

通过对存货与仓储循环内部控制的了解，注册会计师可据此初步判断其是否可以信赖，如果可以信赖，则应进一步测试其可靠性以最终决定是否可以调整实质性测试的性质、时间和范围。存货与仓储循环的控制测试包括：

（一）成本会计制度的控制测试

成本会计制度的测试，包括直接材料成本测试、直接人工成本测试、制造费用测试和生产成本在当期完工产品与在产品之间分配的测试四项内容。

1. 直接材料成本测试。对采用定额单耗的企业，可选择并获取某一成本报告期若干种具有代表性的产品成本计算单，获取样本的生产指令或产量统计记录及其直接材料单位消耗定额，根据材料明细账或采购业务测试工作底稿中各该直接材料的单位实际成本，计算直接材料的总消耗量和总成本，与该样本成本计算单中的直接材料成本核对。并注意下列事项：生产指令是否经过授权批准；单位消耗定额和材料成本计价方法是否适当，在当年有何重大变更。

对非采用定额单耗的企业，可获取材料费用分配汇总表、材料发出汇总表（或领料单）、材料明细账（或采购业务测试工作底稿）中各该直接材料的单位成本，作如下检查：成本计算单中直接材料成本与材料费用分配汇总表中该产品负担的直接材料费用是否相符，分配标准是否合理；将抽取的材料发出汇总表或领料单中若干种直接材料的发出总量和各该种材料的实际单位成本之积，与材料费用分配汇总表中各种材料费用进行比较，并注意领料单的签发是否经过授权批准，材料发出汇总表经过适当的人员复核材料单位成本计价方法是否适当，在当年有何重大变更。

对采用标准成本法的企业，获取样本的生产指令或产量统计记录、直接材料单位标准用量、直接材料标准单价及发出材料汇总表或领料单，检查下列事项：根据生产量、直接材料单位标准用量和标准单价计算的标准成本与成本计算单中的直接材料成本核对是否相符；直接材料成本差异的计算与账务处理是否正确，并注意直接材料的标准成本在当年有何重大变更。

2. 直接人工成本测试。对采用计时工资制的企业，获取样本的实际工时统计记录、职员分类表和职员工薪手册（工资率）及人工费用分配汇总表。作如下检查：成本计算单中直接人工成本与人工费用分配汇总表中该样本的直接人工费用核对是否相符；样本的实际工时统计记录与人工费用分配汇总表中该样本的实际工时核对是否相符；抽取生产部门若干天的工时台账与实际工时统计记录核对是否相符；当没有实际工时统计记录时，则可根据职员分类表及职员工薪手册中的工资率，计算复核人工费用分配汇总表中该样本的直接人工费用是否合理。

对采用计件工资制的企业，获取样本的产量统计报告、个人（小组）产量记录和经批准的单位工薪标准或计件工资制度，检查下列事项：根据样本的统计产量和单位工薪标准计算的人工费用与成本计算单中直接人工成本核对是否相符；抽取若干个直接人工（小组）的产量记录，检查是否被汇总计入产量统计报告。

对采用标准成本法的企业获取样本的生产指令或产量统计报告、工时统计报告和经批准的单位标准工时、标准工时工资率、直接人工的工薪汇总等资料，检查下列事项：根据产量和单位标准工时计算的标准工时总量与标准工时工资率之积同成本计算单中直接人工成本核对是否相符：直接人工成本差异的计算与账务处理是否正确，并注意直接人工的标准成本在当年有何重大变更。

3. 制造费用测试。获取样本的制造费用分配汇总表、按项目分列的制造费用明细账、与制造费用分配标准有关的统计报告及其相关原始记录，作如下检查：制造费用分配汇总表中，样本分担的制造费用与成本计算单中的制造费用核对是否相符；制造费用分配汇总表中的合计数与样本所属成衣报告期的制造费用明细账总计数核对是否相符；制造费用分配汇总表选择的分配标准（机器工时数、直接人工工资、直接人工工时数、产量数）与相关的统计报告或原始记录核对是否相符，并对费用分配标准的合理性出评估；如果企业采用预计费用分配率分配制造费用，则应针对制造费用分配过多或过少的差额，检查其是否作了适当的账务处理；如果企业采用标准成本法，则应检查样本中标准制造费用的确定是否合理。计入成本计算单的数额是否正确，制造费用差异的计算与账务处理是否正确，并注意标准制造费用在当年有何重大变更。

4. 生产成本在当期完工产品与在产品之间分配的测试。检查成本计算单中在产品数位与生产统计报告或在产品盘存表中的数量是否一致；检查在产品约当产量计算或其他分配标准是否合理；计算复核样本的总成本和单位成本，最终对当年采用的成本会计制度作出评价。

（二）工薪的控制测试

在测试工薪内部控制时，首先，应选择若干月份工薪汇总表，作如下检查：计算复核每一份工薪汇总表；检查每一份工薪汇总表是否业经授权批准；检查应付工薪总额与人工费用分配汇总表中的合计数是否相符；检查其代扣款项的账务处理是否正确；检查实发工薪总额与银行付款凭单及银行存款对账单是否相符，并正确过入相关账户。其次，从工资单中选取若干个样本（应包括各种不同类型人员），作如下检查：检查员工工薪卡或人事档案，确保工薪发放有依据；检查员工工资率及实发工薪额的计算；检查实际工时统计记录（或产量统计报告）与员工个人钟点卡（或产量记录）是否相符；检查员工加班加点记录与主管人员签字的月度加班汇总表是否相符；检查员工扣款依据是否正确；检查员工的工薪签收证明；实地抽查部分员工，证明其确在本公司工作，如已离开本公司，需获得管理层证实。

二、进一步评价存货与仓储循环内部控制

注册会计师在完成上述程序之后，应对内部控制进行重新评价，根据再次评价的控制风险水平，重新考虑和推算检查风险的水平，从而可以确定将要执行的实质性程序的性质、时间和范围。一般来说，存货与仓储循环内部控制较强，则相应的实质性程序可以适当简化；反之，如果测试结果表明，存货与仓储循环内部控制较弱，则控制风险较大，注册会计师为了将审计风险降低到可接受水平，必须扩大实质性审计程序。

第四节　存货与仓储循环的实质性测试

一、存货审计

（一）存货审计目标

《企业会计准则第1号——存货》规定，存货是指企业在日常活动中持有以备出售的产成品或商品、处在生产过程中的在产品、在生产过程或提供劳务过程中耗用的材料和物料等。

存货审计需要达到的审计目标是：确定存货是否存在；确定存货是否归被审计单位所有；确定存货和存货跌价准备增减变动的记录是否完整；确定存货的计价方法是否恰当；确定存货的品质状况。存货跌价损失是否真实、完整，存货跌价准备的计提方法是否合理；确定存货和存货跌价准备的期末余额是否正确；确定存货和存货跌价准备的披露是否恰当。

（二）存货的一般审计程序

1. 获取年末存货余额明细表，并执行以下工作：

（1）复核单项存货金额的计算（单位成本×数量）和明细表的加总计算是否准确。

（2）将本年末存货余额与上年末存货余额进行比较，总体分析变动原因。

2. 实施实质性分析程序。

存货的实质性分析程序中较常见的是对存货周转天数的实质性分析程序，过程如下：

（1）根据对被审计单位的经营活动、供应商、贸易条件、行业惯例和行业现状的了解，确定存货周转天数的预期值。

（2）根据对本期存货余额组成、实际经营情况、市场情祝、存货采购情况等的了解，确定可接受的差异额。

（3）计算实际存货周转天数和预期周转天数之间的差异。

（4）通过询问管理层和相关员工，调查存在重大差异的原因，并评估差异是否表明存在重大错报风险，是否需要设计恰当的细节测试程序以识别和应对重大错报风险。

（三）存货监盘

1. 存货监盘的含义和作用。

《中国注册会计师审计准则 1311 号——存货监盘》规定，存货监盘是注册会计师现场观察被审计单位存货的盘点，并对已盘点存货进行适当检查。可见，存货监盘有两层含义：一是注册会计师应亲临现场观察被审计单位存货的盘点；二是在此基础上，注册会计师应根据需要适当抽查已盘点的存货。

注册会计师应当实施下列审计程序，对存货的存在和状况获取充分、适当的审计证据：

（1）在存货盘点现场实施监盘（除非不可行）。

（2）对期末存货记录实施审计程序，以确定其是否准确反映实际的存货盘点结果。在存货盘点现场实施监盘时，注册会计师应当实施下列审计程序：

①评价管理层用以记录和控制存货盘点结果的指令和程序；

②观察管理层制定的盘点程序的执行情况；

③检查存货；

④执行抽盘。

存货监盘的相关程序可以用作控制测试或者实质性程序。注册会计师可以根据风险评估结果、审计方案和实施的特定程序作出判断。例如，如果只有少数项目构成了存货的主要部分，注册会计师可能选择将存货监盘用作实质性程序。

需要说明的是，尽管实施存货监盘，获取有关期末存货数量和状况的充分、适当的审计证据是注册会计师的责任，但这并不能取代被审计单位管理层定期盘点存货、合理确定存货的数量和状况的责任。事实上，管理层通常制定程序，对存货每年至少进行一次实物盘点，以作为编制财务报表的基础，并用以确定被审计单位永续盘存制的可靠性（如适用）。

期末存货的结存数量直接影响到会计报表上的存货金额、期末存货数量的确定，是存货审计中的重要内容。存货监盘主要针对存货存在、完整性以及权利和义务的认定。注册会计师监盘存货的目的在于获取有关存货数量和状况的审计证据，以确证被审计单位记录的所有存货确实存在，已经反映了被审计单位拥有的全部存货，并属于被审计单位的合法财产。存货监盘作为存货审计的一项核心审计程序，通常可同时实现上述多项审计目标。

需要指出的是，注册会计师在测试存货的所有权认定和完整性认定时，可能还需要实施其他审计程序，这些将在本章的其他部分讨论。

2. 存货监盘计划。

（1）制订存货监盘计划的基本要求。注册会计师应当根据被审计单位存货的特点、盘存制度和存货内部控制的有效性等情况，在评价被审计单位存货盘点计划的基础上，编制存货监盘计划，对存货监盘作出合理安排。

有效的存货监盘需要制定周密、细致的计划。为了避免误解并有助于有效地实施存货监盘，注册会计师通常需要与被审计单位就存货监盘等问题达成一致意见。因此，注册会计师首先应当充分了解被审计单位存货的特点、盘存制度和存货内部控制的有效性等情况，并考虑获取、审阅和评价被审计单位预定的盘点程序。存货存在与完整性的认定具有较高的重大错报风险，而且注册会计师通常只有一次机会通过存货的实地监盘对有关认定做出评价。根据计划过程所搜集到的信息，有助于注册会计师合理确定参与监盘的地点以及存货监盘的程序。

（2）制订存货监盘计划应实施的工作。在编制存货监盘计划时，注册会计师应当实施下列审计程序：

①了解存货的内容、性质、各存货项目的重要程度及存放场所；

②了解与存货相关的内部控制；

③评估与存货相关的重大错报风险和重要性；

④查阅以前年度的存货监盘工作底稿；

⑤考虑实地察看存货的存放场所特别是金额较大或性质特殊的存货；

⑥考虑是否需要利用专家的工作或其他注册会计师的工作；

⑦复核或与管理层讨论其存货盘点计划。

（3）存货监盘计划的主要内容。存货监盘计划应当包括以下主要内容：

①存货监盘目标、范围及时间安排。存货监盘的主要目标包括获取被审计单位资产负债表日有关存货数量和状况以及有关管理层存货盘点程序可靠性的审计证据，检查存货的数量是否真实完整，是否归属被审计单位，存货有无毁损、陈旧、过时、残次和短缺等状况。存货监盘范围的大小取决于存货的内容、性质以

及与存货相关的内部控制的完善程度和重大错报风险的评估结果。存货监盘的时间，包括实地察看盘点现场的时间、观察存货盘点的时间和对已盘点存货实施检查的时间等，应当与被审计单位实施存货盘点的时间相协调。

②存货监盘的要点及关注事项。存货监盘的要点主要包括注册会计师实施存货监盘程序的方法、步骤，各个环节应注意的问题以及所要解决的问题。注册会计师需要重点关注的事项包括盘点期间的存货移动、存货的状况、存货的截止确认、存货的各个存放地点及金额等。

③参加存货监盘人员的分工。注册会计师应当根据被审计单位参加存货盘点人员分工、分组情况、存货监盘工作量的大小和人员素质情况，确定参加存货监盘的人员组成以及各组成人员的职责和具体的分工情况，并加强督导。

④检查存货的范围。注册会计师应当根据对被审计单位存货盘点和对被审计单位内部控制的评价结果确定检查存货的范围。在实施观察程序后，如果认为被审计单位内部控制设计良好且得到有效实施，存货盘点组织良好，可以相应缩小实施检查程序的范围。

3. 存货监盘程序。

（1）观察程序。在被审计单位盘点存货前，注册会计师应当观察盘点现场，确定应纳入盘点范围的存货是否已经适当整理和排列，并附有盘点标识，防止遗漏或重复盘点。对未纳入盘点范围的存货。注册会计师应当查明未纳入的原因。

对所有权不属于被审计单位的存货，注册会计师应当取得其规格、数量等有关资料。确定是否已分别存放、标明，且未被纳入盘点范围。在存货监盘过程中，注册会计师应当根据取得的所有权不属于被审计单位的存货的有关资料，观察这些存货的实际存放情况确保其未被纳入盘点范围。即使在被审计单位声明不存在受托代存存货的情形下。注册会计师在存货监盘时也应当关注是否存在某些存货不属于被审计单位的迹象，以避免盘点范围不当。

注册会计师在实施存货监盘过程中，应当跟随被审计单位安排的存货盘点人员，注意观察被审计单位事先制定的存货盘点计划是否得到了贯彻执行，盘点人员是否准确无误地记录了被盘点存货的数量和状况。

（2）检查程序。注册会计师应当对已盘点的存货进行适当检查，将检查结果与被审计单位盘点记录相核对，并形成相应记录。检查的目的既可以是为了证实被审计单位的盘点计划得到适当的执行（控制测试），也可以是为了证实被审计单位的存货实物总额（实质性程序）。如果观察程序能够表明被审计单位的组织管理得当，盘点、监督以及复核程序充分有效，注册会计师可据此减少所需检查的存货项目。

检查的范围通常包括每个盘点小组盘点的存货以及难以盘点或隐蔽性较强的存货。需要说明的是，注册会计师应尽可能避免让被审计单位事先了解将抽取检查的存货项目。

在检查已盘点的存货时，注册会计师应当从存货盘点记录中选取项目追查至存货实物，以测试盘点记录的准确性；注册会计师还应当从存货实物中选取项目追查至存货盘点记录，以测试存货盘点记录的完整性。

注册会计师在实施检查程序时发现差异，很可能表明被审计单位的存货盘点在准确性或完整性方面存在错误。由于检查的内容通常只是已盘点存货中的一部分，所以在检查中发现的错误很可能意味着被审计单位的存货盘点还存在着其他错误。一方面，注册会计师应当查明原因，并及时提请被审计单位更正；另一方面，注册会计师应当考虑错误的潜在范围和重大程度，在可能的情况下，扩大检查范围以减少错误的发生。注册会计师还可要求被审计单位重新盘点。重新盘点的范围可限于某一特殊领域的存货或特定盘点小组。

（3）存货监盘结束时的工作。在被审计单位存货盘点结束前，注册会计师应当：①再次观察盘点现场，以确定所有应纳入盘点范围的存货是否均已盘点。②取得并检查已填用、作废及未使用盘点表单的号码记录，确定其是否连续编号，查明已发放的表单是否均已收回，并与存货盘点的汇总记录进行核对。注册会计师应当根据自己在存货监盘过程中获取的信息对被审计单位最终的存货盘点结果汇总记录进行复核，并评估其是否正确地反映了实际盘点结果。

如果存货盘点日不是资产负债表日，注册会计师应当实施适当的审计程序，确定盘点日与资产负债表日之间存货的变动是否已作正确的记录。

如果被审计单位采用永续盘存制核算存货，注册会计师应当关注永续盘存制下的期末存贷记录与存货盘点结果之间是否一致。如果这两者之间出现重大差异，注册会计师应当实施追加的审计程序查明原因并检查永续盘存记录是否已做出了适当调整。如果认为被审计单位的盘点方式及其结果无效，注册会计师应当提请被审计单位重新盘点。

（4）特殊情况的处理。如果由于被审计单位存货的性质或位置等原因导致无法实施存货监盘，注册会计师应当考虑能否实施替代审计程序。获取有关期末存货数量和状况的充分、适当的审计证据。注册会计师实施的替代审计程序主要包括：①检查进货交易凭证或生产记录以及其他相关资料。②检查资产负债表日后发生的销货交易凭证。③向顾客或供应商函证。

如果因不可预见的因素导致无法在预定日期实施存货监盘或接受委托时被审计单位的期末存货盘点已经完成，注册会计师应当评估与存货相关的内部控制的有效性，对存货进行适当检查或提请被审计单位另择日期重新盘点；同时测试在该期间发生的存货交易，以获取有关期末存货数量和状况的充分、适当的审计证据。

对被审计单位委托其他单位保管的或已作质押的存货，注册会计师应当向保管人或债权人函证。如果此类存货的金额占流动资产或总资产的比例较大，注册会计师还应当考虑实施存货监盘或利用其他注册会计师的工作。

如果被审计单位将存货存放于其他单位，注册会计师通常需要向该单位获取委托代管存货的书面确认函。如果存货已被质押，注册会计师应当向债权人询证与被质押存货有关的内容。对于此类存货，通常还应当检查被审计单位的相关会计记录和可能设置的备查记录。如果此类存货比较重要，注册会计师应当考虑与被审计单位讨论其对委托代管存货或已作质押存货的控制程序，并考虑对此类存货实施监盘程序，或聘请其他注册会计师实施监盘程序。

当首次接受委托未能对上期期末存货实施监盘，且该存货对本期财务报表存在重大影响时，如果已获取有关本期期末存货余额的充分、适当的审计证据，注册会计师应当实施下列一项或多项审计程序，以获取有关本期期初存货余额的充分、适当的审计证据：（1）查阅前任注册会计师工作底稿；（2）复核上期存货盘点记录及文件；（3）检查上期存货交易记录；（4）运用毛利百分比法等进行分析。

（四）存货计价测试

1. 存货计价测试的一般要求。

监盘程序主要是对存货的结存数量予以确认。为验证财务报表上存货余额的真实性。还必须对存货的计价进行审计，即确定存货实物数量和永续盘存记录中的数量是否经过正确地计价和汇总。存货计价测试主要是针对被审计单位所使用的存货单位成本是否正确所做的测试。广义地看，存货成本的审计也可以被视为存货计价测试的一项内容。存货计价审计表如表 13 – 2 所示。

表 13 – 2　　存货计价审计表

日期	品名及规格	购入			发出			余额		
		数量	单价	金额	数量	单价	金额	数量	单价	金额

1. 计价方法说明：
2. 情况说明及审计结论：

（1）样本的选择。计价审计的样本，应从存货数量已经盘点、单价和总金额已经计入存货汇总表的结存存货中选择。选择样本时应着重选择结存余额较大且价格变化比较频繁的项目，同时考虑所选样本的代表性。抽样方法一般采用分层抽样法，抽样规模应足以推断总体的情况。

（2）计价方法的确认。存货的计价方法多种多样，被审计单位应结合企业会计准则的基本要求选择符合自身特点的方法。注册会计师除应了解掌握被审计单位的存货计价方法外，还应对这种计价方法的合理性与一贯性予以关注。

（3）计价测试。进行计价测试时，注册会计师首先应对存货价格的组成内容予以审核。然后按照所了解的计价方法对所选择的存货样本进行计价测试。注册会计师的测试结果应与被审计单位账面记录对比，编制对比分析表，分析形成差异的原因。如果差异过大，应扩大测试范围，并根据审计结果考虑是否应提出审计调整建议。

在存货计价审计中由于被审计单位期末存货采用成本与可变现净值孰低的方法计价，所以注册会计师应充分关注其对存货可变现净值的确定及存货跌价准备的计提。

2. 存货成本的计价测试。

存货成本审计主要包括直接材料成本的审计、直接人工成本的审计、制造费用的审计等内容。其主要审计程序如下：

（1）直接材料成本的审计。直接材料成本的审计一般应从审阅材料和生产成本明细账入手，抽查有关的费用凭证，验证企业产品直接耗用材料的数量、计价和材料费用分配是否真实、合理。其主要审计程序通常包括：

①抽查产品成本计算单，检查直接材料成本的计算是否正确，材料费用的分配标准与计算方法是否合理和适当，是否与材料费用分配汇总表中该产品分摊的直接材料费用相符；

②检查直接材料耗用数量的真实性，有无将非生产用材料计入直接材料费用；

③分析比较同一产品前后各年度的直接材料成本，如有重大波动应查明原因；

④抽查材料发出及领用的原始凭证，检查领料单的签发是否经过授权，材料发出汇总表是否经过适当的人员复核，材料单位成本计价方法是否适当，是否正确及时入账；

⑤对采用定额成本或标准成本的被审计单位，应检查直接材料成本差异的计算、分配与会计处理是否正确，并查明直接材料的定额成本、标准成本在本年度内有无重大变更。

（2）直接人工成本的审计。直接人工成本的主要审计程序通常包括：

①抽查产品成本计算单，检查直接人工成本的计算是否正确，人工费用的分配标准与计算方法是否合理和适当，是否与人工费用分配汇总表中该产品分摊的直接人工费用相符；

②将本年度直接人工成本与前期进行比较，查明其异常波动的原因；

③分析比较本年度各个月份的人工费用发生额，如有异常波动，应查明原因；

④结合应付职工薪酬的检查，抽查人工费用会计记录及会计处理是否正确；

⑤对采用标准成本法的被审计单位，应抽查直接人工成本差异的计算、分配与会计处理是否正确。并查明直接人工的标准成本在本年度内有无重大变更。

（3）制造费用的审计。制造费用的主要审计程序通常包括：

①获取或编制制造费用汇总表，并与明细账、总账核对相符，抽查制造费用中的重大数额项目及例外项目是否合理；

②审阅制造费用明细账，检查其核算内容及范围是否正确，并应注意是否存在异常交易事项，如有，则应追查至记账凭证和原始凭证，重点查明被审计单位有无将不应列入成本费用的支出（如投资支出、被没收的财物、支付的罚款、违约金等）计入制造费用；

③必要时对制造费用实施截止测试，即检查资产负债表日前后若干天的制造费用明细账及其凭证，确定有无跨期入账的情况；

④检查制造费用的分配是否合理。重点查明制造费用的分配方法是否符合被审计单位自身的生产技术条件，是否体现受益原则，分配方法一经确定，是否在相当时期内保持稳定，有无随意变更的情况；

⑤对于采用标准成本法的被审计单位，应抽查标准制造费用的确定是否合理，计入成本计算单的数额是否正确，制造费用的计算、分配与会计处理是否正确，并查明标准制造费用在本年度内有无重大变动。

（五）存货截止测试

存货截止测试是指检查截至12月31日止，购入并已包括在12月31日存货盘点范围内的存货。存货正确截止的关键在于存货实物纳入盘点范围的时间与存货引起的借贷双方会计科目的入账时间都处于同一会计期间。如果当年12月31日购入货物，并已包括在当年12月31日的实物盘点范围内，而购货发票是次年1月2日才收到，并已记入次年1月份账内，当年12月份账上并无进货和对应的负债记录，这就少计了存货和应付账款；相反，如果在当年12月31日就收到一张购货发票，并记入当年12月份账内，而这张发票所对应的存货实物却在次年1月2日才收到，未包括在当年年底的盘点范围内，这样就有可能虚减本年的利润。

按照存货正确截止的基本要求，如果未将年终在途货物列入当年存货盘点范围内，只要相应的负债亦同时记入次年账内，对会计报表的影响就并不重要。

存货截止审计的主要方法是抽查存货盘点日期前后的购货发票与验收报告或入库单，档案中的每张发票均附有验收报告或入库单，12月底入账的发票如果附有12月31日或之前的验收报告或入库单，则货物肯定已经入库，并包括在本年的实地盘点盘货范围内；如果验收报告日期为1月份的日期，则货物不会列入年底实地盘点存货范围内；反之，如果仅有验收报告或入库单而并无购货发票，则应认真审核每一验收报告单上面是否加盖暂估入库印章，并以暂估价记入当年存货账内，待次年年初以红字冲销。

存货截止审计的另一种方法是审阅验收部门的业务记录，凡是接近年底（包括次年年初）购入的货物，必须查明其相对应的购货发票是否在同期入账，对于未收到购货发票的入库存货，是否将入库单分开存放并暂估入账。

在确定截止审计样本时，一般以截止日为界限，分别向前倒推或向后顺延若干日，按顺序选取较大金额购货业务的发票或验收报告作审计样本。截止审计完成后，对于发现的错误，应提请被审计单位必要的账务调整。

二、应付职工薪酬审计

（一）应付职工薪酬的审计目标

职工薪酬是企业支付给员工的劳动报酬，其主要核算方式有计时制和计件制两种。应付职工薪酬的审计目标一般包括：确定期末应付职工薪酬是否存在；确定期末应付职工薪酬是否为被审计单位应履行的支付义务；确定应付职工薪酬的计提和支出依据是否合理、记录是否完整；确定应付职工薪酬期末余额是否正确；确定应付职工薪酬的披露是否恰当。

（二）应付职工薪酬审计的实质性程序

应付职工薪酬审计的实质性程序通常包括：

1. 获取或编制应付职工薪酬明细表，复核加计是否正确，并与报表数、总账数和明细账合计数核对相符。

2. 实施实质性分析程序：

（1）针对已识别需要运用分析程序的有关项目，并基于对被审计单位及其环境的了解，通过进行以下比较，同时考虑有关数据间关系的影响，以建立有关数据的期望值：

①比较被审计单位员工人数的变动情况，检查被审计单位各部门各月工资费用的发生额是否有异常波动，若有，则查明波动原因是否合理；

②比较本期与上期工资费用总额，要求被审计单位解释其增减变动原因，或取得公司管理当局关于员工工资标准的决议；

③结合员工社保缴纳情况，明确被审计单位员工范围，检查是否与关联公司员工工资混淆列支；

④核对下列相互独立部门的相关数据：工资部门记录的工资支出与出纳记录的工资支付数、工资部门记录的工时与生产部门记录的工时；

⑤比较本期应付职工薪酬余额与上期应付职工薪酬余额，是否有异常变动。

（2）确定可接受的差异额；

（3）将实际的情况与期望值相比较，识别需要进一步调查的差异；

（4）如果其差额超过可接受的差异额，调查并获取充分的解释和恰当的佐证审计证据（如通过检查相关的凭证）；

（5）评估分析程序的测试结果。

3. 检查本项目的核算内容是否包括工资、职工福利、社会保险费、住房公积金、工会经费、职工教育经费、解除职工劳动关系补偿、股份支付等明细项目。

4. 检查职工薪酬的计提是否正确，分配方法是否合理，与上期是否一致，分配计入各项目的金额占本期全部职工薪酬的比例与上期比较是否有重大差异。

5. 检查应付职工薪酬的计量和确认。

（1）是否按照国家有规定计提基础和计提比例计提职工福利费等；

（2）被审计单位以及自产产品或外购商品作为非货币性福利发放给职工的，应根据受益对象，将该产品或商品的公允价值，计入相关的资产成本或当期损益，同时确认应付职工薪酬；

（3）被审计单位将其拥有的房屋等资产无偿提供给职工使用的，应当根据受益对象，将该住房每期应计提的折旧计入相关资产成本或当期损益，同时确认应付职工薪酬；

（4）被审计单位租赁住房等资产无偿提供给职工使用的，应当根据受益对象，将每期应付的租金计入相关资产成本或当期损益，同时确认应付职工薪酬。

6. 审阅应付职工薪酬明细账，抽查应付职工薪酬各明细项目的支付和使用情况，检查是否符合有关规定，是否履行审批程序。

7. 检查被审计单位实行的工薪制度。

（1）如果被审计单位实行工效挂钩，应取得主管部门确认效益工资发放额的认定证明，并复核确定可予发放的效益工资的有关指标，检查其计提额、发放额是否正确，是否作纳税调整；

（2）如果被审计单位实行计税工资制，应取得被审计单位平均人数证明，并进行复核，计算可准予税前列支的费用额，对超支部分的工资及附加费作纳税调整。

8. 检查应付职工薪酬期末余额中是否存在拖欠性质的职工薪酬，了解拖欠的原因。

9. 检查被审计单位的辞退福利核算是否符合有关规定。

10. 确定应付职工薪酬的披露是否恰当。

三、营业成本审计

营业成本是指企业从事对外销售商品、提供劳务等主营业务活动和销售材料、出租固定资产、出租无形资产、出租包装物等其他经营活动所发生的实际成本。以制造业的产成品销售为例，它是由期初库存产品成本加上本期入库产品成本，再减去期末库存产品成本求得。

（一）营业成本的审计目标

营业成本的审计目标一般包括：确定记录的营业成本是否已发生，且与被审计单位有关；确定营业成本记录是否完整；确定与营业成本有关的金额及其他数据是否已恰当记录；确定营业成本是否已记录于正确的会计期间；确定营业成本的内容是否正确；确定营业成本与营业收入是否配比；确定营业成本的披露是否恰当。

（二）主营业务成本审计的实质性审计程序

1. 获取或编制主营业务成本汇总明细表，复核加计是否正确，并与报表数、总账数和明细账合计数核对相符。

2. 复核主营业务成本汇总明细表的正确性。

将主营业务成本与库存商品等科目勾稽并编制生产成本与主营业务成本倒轧表，如表 13－3 所示。

表 13－3　　生产成本及主营业务成本倒轧表

项目	未审数	调整或重分类金额借（贷）	审定数
原材料期初余额			
加：本期购进			
减：原材料期末余额			
其他发出额			
直接材料成本			
加：直接人工成本			
制造费用			
生产成本			
加：在产品期初余额			
减：在产品期末余额			
产品生产成本			
加：产成品期初余额			
减：产成品期末余额			
主营业务成本			

3. 检查主营业务成本的内容和计算方法是否符合有关规定，前后期是否一致。

4. 对主营业务成本执行分析程序，通过比较当年度与以前年度不同品种产品的主营业务成本和毛利率、比较被审计单位与同行业的毛利率、比较当年度与以前年度各月主营业务成本的波动趋势、比较当年度及以前年度主要产品的单位产品成本探索前期及本期内各月同一产品的单位成本是否存在异常波动，是否存在调节成本的现象。

5. 抽取若干月份的主营业务成本结转明细清单，结合生产成本的审计，检查销售成本结转数额的正确性，比较计入主营业务成本的商品品种、规格、数量与计入主营业务收入的口径是否一致；是否符合配比原则。

6. 针对主营业务成本中重大调整事项（如销售退回）、非常规项目，检查相关原始凭证，评价真实性和合理性，检查其会计处理是否正确。

7. 在采用计划成本、定额成本、标准成本或售价核算存货的条件下，应检查产品成本差异或商品进销差价的计算、分配和会计处理是否正确。

8. 结合期间费用的审计，判断被审计单位是否通过将应计入生产成本的支出计入期间费用，或将应计入期间费用的支出计入生产成本等手段调节生产成本，从而调节主营业务成本。

9. 检查营业成本是否已按照企业会计准则的规定在财务报表中作出恰当列报。

四、相关账户的审计

为实现存货的审计目标，注册会计师需要实施存货监盘、存货计价测试、存货截止测试审计程序。然而仅仅实施这些审计程序尚难以到存货的全部审计目标。本节以库存商品为例，介绍除生产成本、制造费用、劳务成本和营业成本以外的具体存货相关账户的实质性程序。

库存商品审计的实质性程序主要有：

（一）获取或编制库存商品明细表，复核加计正确，并与总账数、明细账合计数核对相符；同时抽查明细账与仓库台帐、卡片记录，检查是否相符

（二）实质性分析程序

1. 基于对被审计单位及其环境的了解，通过进行以下比较，识别异常数值和显著波动：

（1）按品种分析库存商品各月单位成本的变动趋势，以评价是否有调节生产成本或销售成本的因素；

（2）比较前后各期的主要库存商品的毛利率（按月、按生产线、按地区等）、库存商品周转率和库存商品账龄等，评价其合理性并对异常波动作出解释、查明异常情况的原因；

（3）比较库存商品库存量与生产量及库存能力的差异，并分析其合理性；

（4）核对仓库记录的库存商品入库量与生产部门记录的库存商品生产量是否一致，并对差异作出解释；

（5）核对发票记录的数量是否与发货量、订货量、主营业务成本记录的销售量是否一致，并对差异作出解释；

（6）比较库存商品销售量与生产量或采购量的差异，并分析其合理性；

（7）比较库存商品销售量和平均单位成本之积与账面库存商品销售成本的差异，并分析其合理性。

2. 执行存货监盘程序。选取代表性样本，抽查库存商品明细账的数量与盘点记录的库存商品数量是否一致，以确定库存商品明细账的数量的准确性和完整性。

3. 库存商品测试计价方法的测试：

（1）检查库存商品的计价方法是否前后期一致；

（2）检查库存商品的入账基础和计价方法是否正确；

（3）检查外购库存商品的发出计价是否正确；

（4）结合库存商品的盘点，检查期末有无库存商品已到而相关单据未到的情况，如有，应查明是否暂估入账，其暂估价是否合理。

4. 对于通过非货币性资产交换、债务重组、企业合并以及接受捐赠取得的库存商品，检查其入账的有关依据是否真实、完备，入账价值和会计处理是否符合相关规定。

5. 检查投资者投入的库存商品是否按照投资合同或协议约定的价值入账，并同时检查约定的价值是否公允，交接手续是否齐全。

6. 检查与关联方的商品购销交易是否正常，关注交易价格、交易金额的真实性与合理性，对合并范围内购货记录应予合并抵消的数据是否抵消。

7. 审阅库存商品明细账，检查有无长期挂账的库存商品，如有，应查明原因，必要时提出适当处理建议。

8. 截止测试：

（1）库存商品入库的截止测试：

①在库存商品明细账的借方发生额中选取资产负债表日前后若干天的凭证，并与入库记录（如入库单，或购货发票，或运输单据）核对，以确定库存商品入库被记录在正确的会计期间；

②在入库记录（如入库单，或购货发票，或运输单据）选取资产负债表日前后若干天的凭证，与库存商品明细账的借方发生额进行核对，以确定库存商品入库被记录在正确的会计期间。

（2）库存商品出库截止测试：

①在库存商品明细账的贷方发生额中选取有资产负债表日前后若干天的凭证，并与出库记录（如出库单，或销货发票，或运输单据）核对，以确定库存商品出库被记录在正确的会计期间；

②在出库记录（如出库单，或销货发票，或运输单据）中选取资产负债表日前后若干天的凭证，与库存商品明细账的贷方发生额进行核对，以确定库存商品出库被记录在正确的会计期间。

9. 结合长期借款、短期借款等项目，了解是否有用于承担担保的库存商品，如有，应取证并作相应记录，同时提请被审计单位作恰当披露。

10. 检查库存商品的披露是否恰当。

【课后习题】

一、思考题

1. 存货与仓储循环的主要业务活动包括哪些？

2. 存货审计对整个会计报表审计有什么影响？

3. 存货与仓储循环中的重大错报风险包括哪些，应如何进行识别与评估？

4. 注册会计师在同被审计单位共同制定盘点计划时，应该特别关注哪些内容？

5. 注册会计师如何实施存货监盘程序？如果因不可预见因素导致注册会计师无法在预定的日期实施存货监盘或接受委托时被审计单位的期末存货盘点已完成，注册会计师应如何处理？

二、案例题

P麻药公司是一家经营药品的连锁店。为适应零售企业的业务特点，在年末盘点之前使用毛利率法估计存货，期末根据实际盘点的结果调整存货价值。若发生盘亏，将盘亏数从存货账户转出，计入当期的产品销售成本。1992年存货盘亏2 000万元，P公司在年终将这一巨额差异暂记入一个临时设置的存货账户，同时开始调查差异形成的原因。V是会计师事务所的合伙人，多年来一直承担了P公司的审计业务。P公司已将2 000万巨额盘亏和公司正在进行的调查工作告知了V。审计小组在审计外勤工作中无疑将存货作为审计重点，对多家连锁店的存货进行抽盘和分析性复核后发现确实存在巨额存货盘亏，但原因仍无法确定。1992年末，V认同P公司将2 000万元盘亏体现在当年存货中的做法，并出具了无保留意见的审计报告。P公司1992年年报存货总额为1.4亿元，资产总额2.7亿元。若将2 000万盘亏转入主营业务成本，将导致P公司从盈利830万元转为亏损600万元。

［要求］就上述资料分析在1992年之前P公司将存货账面记录和实地盘点结果的差异计入主营业务成本，这一做法是否掩盖了存货的失窃？存货差异的注销背后还可能隐藏了什么秘密？①

---

① 资料来源：根据赵保卿．《审计学》．北京：经济科学出版社改编。

第十四章　筹资与投资循环审计

【本章教学目的和要求】

通过本章学习，应当了解筹资与投资循环的主要业务活动和所涉及的主要凭证和会计记录；理解并掌握筹资与投资循环的内部控制及其测试的内容；理解并掌握筹资与投资循环重大错报风险的识别与评估的内容，以及理解并掌握应付债券和长期股权投资的实质性测试程序内容。

【引导案例】

注册会计师李雷及其助理人员韩梅负责顺达公司2015年度的财务报表审计。该公司将其对外投资的股票和债券存放在当地银行的保险箱中，规定只有公司的总经理和财务主管才有权接触保险箱中。2015年12月31日，因为总经理和财务主管均不在公司，李雷和韩梅无法对股票和债券进行盘点。次年1月6日，韩梅和财务主管一同前往银行实地查看上述证券。韩梅从银行提供的开启保险箱记录上发现顺达公司的财务主管在1月3日打开过保险箱。财务主管声称他在1月3日开启保险箱的目的只是取一份重要文件。李雷得知此事后，认为上述盘点结果的可靠性低，需进一步审计。①

【引导案例思考】 由于财务主管的上述行动，李雷应增加哪些审计程序？

第一节　投资与筹资循环的业务活动与会计记录

筹资活动是指企业为满足生存和发展的需要而筹集资金的活动。筹资活动主要由借款交易和股东权益交易组成。如发行债券、取得借款、租赁、企业发行股

① 资料来源：根据汪振纲：《新编审计学》（北京邮电大学出版社出版）改编。

票等都属于筹资活动。投资活动是指企业为享有被投资单位分配的利润，或为谋求其他利益，将资产让渡给其他单位而获得另一项资产的活动。投资活动主要由权益性投资交易和债权性投资交易组成，如购买企业股票和债券、购买政府公债等都属于投资活动。

与销售与收款、采购与付款、存货与仓储三个循环相比，筹资与投资循环具有如下特征：一是业务少。审计年度内发生的业务次数较少，尤其是举借长期债务、权益筹资和长期投资等业务；二是金额大。每笔交易的金额通常较大，漏记或不恰当地对一笔业务进行会计处理，将会导致重大错误，从而对企业财务报表的公允反映产生较大的影响；三是约束性强。投资与筹资循环交易必须遵守国家法律、法规和相关契约的规定。

根据会计报表项目与业务循环的相关程度，在筹资与投资循环中，筹资活动涉及的会计报表项目主要有：短期借款、长期借款、应付债券、实收资本（或股本）、资本公积、盈余公积、未分配利润等；投资活动所涉及的会计报表项目主要有：交易性金融资产、可供出售金融资产、持有至到期投资、长期股权投资、投资性房地产、应收利息、应收股利、财务费用、投资收益等。

一、筹资与投资循环的主要业务活动

（一）筹资所涉及的主要业务活动

1. 审批授权。

企业通过借款筹集资金需经管理层的审批，其中债券的发行每次均要由董事会授权；企业发行股票必须依据国家有关法规或企业章程的规定，报经企业最高权力机构（如董事会）及国家有关管理部门批准。

2. 签订合同或协议。

向银行或其他金融机构融资须签订借款合同，发行债券须签订债券契约和债券承销或包销合同。

3. 取得资金。

企业实际取得银行或金融机构划入的款项或债券、股票的融入资金。

4. 计算利息或股利。

企业应按有关合同或协议的规定，及时计算利息或股利。

5. 偿还本息或发放股利。

银行借款或发行债券应按有关合同或协议的规定偿还本息，融入的股本根据股东大会的决定发放股利。

（二）投资所涉及的主要业务活动

1. 审批授权。

投资业务应由企业的高层管理机构进行审批。

2. 取得证券或其他投资。

企业可以通过购买股票或债券进行投资，也可以通过与其他单位联合形成投资。

3. 取得投资收益。

企业可以取得股权投资的股利收入、债券投资的利息收入和其他投资收益。

4. 转让证券或收回其他投资。

对于股票投资企业可以通过出售证券实现投资的收回；对于债券投资既可以通过转让债券实现投资的收回，也可以持有至到期收回投资；其他投资已经投出，除联营合同期满，或由于其他特殊原因联营企业解散外，一般不得抽回投资。

二、筹资与投资循环的主要凭证和记录

（一）筹资活动的凭证和会计记录

筹资活动的凭证和会计记录主要有：债券或股票、债券契约、股东名册、公司债券存根簿、承销或包销协议、借款合同或协议、有关会计科目的明细账和总账。

（二）投资活动的凭证和会计记录

投资活动的凭证和会计记录主要有：股票或债券、经纪人通知书、债券契约、被投资企业的章程、投资协议、有关会计科目的明细账和总账。

第二节　筹资与投资循环的内部控制与重大错报风险评估

一、了解投资与筹资循环业务特点

注册会计师可以从以下方面了解投资与筹资循环业务特点：

1. 了解审计年度内筹资与投资的交易数量及每笔交易的金额；

2. 了解企业有无漏记或不恰当的会计处理，有无导致重大错误，从而对企业会计报表的公允反映产生较大的影响；

3. 了解企业筹资与投资循环交易是否遵守国家法律、法规和相关契约的规定；

4. 了解和描述内部控制。注册会计师应通过查阅被审计单位的有关规章制度和文件资料，向有关人员口头询问和现场观察等方式，了解被审计单位筹资与

投资的特点和相关的内部控制，并采用适当的方法进行描述，载入审计工作底稿。

二、筹资与投资循环的内部控制

（一）筹资活动的内部控制

筹资活动由借款交易和股东权益交易组成。企业为有效开展筹资业务活动，应合理确定筹资规模和筹资结构，选择筹资方式，降低资金成本，防范和控制财务风险。企业建立的内部控制主要内容包括：

1. 授权审批控制。

借款、发行债券或发行股票均经过授权审批。向银行或其他金融机构借入银行借款，董事会应授权财务部门向银行提出借款申请，说明借款原因、借款用途、使用时间、使用计划、归还期限和归还计划等。债券的发行要有正式的授权程序，每次均要由董事会授权，申请发行债券时，应履行审批手续，向有关机关递交相关文件；债券的回购要有正式的授权程序。涉及权益资金增减业务，都必须根据国家有关法规或企业章程的规定，报经企业董事会和国家有关管理部门批准，只有经过批准才能决定增加资本或发行股票。

2. 职责分离。

筹资活动中，职责分离主要包括以下几项：

（1）筹资计划编制人与审批人适当分离，以利于审批人从独立的立场来评判计划的优劣；

（2）筹资业务的经办人员不能接触会计记录，通常由独立的机构代理发行债券和股票；

（3）会计记录人员同负责收付款的人员相分离；

（4）借款业务的明细账和总账的登记分离；

（5）证券保管人员同会计记录人员分离。

3. 合同或契约控制。

合同或契约控制主要包括：企业向银行或其他金融机构借款必须签订借款合同或协议；企业发行各种债券，应聘请独立的证券经营机构承销或包销，且必须与其签订承销或包销协议，协议由专人保管。

4. 收入和支出款项控制。

企业向银行或其他金融机构借入的款项，或通过发行债券、发行股票所得款项应及时如数存入其开户银行；为保证投入资本的真实性，投入资本必须注册会计师验资并出具验资报告。在负债筹资形式下企业面临利息的支付问题，支付利息，企业应安排专门人员负责利息的计算工作，应付利息应当在有关人员签字确认后，才对外偿付；企业可委托有关代理机构代为偿付利息，从而减少支票签发次数，降低舞弊的可能性；在权益筹资方式下，企业面临的主要是股利发放的问题，股利发放，要以董事会有关发放股利的决议文件为依据，股利的支付可以由企业自行完成或委托代理机构完成。对于无法支付利息或股利的支票要及时注销或加盖作废标记。

5. 实物保管控制。

企业发行债券或股票等相关文件，各种凭证和账簿，以及未发行的债券等都必须指定专人保管或委托独立机构代为保管，以防丢失、被盗或毁损，给企业造成不必要的损失。

6. 会计记录控制。

由于筹资业务的会计处理比较复杂，会计记录的控制就显得更为重要。必须保证及时地按准确的金额、合理的方法，在适当的账户和合理的会计期间予以正确记录。对债券的溢折价，应选用适当的摊销方法。对发行在外的股票，要设置股东明细账加以控制。利息、股利的支付必须计算正确后记入对应账户。同时保存债券持有人明细分类账，应同总分类账核对相符，若这些记录由外部机构保存，则须定期同外部机构核对。

（二）投资活动的内部控制

一般来讲，投资内部控制的主要内容包括下列几个方面：

1. 投资计划的审批授权控制。

投资必须编制计划，投资计划的编制应以财务分析的结果为依据，详细说明投资的对象、投资性质和目的、影响投资收益的风险等。投资计划在执行前必须严格审核，审查的内容主要有：证券市场的估价是否合理；投资收益的估算是否正确；投资的理由是否恰当等。所有投资计划及其审批应当用书面文件予以记录。

2. 合理的职责分工。

合理的职责分工是指合法的投资业务，应在业务的授权、业务的执行、业务的会计记录以及投资资产的保管等方面都有明确的分工，不得由一人同时负责上述任何两项工作。例如，投资业务在企业高层管理机构核准后，可由高层负责人员授权签批，由财务经理办理具体的股票或债券的买卖业务，由会计部门负责进行会计记录和财务处理，并由专人保管股票或债券。这种合理的分工所形成的相互牵制机制有利于避免或减少投资业务中发生错误或舞弊的可能性。

3. 健全的资产保管制度。

企业对投资资产（指股票和债券资产）一般有两种保管方式：一种方式是由独立的专门机构保管，如在企业拥有较大的投资资产的情况下，委托银行、证券公司、信托投资公司等机构进行保管。这些机构拥有专门的保存和防护措施，可以防止各种证券及单据的失窃或毁损，并且由于它与投资业务的会计记录工作完全分离，可以大大降低舞弊的可能性。另一种方式是由企业自行保管，在这种方式下，必须建立严格的联合控制制度，即至少要由两名以上人员共同控制，不得一人单独接触证券。对于任何证券的存入或取出，都要将债券名称、数量、价值及存取的日期、数量等详细记录于证券登记簿内，并由所有在场的经手人员签名。

4. 详尽的会计核算制度。

企业的投资资产无论是自行保管还是由他人保管，都要进行完整的会计记录，并对其增减变动及投资收益进行相关会计核算。具体而言，应对每一种股票或债券分别设立明细分类账，并详细记录其名称、面值、证书编号、数量、取得日期、经纪人（证券商）名称、购入成本、收取的股息或利息等；对于联营投资类的其他投资，也应设置明细分类账，核算其他投资的投出及其投资收益和投资收回等业务，并对投资的形式（如流动资产、固定资产、无形资产等）、投向（即接受投资单位）、投资的计价以及投资收益等作出详细的记录。

5. 严格的记名登记制度。

除无记名证券外，企业在购入股票或债券时应在购入的当日尽快登记于企业名下，切忌登记于经办人员名下，防止冒名转移并借其他名义牟取私利的舞弊行为发生。

6. 完善的定期盘点制度。

对于企业所拥有的投资资产，应由内部审计人员或不参与投资业务的其他人员进行定期盘点，检查是否确为企业所拥有，并将盘点记录与账面记录相互核对以确认账实的一致性。

三、筹资与投资循环内部控制的了解和描述

对筹资与投资业务内部控制的了解，可以从两方面进行：一是了解每一控制要素的政策和程序的设计；二是这些政策和程序是否已得到执行。注册会计师一般可以通过编制流程图、撰写内部控制说明书、设计问卷式调查表等方式进行。常见的筹资与投资循环内部控制调查表如表 14－1 所示。

表 14－1　筹资与投资循环内部控制调查表

问题	是	否	不适用	备注
1. 企业是否建立了投资管理制度和方法，并设置独立的投资管理部门？				
2. 投资活动是否经董事会、经理办公会或类似机构批准和财务部门核准？				
3. 公司债券、股票、期货和外汇交易是否均经决策机构授权的人员处理？				
4. 是否与被投资单位签订投资合同、协议？				
5. 是否委托独立机构代办、保管投资证券？				
6. 如果自行保管，所有投资凭证是否均放在保险箱内？				

续表

问题	是	否	不适用	备注
7. 是否定期盘点所有投资证券并将实存数与账面金额相比较?				
8. 企业投资业务是否根据投资情况采用不同的核算方法?				
9. 所有投资收益的会计处理是否恰当?				
10. 对投资的期末计价是否采用了市价与成本孰低法进行核算?				
11. 重大借款和筹资行为是否经董事会批准?				
12. 融资借款是否均签订借款合同?				
13. 抵押担保是否获得授权批准?				
14. 利息支出是否按期入账，并划清资本性支出和收益性支出?				
15. 实收资本是否已经审计人员验证?				

四、筹资与投资循环内部控制的初步评价

注册会计师对筹资与投资循环内部控制进行初步评价的目的是确定进一步程序控制测试的性质、时间和范围。控制测试的范围直接受控制风险估计水平的影响。计划控制风险估计水平较低时，比计划控制风险水平较高时需要更多的控制测试证据。如果注册会计师通过了解和测试被审计单位筹资与投资循环的内部控制，认为其内部控制设计基本完善且能够被有效地执行，进而可以确定采取范围较小或分析程序来测试账户余额。

五、重大错报风险的识别与评估

(一) 重大错报风险的识别

影响投资与筹资循环的风险有很多来源，一般包括：

1. 管理层舞弊风险。

一般来说，对于负债，管理层是低估错报，倾向于少计负债。少计负债的通常做法是将实际的已借款不记入会计记录中。例如，董事会批准的借款未记入；得到银行证实的借款未记入；有租金支出的融资负债未记入；通过关联方拆借的资金未记入。

2. 员工舞弊风险。

在投资与筹资循环中，员工可能利用内部控制的漏洞或管理上的疏忽大意，不恰当地处理投资，将投资收益占为己有，或直接将有价证券侵占。

3. 经营流程风险。

在筹资流程中，由于未能正确计划和预算资金的数额，导致筹资过多或过少，进而影响企业的资本结构。在使用资金的过程中，未能平衡现金流量，无法

按期偿还利息或违反贷款条款，以致被强制提前还贷而出现持续经营困难。同时还可能由于筹资、投资的授权审批不恰当而导致的风险。

4. 会计政策风险。

金融资产的分类、计价；借款利息、股息的计提；长期股权投资的计价等都是筹资与投资循环中会遇到的风险。

5. 会计估计风险。

企业必须对金融资产的期末减值做出估计，不得多提或少提减值准备。

6. 信息处理风险。

在投资与筹资交易的处理中，会出现诸如财务预测的外部融资金额未能及时融资、未能严格按照计划使用资金和安排投资人、会计记录未能及时反映投资状况、利息和股息计算不正确等问题。

7. 披露风险。

财务报表的数据是根据总账数据分析填列的，可能会出现前后数据不一致的错误，还可能出现未能正确对金融资产进行分类等问题。

（二）重大错报风险的评估

1. 筹资款项流入与流出风险。

在现金流入环节应注意当筹资款项流入时，是否存在已回收的筹资凭证不及时进行注销，造成被多次使用的风险；在现金流出环节应注意当有关筹资的现金流出时，是否存在虚增筹资费用，形成账外资金的风险。

2. 投资与筹资公允价值确定的风险。

筹资与投资循环涉及的交易数量较少，而每笔交易的金额通常较大。漏记或不恰当地对一笔业务进行会计处理，将会导致重大错误，从而对企业财务报表的公允反映产生较大的影响。注册会计师应注意在投资与筹资环节中公允价值的确定和交易记录的完整性等可能存在重大错报风险。

3. 借款费用的会计处理风险。

注册会计师应关注借款费用的会计处理，被审计单位是否将应该费用化的借款费用资本化，虚减当期费用，虚增资产。

第三节　筹资与投资循环的控制测试

一、筹资与投资循环的内部控制测试

（一）筹资活动的控制测试

如果企业筹资活动业务繁多，注册会计师就可考虑进行控制测试。通常筹资活动控制测试程序包括如下内容：

1. 了解筹资活动的内部控制。

在了解筹资业务内部控制时，一般应注意以下问题：

（1）借款、发行债券或发行股票是否根据董事会授权和有关法律规定进行，是否履行审批手续；

（2）是否进行职务分离控制；

（3）借款是否签订借款合同或协议，各种债券发行是否签订债券契约，发行股票是否聘请独立的证券经营机构承销或包销，债券和股票的承销或包销是否签订有关协议；

（4）筹集的各种款项是否及时存入银行；

（5）是否按照借款协议或债券契约的规定及时支付利息，是否按股东大会的决议及发放股利；

（6）是否将借款、应付债券及股本等及时记入恰当的账户；

（7）与筹资业务相关的明细账是否定期核对；

（8）企业发行债券或股票等相关文件，各种凭证和账簿，以及未发行的债券等是否都指定专人保管或委托独立机构代为保管；

（9）借款偿还、债券的偿还和赎回是否根据是否按合同或董事会授权办理。

2. 筹资活动的控制测试。

注册会计师在了解了筹资业务内部控制后，应运用一定的方法测试其健全、有效程度。

（1）索取借款或发行债券或股票的授权批准文件，检查是否经董事会授权，是否履行了适当的审批手续，手续是否齐全，是否符合法律规定；

（2）索取借款合同或协议、债券契约、承销或包销协议，检查是否签订了借款合同或协议、债券契约、承销或包销协议，是否符合法律规定；

（3）观察并描述其职责分工，观察职务是否分离；

（4）了解债券持有人明细资料的保管制度，检查被审计单位是否将其与总账或外部机构核对；

（5）抽查筹资业务的会计记录，从明细账抽取部分会计记录，按原始凭证到明细账、总账顺序核对有关数据和情况，判断其会计处理过程是否合规完整。

3. 评价筹资活动内部控制。

注册会计师在完成上述程序后，应对企业筹资业务的内部控制进行分析、评价，以确定其在实质性测试工作中的影响，并针对薄弱环节提出改进建议。

（二）投资活动的控制测试

投资的控制测试一般包括如下内容：

1. 了解投资的内部控制。

注册会计师可以采用调查表等形式，了解企业投资活动内部控制情况，并作出行当的记录，以便下一步进行正常测试。注册会计师应重点关注：投资项目是否经过授权批准；是否与被投资单位签订投资合同或协议；投资的核算方法是否符合会计准则的规定，相关投资收益的处理是否正确，手续是否齐全；证券买卖是否经过适当授权，证券是否妥善保管并定期盘点核对等。

2. 筹资活动的控制测试。

（1）抽查筹资业务的会计记录。注册会计师可以从各类投资业务的明细账中抽取部分会计分录，按原始凭证到明细账、总账的顺序核对有关数据和情况，判断其会计处理过程是否合规、完整，并据以核实上述了解的有关内部控制是否得到了有效执行；

（2）审阅内部盘点报告。注册会计师应了解企业是否定期进行证券投资资产的盘点；审阅内部审计人员或其他授权人员对投资资产进行定期盘点的报告。检查盘点方法是否恰当、盘点结果与会计记录核对情况以及出现差异的处理是否合规。如果各期盘点报告的结果未发现账实之间存在差异（或差异不大），说明投资资产的内部控制得到了有效执行；

（3）观察并描述业务的职责分工。注册会计师应观察投资业务职责分工，了解职务是否分离；了解证券资产的保管制度，检查被审计单位自行保管时，存取证券是否进行详细的记录并由所有经手人员签字；

（4）分析企业投资业务管理报告。对于企业的长期投资，注册会计师应对照有关投资方面的文件和凭证，如证券投资的各类证券，联营投资中的投资协议、合同、章程及负责投资业务的财务经理提交投资业务管理报告书等。认真分析这些投资业务管理报告的具体内容，并对照前述的文件和凭证资料，从而判断企业长期投资管理是否合理、有效。

【例题】瑞祥会计师事务所的注册会计师 X 接受委派对 A 上市公司筹资和投资循环内部控制进行了解和测试，审计工作底稿的摘录如下：

（1）A 公司证券部在某营业部开户的有关协议未经财务部门审核。根据总经理的批准，财务部已将 9 000 万元汇入该账户。证券部处理证券买卖的会计记录，月底将证券买卖清单交给财务部，财务部据以汇总登记。

（2）投资业务分由不同部门或不同职员负责。投资部的 M 职员负责编制对外投资预算，N 职员负责分析论证和评估对外投资项目；财务部负责对外投资业务的相关会计记录。

（3）A 公司控股股东的法定代表人同时兼任 A 公司的法定代表人。在公司章程和相关决议中未具体载明股东大会、董事会、高级管理人员的融资权限和批准程序。根据总经理的批示，A 公司 2022 年向农业银行借入 2 亿元。

要求：分析A公司可能存在的内部控制缺陷和注册会计师的建议。

【解答】

（1）由证券部直接支取款项未使授权和执行业务得到分离，款项没有安全保障。建议A公司从资金账户支取款项时，由财务部审核和记录、证券部办理。证券部处理证券买卖的会计处理，未使业务执行和记录的不相容职务分离，且没有适当授权和审批。月末财务部汇总登记证券投资记录，未按证券类别分别设立明细账。建议A公司授权财务部核算投资业务，并分品种设立明细账详细核算。

（2）对外投资项目的分析论证和评估属于不相容职务，建议选派另一名员工来分担N职员的工作。

（3）借款未得到适当的授权和审批。建议A公司在公司章程或有关决议中具体规定股东大会、董事会、高级管理人员关于筹资的权限和批准程序。

二、进一步评价筹资与投资循环内部控制

注册会计师通过上述测试工作后，取得了被单位内部控制是否健全、有效的证据，并将内部控制的强点和弱点记载在审计工作底稿中，以此可以确定对被审计单位内部控制制度的可信赖程度，评价控制风险，进而将较高控制风险涉及的业务领域作为实质性测试的范围和重点。

第四节 投资与筹资循环的实质性测试

一、借款审计

借款是企业承担的，需以未来资产偿付的现时义务，是企业的重要负债项目。为了正确反映企业的财务状况和经营成果，必须将企业的负债完整地列示在资产负债表中，并正确地予以计价。在一般情况下。被审计单位不会高估负债，因为这样于自身不利，且难以与债权人的会计记录相互印证。注册会计师对于负债项目的审计，主要是防止企业低估债务。低估债务通常伴随着低估成本费用，从而高估利润的目的。因此，低估债务不仅影响财务状况的反映，而且还会极大地影响企业财务成果的反映。所以，注册会计师在执行借款业务审计时，应将被审计单位是否低估借款作为关注的重点。借款审计的内容包括短期借款、长期借款和应付债券及财务费用等相关内容。

（一）借款的审计目标

借款的审计目标一般包括：确定期末短期借款和长期借款是否存在；确定期

末短期借款和长期借款是否为被审计单位应履行的偿还义务；确定各种款项的借入、偿还及计息的记录是否完整；确定短期借款和长期借款期末余额是否正确；确定短期借款和长期借款余额期末在会计报表上的表达与披露是否恰当。

（二）短期借款审计的实质性程序

短期借款是企业向银行或其他金融机构等借入的期限在一年内（含一年）的各种借款。短期借款审计的实质性程序通常包括：

1. 获取或编制短期借款明细表。

注册会计师应首先获取或编制短期借款明细表，复核其加计数是否正确，并与明细账和总账核对相符。

2. 检查短期借款的增减变动。

对年度内增加的短期借款，注册会计师应检查借款合同和授权批准，了解借款数额、借款条件、借款日期、还款期限、借款利率，并与相关会计记录相核对。对年度内减少的短期借款，注册会计师应检查相关记录和原始凭证，核实还款数额。

3. 检查有无到期未偿还的短期借款。

注册会计师应检查相关记录和原始凭证，检查被审计单位有无到期未偿还的短期借款，如有，则应查明是否已向银行提出申请并经同意后办理延期手续。

4. 函证短期借款的实有数。

注册会计师应在期末短期借款余额较大或认为必要时向银行或其他债权人函证短期借款。

5. 复核短期借款利息。

注册会计师应根据短期借款的利率和期限，复核被审计单位短期借款的利息计算是否正确，有无多计或少计利息的情况，如有未计利息和多计利息，应做出记录，必要时进行调整。

6. 检查短期借款在资产负债表上的列报是否恰当。

企业的短期借款在资产负债表上通常设“短期借款”项目单独列示，对于因抵押而取得的短期借款，应在资产负债表附注中揭示。注册会计师应注意被审计单位对短期借款项目的披露是否充分。

（三）长期借款审计的实质性程序

长期借款同短期借款一样都是企业向银行或其他金融机构借入的款项，因此，长期借款的实质性程序同短期借款的实质性程序较为相似。长期借款的实质性程序通常包括：

1. 获取或编制长期借款明细表。

注册会计师首先应取得或编制长期借款明细表，复核其加计数是否正确，并与明细账和总账核对相符。

2. 审查长期借款合同的合法性、合理性。

注册会计师应审查长期借款合同是否经过适当授权，借款合同使用是否符合借款合同的规定，重点审查长期借款使用的合理性；审查企业重大的资产租赁合同，判断被审计单位是否存在资产负债表外融资的现象。

3. 审查长期借款的抵押情况。

注册会计师首先应了解金融机构对被审计单位的授信情况以及被审计单位的信用等级评估情况，了解被审计单位获得短期借款和长期借款的抵押和担保情况，评估被审计单位的信誉和融资能力。其次，审查企业抵押长期借款的抵押资产的所有权是否属于企业，其价值和实际状况是否与抵押契约中的规定相一致。

4. 向银行或其他债权人函证重大的长期借款。

5. 核实还款数额，检查年末有无到期未偿还的借款。

对逾期借款是否办理了延期手续，分析计算逾期借款的金额、比率和期限，判断被审计单位的资信程度和偿债能力。

6. 复核长期借款利息。

注册会计师应计算短期借款、长期借款在各个月份的平均余额，选取适用的利率匡算利息支出总额，并与财务费用的相关记录核对，判断被审计单位是否高估或低估利息支出，必要时进行适当调整。

7. 检查借款费用的会计处理是否正确。

借款费用，指企业因借款而发生的利息及其他相关成本，包括折价或溢价的摊销、辅助费用以及因外币借款而发生的汇兑差额。按照《企业会计准则第17号——借款费用》的规定，企业发生的借款费用，可直接归属于符合资本化条件的资产的购建或生产的，应当予以资本化，计入相关资产成本；其他借款费用，应当在发生时根据其发生额确认费用，计入当期损益。

8. 检查长期借款是否已在资产负债表上充分披露。

长期借款在资产负债表上列示于长期负债类下，该项目应根据“长期借款”科目的期末余额扣减将于一年内到期的长期借款后的数额填列，该项扣除数应当填列在流动负债类下的“一年内到期的长期负债”项目单独反映。注册会计师应根据审计结果，确定被审计单位长期借款在资产负债表上的列示是否充分，并注意长期借款的抵押和担保是否已在财务报表附注中作了充分的说明。

二、应付债券审计

（一）应付债券的审计目标

应付债券的审计目标一般包括：确定期末应付债券是否存在；确定期末应付债券是否为被审计单位应履行的偿还义务；确定应付债券的发行、偿还及计息的记录是否完整；确定应付债券的期末余额是否正确；确定应付债券的披露是否恰当。

（二）应付债券审计的实质性程序

应付债券业务通常不多，但每笔业务的金额很大，因此注册会计师对应付债券的审计，一般以实质性程序为主。应付债券审计的实质性程序一般包括：

1. 取得或编制应付债券明细表。

同其他负债项目的实质性程序一样，注册会计师应首先取得或编制应付债券明细表，并同有关的明细分类账和总分类账核对相符。应付债券明细账通常都包括债券名称、承销机构、发行日、到期日、债券总额（面值）、实收金额、折价和溢价及其摊销、应付利息、担保情况等内容。

2. 检查债券交易的有关原始凭证和相关文件。

在初次或被审计单位发行新债券的情况下，检查债券交易的各项原始凭证和相关文件，是确定应付债券金额及其合法性的重要程序，注册会计师应作好以下工作：检查企业发行债券的授权批准文件和现有债券副本，确定其发行是否合法，各项内容是否同相关的会计记录相一致；检查企业发行债券所收入现金的收据、汇款通知单、送款登记簿及相关的银行对账单；检查用以偿还债券的支票存根，并检查利息费用的计算；如果企业发行债券时已作抵押或担保，注册会计师还应检查相关契约的履行情况。

3. 检查应计利息、债券折（溢）价摊销及其会计处理是否正确。

此项工作一般可通过检查债券利息、溢价、折价等账户分析表来进行。该表可以让企业代为编制，注册会计师加以检查，也可由注册会计师自己编制。

4. 函证“应付债券”账户期末余额。

为了确定“应付债券”账户期末余额的真实性，注册会计师如果认为必要，可以直接向债权人及债券的承销人或包销人进行函证。函证内容应包括应付债券的名称、发行日、到期日、利率、已付利息期间、年内偿还的债券、资产负债表日尚未偿还的债权及注册会计师认为应包括的其他重要事项。注册会计师应对函证结果与账面记录进行比较，如有差异，应进一步检查其原因。

5. 检查到期债券的偿还。

对到期债券的偿还，注册会计师应检查相关会计记录，检查其会计处理是否正确。对可转换公司债券持有人行使转换权利，将其持有的债券转换为股票，则应检查其转股的会计处理是否正确。

6. 检查应付债券是否已在资产负债表上充分披露。

应付债券在资产负债表中列示于长期负债类下，该项目应根据“应付债券”科目的期末余额扣除将于一年内到期的应付债券后的数额填列，该扣除数应当填列在流动负债类下的“一年到期的长期负债”项目单独反映。注册会计师应根据审计结果，确定被审计单位应付债券在财务报表上的披露是否充分，应注意有关应付债券的类别是否已在财务报表附注中作了充分的说明。

三、财务费用审计

财务费用是指企业为筹集资金而发生的费用，财务费用通常和借款紧密联系在一起，包括利息支出、汇兑损益以及相关手续费用等。财务费用的审计目标一般包括：确定记录的财务费用是否已发生，且与被审计单位有关；确定财务费用记录是否完整；确定与财务费用有关的金额及其他数据是否已恰当记录，确定财务费用是否记录于正确的会计期间；确定财务费用的内容是否正确；确定财务费用的披露是否恰当。

财务费用审计的实质性程序一般包括：

（一）取得或编制财务费用明细表

注册会计师应将财务费用明细表复核加计正确，与报表数、总账数和明细账合计数核对是否相符。

（二）实施分析程序

将本期和上期财务费用各明细项目作比较分析，必要时比较本期各月的财务费用，如有重大波动和异常情况，应查明原因，扩大审计范围或增加测试量。

（三）结合借款的审计，抽查重要或异常的利息费用项目

注册会计师应审查其原始凭证是否合法，审查利息支出明细账，确认利息支出的真实性及正确性，注意检查大额金融机构手续费的真实性与正确性；有无将应资本化的利息列入财务费用的情况以及现金折扣的会计处理是否正确。

（四）检查汇兑损失明细账，检查汇兑损益计算方法是否正确，核对所用汇率是否正确，前后期是否一致

（五）对财务费用实施截止测试

注册会计师应检查财务费用各项目有无跨期入账的现象，对于重大跨期项目，应作必要调整。

（六）检查财务费用的在利润表上披露是否恰当

四、所有者权益审计

所有者权益是指企业资产扣除负债后所有者享有的剩余权益。所有者权益的来源包括所有者投入的资本、直接计入所有者权益的利得和损失、留存收益等。根据“资产 = 负债 + 所有者权益”的会计衡等式原理，注册会计师能够在证明资产和负债期初余额、期末余额和本期变动都是正确的基础上，从侧面为所有者权益的期末余额和本期变动的正确性提供了有力的证据。同时，由于所有者权益增减变动的业务较少、金额较大的特点，注册会计师在审计了企业的资产和负债之后，往往只花费相对较少的时间对所有者权益进行审计。尽管如此，在审计过程中，对所有者权益进行单独审计仍是十分必要的。

（一）所有者权益的审计目标

所有者权益的审计目标一般包括：确定实收资本（股本）、资本公积、期末盈余公积和未分配利润是否存在；确定实收资本（股本）、资本公积、期末盈余公积和未分配利润的增减变动是否符合法律、法规和合同、章程的规定，记录是否完整；确定实收资本（股本）、资本公积、期末盈余公积和未分配利润的期末余额是否正确；确定实收资本（股本）、资本公积、期末盈余公积和未分配利润在资产负债表上披露是否恰当。

（二）实收资本（股本）审计的实质性程序

实收资本（股本）通常不发发生变化，只有在公司设立、增资扩股和减资时发生变化。注册会计师对实收资本（股本）执行审计的实质性程序通常包括：

1. 获取或编制实收资本（股本）增减变动情况明细表，复核加计正确，与报表数、总账数和明细账合计数核对相符。

2. 查阅有关文件和会议记录。

由于大多数股东权益业务需要得到董事会批准，因此，注册会计师应收集与实收资本（股本）变动有关的董事会会议记录或纪要、合同、协议、公司章程及营业执照；公司设立批文、验资报告等法律性文件，以确认上述事项是否经过了董事会审批。

3. 审查投入资本的真实性。

注册会计应通过对有关原始凭证、会计记录的审阅和核对，向投资者函证实收实缴资本额，向登记机关和代理商函证股票发行情况；对有关财产和实物的价值进行鉴定等方法，确定被审计单位投资入资本的真实存在。

4. 检查实收资本（股本）增减变动。

查阅其是否与董事会纪要、补充合同、协议及其他有关法律性文件的规定一致，逐笔追查至原始凭证，检查其会计处理是否正确。注意有无抽资或变相抽资的情况，如有，应取证核实，作恰当处理。对首次接受委托的客户，除取得验资报告外，还应检查记账凭证及进账单。

5. 其他实质性审计程序。

取得股东会（股东大会）等资料，审核用资本公积、盈余公积和未分配利润转增资本是否符合国家有关规定；取得相关资料检查以权益结算的股份支付是否符合相关规定；根据证券登记公司提供的股东名录，检查被审计单位及其子公司、合营企业与联营企业是否有违反规定的持股情况；检查认股权证及其有关交易，确定委托人及认股人是否遵守认股合约或认股权证中的有关规定。

6. 确定实收资本（股本）是否恰当披露。

实收资本（股本）在资产负债表上应单项列示，并且在财务报表附注中披露与实收资本（股本）有关的重要事项。如说明实收资本期初至期末间的重要变化，包括所有者的变更、注册资本的增加或减少、各所有者出资额的变动等；对于股本而言，应披露如股本的种类、各类股本金额，股票发行的数量，每股股票面值等。注册会计师应当审查实收资本（股本）在资产负债表上披露的恰当性和充分性。

五、资本公积审计

资本公积审计的实质性程序通常包括：

（一）获取或编制资本公积明细表，复核加计正确，并与报表数、总账数和明细账合计数核对相符

（二）检查资本公积形成的合法性

注册会计师应收集与资本公积变动有关的股东会（股东大会）决议，董事会会议纪要、资产评估报告等文件资料，更新永久性档案。首次接受委托的，应检查期初资本公积的原始发生依据，以验证其合法性。

（三）检查增减变动的合理性及会计处理的正确性

注册会计师应根据资本公积明细账，对股本溢价、其他资本公积各明细账的发生额逐项进行审查。重点检查以下项目：

1. 股本溢价的检查。注册会计师应取得董事会会议纪要、股东会（股东大会）决议、有关合同、政府批文，追查至银行收款等原始凭证，结合相关科目的审计，检查会计处理是否正确，注意检查股票发行费用是否已从发行股票溢价收入中扣除。

2. 结合股权投资的审计，检查在权益法核算下被投资单位除净损益以外所有者权益的变动，被审计单位是否已按其享有的份额增减资本公积，会计处理是否正确；处置该项投资时，应注意是否已将与其相关的资本公积转为当期损益；若有同一控制下企业合并，应结合长期股权投资科目，检查被审计单位（合并方）取得的被合并方所有者权益账面价值的份额与支付的合并对价账面价值的差额计算是否正确，是否依次调整本科目、盈余公积和未分配利润。

3. 对自用房地产或存货转换为采用公允价值计量的投资性房地产，若转换日公允价值大于账面价值，差额是否正确记入本科目，若转换日公允价值小于账面价值，检查差额是否正确计入公允价值变动损益；处置投资性房地产，检查相关的资本公积是否已转销。

4. 对可供出售金融资产形成的资本公积，结合相关科目检查金额和相关会计处理是否正确：（1）当可供出售金融资产转为采用成本或摊余成本计量时，已记入本科目的公允价值变动是否按规定进行了会计处理；（2）当可供出售金融资产发生减值时，已记入本科目的公允价值变动是否转入资产减值损失；（3）当已减值的可供出售金融资产公允价值回升时，区分权益工具和债务工具分别确定其会计处理是否正确。

5. 对拨款转入，审阅有关的拨款批文，检查拨款项目的完成情况，结合专项应付款的审计，检查会计处理是否正确。

6. 对资本公积转增资本，应取得股东会（股东大会）决议、董事会会议纪要和政府批文等，检查资本公积转增资本是否符合有关规定，会计处理是否正确。

（四）审查资本公积披露是否恰当

资本公积应根据“资本公积”账户的期末余额在资产负债表上单独列示，注册会计师应当对被审计单位资产负债表中资本公积项目的数额是否与审定数额相符，并检查是否在会计报表附注中予以充分说明。

六、盈余公积审计

盈余公积是指企业按公司法规定从税后利润中提取的积累资金。盈余公积主要用于弥补亏损和转增资本，也可以按规定用于分配股利。盈余公积审计的实质性程序通常包括：

（一）取得或编制盈余公积明细表，复核加计正确，并与报表数、总账数和明细账合计数核对相符

（二）审计盈余公积提取和使用的合法性

注册会计师应取得与盈余公积变动有关的董事会会议纪要、股东会（股东大会）决议以及政府主管部门、财政部门批复等文件资料，审查法定盈余公积和任意盈余公积的计提是否符合有关规定，使用是否符合规定并经过批准，使用是否合理，有无挪作他用的情况。

（三）审查盈余公积的会计处理是否正确

抽取相关的会计凭证，审查盈余公积的计提、弥补亏损等的会计处理是否正确；如为外商投资企业，应对储备基金、企业发展基金的发生额逐项审查至原始凭证；如为中外合作经营企业，应对利润归还投资的发生额审查至原始凭证，并与“实收资本——已归还投资”科目的发生金额核对。

（四）审查盈余公积在资产负债表中是否恰当披露

企业法定盈余公积和任意盈余公积合并为盈余公积项目在资产负债表中列示，同时还应当在会计报表附注中说明各项盈余公积的期末余额及期初至期末间的重要变化。

七、未分配利润审计

（一）未分配利润的审计目标

1. 确定期末未分配利润是否存在；
2. 确定未分配利润增减变动的记录是否完整；
3. 确定未分配利润期末余额是否正确；
4. 确定未分配利润的披露是否恰当。

（二）未分配利润审计的实质性程序

未分配利润是指未作分配的净利润，它包括两层含义：一是该部分利润没有分配给投资者；二是未指定用途。未分配利润是企业当年税后利润在弥补以前年度亏损、提取公积金和公益金以后加上上年未分配利润，再扣除向所有者分配的利润后的结余额，是企业留于以后年度分配的利润。它是企业历年积存的利润分配后的余额，是所有者权益的一个重要组成部分。企业的未分配利润通过“利润分配——未分配利润”明细科目核算，其年末余额反映历年积存的未分配利润（或未弥补亏损）。

未分配利润审计的实质性程序通常包括：

1. 获取或编制未利润分配明细表，复核加计正确，与报表数、总账数及明细账合计数核对相符。

2. 审查未分配利润的合法性。

注册会计师应收集和检查与利润分配有关的董事会会议纪要、股东会（股东大会）决议、政府部门批文及有关合同、协议、公司章程等文件资料，对照有关规定确认利润分配的合法性。

3. 审查未分配利润的真实性。

注册会计师应重点检查未分配利润期初数与上期审定数是否相符，涉及损益的上期审计调整是否正确入账；了解本年利润弥补以前年度亏损的情况，如果已超过弥补期限，且因抵扣亏损而确认递延所得税资产的，应当进行调整。

4. 检查年终结账日后发生的损益调整项目的账务处理是否合法、正确。

注册会计师应结合以前年度损益调整科目的审计检查以前年度损益调整的内容是否真实、合理，注意对以前年度所得税的影响；对重大调整事项应逐项核实其发生原因、依据和有关资料、复核数据的正确性；检查本期未分配利润变动除净利润转入以外的全部相关凭证，结合所获取的文件资料，确认其会计处理是否正确。

5. 确定未分配利润的披露是否恰当。

注册会计师应检查未分配利润在资产负债表、利润表及有关附表中披露是否恰当，口径是否一致；并根据审计结果检查对资产负债表日后至财务报告批准报出日之间由董事会或类似机构所制订利润分配方案中拟分配的股利，是否在财务报表附注中单独披露。

八、应付股利审计

（一）应付股利的审计目标

应付股利的审计目标一般包括：确定期末应付股利是否存在；确定期末应付股利是否为被审计单位应履行的支付义务；确定应付股利的记录是否完整；确定应付股利的期末余额是否正确；确定应付股利的披露是否恰当。

（二）应付股利审计的实质性程序

应付股利审计的实质性程序通常包括：

1. 获取或编制应付股利明细表，复核加计是否正确，并与报表数、总账数和明细账合计数核对相符。

2. 审阅公司章程和股东会（股东大会）决议中有关股利的规定，了解股利分配标准和发放方式是否符合有关规定并经法定程序批准。若被审计单位董事会或类似机构通过利润分配方案拟分配现金股利或利润的应注意是否披露。

3. 检查应付股利的发生额。

注册会计师应检查应付股利是否根据股东会（股东大会）决定的利润分配方案进行分配，从可供分配利润中计算确定，并复核应付股利计算和会计处理的正确性。

4. 检查股利支付的原始凭证的内容、金额和会计处理是否正确。

5. 现金股利是否按公告规定的时间、金额予以发放和结算，零星股东股利有否采用适当方法结算，对无法结算及委托发放而长期未结的股利是否做出适当处理。

6. 确定应付股利的披露是否恰当。

九、投资审计

（一）投资审计的目标

投资是指企业通过分配来增加财富，或为谋求其他利益，而将资产让渡给其他单位所获得的另一项资产。与投资相关项目包括：交易性金融资产、可供出售金融资产、持有至到期投资、长期股权投资、投资性房地产、投资收益审计等。虽然不同形式的投资目的、性质不同，但它们的审计目标基本相同，主要包括以下几个方面：

1. 确定投资是否存在，并归被审计单位所拥有；

2. 确定投资的增减变动及其收益或损失记录的完整性；

3. 确定投资的核算方法是否正确；

4. 确定投资的期末余额是否正确；

5. 确定投资在财务报表上的披露是否恰当。

（二）投资审计的实质性程序

注册会计师应该在对投资内部控制检查和评价的基础上，对与投资相关的项目分别进行实质性审查。

1. 交易性金融资产审计。

交易性金融资产是指企业为了近期出售而持有的金融资产。在会计科目设置上，企业持有的直接指定为以公允价值计价且其变动计入当期损益的金融资产，也通过该科目核算。

交易性金融资产审计的实质性程序通常包括：

（1）获取或编制交易性金融资产明细表，复核加计正确，并与报表数、总账数和明细账合计数核对相符；

（2）获取股票、债券及基金等交易流水单及被审计单位证券投资部门的交易记录。与明细账核对，检查会计记录是否完整、会计处理是否正确；

（3）监盘库存交易性金融资产，并与相关账户余额进行核对，如有差异，应查明原因，并做出记录或进行适当调整；

（4）向相关金融机构发函询证交易性金融资产期末数量以及是否存在变现限制（与存出投资款一并函证），并记录函证过程。取得回函时应检查相关签章是否符合要求；

（5）抽取交易性金融资产增减变动的相关凭证，检查其原始凭证是否完整合法，会计处理是否正确：①抽取交易性金融资产增加的记账凭证，注意其原始凭证是否完整合法，成本、交易费用和相关利息或股利的会计处理是否符合规定；②抽取交易性金融资产减少的记账凭证，检查其原始凭证是否完整合法；会计处理是否正确；注意出售交易性金融资产时其成本结转是否正确，原计入的公允价值变动损益有无调整至投资收益；

（6）复核与交易性金融资产相关的损益计算是否准确，并与公允价值变动损益及投资收益等有关数据核对；

（7）复核股票、债券及基金等交易性金融资产的期末公允价值是否合理，相关会计处理是否正确；

（8）确定交易性金融资产的披露是否恰当。

2. 可供出售金融资产审计。

可供出售金融资产，是指初始确认时即被指定为可供出售的非衍生金融资产，以及除了贷款和应收款项、持有至到期投资、以公允价值计价且其变动计入当期损益以外的金融资产。

可供出售金融资产审计的实质性程序通常包括：

（1）获取或编制可供出售金融资产资产明细表，复核加计正确，并与报表数、总账数和明细账合计数核对相符；

（2）分类是否正确，有无将有至到期投资确认为可供出售的金融资产；

（3）检查可供出售金融资产初始确认和计量是否正确。确认可供出售金融资产初始计量时是否按照取得的公允价值和相关交易费用之和作为初始确认金额计量，如果支付的价款中包含已到付息期尚未领取的债券利息或已宣告但尚未发放的现金股利，是否单独列入应收项目，会计处理是否正确；获取可供出售金融资产对账单，与明细账核对，并检查其会计处理是否正确；

（4）向相关金融机构发函询证可供出售金融资产期末数量，并记录函证过程。取得回函时应检查相关签章是否符合要求；

（5）抽取可供出售金融资产增减变动的相关凭证，检查其原始凭证是否完整合法，会计处理是否正确：①抽取可供出售金融资产增加的记账凭证，注意其原始凭证是否完整合法，成本、交易费用和相关利息或股利的会计处理是否符合规定；②抽取可供出售金融资产减少的记账凭证，检查其原始凭证是否完整合法，会计处理是否正确。注意出售可供出售金融资产时相应的资本公积有无调整；

（6）检查可供出售金融资产减值。注册会计师在分析判断可供出售金融资产是否发生减值时，应当注意可供出售金融资产的公允价值是否发生较大幅度下降，并且预期这种下降趋势是否属于非暂时性的，应当检查被审计单位是否计提资产减值准备，计提金额和相关会计处理是否正确；已确认减值损失的可供出售金融资产，当公允价值回升时检查其相关会计处理是否正确；

（7）检查可供出售金融资产的处置。注册会计师在检查可供出售金融资产出售时，应注意其相关损益计算及会计处理是否正确，已计入资本公积的公允价值累计变动额是否转入投资收益科目；

（8）复核可供出售金融资产划转为持有至到期投资的依据是否充分，会计处理是否正确；

（9）检查债券投资计入损益的利息收入计算所采用的利率是否正确；

（10）确定可供出售金融资产的披露是否恰当。

3. 长期股权投资审计。

长期股权投资核算企业持有的采用权益法或成本法核算的长期股权投资，具体包括：

（1）企业持有的能够对被投资单位实施控制的权益性投资，即对子公司的投资；

（2）企业持有的能够与其他合营方一同对被投资单位实施共同控制的权益

性投资，即对合营企业的投资；

（3）企业持有的能够对被投资单位施加重大影响的权益性投资，即对联营企业的投资；

（4）企业对被投资单位不具有控制、共同控制或重大影响，且在活跃市场中没有报价、公允价值不能可靠计量的权益性投资。

长期股权投资审计的实质性程序通常包括：

（1）获取或编制长期股权投资明细表，复核加计正确，并与总账数和明细账合计数核对相符；结合长期股权投资减值准备科目与报表数核对相符。

（2）检查长期股权投资的初始计量及确认是否正确。

①对于同一控制下的企业合并形成的长期股权投资，审查时应注意其在合并日是否按取得被合并方所有者权益账面价值的份额作为初始投资成本入账，支付合并对价资产的账面价值与投资成本的差额是否调整了资本公积或留存收益；

②非同一控制下企业合并形成的长期股权投资，审查时应注意其在购买日是否根据企业合并会计准则确定的合并成本作为初始投资成本，支付合并对价资产的账面价值与投资成本的差额是否计入当期损益；

③合并以外的其他方式取得的股权投资的初始成本的确认是否正确。

（3）检查长期股权投资的核算方法的选用是否恰当。注册会计师应根据有关合同和文件，并通过询问管理层或函证被投资企业等方式，确认股权投资的股权比例和持有时间，检查股权投资核算方法的选择是否恰当。

（4）对于采用成本法核算的长期股权投资，检查股利分配的原始凭证及分配决议等资料确定会计处理是否正确；对被审计单位实施控制而采用成本法核算的长期股权投资，比照权益法编制变动明细表，以备合并报表使用。

（5）对于应采用权益法核算的长期股权投资，获取被投资单位已经注册会计师审计的年度财务报表，如果未经注册会计师审计，则应考虑对被投资单位的财务报表实施适当的审计或审阅程序。

①复核投资收益时，应以取得投资时被投资单位各项可辨认资产等的公允价值为基础，对被投资单位的净利润进行调整后加以确认；被投资单位采用的会计政策及会计期间与被审计单位不一致的，应当按照被审计单位的会计政策及会计期间对被投资单位的财务报表进行调整，据以确认投资损益；

②将重新计算的投资收益与被审计单位所计算的投资收益相核对，如有重大差异，则查明原因，并做适当调整；

③检查被审计单位按权益法核算长期股权投资，在确认应分担被投资单位发生的净亏损时，首先冲减长期股权投资的账面价值，其次冲减其他实质上构成对被投资单位净投资的长期权益账面价值（如长期应收款等）；如果按照投资合同

和协议约定被审计单位仍需承担额外损失义务的，应按预计承担的义务确认预计负债，并与预计负债中的相应数字核对无误；被投资单位以后期间实现盈利的，被审计单位在其收益分享额弥补未确认的亏损分担额后，恢复确认收益分享额。审计时，应检查被审计单位会计处理是否正确；

④检查除净损益以外被投资单位所有者权益的其他变动，是否调整计入所有者权益。

（6）确定长期股权投资的增减变动的记录是否完整。

①检查本期增加的长期股权投资，追查至原始凭证及相关的文件或决议及被投资单位验资报告或财务资料等，确认长期股权投资是否符合投资合同、协议的规定，并已确实投资，会计处理是否正确；

②检查本期减少的长期股权投资，追查至原始凭证，确认长期股权投资的收回有合理的理由及授权批准手续，并已确实收回投资，会计处理是否正确。

（7）长期股权投资核算方法转换会计处理的审查。

被审计单位如果根据长期股权投资准则将长期股权投资由成本法改为权益法核算时，应检查其是否按转换时，该项长期股权投资的账面价值作为权益法核算的初始投资成本。初始投资成本小于占被投资单位可辨认净资产公允价值份额的差额，是否借记“长期股权投资（投资成本）”，贷记“营业外收入”科目。

长期股权投资自权益法改为成本法核算的，除构成企业合并的以外，应检查其是否按中止采用权益法时投资的账面价值作为成本法核算的初始成本。

（8）检查长期股权投资的减值。注册会计师期末应对长期股权投资进行逐项检查，以确定长期股权投资是否已经发生减值。

①核对长期股权投资减值准备本期与以前年度计提方法是否一致，如有差异，查明政策调整的原因，并确定政策改变对本期损益的影响，提请被审计单位做适当披露；

②对长期股权投资逐项进行检查，根据被投资单位经营政策、法律环境的变化，市场需求的变化、行业的变化、盈利能力等各种情形予以判断长期股权投资是否存在减值迹象。确有出现导致长期股权投资可收回金额低于账面价值的，将可收回金额低于账面价值的差额作为长期股权投资减值准备予以计提，并与被审计单位已计提数相核对。如有差异，查明原因；

③长期股权投资减值准备按单项资产计提，计提依据充分，得到适当批准。减值损失一经确认，在以后会计期间不得转回。

（9）结合银行借款等的检查，了解长期股权投资是否存在质押、担保情况。如有，则应详细记录，并提请被审计单位进行充分披露。

（10）确定长期股权投资在资产负债表上已恰当列报。与被审计单位人员讨论确定是否存在被投资单位由于所在国家和地区及其他方面的影响，其向被审计单位转移资金的能力受到限制的情况，如存在，应详细记录受限情况，并提请被审计单位进行充分披露。

4. 投资收益审计。

投资收益的实质性程序通常包括：

（1）获取或编制投资收益分类明细表，复核加计正确并与总账数和明细账合计数核对相符，与报表数核对相符；

（2）与以前年度投资收益比较，结合投资本期的变动情况，分析本期投资收益是否存在异常现象。如有，应查明原因，并做出适当的调整；

（3）与长期股权投资、交易性金融资产、交易性金融负债、可供出售金融资产、持有到期投资等相关项目的审计结合，验证确定投资收益的记录是否正确，确定投资收益被计入正确的会计期间；

（4）确定投资收益的已恰当列报。检查投资协议等文件，确定国外投资收益汇回是否存在重大限制，若存在重大限制，应说明原因，并做出恰当披露。

十、其他相关账户审计

（一）长期应付款的审计

1. 长期应付款的审计目标。

长期应付款是指企业除长期借款和应付债券以外的长期负债，包括应付融资租赁款和应付补偿贸易引进设备款。长期应付款的审计目标一般包括：确定长期应付款的发生、偿还及计息的记录是否完整；确定长期应付款的期末余额是否正确；确定长期应付款的披露是否恰当。

2. 长期应付款审计的实质性程序。

长期应付款审计的实质性程序通常包括：

（1）取得或编制长期应付款明细表，并同明细账和总账的余额核对，复核加计正确，并验证账账之间、账表之间是否一致；

（2）抽查长期应付款业务的有关凭证，检查长期应付款业务的真实、合规性。注册会计师应注意：①审查融资租赁合同或引进设备项目的经济合同等各项原始凭证，并与企业会计记录核对，查明长期应付款业务是否真实；②查阅融资合同及其他文件，验证应付融资租赁费计算是否正确；③查阅引进设备项目经济合同及有关凭证、账簿，查明利息计算、外币折算过程及应付引进国外设备价款计算是否正确；④审查合同规定的固定资产是否按期到货，查询主管人员，深入现场实地了解其质量、数量、品种规格是否与合同规定一致；

（3）必要时，向租赁公司或国外供货商函证重大长期应付款余额的真实性；

（4）检查各项长期应付款本息的计算是否准确，会计处理是否正确；

（5）检查与长期应付款有关的汇兑损益是否按规定进行了会计处理；

（6）确定长期应付款是否已在资产负债表上充分披露，并注意一年内到期的长期应付款应列入流动负债。

（二）预计负债审计

1. 预计负债的审计目标。

预计负债是指支出时间和金额不确定，但符合负债确认条件的现实义务，主要包括因企业确认的对外担保、未决诉讼、产品质量保证、重组义务、亏损性合同等。预计负债的审计是或有事项审计的一部分内容。预计负债的审计目标一般包括：确定预计负债的确认是否完整；预计负债的计量是否符合规定；预计负债的会计处理是否正确；预计负债的披露是否恰当。

2. 预计负债审计的实质性程序。

预计负债审计的实质性程序通常包括：

（1）获取或编制预计负债明细表。复核加计正确，并与报表数、总账数和明细账合计数核对相符；

（2）向相关银行函证担保事项；

（3）对已涉诉并已判决的对外担保，取得并审阅有关法院判决书；

（4）对已涉诉但尚未判决的对外担保，取得被审计单位律师或法律顾问的法律意见；

（5）检查预计负债的估计是否准确，会计处理是否正确；

（6）检查预计负债的披露是否恰当。

（三）所得税费用审计

1. 所得税费用的审计目标。

所得税费用是指根据《企业会计准则第 18 号——所得税》（2006）的要求确认的应从当期利润总额中扣除的所得税费用，包括当期所得税费用和递延所得税费用（收益）。

所得税费用的审计目标一般包括：确定记录的所得税费用是否已发生，且与被审计单位有关；确定所得税费用记录是否完整；确定与所得税费用有关的金额及其他数据是否已恰当记录；确定所得税费用是否已记录于正确的会计期间；确定所得税费用的内容是否正确；确定所得税费用的披露是否恰当。

2. 所得税费用审计的实质性程序。

所得税费用审计的实质性程序通常包括：

（1）获取或编制所得税费用明细表、递延所得税资产明细表、递延所得税负债明细表，核对与明细账合计数、总账及报表数是否相符；

（2）根据审计结果和税法规定，核实当期的纳税调整事项，确定应纳税所得额，计算当期所得税费用；

(3) 根据期末资产及负债的账面价值与其计税基础之间的差异，以及未作为资产和负债确认的项目的账面价值与按照税法的规定确定的计税基础的差异，计算递延所得税资产、递延所得税负债期末应有余额，并根据递延所得税资产、递延所得税负债期初余额，倒轧出递延所得税费用（收益）；

(4) 将当期所得税费用与递延所得税费用之和与利润表上的“所得税”项目金额相核对；

(5) 检查所得税费用是否已在财务报表中恰当列报。

（四）营业外收入审计

1. 营业外收入的审计目标。

营业外收入的审计目标一般包括：确定营业外收入的记录是否完整；确定营业外收入的计算是否正确；确定营业外收入的披露是否恰当。

2. 营业外收入审计的实质性程序。

营业外收入审计的实质性程序通常包括：

(1) 获取或编制营业外收入明细表，复核加计正确，并与报表数、总账数及明细账合计数核对相符；

(2) 检查营业外收入的核算内容是否符合会计准则的规定；

(3) 抽查营业外收入中金额较大或性质特殊的项目，审核其内容的真实性和依据的充分性；

(4) 对营业外收入中各项目，包括非流动资产处理利得、非货币性资产交换利得、债务重组利得、政府补助、盘盈利得、接受捐赠利得等相关账户记录核对相符，并追查至相关原始凭证；

(5) 检查营业外收入的披露是否恰当。

（五）营业外支出审计

1. 营业外支出的审计目标。

营业外支出的审计目标一般包括：确定营业外支出记录是否完整；确定营业外支出的计算是否正确；确定营业外支出的披露是否恰当。

2. 营业外支出审计的实质性程序。

营业外支出审计的实质性程序通常包括：

(1) 获取或编制营业外支出明细表，复核加计正确，并与报表数、总账数及明细账合计数核对是否相符；

(2) 检查营业外支出内容是否符合会计准则的规定；

(3) 对营业外支出的各项目，包括非流动资产处理损失、非货币性资产交换损失、债务重组损失、盘亏损失、公益性捐赠支出等，与固定资产、无形资产等相关账户记录核对相符，并追查至相关原始凭证；

(4) 检查是否存在非公益性捐赠支出、税收滞纳金、罚金、罚款支出、各种赞助会费支出，必要时进行应纳税所得额调整；

（5）对非常损失应详细检查有关资料、被审计单位实际损失和保险理赔情况及审批文件检查有关会计处理是否正确；

（6）检查营业外支出的披露是否恰当。

【课后习题】

一、思考题

1. 筹资与投资循环具有哪些特征？这会对审计产生哪些影响？

2. 如何进行短期借款和长期借款的实质性程序？

3. 筹资与投资循环审计为什么大量采用详查法？

4. 为什么对资产和负债的审计不能代替对所有者权益的审计？

5. 如何进行交易性金融资产、可供出售金融资产、持有至到期投资和长期投资的实质性程序？

二、案例题

审计人员在对某企业报表年审时，发现存在如下情况：

（1）审查应收账款时，发现某明细户的年末余额与年初完全一样，疑为呆账。经核查，该结算户并非企业的销售客户。结果，企业出示了一份与其签署的借款协议：企业出借 100 000 元，年利率为 12%；借款期限为两年，借期从上年 7 月 1 日至明年 6 月 30 日止。

（2）审查“长期投资——其他投资”时发现，本年度企业有一笔对外投资 230 000 元由“在建工程”结转。经查询，该项目开发工程事实上已经告吹。

（3）企业年末从二级市场上以每股 8.76 元的价格（每股面值 1 元）从市场上购得某公司的股票 10 000 股，且知每股中含有已宣告将要发放的红利 0.26 元，企业会计处理为借记长期投资 87 600 元，贷记银行存款 87 600 元。

（4）12 月份企业收到全资子公司汇来的利润 1 000 000 元，企业财务处理为借记银行存款，贷记投资收益，金额均为 1 000 000 元。

（5）本企业拥有某上市公司 15% 的股权（并未取得实质性的控股权），且从该上市公司在《证券报》上公布的年报中获悉，年度税后利润为 10 000 000 元。本年度分得股利为 600 000 元，企业会计分录为借记长期投资，贷记投资收益，金额均为 1 500 000 元。

（6）企业拥有下属子公司的 80% 股权，且知其年报的税后利润为 20 000 000 元，企业会计在账务处理时，借记长期投资，贷记投资收益 30 000 000 元。

（7）企业于 10 月 1 日，以 108 元价格（票面 100 元）购入年息为 20%，期长为两年的金额债券 108 000 元，企业年末预计投资收益为借记长期投资——应计利息，贷记投资收益，金额均为 500 元。

（8）12 月份企业财务人员擅自将一笔联营期为 10 年的长期投资 10 000 000 元，转为短期投资。

（9）企业在提供其控股企业名单与目录时（为审计合并报表之需），将其控股 70% 的一家子公司，谎称其为 45% 的控股公司。

［要求］根据上述情况，试对企业可能存在的问题作出合理的审计推断。①

① 资料来源：豆丁网 http：//www. docin. com/p－1327633526. html。

第十五章　货币资金审计

【本章教学目的和要求】

通过本章学习，应当理解货币资金与各业务循环的关系；了解货币资金涉及的凭证和会计记录；理解并掌握货币资金内部控制与重大错报风险评估的内容；理解并掌握货币资金内部控制测试的要点和实质性测试的内容。

【引导案例】

盈峰科技属于农业高科技类上市公司，主营农业产品开发、零售业务。上海立德会计师事务所从2013年开始承接盈峰科技的年报审计工作，从初步了解的情况来看，盈峰科技的管理制度健全，组织机构合理，审计委员会直接领导内部审计部门，但是盈峰科技的会计人员素质参差不齐，在会计处理上屡屡出现问题。盈峰科技经过股权重组后有多个控股公司，近几年项目组审计时在控股公司中屡次发现问题，尤其在库存现金的往来方面问题颇多，引起审计项目小组人员的高度重视。从盈峰科技的库存现金业务流程来看，现金管理存在着一定的漏洞：每天所收入的现金次日存入银行；报销费用时并未将所有的附件、单据打孔或盖章报销；由出纳核对银行存款日记账和银行对账单据，并针对未达账项编制银行存款余额调节表。尽管现金流不是很大，但是现金属于被挪用风险较高的项目，良好的内部控制制度才是保证资金安全的重要基础。①

【引导案例思考】盈峰科技库存现金管理方面的漏洞可能会导致哪些形式的现金舞弊行为？注册会计师需要通过执行哪些审计程序来识别现金舞弊行为？

第一节　货币资金审计的特点与会计记录

货币资金是企业流动性最强的资产，任何企业进行生产经营活动都需要一定

① 资料来源：根据高莹，万里霜，阎至刚．《审计学原理与实务》．北京：清华大学出版社改编。

数额的货币资金，它在企业会计核算中占据重要的位置。由于企业发生的舞弊事件大多与货币资金有关，且货币资金交易的审计有助于注册会计师确定企业会计报表中其他项目的真实公允性，所以货币资金审计非常重要。

一、货币资金与业务循环的关系

依据存放地点的不同，企业的货币资金可以分为库存现金、银行存款和其他货币资金（如外埠存款、银行汇票存款、在途货币资金等）。货币资金与各业务循环之间都有直接的联系，货币资金是各循环的枢纽，起着“资金池”的作用。货币资金的收支包含在企业的经济业务循环中，其增减变动及余额会受各个业务循环交易的共同影响。在企业的整个业务大循环中，货币资金处于核心地位。

企业经济活动的业务循环划分和各个业务循环的审计已在前面章节中阐述，下面仅简要说明货币资金与业务循环之间的关系。

（一）货币资金和销售与收款循环之间的关系

销售与收款循环中的现销收款业务、赊销回款业务和预收账款业务是企业货币资金增加的主要渠道。此外，销售过程中发生的现金折扣业务、销货退回与折让业务会通过抵减货币资金的增加而影响货币资金的余额。

（二）货币资金和采购与付款循环之间的关系

采购与付款循环中的现购存货或固定资产业务、应付账款偿还业务和预付账款业务会引起货币资金的减少。此外，采购过程中获得的现金折扣以及发生的采购退回与折让会通过抵减货币资金减少而影响货币资金余额。

（三）货币资金和存货与仓储循环之间的关系

存货与仓储循环中的支付工资业务和支付相关的生产费用业务引起货币资金的减少。

（四）货币资金和筹资与投资循环之间的关系

筹资与投资循环中有些业务会引起货币资金增加，有些业务又会引起货币资金的减少。能引起货币资金增加的业务主要有：发行债券或股票筹集货币资金；取得短期或长期借款；证券投资转让或到期收回；收到利息和股利。能引起货币资金减少的业务主要有：用货币资金购买股票或债券；用货币资金归还债券或借款筹资本金和利息，发放现金股利。

二、货币资金涉及的凭证和会计记录

货币资金涉及的凭证和会计记录主要有：原始凭证、记账凭证、现金日记账、银行存款日记账、现金总账、银行存款总账、其他货币资金账户。

1. 原始凭证。

货币资金循环中的原始凭证指货币资金支出授权和货币资金收支审核的有关记录，主要有销售合同、收款单据、收款结算凭证、货物票据、采购合同、支出和报销单据、付款结算凭证和票据、交款单、库存现金日报表、银行对账单、银行存款余额调节表、现金盘点表等。

2. 记账凭证。

货币资金循环中的记账凭证主要包括现金收付凭证、银行存款收付凭证等，它们是根据原始凭证编制的，是企业记账的依据。

3. 现金日记账。

现金日记账是企业对现金收支业务进行登记的账簿，也是企业货币资金循环中主要的账簿之一。

4. 银行存款日记账。

银行存款日记账是对企业银行存款的收支业务进行登记的账簿，也是企业货币资金循环中的主要账簿之一。

5. 现金总账、银行存款总账。

现金总账和银行存款总账是用于汇总登记现金和银行存款收、付、余额的账簿。

6. 其他货币资金账户。

其他货币资金包括外埠存款、银行汇票存款、银行本票存款、信用证存款和在途货币资金等。企业可在实际工作中根据需要开设账户。

第二节　货币资金的内部控制与重大错报风险评估

一、货币资金的内部控制

货币资金内部控制是企业内部控制的重要组成部分，是企业为了保证货币资金的安全、完整和有效使用，结合货币资金收支的特点，事先制定的一套相互制约，相互核对，相互验证的办法和程序的总称。

一般而言，一个良好的货币资金内部控制应该达到以下方面：

1. 职责分离。

合理的职责分离制度包括：库存现金的保管和记录分离；银行对账单的核对和出纳员分离；不得由一人办理货币资金业务的全过程。

2. 授权审批。

被审计单位应当对货币资金业务建立严格的授权审批制度，明确审批人员对货币资金业务的授权范围。审批人员应当根据货币资金授权审批制度的规定，在授权范围内进行审批，不得超越审批权限。经办人员应在职责范围内，依据审批人的批准意见办理货币资金业务，未经授权的部门和人员一律不得办理。

3. 充分的凭证和记录。

充分的凭证和记录包括：货币资金的收入和支出有合理、合法的凭据；货币资金的收入和支出及时、准确入账；根据支票的编号顺序签发，空白支票应严格保管，作废支票应该加盖“作废”戳记。

4. 定期盘点和核对。

定期盘点和核对包括：定期盘点库存现金，并与库存现金日记账、总账核对，确保库存现金账面余额和实存数相符，不得用白条抵库或挪用现金；定期核对银行存款日记账和银行对账单，并编制银行存款余额调节表。

5. 加强对货币资金收支业务的内部审计。

为降低货币资金管理的风险，企业的内部审计部门应加强对货币资金收支业务的审计，不定期的组织检查小组对货币资金的收支进行抽查。

二、了解和描述货币资金的内部控制

注册会计师可以根据实际情况采用不同的方法对货币资金内部控制的进行了解。注册会计师通常采用编制流程图、编写货币资金内部控制说明和设计货币资金内部控制调查表的方法来描述了解的内容和结果。注册会计师在编制流程图或调查表以前，可通过询问、观察、填表等调查手段收集资料或对以前年度的审计工作底稿中已有的流程图或调查表加以修正，以供本年度审计之用。

注册会计师对货币资金内部控制了解的内容主要包括：款项的收支是否按规定的程序和权限办理；是否存在与本企业经营无关的款项收支情况；是否存在出租、出借银行存款的情况；出纳与会计的职责、岗位是否严格分离；库存现金是否妥善保管，是否定期进行盘点、核对。

以货币资金内部控制调查表为例，详见表 15－1。

表 15－1　　货币资金内部控制调查表

问题	是	否	不适用	备注
一、收入货币资金				
1. 收款凭证是否由复核人员和记录人员核对?				
2. 收到支票后是否立即送到出纳入账?				

续表

问题	是	否	不适用	备注
3. 收到现金或支票是否当日或次日存入银行？				
4. 是否存在坐收坐支现象？				
5. 收款凭证收款后是否加盖“收讫”章表明已收？				
6. 收到客户货款是否及时与客户欠款勾对相符？				
7. 货币资金收入职责是否与银行存款余额调节表编制和批准的职责相分离？				
二、支出货币资金				
1. 款项和支付是否事先经过审核、批准？				
2. 付款凭证付款是否加盖“付讫”章表明已付？				
3. 现金支付是否有用途和限额控制？				
4. 支票是否由出纳和有关主管人员共同签发？				
5. 作废支票及其他银行票据是否加盖“作废”戳记，并与存根联保存在一起？				
6. 批准支付和编制支付申请的职责是否分离？				
7. 所有空白支票是否预先连续编号并存放在安全的地方？				
三、记录货币资金				
1. 现金和银行存款日记账是否逐笔序时登记？				
2. 现金和银行存款日记账与总账是否每月末核对相符？				
3. 货币资金收付的出纳、审核是否与会计记录适当分离？				
4. 编制银行余额调节表的人是否不兼管现金保管和记录现金日记账和银行存款日记账？				
5. 货币资金收付记账是否根据经审核后的收付款凭证登记入账？				
6. 所有收付的货币资金是否均及时、完整地记录于会计账内？				
四、管理货币资金				
1. 所有银行存款的开立是否都经过批准？				
2. 是否对各银行账户按月编制银行存款调节表，未达账项是否已经检查？				
3. 管理者是否定期审查企业现金流量，及时了解和解决资金短缺和溢余？				
4. 是否对现金进行不定期盘点，并与日记账核对？				
5. 现金及其相关记录是否保存在安全的地方？				

三、初步评价货币资金的内部控制

通过对货币资金内部控制的了解，注册会计师会计应对货币资金内部控制是否健全进行评价，对货币资金的控制风险作出初步评估，其标准是货币资金的各项内部控制方法和程序是否符合内部控制的基本原则，关键控制点是否进行了控制，所有的控制目标是否已达到。

注册会计师在对被审计单位货币资金的内部控制系统的健全性进行评审后，若被审计单位内部控制系统比较健全，则应进一步对内部控制系统进行控制测试，以获取被审计单位内部控制是否有效地发挥其功能的证据。

四、重大错报风险的识别和评估

（一）关注可能的货币资金舞弊

财务舞弊的最终目的大都是为了获取货币资金，谋取私利。注册会计师应注意货币资金业务中的舞弊。货币资金常见的舞弊：截留各种现销和应收账款的收现的现金收入；挪用资金，虚报冒领；出借账号，非法违规出借货币资金，以及现金超额存放和白条抵库。

（二）关注企业可能存在的账外资金和贷款

账外资金，即资金体外循环的现象。账外资金的形成途径有很多，注册会计师特别应注意被审计单位是否存在取得现金销售收入不入账、以套取资金为目的的票据报销、租金收入不入账等情况。除经常提供对账单的开户银行外，注册会计师还应关注企业是否经常多头开户，对发生业务较少的账户、专用存款账户、年末存款余额为零的银行账户应引起高度重视。

（三）对货币资金大额收支凭证的抽查应结合其他业务的处理进行分析

在对货币资金大额收支凭证抽查时，注册会计师不能仅停留在账户对应关系、审批手续、金额相符等表面现象上，要深入分析业务内容和其合理性，对发现的疑点要紧追不放，将问题查清。

第三节 货币资金的控制测试

一、货币资金的内部控制测试

（一）观察货币资金的处理

观察被审计单位的现金保管和总账的登记是否由相同的人员进行；观察是否存在未入账的现金。

（二）抽取部分收款凭证并检查相关会计记录

为测试货币资金收款的内部控制，注册会计师应选取适当样本的收款凭证，进行如下检查：1. 核对收款凭证与银行对账单的日期和金额是否一致；2. 核对收款凭证与应收账款等相关明细账的有关记录是否相符；3. 核对库存现金、银行存款日记账的收入入账日期是否一致；4. 核对库存现金、银行存款日记账的收入金额是否一致；5. 核对实收金额与销货发票所列金额是否一致等。

（三）抽取并检查付款凭证

为测试货币资金付款内部控制，注册会计师应选取适当样本的货币资金付款凭证，进行如下检查：1. 检查付款的授权批准手续是否符合规定；2. 核对库存现金、银行存款日记账的支出金额是否正确；3. 核对付款凭证与银行对账单是否相符；4. 核对付款凭证与应付账款等相关明细账的记录是否相符；5. 核对实付金额与购货发票所列金额是否一致等。

（四）抽取盘点表和银行存款余额调节表

抽取部分库存现金盘点表，检查被审计单位是否定期进行库存现金的盘点，并了解盘点结果的处理情况。抽取一定期间的银行存款余额调节表，将其同银行对账单进行核对，查验其是否按月正确编制并复核银行存款余额调节表。

（五）检查外币资金的折算方法是否符合有关规定，是否与上年度一致

对于有外币货币的被审计单位，注册会计师应检查外币货币资金有关的日记账及“财务费用”“在建工程”等账户的记录，确定企业有关外币货币资金的增减变动是否采用交易发生日的即期汇率将外币金额折算为记账本位币金额，或者采用按照系统合理的方法确定的、与交易发生日即期汇率近似的汇率折合为记账本位币，选择采用汇率的方法前后各期是否一致；检查企业的外币货币资金的余额是否采用期末即期汇率折合为记账本位币金额；折算差额的会计处理是否正确。

二、进一步评价货币资金的内部控制

注册会计师在完成上述程序之后，即可对货币资金的内部控制存在的薄弱环节和缺点进行分析，并对前述初步评估的货币资金的控制风险进行修正，然后据以确定在货币资金实质性程序中对哪些环节应增加审计程序，作重点检查，以减少审计风险，哪些环节可以适当减少审计程序，节约审计时间。

第四节　货币资金的实质性测试

一、库存现金审计

库存现金是指企业持有可随时用于支付的现金限额，存放在企业财会部门由

出纳人员经管的现金，包括人民币现金和外币现金。它是企业流动性最强的资产，对于维持企业正常的生产经营管理具有重要作用，但库存现金也是企业资产中最容易流失的资产，所以我国对企业支付、收取和留存现金都有明确的规定，要求各企业严格遵守和执行。库存现金审计是对库存现金及其收付业务和保管情况的真实性、合法性进行的审查和核实。由于现金流动性大，收付业务频繁，容易被不法分子所侵吞，因此，必须把库存现金列为审计的重点。通过对库存现金的审计，对巩固和严格现金管理制度，维护结算纪律，揭露错报舞弊，保护库存现金的安全，都具有十分重要的意义。

（一）库存现金的审计目标

库存现金的审计目标一般包括：确定被审计单位资产负债表中的现金在财务报表日是否确实存在，是否为被审计单位所拥有；确定被审计单位在特定期间内发生的现金收支业务是否均已记录完毕，有无遗漏；确定现金余额是否正确；确定现金在财务报表上的披露是否恰当。

（二）库存现金审计的实质性程序

根据重大错报风险的评估和从控制测试（如实施）中所获取的审计证据和保证程度，注册会计师就库存现金实施的实质性程序可能包括：

1. 核对库存现金日记账与总账的余额是否相符，检查非记账本位币库存现金的折算汇率及折算金额是否正确。

注册会计师测试现金余额的起点是核对库存现金日记账与总账的金额是否相符。如果不相符，应查明原因，必要时应建议作出适当调整。

2. 监盘库存现金。

监盘库存现金是证实资产负债表中所列现金是否存在的一项重要程序。监盘库存现金，通常包括对已收到但未存入银行的现金、备用金等的监盘。监盘库存现金的时间和人员应视被审计单位的具体情况而定，时间最好安排在营业前或营业终止后进行，出纳员和被审计单位会计主管人员必须参加盘点，并由注册会计师监盘。库存现金的监盘应采取突击式监盘，不事先通知会计部门和出纳员，目的是防止出纳员在盘点前采取掩盖舞弊的措施，使得监盘失效。

实地盘点和监盘库存现金的步骤和方法主要有：

（1）由出纳员将库存现金全部放入保险柜并封存，并要求出纳将全部凭证入账，结出当日库存现金日记账余额；

（2）充分了解被审计单位除封存在保险柜的库存现金外，是否还有存放在其他部门或其他人员手中的库存现金。对于所有的库存现金，无论存放何处，应同时进行清点；

（3）审阅库存现金日记账并同时与现金收付凭证相核对。一方面检查日记账的记录与凭证的内容和金额是否相符，有无涂改或伪造；另一方面了解凭证日期与日记账日期是否相符或接近；

（4）出纳员在会计主管和注册会计师在场的情况下清点库存现金，会计主管和注册会计师在旁边观察监督。注册会计师编制“库存现金监盘表”，出纳员、会计主管和注册会计师在“库存现金监盘表”上共同签字，“库存现金监盘表”如表15－2所示；

表15－2　　库存现金盘点表

被审计单位：某企业　　编制人：　　日期：　　索引号：
审计项目：库存现金监盘　　复核人：　　日期：　　页次：
会计期间：
盘点日期：　年　月　日

<table>
<tr><th colspan="3">查证核对记录</th><th colspan="3">现金盘点记录</th></tr>
<tr><th rowspan="2">项目</th><th rowspan="2">行次</th><th rowspan="2">金额</th><th colspan="3">币种：人民币</th></tr>
<tr><th>面额</th><th>张（枚）数</th><th>金额</th></tr>
<tr><td>一、盘点日现金账面余额</td><td>1</td><td></td><td>100 元</td><td></td><td></td></tr>
<tr><td>盘点日未记账收入金额</td><td>2</td><td></td><td>50 元</td><td></td><td></td></tr>
<tr><td>盘点日未记账支出金额</td><td>3</td><td></td><td>20 元</td><td></td><td></td></tr>
<tr><td>盘点日账面应存金额</td><td>4＝1＋2－3</td><td></td><td>10 元</td><td></td><td></td></tr>
<tr><td>二、盘点日实存金额（盘点数）</td><td>5</td><td></td><td>5 元</td><td></td><td></td></tr>
<tr><td>白条抵库金额</td><td>6</td><td></td><td>2 元</td><td></td><td></td></tr>
<tr><td>盘点日实存金额</td><td>7＝5＋6</td><td></td><td>1 元</td><td></td><td></td></tr>
<tr><td>三、盘点日应存与实存差额</td><td>8＝4－7</td><td></td><td>5 角</td><td></td><td></td></tr>
<tr><td>四、追溯至报表日账面结存金额</td><td></td><td></td><td>2 角</td><td></td><td></td></tr>
<tr><td>报表日至盘点日支出总额</td><td>9</td><td></td><td>1 角</td><td></td><td></td></tr>
<tr><td>报表日至盘点日收入总额</td><td>10</td><td></td><td>5 分</td><td></td><td></td></tr>
<tr><td>报表日应存金额</td><td>11＝4＋9－10</td><td></td><td>2 分</td><td></td><td></td></tr>
<tr><td>报表日实存金额</td><td>12＝7＋9－10</td><td></td><td>1 分</td><td></td><td></td></tr>
<tr><td>报表日实存与应存差额</td><td>13＝12－11</td><td></td><td>合计</td><td></td><td></td></tr>
<tr><td>五、调整数</td><td>14＝15－16</td><td></td><td colspan="3">存放地点：财务部</td></tr>
<tr><td>调整减少金额</td><td>16</td><td></td><td colspan="3">出纳人员：</td></tr>
<tr><td rowspan="2">六、审定数</td><td rowspan="2">17＝11＋14</td><td rowspan="2"></td><td colspan="3">会计主管：</td></tr>
<tr><td colspan="3">监盘人员：</td></tr>
<tr><td colspan="6">情况说明及审计结论</td></tr>
</table>

盘点人：　　监盘人：　　复核：

（5）若有冲抵库存现金的借条、未提现支票、未作报销的原始凭证，应在“库存现金盘点表”中注明或做出必要的调整；

（6）将盘点金额与库存现金日记账余额进行核对，如有差异，应查明原因，并做出记录或适当调整。调整公式为资产负债表日库存现金实有金额 = 盘点日库存现金实有金额 + 资产负债表日后至盘点日库存现金支出数 - 资产负债表日后至盘点日库存现金收入数。

3. 抽查大额现金收支。

注册会计师应抽查大额现金收支的原始凭证内容是否完整，有无授权批准，并核对相关账户的进账情况，如有与被审计单位生产经营业务无关的收支事项，应查明原因，并作相应的记录。

4. 检查现金收支的正确截止。

被审计单位资产负债表上的现金数额应以结账日实有数额为准。因此，注册会计师必须验证现金收支的正确截止日期。通常，注册会计师可以对结账日前后一段时期内现金收支凭证进行审计，以确定是否存在跨期事项。

5. 检查外币现金的折算方法是否符合规定。

对于有外币现金的被审计单位，注册会计师应检查被审计单位对外币现金的收支是否按所规定的汇率折合为记账本位币金额；外币现金余额是否按期末市场汇率折合为记账本位币金额；外币折合差额是否按规定记入相关账户。

6. 检查库存现金是否在资产负债表上恰当披露。

根据有关规定，现金在资产负债表的“货币资金”项目中反映，注册会计师应在实施上述审计程序后，确定现金账户的期末余额是否恰当，进而确定库存现金是否在资产负债表上恰当披露。

二、银行存款审计

银行存款是指企业存放在银行或其他金融机构的各种款项。银行存款审计是指对银行存款及其收付业务的真实性、正确性和合法性进行的审查，对揭示银行存款收支业务中存在的差错弊端，保护银行存款的安全完整，保证企业严格遵守国家结算纪律等方面有着重要的意义。银行存款审计的要点是：审查银行存款内部控制制度的健全性和有效性；审查银行存款余额的真实性和正确性；审查银行存款收支业务的合规性和合法性。

（一）银行存款的审计目标

银行存款的审计目标主要包括：确定被审计单位资产负债表中的银行存款在资产负债表日是否确实存在，是否为被审计单位所拥有；确定被审计单位在特定期间内发生的银行存款收支业务是否均已记录完毕，有无遗漏；确定银行存款的余额是否正确；确定银行存款在财务报表上的披露是否恰当。

（二）银行存款审计的实质性程序

银行存款审计的实质性程序一般包括：

1. 检查银行存款日记账与总账的余额是否相符。

注册会计师在测试银行存款余额时，应核对银行存款日记账与总账的余额是否相符。如不相符，应查明原因，要求被审计单位作出适当调整，并进行记录。

2. 执行分析程序。

注册会计师应比较银行存款余额的本期实际数和预算数以及与上年度账户的差异变动，必须对本期数字和上期实际数或本期预算数的异常差异或显著波动进一步追查原因，确定审计重点。特别关注定期存款占银行存款的比例，了解被审计单位是否存在高息资金拆借。如存在高息资金拆借，应进一步分析拆出资金的安全性，检查高额利差的入账情况。计算存放于非银行金融机构的存款占银行存款的比例，分析这些资金的安全性。

3. 取得或编制银行存款余额调节表。

检查银行存款余额调节表是证实资产负债表中所列银行存款是否存在的重要审计程序。依据被审计单位内部控制的可信赖程度，注册会计师选择由被审计单位提供银行存款余额调节表或亲自编制。若货币资金内部控制可以信赖，注册会计师可直接复核审计单位提供的银行存款余额调节表；反之，注册会计师亲自编制银行存款余额调节表。银行存款余额调节表格式如表 15－3 所示。

表 15－3　　　　**银行存款余额调节表**

年　月　日

编制人：	日期：	索引号：
复核人：	日期：	页次：
户别：	币种：	单位：
开户银行：	银行账号：	币种：

项目	金额	调节项目说明	是否需要调整
银行对账单余额			
加：企业已收，银行尚未入账合计金额			
减：企业已付，银行尚未入账合计金额			
调整后银行对账单余额			
企业银行存款日记账余额			
加：银行已收，企业尚未入账合计金额			
减：银行已付，企业尚未入账合计金额			
调整后企业银行存款日记账余额			

经办会计人员（签字）：　　　　会计主管（签字）：

（1）复核被审计单位提供的银行存款余额调节表的步骤和要点：

①核实银行对账单、银行存款余额调节表上的列示是否正确；

②将银行对账单记录与银行日记账逐笔核对，核实银行存款余额调节表上各调节项目的列示是否真实完整，任何漏记、多记调节项目的现象都应引起注册会计师的高度警觉；

③调查未达账项的真实性。主要包括以下几个方面：a. 对于金额较大的未提现支票、可提现的未提现支票以及注册会计师认为重要的未提现支票，列示未提现支票清单，注明开票日期和收票人姓名或单位；b. 追查截止日银行对账单上的在途存款，并在银行存款余额调节表上注明存款日期；c. 审查至截止日银行已收、被审计单位未收的款项的性质及其款项的来源；d. 审查至截止日银行已付、被审计单位未付款项的性质及其款项来源。对于未达账项（包括银行方面和被审计单位方面的），一般应追查至年初的银行对账单，检查本年度的银行对账单，查明年终的未达账项，并从日期上进一步判断业务发生的真实性，注意有无利用未达账项来掩饰某种舞弊行为；

④在银行存款日记账账面余额和银行对账单余额的基础上，复核上述未达账项及时调节情况，并验证调节后两者的余额计算是否正确、是否相符，说明其中一方或双方存在记账错误，并要进一步追查原因、扩大测试范围。

（2）独立编制银行存款余额调节表的步骤和要点：

①要求会计人员将银行存款收付款凭证全部登记入账，并结出余额；向所在审计年度内发生过存取款业务的银行或类似金融机构函证期末银行存款余额，索取银行对账单。

②核对银行对账单与银行存款日记账和总分类账的余额。

③调节未达账项并审阅企业编制的银行存款余额调节表。若银行对账单和银行存款余额不一致，调节未达账项并关注有无账务处理差错。

④编制银行存款余额调节表，确认银行存款与对账单是否一致。

4. 函证银行存款余额。

函证是指注册会计师在执行审计业务过程中，需要以被审计单位名义向有关单位发询证函，以验证被审计单位的银行存款是否真实、合法、完整。各商业银行、政策性银行、非银行金融机构要在收到询证函之日起 10 个工作日内，根据函证的具体要求，及时回函并可按照国家的有关规定收取询证费用。

函证银行存余额是证实资产负债表所列银行存款是否存的重要程序。通过向往来银行的函证，注册会计师不仅可以了解企业资产的存在，同时还可以了解欠银行的债务。函证还可用于发现企业未登记的银行存款。

函证时，注册会计应向被审计单位在本年发生过业务（含外埠存款、银行汇票存款、银行本票存款、信用证存款）的所有银行发函，其中包括企业存款账户已结清的银行，因为有可能存款账户已结清，但仍有银行借款或其他负债存在。同时，虽然注册会计师已直接从某一银行取得了银行对账单和所有已付支票，但仍应向这一银行进行函证。银行询证函的格式如表 15－4 所示。

表 15－4　银行询证函参考格式

银行询证函　　　　编号：

××（银行）：

本公司聘请的××会计师事务所正在对本公司 20×2 年度财务报表进行审计，按照中国注册会计师审计准则的要求，应当询证本公司与贵行相关的信息。下列信息出自本公司记录，如与贵行记录相符，请在本函下端“信息证明无误”处签章证明；如有不符，请在“信息不符”处列明不符项目及具体内容；如存在与本公司有关的未列入本函的其他重要信息，也请在“信息不符”处列出其详细资料。回函请直接寄至××会计师事务所。

回函地址：　　　　　邮编：

电话：　　　　　　　传真：　　　　　联系人：

截至 20×2 年 12 月 31 日止，本公司与贵行相关的信息列示如下：

1. 银行存款。

账户名称	银行账号	币种	利率	余额	起止日期	是否被质押、用于担保或存在其他使用限制	备注

除上述列示的银行存款外，本公司并无在贵行的其他存款。

注：“起止日期”一栏适用于定期存款，如为活期或保证金存款，只填写“活期”或“保证金”字样。

2. 银行借款。

借款人名称	币种	本息余额	借款日期	到期日期	利率	借款条件	抵（质）押品/担保人	备注

除上述列示的银行借款外，本公司并无在贵行的其他借款。

注：此项仅函证截至资产负债表日本公司仍未偿还的借款。

3. 其他事项（为其他公司借款提供担保、尚未兑现的银行承兑汇票、已贴现尚未到期的商业汇票、存放在银行的有价证券等）。

（公司盖章）

年　月　日

续表

结论：1. 数据证明无误。 （银行签章） 经办人：　　年　月　日 2. 数据不符，请列明不符金额。 （银行签章） 经办人：　　年　月　日

5. 检查一年以上定期存款或限定用途存款。

一年以上的定期存款或限定用途的银行存款，不属于企业的流动资产，应列于其他资产类下，对此，注册会计师应查明情况，作相应的记录。

6. 抽查大额现金和银行存款的收支。

注册会计师应抽查大额银行存款（含外埠存款、银行汇票存款、银行本票存款、信用证存款）收支的原始凭证内容是否完整，有无授权批准，并核对相关账户的进账情况。如有与被审计单位生产经营业务无关的收支事项，应查明原因并作相应的记录。

7. 检查银行存款收支的正确截止。

被审计单位资产负债表上的货币资金数额，应以结账日实有数额为准。因此，注册会计师必须验证现金收支的截止日期。通常，注册会计师可以对结账日前后一段时期内现金收支凭证进行审计，以确定是否存在跨期事项。

企业资产负债表上银行存款数字应当包括当年最后一天收到的所有存放在银行的款项，而不得包括其后收到的款项；同样，企业年末前开出的支票，不得在年后入账。为了确保银行存款收付的正确截止，注册会计师应当在清点支票及支票存根，确定各银行账户最后一张支票的号码，同时查实该号码之前的所有支票均已开出。在结账日开出的尚未收支的支票及其后开出的支票，均不得作为结账日的存款收付入账。

8. 检查外币银行存款的折算是否正确。

对于有外币银行存款的被审计单位，注册会计师应检查被审计单位对外币银行存款的收支是否按汇率折合为记账本位币金额；外币银行存款期末余额是否按期末市场汇率折合为记账本位币金额；外币折合差额是否按规定计入相关账户。

9. 确定银行存款的披露是否恰当。

根据有关规定，企业的银行存款在资产负债表的“货币资金”项目中反映，所以，注册会计师应在实施上述审计程序后，确定银行存款账户的期末余额是否恰当，进而确定银行存款是否在资产负债表上恰当披露。

【例题】注册会计师方华对X股份有限公司2022年12月31日的银行存款进行审计。银行对账单余额为183 250元，银行存款日记账余额为258 300元，并存在发现下列情况：

（1）12 月 22 日和 24 日银行收入和付出支票各 1 张，金额分别为 8 000 元和 9 000 元，X 公司银行存款日记账均无记录；

（2）12 月 27 日银行收到 Y 公司汇来的货款 139 050 元，公司尚未入账；

（3）12 月 28 日银行从 X 公司银行存款账户中扣除借款利息 3 300 元，公司尚未入账；

（4）12 月 30 日 X 公司存入转账支票 1 张，金额为 156 000 元，银行尚未入账。X 公司编制的银行存款余额调节表如表 15－5 所示。

表 15－5　　　　银行存款余额调节表

单位名称：乙股份有限公司　　　2022 年 12 月 31 日　　　单位：元

项目	金额	项目	金额
公司银行存款账面余额	258 300	开户银行对账单余额	183 250
加：银行已收，公司未收的款项	3 300	加：公司已收，银行未收的款项	156 000
减：银行已付，公司未付的款项	61 400	减：公司已付，银行未付的款项	139 050
调节后的存款余额	200 200	调节后的存款余额	200 200
会计主管：×××		经办会计人员：×××	

要求：请分析 X 公司编制的银行存款余额调节表存在的问题和银行存款业务中可能存在的问题，并提出进一步审查的线索。

【解答】银行存款余额调节表的编制存在错误。其中，12 月 22 日和 24 日银行收入和付出支票各 1 张，金额分别为 8 000 元和 9 000 元，X 公司银行存款日记账上均无记录，并且未做调节；调节表中企业已付，银行尚未入账的 139 050 元不存在；12 月 27 日银行收到 Y 公司汇来的货款 139 050 元调节错误；12 月 28 日银行从 X 公司银行存款账户中扣除借款利息 3 300 元调节错误。X 公司银行存款业务中可能存在出借银行账号和虚构未达账项问题。注册会计师应通过函证银行存款来了解银行存款的真实性和完整性。

三、其他货币资金审计

其他货币资金包括企业到外地进行临时或零星采购而汇往采购地银行开立采购专户的款项所形成的外埠存款、企业为取得银行汇票按照规定存入银行的款项所形成的银行汇票存款、企业为取得银行本票按照规定存入银行的款项而形成的银行本票存款、信用卡存款、信用证保证金存款以及在途货币资金等。

（一）其他货币资金的审计目标

其他货币资金的审计目标主要包括：确定被审计单位资产负债表中的其他货币

资金在财务报表日是否确实存在，是否为被审计单位所拥有；确定被审计单位在特定期间内发生的其他货币资金收支业务是否均已记录完毕，有无遗漏；确定其他货币资金的余额是否正确；确定其他货币资金在财务报表上的披露是否恰当。

（二）其他货币资金审计的实质性程序

其他货币资金审计的实质性程序主要包括：

1. 核对外埠存款、银行汇票存款、银行本票存款、在途货币资金等各明细账期末合计数与总账数是否相符；

2. 函证外埠存款账户、银行汇票存款账户、银行本票存款账户期末余额；

3. 对于非记账本位币的其他货币资金，检查其折算汇率是否正确；

4. 抽查一定样本量的原始凭证进行测试，检查其经济内容是否完整，有无恰当的审批授权，并核对相关账户的进账情况；

5. 抽取资产负债表日后的大额收支凭证进行截止测试，若有跨期收支事项，应作适当调整；

6. 检查其他货币资金的披露是否恰当；

7. 根据库存现金、银行存款、其他货币资金的情况，编制货币资金情况审定表。货币资金情况审定表如表 15－6 所示。

表 15－6　　货币资金审定表

被审计单位：　　编制：　　日期：　　索引号：

截止日：　　复核：　　日期：　　页次：

<table>
<tr><th rowspan="2">项目名称</th><th rowspan="2">期末未审数</th><th colspan="2">审计调整</th><th colspan="2">重分类调整</th><th rowspan="2">期末审定数</th><th rowspan="2">上期末审定数</th><th rowspan="2">索引号</th></tr>
<tr><th>增加</th><th>减少</th><th>增加</th><th>减少</th></tr>
<tr><td>库存现金</td><td></td><td></td><td></td><td></td><td></td><td></td><td></td><td></td></tr>
<tr><td>银行存款</td><td></td><td></td><td></td><td></td><td></td><td></td><td></td><td></td></tr>
<tr><td>其他货币资金</td><td></td><td></td><td></td><td></td><td></td><td></td><td></td><td></td></tr>
<tr><td></td><td></td><td></td><td></td><td></td><td></td><td></td><td></td><td></td></tr>
<tr><td></td><td></td><td></td><td></td><td></td><td></td><td></td><td></td><td></td></tr>
<tr><td></td><td></td><td></td><td></td><td></td><td></td><td></td><td></td><td></td></tr>
<tr><td rowspan="3">审计说明</td><td></td><td></td><td></td><td></td><td></td><td></td><td></td><td></td></tr>
<tr><td></td><td></td><td></td><td colspan="5" rowspan="2">审计结论：（在下列选项上打“√”）
1. 可以确认。
2. 调整后可以确认。</td></tr>
<tr><td></td><td></td><td></td></tr>
</table>

【课后习题】

一、思考题

1. 货币资金审计的主要业务活动包括哪些？

2. 库存现金截止测试的方法是什么？

3. 注册会计师进行现金盘点和存货盘点的区别是什么？

4. 银行存款余额调节表的审查要点是什么？

5. 为什么要函证银行存款余额？如何选择函证对象？为什么？

二、案例题

1. 2016年1月15日，审计项目负责人何云安排注册会计师马丽对M公司2015年度的会计报表进行审计，其总账显示“现金”项目余额为960元。当天马丽会同M公司的财务负责人王浩对出纳员华芳保管的库存现金进行清点。华芳根据当日凭单单独核算出当日末的现金账面余额应为800元。马丽清点现金的结果如下：

（1）现金实存数为600元，其中100元的5张，50元的1张，10元的3张，5元的4张。

（2）保险柜中有下列单据已付账款，但未入账：某采购员的借条一张，金额为150元，日期是2015年12月19日，未经批准；某销售人员的借条一张，为金额为418元的差旅费，已经批准，日期是2015年12月25日；保险柜中有已收款但未记账的收据2张，金额合计300元，日期显示是2016年1月7日。

（3）经核对，2016年1月1日至1月10日收入现金金额为3 400元，支出现金金额2 900元，正确无误。

［要求］

（1）请填写库存现金盘点表。

（2）请分析该公司现金管理中存在哪些问题？①

2. 注册会计师何静在对甲公司2015年年末的银行存款进行审计。银行存款日记账余额为34 500元，银行对账单余额为23 640元，并发现如下情况：

（1）甲公司12月28日存入1张金额为89 000元的转账支票，12月29日存入1张金额为8 000元的转账支票，银行均未入账。

（2）银行12月30日收到乙公司汇款49 800元，甲公司未入账。

（3）银行从甲公司的银行存款账户中扣除借款利息3 600元，公司尚未入账。

① 资料来源：根据高莹、万里霜、阎至刚：《审计学原理与实务》（清华大学出版社出版）改编。

[要求]

(1) 请问甲公司编制的银行存款余额调节表存在哪些问题?

(2) 请问甲公司银行存款业务可能存在哪些问题?这些问题给注册会计师提供了哪些进一步审查的线索?①

表 15-7 银行存款余额调节表

单位名称:甲股份有限公司 2015 年 12 月 31 日 单位:元

项目	金额	项目	金额
公司银行存款账面余额	34 500	开户银行对账单余额	23 640
加:银行已收,公司未收的款项	49 800	加:公司已收,银行未收的款项	97 000
减:银行已付,公司未付的款项	3 600	减:公司已付,银行未付的款项	39 940
调节后的存款余额	80 700	调节后的存款余额	80 700
会计主管:×××		经办会计人员:×××	

① 资料来源:根据崔君平、徐振华、杨斌:《审计学教程》(清华大学出版社出版)改编。

第十六章　终结审计

【本章教学目的和要求】

通过本章的学习，要求学生掌握在外勤审计工作结束阶段，审计人员还需要执行哪些审计程序；掌握管理层书面声明书的内容，了解其作用；掌握期后事项的类型，了解期后事项对审计报告日期的影响，掌握用于识别期后事项的审计程序；了解什么是治理层，掌握审计人员应当与公司治理层沟通的内容；掌握审计最后阶段的证据评价，以及形成审计意见的基础。

【引导案例】

好的开始，是成功的一半，但过程和收尾也很重要。2019 年 4 月 15 日，一家集设计、研发、生产、销售瓦楞纸箱印刷包装设备的上市公司，广东东方精工科技股份有限公司（以下简称“东方精工”），在 2018 年度财务报告中披露：全资子公司普莱德新能源电池科技有限公司（以下简称“普莱德”）2018 年净利润亏损 2.19 亿元。该报告经立信会计师事务所（特殊普通合伙）（以下简称“立信”）审计，并出具标准无保留意见。由于净利润低于原先的业绩承诺，补偿义务人北大先行、宁德时代、北汽产投、福田汽车和青海普仁（普莱德的原股东）应向东方精工赔偿金额合计 26.45 亿元。据东方精工的董事会工作报告称，经年审机构立信确认，标的普莱德与宁德时代、福田汽车的交易不公允，对这部分利润不予确认，这是导致普莱特 2018 年亏损的主要原因。

报告一出，震怒四起。4 月 22 日，普莱德原股东宁德时代发布公告称，东方精工公告的普莱德 2018 年度业绩不符合实际情况，对普莱德与本公司关联交易公允性的判断不客观，不予认可。5 月 6 日，普莱德召开媒体发布会指责：立信及东方精工对于普莱德 2018 年财务数据的调整明细缺乏事实依据且与以前年度的会计处理互相矛盾；东方精工及立信在制造所谓的财务数据分歧后一直消极沟通，致使分歧无法最终解决，审计报告迟迟无法出具；立信在普莱德 2018 年审计过程中存在重大瑕疵，也拒绝与普莱德管理层沟通。5 月 8 日，深交所针对此事向东方精工发出问询函，要求说明此事。5 月 22 日，普莱德的原股东福田汽车发布公告，认为出具专项审核意见的沟通函在未与普莱德管理层就 2018 年度财务报表数据进行确认、未出具普莱德 2018 年度专项审计报告的情况下，直接在东方精工合并报表层面对普莱德 2018 年度业绩予以确认，严重违反了注册会计师执业准则与道德规范，不会认可东方精工所计算的补偿金额，也不认可其对普莱德计提的商誉减值。

【引导案例思考】 通过阅读上述案例你认为立信对普莱德财务报告作出的审计调整是否合理？是否需要与管理层进行沟通？注册会计师在出具审计意见、完结审计工作之前，还应执行哪些审计活动？

第一节 完成外勤审计工作

一、审计期初余额

期初余额是指审计人员初次接受委托时，所审会计期间期初已存在的余额，它以上期的期末余额为基础，反映了前期交易、事项及其会计处理的结果。期初余额是本期财务报表的基础，往往会对本期财务报表产生重要的影响。因此，审计人员应以高度的责任感、慎重的态度及应有的职业谨慎，确定期初余额对所审报表的影响程度。判断期初余额对所审报表的影响程度主要应着眼于以下三个方面：（1）上期期末结转至本期的金额；（2）上期所采用的会计政策；（3）上期期末已存在的或有事项和承诺。

在执行首次审计业务时，注册会计师针对期初余额的目标是获取充分、适当的审计证据，以确定：（1）期初余额是否含有对本期财务报表产生重大影响的错报；（2）期初余额反映的恰当的会计政策是否在本期财务报表中得到一贯运用，或会计政策的变更是否已按照适用的财务报告编制基础作出恰当的会计处理和适当的列报。

为达到上述期初余额的审计目标，注册会计师应当阅读被审计单位最近期间的财务报表和相关披露，以及前任注册会计师出具的审计报告（如有），获取与期初余额相关的信息。为确定期初余额是否包含对本期财务报表产生重大影响的错报，注册会计师应当通过采取下列措施，获取充分、适当的审计证据：（1）确定上期期末余额是否已正确结转至本期，或在适当的情况下已作出重新表述；（2）确定期初余额是否反映对恰当会计政策的运用；（3）实施一项或多项审计程序。

注册会计师实施的一项或多项审计程序包括：（1）如果上期财务报表已经审计，查阅前任注册会计师的审计工作底稿，以获取有关期初余额的审计证据；（2）评价本期实施的审计程序是否提供了有关期初余额的审计证据；（3）实施其他专门的审计程序，以获取有关期初余额的审计证据。

如果实施以上审计程序后不能对期初余额得出满意的结论，审计人员可以实施以下程序：对流动资产和流动负债，注册会计师通常可以通过本期实施的审计程序获取部分审计证据。对于存货，注册会计师还应当按照《中国注册会计师审计准则第1131号——对存货、诉讼和索赔、分部信息等特定项目获取审计证据的具体考虑》第三章第四条的规定，实施追加的审计程序。对非流动资产和非流动负债，注册会计师通常检查形成期初余额的会计记录和其他信息。在某些情况下，注册会计师可向第三方函证期初余额，或实施追加的审计程序。

二、编制审计差异调节表和试算平衡表

在完成了控制测试和实质性程序之后，对于审计过程中发现的被审计单位会计处理方法与有关会计准则和制度不一致的地方，即审计差异内容，审计项目经理应根据审计重要性原则予以初步确定汇总，并建议被审计单位进行调整，以确定最终审计后的财务报表。这项工作一般通过编制审计差异调整表来完成。

审计差异内容按是否需要调整被审计单位的账簿记录可分为核算误差和重分类误差。核算误差是因企业对交易或事项进行了不正确的会计处理而引起的科目或金额的错误，重分类误差则是因为企业未按有关会计准则和制度的规定列报财务报表引起的报告项目的错误。因此，前者需要对企业的账簿记录进行调整，后者则只需要在编制报表的过程中调整即可，次年的年初数仍以未调整数核算。根据审计重要性水平来衡量，核算误差又可分为建议调整的不符事项和不建议调整的不符事项，这个划分过程需要审计人员较高的职业判断。

一般来说，审计人员在划分建议调整的不符事项和不建议调整的不符事项时，应从误差的金额和性质两个角度来考虑：（1）如果单笔核算误差超过相关财务报表账户余额层次的重要性水平，应视为建议调整的不符事项；（2）有些核算误差虽然低于相关财务报表账户余额层次的重要性水平，但涉及舞弊与违法行为，或是不希望出现错误的科目，如实收资本（或股本）科目的错误，或是影响趋势的核算误差，性质重要的则应确定为建议调整不符事项；（3）虽然单笔核算误差低于相关财务报表账户余额层次的重要性水平，并且性质不重要，但数量较多，若干笔同类型核算误差汇总则超过了财务报表账户余额层次的重要性水平，应从中选取几笔金额较大的转为建议调整的不符事项，记入调整分录汇总

表，以使未调整不符事项汇总金额降低到重要性水平以下。

审计人员在征求被审计单位对需要调整财务报表事项的意见时，一般应采用书面形式，并根据被审计单位的意见确定其对审计意见的影响。如果被审计单位予以采纳，应取得被审计单位同意调整的书面确认，如果被审计单位不予以调整，应分析原因，并根据未调整不符事项的性质和重要程度，确定是否在审计报告中反映，以及如何反映。

试算平衡表是审计人员根据被审计单位提供的未审计财务报表，考虑调整分录和重分类分录等内容后确定的财务报表已审数的表式，如表 16－1 和表 16－2 所示。其中试算平衡表中的"未审数"栏应根据被审计单位的未审计财务报表期末数填列。在编制完试算平衡表后，审计人员应注意核对相应的勾稽关系和报表平衡关系。

表 16－1　　资产负债表试算平衡表

客户＿＿＿＿＿＿　签名　　日期

项目试算平衡表工作底稿（T/B）

＿＿＿＿＿＿　编制＿＿＿＿　＿＿＿＿　索引号＿＿＿＿

会计期间＿＿＿＿＿＿　复核＿＿＿＿　＿＿＿＿　页　次＿＿＿＿

项目	未审数	调整金额		重分类金额		审定数	项目	未审数	调整金额		重分类金额		审定数
		借方	贷方	借方	贷方				借方	贷方	借方	贷方	
流动资产：							流动负债：						
货币资金							短期借款						
交易性金融资产							交易性金融负债						
衍生金融资产							衍生金融负债						
应收票据							应付票据						
应收账款							应付账款						
应收款项融资							预收款项						
预付款项							合同负债						
其他应收款							应付职工薪酬						
存货							应交税费						
合同资产							其他应付款						
持有待售资产							持有待售负债						

续表

项目	未审数	调整金额		重分类金额		审定数	项目	未审数	调整金额		重分类金额		审定数
		借方	贷方	借方	贷方				借方	贷方	借方	贷方	
一年内到期的非流动资产							一年内到期的非流动负债						
其他流动资产							其他流动负债						
流动资产合计							流动负债合计						
非流动资产：							非流动负债：						
债权投资							长期借款						
其他债权投资							应付债券						
长期应付款							其中：优先股						
长期股权投资							永续债						
其他权益工具投资							租赁负债						
其他非流动金融资产							长期应付款						
投资性房地产							预计负债						
固定资产							递延收益						
在建工程							递延所得税负债						
生产性生物资产							其他非流动负债						
油气资产							非流动负债合计						
使用权资产							负债合计						
无形资产							所有者权益（或股东权益）						
开发支出							实收资本（或股本）						
商誉							其他权益工具						
长期待摊费用							其中：优先股						
递延所得税资产							永续债						
其他非流动资产							资本公积						
非流动资产合计							减：库存股						
							其他综合收益						
							专项储备						
							盈余公积						

续表

项目	未审数	调整金额		重分类金额		审定数	项目	未审数	调整金额		重分类金额		审定数
		借方	贷方	借方	贷方				借方	贷方	借方	贷方	
							未分配利润						
							所有者权益（或股东权益）合计						
资产总计							负债和所有者权益（或股东权益）总计						

表 16－2　　　　利润表试算平衡表

客户＿＿＿＿＿＿　　签名　　　日期

项目试算平衡表工作底稿（T/B）

＿＿＿＿＿＿　　编制＿＿＿＿　＿＿＿＿　　索引号＿＿＿＿

会计期间＿＿＿＿＿＿　　复核＿＿＿＿　＿＿＿＿　　页　次＿＿＿＿

项目	未审数	调整数额		重分类余额		审定数
		借方	贷方	借方	贷方	
一、营业收入						
减：营业成本						
税金及附加						
销售费用						
管理费用						
财务费用						
加：公允价值变动收益（损失以“－号填列”）						
投资收益（损失以“－号填列”）						
其中：对联营企业和合营企业的投资收益						
资产减值损失（损失以“－号填列”）						
二、营业利润（损失以“－号填列”）						
加：营业外收入						
减：营业外支出						

续表

项目	未审数	调整数额		重分类余额		审定数
		借方	贷方	借方	贷方	
三、利润总额（亏损总额以“－号填列”）						
减：所得税费用						
四、净利润（净亏损以“－号填列”）						
五、其他综合收益的税后净额						
六、综合收益总额						
七、每股收益：						
（一）基本每股收益						
（二）稀释每股收益						

三、考虑被审计单位的持续经营能力

审计准则要求注册会计师有责任评估被审计单位一个合理的时间内是否存在可持续经营的疑虑。这个合理的时间通常指是财务报表被审计后一年以上的时间。虽然这一评估要求在审计计划阶段进行，但是，注册会计师也应该在审计终结阶段考虑这个问题。

注册会计师在对被审计单位的持续经营进行评价时，应遵循以下步骤：

（一）识别和评估持续经营问题

注册会计师在审计过程中所执行的审计程序通常只能识别存在持续经营问题的情况和事项。这些程序主要有分析程序、审查期后事项、检查债务协议的遵守情况、阅读董事会及其他委员会的会议记录、询问被审计单位的法律顾问、向被审计单位提供财务支持协议的关系方函证等。

根据审计准则的有关规定，预示被审计单位存在持续经营问题的情况和事项主要有四类：不利的财务趋势、其他财务困难、内部问题和外部事项。

1. 不利的财务趋势包括不利的经营结果和财务比率。审计的计划阶段执行的分析程序非常有助于识别这种不利的财务趋势。已有的审计研究表明，反映企业财务状况的某些指标或比率是预示企业可能陷入财务困境的有益指示。这些指标或比率主要有：反复出现的经营损失、本期经营损失、累计经营损失、负的净资产、负的营运资本、负的现金流量、负的主营业务利润、无法支付利息，净资产/总负债、营运资本/总负债、流动资产/流动负债、长期负债/总资产、总负债/总资产、税前收入净额/净销售额等。如果被审计单位存在上述财务指标或不利比率，则注册会计师就很可能认为被审计单位的持续经营能力存有重大疑虑。

2. 反映被审计单位存在其他财务困难的情况和事项主要有：债务违约、欠发股利、债务重组、无法获得供应商的正常商业信用、没有其他的筹资来源。

3. 预示被审计单位存在持续经营问题的内部问题主要有：罢工、不经济的长期承诺、依赖于某个特别项目的成功。

4. 预示被审计单位存在持续经营问题的外部事项主要有：法律诉讼、失去主要客户或供应商、失去关键的专营权、许可证或专利。

在这可能发生的几类情况和事项中，其他财务困难在持续经营评估中尤为重要。例如，如果一个企业违反了某些债务契约或正在履行其债务，债权人就有可能要求其立即还款。在这种情况下，该企业可能无法满足其现金需求，并可能不得不寻求破产保护或清算。同样，诸如罢工等内部事项，也可能对企业产生严重后果。最近许多企业因罢工而寻求破产保护。最后，外部事项也可能会导致一个企业丧失其经营经营能力。比如，失去一个主要客户可能会导致高科技企业面临严重的财务困难。

一般情况下，当识别出可能导致对持续经营能力产生重大疑虑的事项或情况后，注册会计师往往要实施进一步的审计程序。

（二）复核被审计单位管理层的应对计划

管理层的应对计划主要包括变卖资产、借款或债务重组、削减或延缓开支以及获得新的投资等。针对管理层可能作出的不同应对计划，注册会计师应分别考察其执行的可能性和可行性。例如，变卖资产是否受到原有借款担保条件的限制以及资产变卖的及时性和可收回性；又如，削减或延缓开支是否会影响到现有的生产经营活动，对年度利润的实现是否产生重大影响等。

（三）实施相关审计程序

一般地，注册会计师应当实施必要的审计程序，获取充分适当的审计证据，以判断管理层提出的应对计划是否可行，以及应对计划的结果是否能够改善持续经营能力。注册会计师应当实施的相关审计程序主要包括以下内容：

1. 与管理层分析和讨论现金流量预测、盈利预测以及其他相关预测的依据、假设和推理是否科学、合理、可行。

2. 与管理层分析和讨论最近的中期财务报表的财务状况、经营成果和现金流量，以进一步了解影响被审计单位持续经营能力的事项或情况，以及这些事项或情况的发展变化。

3. 复核债券和借款协议条款，并确定是否因违约而被有关各方起诉从而导致被审计单位持续经营能力存在重大不确定性的情况。

4. 阅读股东会会议、董事会会议和相关委员会会议记录，检查是否存在有关财务困境的记录。通过阅读这些会议记录，有助于注册会计师了解被审计单位面临的财务困境和管理层拟采取的措施。

5. 向被审计单位的律师询问是否存在针对被审计单位的数额巨大的诉讼或索赔，并向其询问管理层对诉讼或索赔结果及其财务影响的估计是否合理。注册会计师从中可以了解到被审计单位已经或将要发生的法律纠纷和面临的风险和损失。

6. 确认财务支持协议的存在性、合法性和可行性，并对提供财务支持的关联方或第三方的财务能力作出评价。

7. 考虑被审计单位准备如何处理尚未履行的客户订单。这主要是因为被审计单位没有能力履行合同义务，有可能被客户提起诉讼。注册会计师主要关注管理层是否及时通告客户，以减轻可能给对方造成的损失；如果解除订单，可能造成的经济补偿和法律后果；如果继续履行订单，被审计单位是否具有足够的履行能力等。

8. 复核期后事项并考虑其是否可能改善或一向持续经营能力。

四、管理层声明

管理成声明，是指被审计单位管理层向注册会计师提供的关于财务报表的各项陈述。它是在审计过程中，注册会计师与被审计单位管理层就财务报表审计相关的重大事项不断进行沟通而形成的。审计准则要求注册会计师取得管理层声明的目的是使注册会计师确认管理层的口头陈述和确认管理层声明的持续适当性。管理层对其口头声明的书面确认可以减少注册会计师与管理层之间产生误解的可能性。

例如，在审计过程中，注册会计师可询问有关当事人并执行具体的审计程序，以识别和确定关联方交易。即使这些审计程序的结果表明这些交易均已适当披露，注册会计师也应取得管理层声明书，以声明被审计单位不存在要求披露而没有披露的事项。

在有些情况下，支持管理层声明的审计证据可能无法获得。例如，假设管理层表明有意就某一短期债务在下一期进行再融资，所以在本期财务报表中将之列为一项长期负债。注册会计师应该获得管理层声明书，以确认这一短期债务在下一期间将予以再融资。

注册会计师获取的管理层声明包括口头声明和书面声明两种。通常情况下，书面声明作为审计证据比口头声明可靠。书面声明应当包括下列内容：

（一）有关财务报表的责任

1. 管理层认可其对财务报表的编制责任。

2. 管理层认可其设计和实施内部控制以防止或发现并纠正错报的责任。

3. 管理层认为注册会计师在审计过程中发现的未更正错报，无论是单独还是汇总起来考虑，对财务报表整体均不构成重大影响。未更正错报的概要应当包含在书面声明中或附于书面声明后。

（二）有关信息的完整性

1. 所有财务信息和其他数据的可获得性。

2. 所有股东会和董事会会议记录的完整性和可获得性。

3. 就违反法规行为事项，被审计单位与监管机构沟通的书面文件的可获得性。

4. 与未记录交易相关的资料的可获得性。

5. 涉及下列人员舞弊行为或舞弊嫌疑的信息的可获得性：（1）管理层；（2）对内部控制具有重大影响的雇员；（3）对财务报表的编制具有重大影响的其他人员。

（三）有关确认、计量和列报

1. 对资产或负债的确认或列报具有重大影响的计划或意图。

2. 关联方交易，以及涉及关联方的应收或应付款项。

3. 需要在财务报表中披露的违反法规行为。

4. 需要确认或披露的或有事项，对财务报表具有重大影响的承诺事项和需要偿付的担保等。

5. 对财务报表具有重大影响的合同的遵循情况。

6. 对财务报表具有重大影响的重大不确定事项。

7. 被审计单位对资产的拥有或控制情况，以及抵押、质押或留置资产。

8. 持续经营假设的合理性。

9. 需要调整或披露的期后事项。

根据上述事项的复杂程度和重要性，注册会计师可以将其全部列入管理层声明书中，也可以就其中某个事项向管理层获取专项声明。

注册会计师在获取和利用管理层声明时，还应该注意以下情况：

第一，管理层声明不能替代其他审计证据。

在实务中，通常存在着一种对管理层声明过度依赖的倾向。对于一些不太容易获取，但预期存在、可获取的审计证据，某些注册会计师可能过分信赖管理层声明，而不实施其他审计程序。事实上，越难以获取审计证据的事项，往往重大错报风险越高。因此，以管理层声明替代能够合理预期获取的其他审计证据，通常会带来较高的审计风险。在实际工作中，如果不能获取对财务报表具有或可能具有重大影响的事项的充分、适当的审计证据，而这些证据预期是可以获取的，即使已受到管理层就这些事项作出的声明，注册会计师仍应将其视为审计范围受到限制。

第二，管理层声明与其他审计证据相矛盾时的处理。

在审计过程中，如果注册会计师发现其他审计证据与管理层已提供的声明有较大出入或管理层根本就没有对此发表声明，而该事项对财务报表整体具有或可能具有重大影响。在这种情况下，注册会计师就应当询问管理层。如果管理层不能对此作出合理解释，或所作出的解释不充分，则表明管理层的诚信可能存在问题。同时，注册会计师需要重新考虑管理层所作出的其他声明的可靠性。

第三，管理层拒绝提供声明时的措施。

无论是由于条件限制还是出于利润调节目的，当管理层拒绝提供注册会计师认为必要的声明时，注册会计师应当将其视为审计范围受到限制，并按照《中国注册会计师审计准则第 1502 号——在审计报告中发表非无保留意见》的规定出具保留意见或无法表示意见的审计报告。在这种情况下，注册会计师应当评价审计过程中获取的管理层其他声明的可靠性，并考虑管理层拒绝提供声明是否可能对审计报告产生其他影响。

第四，管理层声明的签署日期。

通常情况下，管理层声明书标明的日期与审计报告日期一致。但在某些情况下，注册会计师也可以在审计过程中或审计报告日后就某些交易或事项获取单独的声明书。例如，审计报告在审计报告日后很长一段时间才予以公布，注册会计师需要考虑是否针对审计报告日至报告公布日发生的事项单独获取管理层声明。

五、复核审计工作

会计师事务所应当建立完善的审计工作底稿分级复核制度。审计工作底稿的复核可以分为项目组内部复核和独立的项目质量控制复核。

（一）项目组内部复核

项目组内部复核可以分为项目负责经理的现场复核和项目合伙人的复核。

项目负责经理的现场复核属于第一级复核，该级复核通常在审计现场完成，以便及时发现和解决问题，争取审计工作的主动；项目合伙人的复核是项目组内部最高级别的复核，该复核既是对项目负责经理复核的再监督，也是对重要审计事项的把关。

在外勤工作阶段中，注册会计师所收集的审计工作底稿一般是分散的、不系统的，因此编制审计报告以前注册会计师应根据审计计划中拟订的内容、范围和要求，对审计工作底稿进行整理和复核。

第一，注册会计师及其助理人员对各自工作底稿的初步整理。主要是分析是否已完成了规定的审计任务，回顾是否存在遗漏程序，并着重列举审计过程中所发现的问题，提出相应的处理意见。

第二，由项目组内经验较多的人员复核经验较少的人员所执行的工作。在复核已实施的审计工作时，复核人员应当考虑：1. 审计工作是否已按照法律法规、职业道德规范和审计准则的规定执行。2. 重大事项是否已提请进一步考虑。3. 相关事项是否已进行适当咨询，由此形成的结论是否得到记录和执行。4. 是否需要修改已执行审计工作的性质、时间和范围。5. 已执行的审计工作是否支持形成的结论，并已得到适当记录。6. 获取的审计证据是否充分、适当。7. 审计程序的目标是否实现。

项目负责人应当在审计过程的适当阶段及时实施复核，以使重大事项在出具审计报告前能够得到满意解决。在出具审计报告前，项目负责人应当通过复核审计工作底稿和与项目组讨论，确信获取的审计证据已经充分、适当，足以支持形成的结论和拟出具的审计报告。其复核的主要内容包括对关键领域所作的判断，尤其是执行业务过程中识别出的疑难问题或争议事项、特别风险以及项目负责人认为重要的其他领域。项目负责人应当对复核的范围和时间予以适当记录。

（二）项目质量控制复核

独立的项目质量控制复核是指在出具报告前对项目组作出的重大判断和在准备报告时形成的结论作出客观评价的过程，也称独立复核。对工作底稿进行独立复核具有如下意义：

第一，对审计工作结果实施最后质量控制。对签发审计报告前的工作底稿进行独立复核是对审计工作质量实施的最后控制，能够避免对重大审计问题的遗漏或对具体审计工作理解不透彻等情况，从而形成与审计工作成果相一致的审计意见。

第二，确认审计工作已达到会计师事务所的工作标准。在实际执行审计工作中，会计师事务所内部不同注册会计师的工作质量会有差异，有的甚至背离统一的工作标准，因此独立复核可以保持整体工作的一致性。

第三，可以消除注册会计师的判断偏见。在审计工作中，注册会计师面临各种各样的需要进行职业判断的问题，如果有大量的问题需要解决而又经过长时间的审计注册会计师就容易丧失正确的观察能力和判断能力。因此进行独立复核有助于消除妨碍注册会计师正确判断的偏见。

会计师事务所应当根据特定业务的复杂程度和出具不恰当报告的风险，确定项目质量控制复核的范围。

在对上市公司财务报表审计实施项目质量控制复核时，复核人员应当考虑：

1. 项目组就具体业务对会计师事务所独立性作出的评价。

2. 在审计过程中识别的特别风险以及采取的应对措施。

3. 作出的判断、尤其是关于重要性和特别风险的判断。

4. 是否已就存在的意见分歧其他疑难问题或争议事项进行适当咨询，以及咨询得出的结论。

5. 在审计中识别的已更正和未更正的错报的重要程度及处理情况。

6. 拟与管理层、治理层以及其他方面沟通的事项。

7. 所复核的审计工作底稿是否反映了针对重大判断执行的工作，是否支持得出的结论。

8. 拟出具的审计报告的适当性。

在对上市公司财务报表审计以外的其他业务实施项目质量控制复核时，项目质量控制复核人员可根据情况考虑上述部分或全部事项。

以上是对项目质量控制复核范围的最低要求。在实务中，会计师事务所对其认为复杂程度很高和出具不恰当报告的风险很大的特定业务，可以确定更大的项目质量控制复核。

六、审计结果的最终评价

结合审计工作底稿的复核，注册会计师必须评估审计测试的结果。财务报表审计结果的评价应关注的两个问题是：（1）审计证据的充分性；（2）已发现的错报对财务报表的影响。在评价审计证据的过程中，注册会计师要考虑是否有足够的证据支持每一项相关的认定。在这个过程中，要考虑所获审计证据对固有风险和控制风险评估结果的支持度，所获证据是否实现计划检查风险水平（实质性程序）。如果这些评价表明证据不足以实现计划检查风险水平，那么，注册会计师就可能需要收集进一步的审计证据。例如，如果最后的分析程序表明存货项目仍可能包含重大错报，注册会计师就应该对存货账户余额执行进一步的测试。

审计过程中所发现的任何错报都应当考虑其对财务报表的影响。特别地，注册会计师应当估计可能的错报（包括已知错报和推断错报），并将这一可能错报的总额与财务报表各组成部分的重要性水平进行比较，注册会计师也应当考虑未调整错报对财务报表各组成部分，如资产、负债、权益、收入和费用等总额的影响。

七、评价财务报表的列报和披露

被审计单位或者注册会计师通常会编制一份财务报表（包括附注）的草表。注册会计师利用这种方式来审查财务报表，以确保其遵守可适用的财务报告框架，确保报表所有账户均已适当列报，所有应当披露的事项均已披露。

第二节　期后事项审计

一、期后事项的涵义与类型

期后事项是指资产负债表日至审计报告日之间发生的事项以及审计报告日后

发现的事实。这些事项或事实在资产负债表日前没有发生，但是在财务报表报出日前发生了，它们可能对被审计单位财务报表和审计报告产生影响。因此，注册会计师必须对期后事项引起充分的关注。

事实上，并非所有的期后事项都会对财务报表和审计报告产生影响，所以注册会计师也无须关注所有的期后事项。需要被审计单位管理层考虑并需要注册会计师审计的有两类期后事项：一是资产负债表日后调整事项；二是资产负债表日后非调整事项。

（一）资产负债表日后调整事项

资产负债表日后调整事项，即对资产负债表日已经存在的情况提供了新的或进一步证据的事项。这类事项影响财务报表金额，需提请被审计单位管理层调整财务报表及与之相关的披露信息。此类事项通常包括但不限于以下内容：

1. 资产负债表日已经存在的大额应收款项，在资产负债表日后因债务人的破产而发生的可预计的坏账损失。

2. 资产负债表日已经存在的法律诉讼，在资产负债表日后被判决承担的巨额赔偿和罚款。

3. 资产负债表日已经存在的大量存货或已入账的销售收入，在资产负债表日后被发现与原入账价值存在重大差异。

4. 资产负债表日已经存在，在资产负债表日后被发现存在的财务报表舞弊或差错等。

（二）资产负债表日后非调整事项

资产负债表日后非调整事项，即表明资产负债表日后发生的情况的事项。这类事项虽不影响财务报表金额，但可能影响财务报表的正确理解，需提请被审计单位管理层在财务报表的附注中作适当披露。此类事项通常包括但不限于以下内容：

1. 资产负债表日后才发生的重大诉讼、仲裁、承诺。

2. 资产负债表日后才发生的巨额亏损。

3. 资产负债表日后才发生的自然灾害重大损失。

4. 资产负债表日后才发生的资产价格、税收政策、外汇变化。

5. 资产负债表日后才发生的资本公积转增资本。

6. 资产负债表日后才发行的股票、债券和其他巨额举债。

7. 资产负债表日后才发生的企业合并或处置子公司等。

（三）期后事项的三个时段

根据期后事项的上述定义，期后事项可以按时段划分为三个时段，如图 16－1 所示。第一时段是资产负债表日（2019 年 12 月 31 日）后至审计报告日（2020 年 3 月 5 日），我们可以把在这一期间发生的事项称为“第一时段期后事项”；第二个时段是审计报告日（2020 年 3 月 15 日）后至财务报表公布日（2020 年 3 月 25 日），我们可以把这一期间发现的事实称为“第二时段期后事项”；第三个时段是财务报表公布日（2020 年 3 月 25 日）后，我们可以把这一期间发现的事实称为“第三时段期后事项”。三个时段涉及三个时点，即资产负债表日、审计报告日和财务报表报出日。

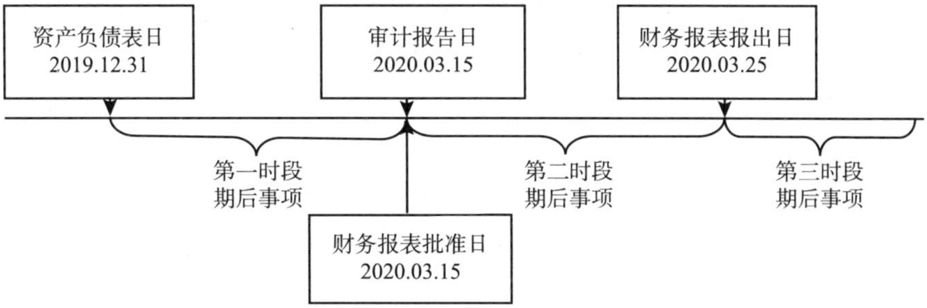

图 16－1　按时段分成的期后事项

在图 16－1 中，资产负债表日（2019 年 12 月 31 日）是指财务报表的截止日期；财务报表批准日（2020 年 3 月 15 日）是指被审计单位董事会或类似机构批准财务报表报出的日期；财务报表公布日（2020 年 3 月 25 日）是指被审计单位对外披露已审计财务报表的日期（对外披露可以是公开方式，如上市公司公布财务报表；也可以是非公开方式，如非上市公司将财务报表提供给使用者）。

按照审计报告准则规定，审计报告的日期不应早于注册会计师获取充分适当的审计证据（包括管理层认可对财务报表的责任且已批准财务报表的证据），并在此基础上对财务报表形成审计意见的日期。因而审计报告日通常与财务报表批准日（2020 年 3 月 15 日）是同一个日期。

二、财务报表日至审计报告日之间的期后事项

（一）对第一时段期期后事项的主动识别

财务报表日至审计报告日之间的期后事项属于第一时段期后事项。注册会计师应当设计和实施审计程序，获取充分、适当的审计证据，以确定所有在财务报表日至审计报告日之间发生的、需要在财务报表中调整或披露的事项均已得到识别。但是，注册会计师并不需要对之前已实施审计程序并已得出满意结论的事项执行追加的审计程序。

（二）针对第一时段期后事项的审计程序

注册会计师应在接近审计报告日之时，通过实施必要的审计程序，获取充分适当的审计证据，以确定截止审计报告日发生的、需要在财务报表中调整或披露

的事项是否均已得到识别。通常的审计程序有：

1. 审阅最近的中期财务报表等相关资料，关注被审计单位的生产经营环境是否发生重大变化，以及是否发生异常的、大额的交易或事项；如果认为有必要，还应当查阅预算、现金流量预测以及其他相关管理报告。

2. 审阅董事会、股东大会及其专门委员会在资产负债表日后举行的会议纪要，或询问相关事宜，以检查被审计单位是否发生了可能影响财务报表的事项。

3. 向被审计单位的律师或法律顾问询问有关诉讼和赔偿情况，以确定被审计单位是否有必要调整财务报表或披露该信息。

4. 询问和了解管理层用于识别期后事项的程序，以判定其程序是否足以识别期后事项的发生情况。

5. 向管理层询问是否发生可能影响财务报表的期后事项。

6. 取得管理层和律师声明书，以了解其对期后事项的陈述和说明是否恰当等。

三、审计报告日后至财务报表公布日之间的期后事项

（一）对第二时段期期后事项的被动识别

在审计报告日后，注册会计师没有义务针对财务报表实施审计程序。此时，注册会计师针对被审计单位的审计业务已经结束，要识别可能存在的期后事项比较困难，因而无法承担主动识别第二时段期后事项的审计责任。但由于被审计单位的财务报表并未对外公布，管理层有责任告知注册会计师可能影响财务报表的事实。当然，注册会计师还可能从媒体报道、举报信或者证券监管部门告知等途径获悉影响财务报表的期后事项。

（二）知悉第二时段期后事项时的考虑

如果知悉第二时段期后事项，且在审计报告日知悉可能导致修改审计报告，注册会计师应当与管理层讨论该事项；确定财务报表是否需要修改；如果需要修改，询问管理层将如何在财务报表中处理该事项。

1. 管理层修改财务报表时的处理。

如果管理层修改财务报表，注册会计师应当根据具体情况对关修改实施必要的审计程序，以验证管理层根据期后事项所作出的财务报表调整或披露是否符合适用的财务报告编制基础的规定。例如，在资产负债日已经存在的一笔质量有争议的销售诉讼，在审计报告日后、财务报表报出日前法院作出最终判决，要求被审计单位承担退货和赔偿损失。此时，被审计单位就应该按照企业会计准则和相关会计制度的规定，调整财务报表。在这种情况下，注册会计师也就必须实施新的与此相关的审计程序。

注册会计师还应当将用以识别期后事项的上述审计程序延伸至新的审计报告

日，并针对修改后的财务报表出具新的审计报告。此时，注册会计师应当选用下列处理方式之一修改审计报告：

（1）针对财务报表修改部分增加补充报告日期，而对管理层作出修改前的财务报表出具的原审计报告日期保持不变；补充报告日期告知财务报表使用者自原审计报告日之后实施的审计程序针对财务报表的后续修改。

例如，假设被审计单位告知注册会计师达成了一个协议，在 2020 年 3 月 9 日并购了一家公司。这类事项在资产负债表日（2019 年 12 月 31 日）无任何存在的迹象，因此仅需在 2019 年 12 月 31 日的报表附注中予以披露即可。但是，审计报告日期的确定却有不同的选择：（1）“双重日期”审计报告，也就是针对除这一期后事项外，其他的审计日期仍然是 2020 年 3 月 5 日，而这一期后事项的审计日期是 2020 年 3 月 9 日；（2）使用期后事项的日期，就是针对所有的情况，审计日期都是 2020 年 3 月 9 日。双重日期的目的是限制注册会计师对于报表附注中所涉的期后事项在注册会计师完成审计工作后发生时应负的责任。如果审计报告的日期只用 2020 年 3 月 9 日这个日期，注册会计师的责任将延伸至该日期。

（2）出具新的或经修改的审计报告，在强调事项段或其他事项段中说明注册会计师对期后事项实施的审计程序仅限于财务报表相关附注所述的修改。

2. 管理层不修改财务报表且审计报告尚未提交时的处理。

针对具体经济业务的发生，由于对企业会计准则和相关会计制度理解的不同，或者是出于不同经济利益的考虑，如果注册会计师认为应当修改的财务报表而被审计单位拒绝修改，在审计报告尚未提交给被审计单位的情况下，注册会计师应当按照《中国注册会计师审计准则第 1502 号——在审计报告中发表非无保留意见》的规定，发表非无保留意见审计报告。

3. 管理层不修改财务报表且审计报告已经提交时的处理。

当注册会计师认为应当修改的财务报表而被管理层拒绝时，在审计报告已经提交给管理层的情况下，注册会计师应当通知管理层不要将财务报表和审计报告向第三方报出。

如果财务报表仍被公布，为了避免不必要的损失，注册会计师应当采取措施防止财务报表使用者信赖该审计报告。例如，对于上市公司，注册会计师可以通过有关传媒刊登必要的声明，来告知社会各界不要信赖该审计报告，并在必要时，作出适当解释。注册会计师应采取的措施取决于自身的权利和义务以及所征询的法律意见。

四、财务报表公布日后发生的期后事项

（一）对第三时段期期后事项没有义务识别

财务报表公布日后发生的期后事项属于第三时段期后事项，也称为“期后事

实”。在财务报表公布之后，注册会计师没有义务针对财务报表实施任何审计程序。但是，并不排除注册会计师通过媒体等其他途径获悉可能对财务报表产生重大影响的期后事项的可能性。

（二）知悉第三时段期后事项时的考虑

如果第三时段期后事项是审计报告日已经存在的事实，且被注册会计师在审计报告日前获知，可能影响审计报告，注册会计师才需要确定财务报表是否需要修改，并询问管理层将如何在财务报表中处理该事项。

1. 管理层修改财务报表时的处理。

如果被审计单位管理层修改了财务报表，注册会计师应当实施必要的审计程序，通过查阅相关资料和复核会计处理或披露事项，以确定管理层对财务报表的修改是否适当，从而判定修改后的财务报表是否公允。注册会计师还应当复核管理层采取的措施能否确保所有收到原财务报表和审计报告的人士了解这一情况。最后，注册会计师应针对修改后的财务报表出具新的审计报告。

2. 管理层未采取必要行动时的处理。

如果管理层没有采取必要措施确保所有财务报表和审计报告的人士了解这一情况，也没有在注册会计师认为需要修改的情况下修改财务报表，注册会计师应当通知管理层和治理层，注册会计师将设法防止财务报表使用者信赖其审计报告。如果注册会计师已经通知管理层或治理层，而管理层或治理层没有采取必要措施，注册会计师应当采取适当措施，以设法防止财务报表使用者信赖该审计报告。

第三节　与治理层的沟通

注册会计师与治理层的沟通是贯穿整个审计流程的一项重要工作。有效的沟通有助于注册会计师和治理层了解与审计相关事项的背景，并建立建设性的工作关系（但前提是注册会计师保持独立性和客观性）；有助于注册会计师向治理层获取与审计相关的信息，如被审计单位及其环境、审计证据的适当来源、具体交易或事项的信息等；有助于治理层履行其对财务报告的监督责任。

一、沟通事项

（一）注册会计师的责任

注册会计师应当与治理层沟通注册会计师的责任。具体来说，注册会计师应当向治理层传达如下信息：

1. 注册会计师负责对管理层在治理层的监督下编制的财务报表形成和发表审计意见。

2. 财务报表审计并不减轻管理层或治理层对财务报表的责任。

除此之外，注册会计师的责任还包括其确定并在审计报告中沟通关键审计事项的责任。

（二）注册会计师计划的审计范围和时间安排

注册会计师应当沟通计划的审计范围和时间安排的总体情况，包括识别出的特别风险。就注册会计师识别出的特别风险进行沟通，可以帮助治理层了解存在特别风险的事项以及需要注册会计师予以特别考虑的原因，有助于治理层履行其对财务报表的监督责任。

注册会计师与治理层沟通计划的审计范围和时间安排时，沟通的事项还包括：

1. 计划如何应对重大错报风险评估水平较高的领域。

2. 实施的计划审计程序或评价审计结果需要的知识的性质及程度，必要时如何利用专家的工作等。

3. 对上市实体，注册会计师对于哪些事项可能需要重点关注因而可能构成关键审计事项所作的初步判断。

（三）审计工作中发现的问题

在终结审计之前，注册会计师应当就审计工作中发现的问题与治理层直接沟通。

1. 注册会计师对被审计单位会计处理质量的看法。

注册会计师应当就下列重要会计处理的质量和可接受性与治理层沟通：①选用的会计政策。②作出的会计估计。③财务报表的披露。如果认为某项重大的会计处理不恰当，注册会计师应当向治理层说明理由，并在必要时提请更正。如果不恰当的会计处理未予更正。注册会计师应当考虑该事项对本期和未来期间财务报表的影响，以及对审计报告的影响，并将这种影响告知治理层。

2. 审计工作中遇到的重大困难。

注册会计师在审计中遇到的重大困难可能包括：①管理层在提供审计所需信息时出现严重拖延。②不合理地要求缩短完成审计工作的时间。③为获取充分、适当的审计证据需要付出的努力远远超过预期。④无法获取预期的证据。⑤管理层对注册会计师施加的限制。⑥管理层不愿按照注册会计师的要求对持续经营能力作出评估，或拒绝将评估期间延伸至资产负债表日起的 12 个月。在某些情况下，上述困难可能构成对审计范围的限制，注册会计师应当出具保留意见或无法表示意见的审计报告。

3. 已与管理层讨论或书面沟通的、审计中发现的重大事项。

已与管理层讨论或书面沟通的重大事项主要包括：①管理层已更正的错报。

②对管理层就会计或审计事项向其他专业人士进行咨询的关注。③管理层在首次委托或连续委托中，就会计准则和审计准则应用、审计或其他服务费用与注册会计师进行的讨论或书面沟通。使治理层了解这些内容，有利于注册会计师更好地开展审计工作，也有利于治理层更好地履行监督财务报告过程的职责。

根据职业判断认为需要提请治理层注意的管理层书面声明。

如果出现下列情形，注册会计师应当将管理层书面声明中的相关事项提请治理层注意：①除管理层书面声明之外的审计证据很少。②相关的会计处理可能会因被审计单位意图的不同而不同。③管理层对作出注册会计师要求的声明很勉强。④管理层书面声明与其他审计证据不符。在某些情况下，注册会计师应当向治理层提供完整的管理层书面声明书副本。此时，注册会计师应当明确列示根据职业判断认为需要提请治理层关注的事项。

4. 影响审计报告形式和内容的情形。

根据中国注册会计师相关审计准则的要求，如果注册会计师在审计过程中发现的重大问题，影响审计报告的形式和内容，注册会计师应当直接与治理层沟通。例如，注册会计师认为发现的重大问题没有得到有效解决而准备发表非无保留意见时，注册会计师此时必须与治理层沟通，说明预期出具非无保留意见的原因。影响审计报告的形式和内容的情形有：

（1）预期出具非无保留意见。

（2）报告与持续经营相关的重大不确定性。

（3）沟通关键审计事项。

（4）注册会计师认为有必要在审计报告中增加强调事项段或其他事项段。

5. 审计中发现的、根据职业判断认为重大且与治理层监督财务报告过程直接相关的所有其他重大事项。

注册会计师应当与治理层沟通审计中发现的、与治理层履行对财务报告的监督职责直接相关的所有重大事项，包括已更正的、含有已审计财务报表的文件中的其他信息存在的对事实的重大错报或重大不一致的情形等。

（四）注册会计师的独立性

如果被审计单位是上市公司，注册会计师应当就独立性与治理层直接沟通下列内容：①就审计项目组成员、会计师事务所其他相关人员以及会计师事务所按照法律法规和职业道德规范的规定保持了独立性作出声明。②根据职业判断，注册会计师认为会计师事务所与被审计单位之间存在的可能影响独立性的所有关系和其他事项，其中包括会计师事务所在财务报表涵盖期间为被审计单位和受被审计单位控制的组成部分提供审计、非审计服务的收费总额。③为消除对独立性的威胁或将其降至可接受的水平，已经采取的相关防护措施。如果被审计单位是非上市公司，但可能涉及重大的公众利益，注册会计师应当考虑上述沟通事项是否适用。

如果出现了违反与注册会计师独立性有关的职业道德规范的情形，注册会计师应当尽早就该情形及已经或拟采取的补救措施与治理层直接沟通。

（五）补充事项

补充事项可能是注册会计师在财务报表审计中发现的、但与治理层对财务报告过程的监督并不直接相关的事项，也可能是通过审计以外的其他方式注意到的事项。如果存在下列事项，注册会计师应当将其作为补充事项与治理层沟通：①已引起注册会计师注意的事项。②根据职业判断认为与治理层的责任关系重大、且管理层或其他人员尚未与治理层有效沟通的事项。

除非法律法规或协议要求执行审计程序以确定是否发生了补充事项，注册会计师在与治理层沟通这些事项时，应当使其了解：①识别补充事项只是审计的副产品，注册会计师除为形成审计意见实施必要程序外，没有实施额外程序以识别这些事项。②没有专门实施程序以确定是否还存在与已沟通事项性质相同的其他事项。③除不适合与管理层讨论的事项外，已就补充事项与管理层进行讨论。

二、沟通过程

（一）沟通的形式

沟通的形式涉及口头或书面沟通。有效的沟通形式不仅包括正式声明和书面报告等正式形式，也包括讨论等非正式的形式。

注册会计师就下列事项与治理层沟通时，应当采取书面形式：①审计工作中发现的重大问题，注册会计师认为口头沟通不适当时，特别是预期在审计报告中披露的关键审计事项，需要书面沟通。②注册会计师的独立性。其他事项的沟通，既可以采用书面形式，也可以采用口头形式。

如果以口头形式沟通涉及治理层责任的事项，注册会计师应当确信沟通的事项已记录于讨论纪要或审计工作底稿。

注册会计师在确定采用何种沟通形式时，除了考虑特定事项的重要程度外，还应当考虑下列因素：①管理层是否已就该事项与治理层沟通。②被审计单位的规模、经营结构、控制环境和法律结构。③如果执行的是特殊目的财务报表审计，注册会计师是否同时审计该被审计单位的通用目的财务报表。④法律法规的规定。⑤治理层的期望，包括与注册会计师定期会面或沟通的安排。⑥注册会计师与治理层保持联系和对话的数量。⑦治理层的成员是否发生重大变化。

如果就某一重大事项与治理层的某一成员以非正式方式进行讨论，注册会计师应当考虑在随后的正式沟通中概述该事项，以便治理层的其他成员得到完整和对称的信息。

为防止治理层未经注册会计师允许将书面沟通文件提供给第三方，注册会计师应当在书面沟通文件中声明：①书面沟通文件仅供治理层使用，如果拔审计单位是集团的组成部分，也可供集团管理层和负责集团审计的注册会计师使用。②注册会计师对第三方不承担责任。③未经注册会计师事先书面同意，沟通文件不得被引用、提及或向其他人披露。

如果法律法规要求注册会计师向监管机构或其他第三方提供为治理层编制的书面沟通文件，注册会计师在提供这些文件前应当事先征得治理层的同意，并对上述声明内容进行适当修改。

（二）沟通的时间安排

注册会计师应当及时与治理层沟通。沟通的时间因沟通事项的重大程度和性质，以及治理层拟采取的措施等业务环境的不同而不同。注册会计师应当根据具体的业务环境确定适当的沟通时间：①对于审计中遇到的重大困难，如果治理层能够协助注册会计师克服这些困难，或者这些困难可能导致出具保留意见或无法表示意见的审计报告，应尽快予以沟通。②对于注册会计师注意到的内部控制设计或实施中的重大缺陷，应尽快与管理层或治理层沟通。③对于审计中发现的与财务报表或审计报告相关的事项，包括注册会计师对被审计单位会计处理质量的看法，应在最终完成财务报表前进行沟通。④对于注册会计师的独立性，应在最终完成财务报表前或在对独立性威胁及其防护措施作出重大判断时进行沟通。⑤如果同时审计特殊目的财务报表或其他历史财务信息，沟通时间应与通用目的财务报表审计的沟通时间相协调。

可能与沟通时间相关的其他因素包括：①被审计单位的规模、经营结构、控制环境和法律结构。②其他法律法规要求的期限。③治理层的期望，包括对与注册会计师定期会面或沟通的安排。④注册会计师识别出特定事项的时间。

（三）沟通过程的充分性

注册会计师应当评价其与治理层之间的双向沟通是否足以实现审计目标。如果注册会计师无法进行足够的沟通，就可能存在不能获取充分、适当的审计证据的风险。在这种情况下，注册会计师应当考虑沟通不充分对评估重大错报风险的影响，并寻求与治理层讨论这种情况。如果这种情况得不到解决，注册会计师应采取下列主要措施：①根据审计范围受限的程度出具保留意见或无法表示意见的审计报告。②就采取不同措施的后果征询法律意见。③与治理结构中拥有更高权力的组织或人员沟通，或与监管机构等第三方沟通。④解除业务约定。

【课后习题】

一、思考题

1. 审计人员应当应用哪些程序对期初余额进行审计？

2. 什么是管理层声明书？它对注册会计师发表审计意见有何影响？

3. 签发审计报告前如何对审计工作底稿进行复核？

4. 期后事项与期后发现的事实有何区别？注册会计师对不同部分的期后发现的事实，所应承担的责任有何区别？

5. 注册会计师应该就哪些事项与被审计单位治理层进行沟通？

二、案例题

中磊会计师事务所未勤勉尽责违法案

中磊会计师事务所有限责任公司（以下简称中磊所），在对上市公司吉林成城集团股份有限公司（以下简称成城股份）2011 年报、2012 年报审计过程中，将成城股份对安华农业保险股份有限公司（以下简称安华保险）的投资定为可能存在较高重大错报风险的领域，对于成城股份就该笔初始投资会计处理的异常，以及 2011 年安华保险实收资本发生重大变化的情况下，中磊所未追加必要的审计程序，导致未发现成城股份对安华保险的 1 000 万元原始投资虚假记载为 5 000 万元，导致审计报告内容出现虚假记载。

在对成城股份 2012 年年度报告审计时，中磊所针对成城股份与上海科泉物资供应有限公司（以下简称上海科泉）的重大、异常资产交易未保持对公司舞弊的职业怀疑，审计程序执行不到位，收集的审计证据不充分，导致未发现成城股份虚构向上海科泉出售物华广场一、二层商铺的资产交易事项，该笔虚假交易虚增 2012 年度收入 18 444 万元、虚增 2012 年度利润总额 5 265 万元，使 2012 年成城股份业绩由亏损转为盈利，导致审计报告内容存在虚假记载。

经审查，中国证监会江西证监局认定，未按照审计准则要求实施必要的审计程序，保持必要的执业谨慎，中磊所上述未勤勉尽责行为，违反了《证券法》的相关规定。江西证监局决定：责令中磊所改正违法行为；对直接负责的主管人员李某、熊某分别给予警告，并处以 3 万元罚款。

［要求］请讨论中国证监会江西证监局的具体处罚依据有哪些？中磊会计师事务所的上述行为违反了中国注册会计师审计准则的哪些规定？试举例说明。

第十七章 审计报告

【本章教学目的和要求】

通过本章的学习，要求学生掌握审计报告的基本内容，熟悉审计报告的分类；掌握如何在审计报告中表述关键审计事项；掌握出具标准审计报告的条件和要求及其编制；熟悉出具非无保留意见审计报告的条件和要求及其编制；熟悉出具带强调事项段的审计报告的条件和要求及其编制；熟悉出具带其他事项段的审计报告的条件和要求及其编制。

【引导案例】

每年三四月份是我国资本市场最热闹的时候，因为上市公司一年一度的财务报表审计结果将集中出炉。按往年情况，绝大部分公司都会得到“满意”的结果。2019 年 7 月，证监会在其发布的《2018 年度证券审计市场分析报告》中指出：截至 2019 年 4 月 30 日，共有 3 622 家上市公司按期披露审计报告。其中，3 502 份审计报告为无保留意见、82 份为保留意见、38 份为无法表示意见，分别占比 96.7%、2.3%和 1%。相比 2017 年，保留意见和无法表示意见数量增长超过一倍。在无保留意见中，99 份为带强调事项段、持续经营重大不确定性段的无保留意见，较 2017 年增长近 40%。

报告指出，出具“带强调事项段及持续经营重大不确定性段的无保留意见”“保留意见”“无法表示意见”的原因主要包括：资产减值、关联方担保或资金占用、持续经营能力存在重大不确定性，诉讼或立案调查结果存在重大不确定性，无法获取充分、适当的审计证据等。此外，该报告还统计了审计报告中关键事项段的相关情况：从数量来看，3 622 份审计报告包含 7 425 项关键审计事项，平均每份审计报告披露 2 项；从内容来看，关键审计事项涉及的主要领域包括资产减值、收入确认、企业合并及长期股权投资、负债类事项等，其中，资产减值和收入确认占全部关键审计事项的比例超过 80%。

【引导案例思考】 从上述报告中可以看出，审计报告的意见类型包括无保留意见、保留意见、无法表示意见和否定意见；同时，审计报告还涉及强调事项、持续经营重大不确定性以及关键审计事项的相关说明。那么，不同审计意见对公司和投资者而言意味着什么？注册会计师出具不同类型审计意见的标准是什么？除了审计意见，审计报告中还应当包括哪些内容？

第一节　审计报告概述

一、审计报告的概念

审计报告是指注册会计师根据中国注册会计师审计准则的规定，在实施审计工作的基础上对被审计单位财务报表发表审计意见的书面文件。审计报告是审计工作的最终的书面成果，具有法定证明效力。注册会计师通过编写审计报告，传递审计结果，一则可以表明审计受托任务的完成情况；再则可以对被审计单位财务报表的合法性和公允性提供合理保证；同时还可以表明注册会计师责任的履行情况。

审计报告的特征，可以从以下几个方面加以理解：

1. 注册会计师应当按照中国注册会计师审计准则的规定执行审计工作。

审计准则是用以规范注册会计师执行审计业务的标准，包括一般原则与责任、风险评估与应对、审计证据、利用其他主体的工作、审计结论与报告以及特殊领域审计等六个方面的内容，涵盖了注册会计师执行审计业务的整个过程和各个环节。

2. 注册会计师在实施审计工作的基础上才能出具审计报告。

注册会计师应当实施风险评估程序，以此作为评估财务报表层次和认定层次重大错报风险的基础。风险评估程序本身并不足以为发表审计意见提供充分、适当的审计证据，注册会计师还应当实施进一步的审计程序，包括实施控制测试（必要时或决定测试时）和实质性程序。注册会计师通过上述实施审计程序，获取充分、适当的审计证据，得出合理的审计结论，作为形成审计意见的基础。

3. 注册会计师通过对财务报表发表审计意见来表明审计业务约定书约定责任的履行情况。

财务报表审计的目标是注册会计师通过执行审计工作，对财务报表的合法性和公允性发表审计意见。因此，在实施审计工作的基础上，注册会计师需要对财务报表形成审计意见，并向委托人提交审计报告。

4. 注册会计师应当以书面形式出具审计报告。

审计报告具有特定的要素和格式，注册会计师只有以书面形式出具审计报告才能清楚地表达对财务报表发表的审计意见。

二、审计报告的作用

注册会计师签发的审计报告，主要具有鉴证、保护和证明三个方面的作用。

1. 鉴证作用。

注册会计师签发的审计报告，不同于政府审计和内部审计的审计报告，是以超然独立的第三者身份，对被审计单位财务报表合法性、公允性发表意见。这种意见具有鉴证作用，得到了政府及其各部门和社会各界的普遍认可。政府有关部门，如财政部门、税务部门等了解、掌握企业的财务状况和经营成果的主要依据是企业提供的财务报表。财务报表是否合法、公允，主要依据注册会计师的审计报告做出判断。股份制企业的股东则主要依据注册会计师的审计报告来判断被投资企业的财务报表是否公允地反映了财务状况和经营成果，以进行投资决策等。

2. 保护作用。

注册会计师通过审计，可以对被审计单位财务报表出具不同类型审计意见的审计报告，以提高或降低财务报表信息使用者对财务报表的信赖程度，能够在一定程度上对被审计单位的财产、债权人和股东的权益及企业利害关系人的利益起到保护作用。如投资者为了减少投资风险，在进行投资之前，必须要查阅被投资企业的财务报表和注册会计师的审计报告，了解被投资企业的经营情况和财务状况。投资者根据注册会计师的审计报告做出投资决策，可以降低其投资风险。

3. 证明作用。

审计报告是对注册会计师审计任务完成情况及其结果所做的总结，它可以表明审计工作的质量并明确注册会计师的审计责任。因此，审计报告可以对审计工作质量和注册会计师的审计责任起证明作用。通过审计报告，可以证明注册会计师在审计过程中是否实施了必要的审计程序，是否以审计工作底稿为依据发表审计意见，发表的审计意见是否与被审计单位的实际情况相一致，审计工作的质量是否符合要求。通过审计报告，可以证明注册会计师审计责任的履行情况。

三、审计报告的格式与内容

审计报告应该采用书面形式，包括下列要素：标题；收件人；审计意见；形成审计意见的基础；管理层对财务报表的责任；注册会计师对财务报表审计的责任；按照相关法律法规的要求报告的事项（如适用）；注册会计师的签名和盖章；会计师事务所的名称、地址和盖章；报告日期。在适用的情况下，注册会计师还应当在审计报告中对与持续经营相关的重大不确定性、关键审计事项、被审计单位年度报告中包含的除财务报表和审计报告之外的其他信息进行报告。

（一）标题

审计报告的标题应当统一规范为“审计报告”。

（二）收件人

审计报告应当按照审计业务约定书的要求载明收件人。

（三）审计意见

审计报告的第一部分应当含审计意见，并以“审计意见”作为标题。审计意见部分应当包括下列方面：指出被审计单位的名称；说明财务报表已经审计；指出构成整套财务报表的每一财务报表的名称；提及财务报表附注，包括重大会计政策和会计估计；指明构成整套财务报表的每一财务报表的日期或涵盖的期间。如果对财务报表发表无保留意见，除非法律法规另有规定，审计意见应当使用“我们认为，后附的财务报表在所有重大方面按照［适用的财务报告编制基础（如企业会计准则等）］编制，公允反映了［……］”的措辞。

（四）形成审计意见的基础

该部分包括下列方面：说明注册会计师按照审计准则的规定执行了审计工作；提及审计报告中用于描述审计准则规定的注册会计师责任的部分；声明注册会计师按照与审计相关的职业道德要求独立于被审计单位，并履行了职业道德方面的其他责任；说明注册会计师是否相信获取的审计证据是充分、适当的，为发表审计意见提供了基础。

（五）关键审计事项

关键审计事项是指审计师根据职业判断，认为在当期财务报表审计中至关重要的事项。《中国注册会计师审计准则 1504 号——在审计报告中沟通关键审计事项》要求在上市实体整套通用目的财务报表审计报告中沟通关键审计事项。注册会计师应当从与治理层沟通的事项中确定在执行审计工作时重点关注过的事项。在确定时，注册会计师应当考虑下列方面：评估的重大错报风险较高的领域或识别出的特别风险；与财务报表中涉及重大管理层判断（包括被认为具有高度估计不确定性的会计估计）的领域相关的重大审计判断；当期重大交易或事项对审计的影响。注册会计师应当从根据上述规定确定的事项中，确定哪些事项对当期财务报表审计最为重要，从而构成关键审计事项。

注册会计师应当在审计报告中单设一部分，以“关键审计事项”为标题，并在该部分使用恰当的子标题逐项描述关键审计事项。关键审计事项部分的引言应当同时说明下列事项：（1）关键审计事项是注册会计师根据职业判断，认为对本期财务报表审计最为重要的事项；（2）关键审计事项的应对以对财务报表整体进行审计并形成审计意见为背景，注册会计师不对关键审计事项单独发表意见。

在审计报告的关键审计事项部分逐项描述关键审计事项时，注册会计师应当分别索引至财务报表的相关披露（如有），并同时说明下列内容：（1）该事项被认定为审计中最为重要的事项之一，因而被确定为关键审计事项的原因；（2）该事项在审计中是如何应对的。

导致非无保留意见的事项或者能导致对被审计单位持续经营能力产生重大疑虑的事项或情况存在重大不确定性，虽其性质上均属于关键审计事项，但不得在审计报告的关键审计事项部分对其进行描述。注册会计师应当按照适用的审计准则规定报告这些事项，并在关键审计事项部分提及形成保留（否定）意见的基础部分或与持续经营相关的重大不确定性部分。

（六）其他信息（若适用）

其他信息是指在被审计单位年度报告中包含的除财务报表和审计报告以外的财务信息和非财务信息，在审计业务没有提出专门要求的情况下，审计意见不涵盖其他信息，注册会计师没有专门责任确定其他信息是否得到陈述。然而，由于已审计财务报表与其他信息之间可能存在的重大不一致将损害已审计财务报表的可信性，注册会计师需要阅读其他信息；在阅读时，如果识别出重大不一致、注册会计师应当确定已审计财务报表或其他信息是否需要作出修改。

如果在审计报告日存在下列两种情况之一，审计报告应当包括一个单独部分。以“其他信息”为标题：（1）对于上市实体财务报表审计，注册会计师已获取或预期将获取其他信息；（2）对于上市实体以外其他被审计单位的财务报表，注册会计师已获取部分或全部其他信息。

（七）管理层及治理层对财务报表的责任

应当说明管理层负责下列方面：

1. 按照适用的财务报告编制基础编制财务报表，使其实现公允反映，并设计、执行和维护必要的内部控制，以使财务报表不存在由于舞弊或错误导致的重大错报。

2. 评估被审计单位的持续经营能力和使用持续经营假设是否适当，并披露与持续经营相关的事项（如适用）。对该评估责任的说明应当包括描述在何种情况下使用持续经营假设是适当的。

治理层负责监督公司的财务报告过程。

（八）注册会计师对财务报表审计的责任

1. 说明注册会计师的目标是对财务报表整体是否不存在由于舞弊或错误导致的重大错报获取合理保证，并出具包含审计意见的审计报告；说明合理保证是高水平的保证，但并不能保证按照审计准则执行审计在某一重大错报存在时总能发现；说明错报可能由于舞弊或错误导致。

2. 说明在按照审计准则执行审计工作的过程中，注册会计师运用职业判断并保持职业怀疑；通过说明注册会计师的责任，对审计工作进行描述。这些责任包括：

（1）识别和评估由于舞弊或错误导致的财务报表重大错报风险，对这些风险有针对性地设计和实施审计程序，获取充分、适当的审计证据，作为发表审计意见的基础。由于舞弊可能涉及串通、伪造、故意遗漏、虚假陈述或凌驾于内部控制之上，未能发现由于舞弊导致的重大错报的风险高于未能发现由于错误导致的重大错报的风险。

（2）了解与审计相关的内部控制，以设计恰当的审计程序，但目的并非对内部控制的有效性发表意见。当注册会计师有责任在财务报表审计的同时对内部控制的有效性发表意见时，应当略去上述"目的并非对内部控制的有效性发表意见"的表述。

（3）评价管理层选用会计政策的恰当性和作出会计估计及相关披露的合理性。

（4）对管理层使用持续经营假设的恰当性得出结论。同时，基于所获取的审计证据，对是否存在与特定事项或情况相关的重大不确定性，从而可能导致对被审计单位的持续经营能力产生重大疑虑得出结论。如果注册会计师得出结论认为存在重大不确定性，审计准则要求注册会计师在审计报告中提请报表使用者注意财务报表中的相关披露，如果披露不充分，注册会计师应当发表非无保留意见。注册会计师的结论基于审计报告日可获得的信息。然而，未来的事项或情况可能导致被审计单位不能持续经营。

（5）评价财务报表的总体列报、结构和内容（包括披露），并评价财务报表是否公允反映相关交易和事项。

（九）按照相关法律法规的要求报告的事项（如适用）

注册会计师可能承担报告其他事项的额外责任，这些责任是对审计准则规定的注册会计师责任的补充。例如，如果注册会计师在财务报表审计中注意到某些事项，可能被要求对这些事项予以报告。此外，注册会计师可能被要求实施额外的规定程序并予以报告，或对特定事项（如会计账簿和记录的适当性、财务报告内部控制或其他信息）发表意见。如果注册会计师在对财务报表出具的审计报告中履行其他报告责任，应当在审计报告中将其单独作为一部分，并以"按照相关法律法规的要求报告的事项"为标题，或使用适合该部分内容的其他标题，除非其他报告责任涉及的事项与审计准则规定的报告责任涉及的事项相同。如果涉及相同的事项，其他报告责任可以在审计准则规定的同一报告要素部分列示。如果将其他报告责任在审计准则要求的同一报告要素部分列示，审计报告应当清楚区分其他报告责任和审计准则要求的报告责任。

（十）注册会计师的签名和盖章

项目合伙人的姓名应当包含在对上市实体整套通用目的财务报表出具的审计报告中，并且由注册会计师签名和盖章。

（十一）会计师事务所的名称、地址和盖章

审计报告应当载明会计师事务所的名称和地址，并加盖会计师事务所公章。

（十二）报告日期

审计报告日不应早于注册会计师获取充分、适当的审计证据，并在此基础上对财务报表形成审计意见的日期。在确定审计报告日时，注册会计师应当确信已获取下列两方面的审计证据：构成整套财务报表的所有报表（包括相关附注）已编制完成；被审计单位的董事会、管理层或类似机构已经认可其对财务报表负责。

四、与财务报表一同列报的补充信息

如果被审计单位将适用的财务报告编制基础没有要求的补充信息与已审计财务报表一同列报，注册会计师应当根据职业判断，评价补充信息是否由于其性质和列报方式而构成财务报表的必要组成部分。如果补充信息构成财务报表的必要组成部分，应当将其涵盖在审计意见中。

如果认为适用的财务报告编制基础未作要求的补充信息不构成已审计财务报表的必要组成部分，注册会计师应当评价这些补充信息的列报方式是否充分、清楚地使其与已审计财务报表相区分。如果未能充分、清楚地区分，注册会计师应当要求管理层改变未审计补充信息的列报方式。如果管理层拒绝改变，注册会计师应当指出未审计的补充信息，并在审计报告中说明这些补充信息未经审计。

第二节　无保留意见审计报告

一、无保留意见审计报告的含义

《中国注册会计师审计准则第 1501 号——对财务报表形成审计意见和出具审计报告》（2019 年）规定，如果认为财务报表已经按照适用的会计准则和相关会计制度的规定编制，在所有重大方面公允反映了被审计单位的财务状况、经营成果和现金流量，且无必要在审计报告中附加强调事项段、其他事项段或任何修饰性用语时，注册会计师应当出具无保留意见审计报告。

无保留意见的审计报告意味着，注册会计师通过实施审计工作，认为被审计

单位财务报表的编制符合合法性和公允性的要求，能够合理保证财务报表不存在重大错报，且认为不存在有必要提醒报表使用者关注已在财务报表列报或披露，但对使用者理解财务报表至关重要的事项，也不存在有必要沟通未在财务报表列报或披露，但与报表使用者理解财务报表审计、注册会计师的责任或审计报告相关且未被法律或法规所禁止的事项。

二、评价财务报表应考虑的内容

注册会计师应当就财务报表是否在所有重大方面按照适用的财务报告编制基础的规定编制并实现公允反映形成审计意见。针对财务报表整体是否不存在由于舞弊或错误导致的重大错报，注册会计师应当得出结论，确定是否已就此获取合理保证。在得出结论时，注册会计师应当考虑下列方面：（1）按照《中国注册会计师审计准则第1231号——针对评估的重大错报风险采取的应对措施》的规定，是否已获取充分、适当的审计证据；（2）按照《中国注册会计师审计准则第1251号——评价审计过程中识别出的错报》的规定，未更正错报单独或汇总起来是否构成重大错报；（3）财务报表是否在所有重大方面按照适用的财务报告编制基础的规定编制并实现公允反映。

在评价财务报表是否在所有重大方面按照适用的财务报告编制基础的规定编制时，注册会计师应当特别评价下列内容：

1. 财务报表是否恰当披露了所选择和运用的重要会计政策。作出这一评价时，注册会计师应当考虑会计政策与被审计单位的相关性，以及会计政策是否以可理解的方式予以表述。

2. 所选择和运用的会计政策是否符合适用的财务报告编制基础，并适合被审计单位的具体情况。

3. 管理层作出的会计估计是否合理。

4. 财务报表列报的信息是否具有相关性、可靠性、可比性和可理解性。作出这一评价时，注册会计师应当考虑：

（1）应当包括的信息是否均已包括，这些信息的分类、汇总或分解以及描述是否适当；

（2）财务报表的总体列报（包括披露）是否由于包括不相关的信息或有碍正确理解所披露事项的信息而受到不利影响。

5. 财务报表是否作出充分披露，使预期使用者能够理解重大交易和事项对财务报表所传递信息的影响。

6. 财务报表使用的术语（包括每一财务报表的标题）是否适当。

在评价时，注册会计师应当考虑被审计单位会计实务的质量，包括表明管理层的判断可能出现偏向的迹象。

在评价财务报表是否实现公允反映时，注册会计师应当考虑下列方面：

（1）财务报表的总体列报（包括披露）、结构和内容是否合理；

（2）财务报表是否公允地反映了相关交易和事项。

三、无保留意见审计报告的关键措辞

无保留意见审计报告应当以“我们认为”作为意见段的开头，并使用“在所有重大方面”“公允反映了”等专业术语。

对按照适用的财务报告编制基础（如企业会计准则）编制的财务报表出具的无保留意见审计报告范例如下：

审计报告

安永华明（2021）审字第60654279_B01号

江西铜业股份有限公司

江西铜业股份有限公司全体股东：

一、审计意见

我们审计了江西铜业股份有限公司的财务报表，包括2020年12月31日的合并及公司资产负债表，2020年度的合并及公司利润表、股东权益变动表和现金流量表以及相关财务报表附注。

我们认为，后附的江西铜业股份有限公司的财务报表在所有重大方面按照企业会计准则的规定编制，公允反映了江西铜业股份有限公司2020年12月31日的合并及公司财务状况以及2020年度的合并及公司经营成果和现金流量。

二、形成审计意见的基础

我们按照中国注册会计师审计准则的规定执行了审计工作。审计报告的“注册会计师对财务报表审计的责任”部分进一步阐述了我们在这些准则下的责任。按照中国注册会计师职业道德守则，我们独立于江西铜业股份有限公司，并履行了职业道德方面的其他责任，我们相信，我们获取的审计证据是充分、适当的，为发表审计意见提供了基础。

三、关键审计事项

关键审计事项是我们根据职业判断，认为对本期财务报表审计最为重要的事项。这些事项的应对以对财务报表整体进行审计并形成审计意见为背景，我们不对这些事项单独发表意见。我们对下述每一事项在审计中是如何应对的描述也以此为背景。

我们已经服行了本报告“注册会计师对财务报表审计的责任”部分阐述的责任，包括与这些关键审计事项相关的责任。相应地，我们的审计工作包括执行为应对评估的财务报表重大错报风险而设计的审计程序。我们执行审计程序的结果，包括应对下述关键审计事项所执行的程序，为财务报表整体发表审计意见提供了基础。

关键审计事项：	该事项在审计中是如何应对：
应收账款及应收保理款坏账准备	
于2020年12月31日，贵集团应收账款及应收保理账的账面原值分别为人民币10 328 264 366元及人民币1 745 19 875元，坏账准备分别为人民币5 955 359 433元及人民币1 028 545 884元。贵集团以存续期内预期信用损失金额计提应收账款坏账准备，以12个月或整个存续期的预期信用损失金额计提应收保理款坏账准备。 管理层运用判断评估预期信用损失。对于已知存在财务困难的客户或回收性存在重大疑问的应收账款及应收保理款用个别认定法计提坏账准备，其余应收账款及应收保理款根据账龄组考虑不同客户的类似损失特征按照组合法计提坏账准备。预期信用损失率基于类似应收账款及应收保理款的历史损失经验和行业数据，并根据当前或前瞻性信息做出调整，例如影响客户还款的宏观经济因素。在运用个别认定法和组合法评估应收账款及应收保理款的预期信用损失时，管理层考虑抵押物的预计可变现价值，该可变现价值基于管理层聘请的独立评估师的评估结果得出。由于应收账款及应收保理款坏账准备金额重大，且涉及管理层众多判断和估计，存在较大的估计不确定性，因此，该事项对于我们的审计而言是重要的，我们将其列为关键审计事项。 相关信息分别披露于财务报表附注三、33“重大会计判断和估计”、附注五、5“应收账款”及附注五、7“应收保理款”	针对应收账款及应收保理款坏账准备，我们实施的程序包括： 1. 理解并测试管理层执行的信用内控程序，包括对定期审阅逾期应收账款及应收保理款，及评估应收账款及应收保理款预期信用损失的程序； 2. 通过检查销售发票，以抽样方式测试应收账款账龄的准确性；通过检查保理合同和银行水单，以抽样方式测试应收保理款账龄的准确性； 3. 评估管理层对应收账款及应收保理款预期信用损失的合理性，具体考虑基于前瞻性因素修正后的客户历史信用情况、行业数据、宏观经济环境、抵押物预计可变现价值、违约或延迟付款等情况；及复核管理层聘请独立评估师出具的抵押物公允价值评估报告，测试评估所用主要假设及估计，并聘请安永内部评估专家协助我们进行评估中的复核。 我们也复核了财务报表附注中有关披露的充足性
……（限于篇幅，其他关键审计事项未列示）	

四、其他信息

江西铜业股份有限公司管理层对其他信息负责。其他信息包括年度报告中涵盖的信息，但不包括财务报表和我们的审计报告。

我们对财务报表发表的审计意见不涵盖其他信息，我们也不对其他信息发表任何形式的鉴证结论。

结合我们对财务报表的审计，我们的责任是阅读其他信息，在此过程中考虑其他信息是否与财务报表或我们在审计过程中了解到的情况存在重大不一致或者似乎存在重大错报。

基于我们已执行的工作，如果我们确定其他信息存在重大错报，我们应当报告该事实。在这方面，我们无任何事项需要报告。

五、管理层和治理层对财务报表的责任

管理层负责按照企业会计准则的规定编制财务报表，使其实现公允反映，并设计、执行和维护必要的内部控制，以使财务报表不存在由于舞弊或错误导致的重大错报。

在编制财务报表时，管理层负责评估江西铜业股份有限公司的持续经营能力，披露与持续经营相关的事项（如适用），并运用持续经营假设，除非计划进行清算、终止运营或别无其他现实的选择。

治理层负责监督江西铜业股份有限公司的财务报告过程。

六、注册会计师对财务报表审计的责任

我们的目标是对财务报表整体是否不存在由于舞弊或错误导致的重大措报获取合理保证并出具包含审计意见的审计报告。合理保证是高水平的保证，但并不能保证按照审计准则执行的审计在某一重大错报存在时总能发现。错报可能由于舞弊或错误导致，如果合理预期错报单独或汇总起来可能影响财务报表使用者依据财务报表作出的经济决策，则通常认为错报是重大的。

在按照审计准则执行审计工作的过程中，我们运用职业判断，并保持职业怀疑。同时，我们也执行以下工作：

（1）识别和评估由于舞弊或错误导致的财务报表重大错报风险，设计和实施审计程序以应对这些风险，并获取充分、适当的审计证据，作为发表审计意见的基础。由于舞弊可能涉及串通、伪造、故意遗漏、虚假陈述或凌驾于内部控制之上，未能发现由于舞弊导致的重大错报的风险高于未能发现由于错误导致的重大错报的风险。

（2）了解与审计相关的内部控制，以设计恰当的审计程序。

（3）评价管理层选用会计政策的恰当性和作出会计估计及相关披露的合理性。

（4）对管理层使用持续经营假设的恰当性得出结论。同时，根据获取的审计证据，就可能导致对江西铜业股份有限公司持续经营能力产生重大疑虑的事项或情况是否存在重大不确定性得出结论。如果我们得出结论认为存在重大不确定性，审计准则要求我们在审计报告中提请报表使用者注意财务报表中的相关披露；如果披露不充分，我们应当发表非无保留意见。我们的结论基于截至审计报告日可获得的信息。然而，未来的事项或情况可能导致江西铜业股份有限公司不能持续经营。

(5) 评价财务报表的总体列报（包括披露）、结构和内容，并评价财务报表是否公允反映相关交易和事项。

(6) 就江西铜业股份有限公司中实体或业务活动的财务信息获取充分、适当的审计证据，以对财务报表发表审计意见。我们负责指导、监督和执行集团审计，并对审计意见承担全部责任。

我们与治理层就计划的审计范围、时间安排和重大审计发现等事项进行沟通，包括沟通我们在审计中识别出的值得关注的内部控制缺陷。

我们还就已遵守与独立性相关的职业道德要求向治理层提供声明，并与治理层沟通可能被合理认为影响我们独立性的所有关系和其他事项，以及相关的防范措施（如适用）。

从与治理层沟通过的事项中，我们确定哪些事项对本期财务报表审计最为重要，因而构成关键审计事项。我们在审计报告中描述这些事项，除非法律法规禁止公开披露这些事项，或在极少数情形下，如果合理预期在审计报告中沟通某事项造成的负面后果超过在公众利益方面产生的益处，我们确定不应在审计报告中沟通该事项。

安永华明会计师事务所（特殊普通合伙）
（盖章）

中国注册会计师：杨磊
（项目合伙人）
（签名并盖章）
中国注册会计师：李砾
（签名并盖章）

中国·北京　　二〇二一年三月二十九日

第三节 非无保留意见审计报告

非无保留意见是指保留意见、否定意见或无法表示意见。

《中国注册会计师审计准则第1502号——在审计报告中发表非无保留意见》(2019年) 规定，在注册会计师遵循中国注册会计师审计准则的规定形成审计意见时，如果存在下列情形之一，注册会计师就应当发表非无保留意见：（1）根据获取的审计证据，注册会计师形成财务报表整体存在重大错报的结论；（2）注册会计师无法获取充分、适当的审计证据，以形成财务报表整体不存在重大错报的结论。

注册会计师确定恰当的非无保留意见类型，取决于下列事项：（1）导致非无保留意见的事项的性质，是财务报表存在重大错报，还是在无法获取充分、适当的审计证据的情况下，财务报表可能存在重大错报；（2）注册会计师就导致非无保留意见的事项对财务报表产生或可能产生影响的广泛性作出的判断。

广泛性是描述错报的一个术语，用于说明发现的错报对财务报表产生的影响；或者说明因无法获取充分、适当的审计证据而未能发现的错报可能对财务报表产生的影响。根据注册会计师的判断，对财务报表产生广泛影响的情形是：（1）不只对财务报表的特定要素、账户或项目产生影响；（2）虽然仅对财务报表的特定要素、账户或项目产生影响，但这些要素、账户或项目是或可能是财务报表的主要部分；（3）与披露相关，而该披露对财务报表使用者理解财务报表至关重要。

表 17－1 列示了注册会计师对导致发表非无保留意见的事项的性质和这些事项对财务报表产生或可能产生影响的广泛性作出的判断，以及注册会计师的判断对审计意见类型的影响。

表 17－1　　审计意见类型的判断

导致发表非无保留意见的事项的性质	对财务报表产生或可能产生影响的广泛性	
	重大但不具有广泛性	重大且具有广泛性
财务报表存在重大错报	保留意见	否定意见
无法获取充分、适当的审计证据	保留意见	无法表示意见

一、保留意见审计报告

保留意见说明注册会计师对财务报表某些表达的公允性持怀疑态度。这种意见表明除财务报表个别方面存在错报或审计范围局部受到限制外，报表在整体上是公允的。如果注册会计师认为这些错报或限制对财务报表的影响极为严重，则应出具否定意见的审计报告或无法表示意见的审计报告。因此，保留意见的审计报告通常被认为是注册会计师在不能出具无保留意见审计报告情况下最不严厉的审计报告。

（一）出具保留意见审计报告的条件

根据准则规定，如果认为财务报表整体是公允的，但还存在下列情形之一，注册会计师应当出具保留意见的审计报告：（1）在获取充分、适当的审计证据后，注册会计师认为错报单独或累计起来对财务报表影响重大，但不具有广泛性；（2）注册会计师虽无法获取充分、适当的审计证据以作为形成审计意见的基础，但认为未发现的错报可能对财务报表产生的影响虽重大，但不具有广泛性。

（二）保留意见审计报告的格式与措辞

如果出具保留意见的审计报告，除《中国注册会计师审计准则第1501号——对财务报表形成审计意见和出具审计报告》要求的要素外，注册会计师还应当将“形成审计意见的基础”这一标题修改为“形成保留意见的基础”，在该部分包含对导致发表保留意见的事项的描述。

如果财务报表中存在与具体金额（包括定量披露）相关的重大错报，注册会计师应当在形成审计意见的基础部分说明并量化该错报的财务影响。如果无法量化财务影响，注册会计师应当在该部分说明这一情况。如果财务报表中存在与定性披露相关的重大错报，注册会计师应当在形成审计意见的基础部分解释该错报错在何处。如果财务报表中存在与应披露而未披露信息相关的重大错报，注册会计师应当：（1）与治理层讨论未披露信息的情况；（2）在形成审计意见的基础部分描述未披露信息的性质；（3）如果可行并且已针对未披露信息获取了充分、适当的审计证据，在形成审计意见的基础部分包含对未披露信息的披露，除非法律法规禁止。

如果因无法获取充分、适当的审计证据而导致发表非无保留意见，注册会计师应当在形成审计意见的基础部分说明无法获取审计证据的原因。

当由于财务报表存在重大错报而发表保留意见时，注册会计师应当在意见段中说明：注册会计师认为，除了在导致发表保留意见的事项段所述事项产生的影响外，财务报表已经按照企业会计准则和相关会计制度的规定编制，在所有重大方面公允反映了被审计单位的财务状况、经营成果和现金流量。

当无法获取充分、适当的审计证据而导致发表保留意见时，注册会计师应当在审计意见段中使用“除……的影响外”等措辞。参考格式如下：

审 计 报 告

上会师报字（2019）第3185号

长园集团股份有限公司全体股东：

一、保留意见

我们审计了长园集团股份有限公司（以下简称“长园集团”）财务报表，

包括2018年12月31日的合并及公司资产负债表、2018年度的合并及公司利润表、合并及公司现金流量表、合并及公司所有者权益变动表以及相关财务报表附注。

我们认为，除"形成保留意见的基础"部分所述事项产生的影响外，后附的财务报表在所有重大方面按照企业会计准则的规定编制，公允反映了长园集团2018年12月31日的合并及公司财务状况以及2018年度的合并及公司的经营成果和现金流量。

二、形成保留意见的基础

1. 长园和鹰原董事长被刑事立案。

长园集团和长园和鹰智能科技有限公司（以下简称"长园和鹰"）于2019年3月19日向上海市公安局闵行分局控告长园和鹰原董事长尹智勇零用资金、职务侵占，并已经刑事立案。公司已经对自查发现的相关问题进行了调整，详见财务报表附注十四"（一）前期会计差错更正"，但由于截至审计报告签发日，上海市公安局闵行分局对尹智勇的调查尚未结束，我们无法确定上述事项对长园集团财务报表可能造成的影响。

2. 长园和鹰存货、成本相关的认定存疑。

长园和鹰存货领用和盘点不规范，导致存货账实不符，成本核算不准确，2018年将未能查明原因的存货账实差异6 523.55万元全部计入营业成本，影响了存货的计价、营业成本的准确性，与之相关的财务报告内部控制运行失效。我们无法实施必要的替代程序，以获取充分，适当的审计证据，导致我们无法对年初存货的存在性、年末存货的计价、本年营业成本的准确性表示意见。

…………（限于篇幅，其他事项未列示。）

三、其他信息

…………（限于篇幅，具体内容略。）

四、关键审计事项

关键审计事项是我们根据职业判断，认为对本期财务报表审计最为重要的事项。这些事项的应对以对财务报表整体进行审计并形成审计意见为背景，我们不对这些事项单独发表意见。除"形成保留意见的基础"部分所述事项外，我们认为，没有其他需要在我们的报告中沟通的关键审计事项。

五、管理层和治理层对财务报表的责任

…………（限于篇幅，具体内容略。）

六、注册会计师对财务报表审计的责任	
…………（限于篇幅，具体内容略。）	
上会会计师事务所（特殊普通合伙） （盖章）	中国注册会计师：马凤菊 （项目合伙人） （签名并盖章） 中国注册会计师：宋新军 （签名并盖章）
中国·北京	二〇一九年四月二十五日

二、否定意见的审计报告

（一）出具否定意见审计报告的条件

根据《中国注册会计师审计准则第 1502 号——在审计报告中发表非无保留意见》（2019 年）的规定，在获取充分、适当的审计证据后，如果认为错报单独或累计起来对财务报表的影响重大且具有广泛性，注册会计师就应当发表否定意见的审计报告。

（二）否定意见审计报告的格式与措辞

否定意见审计报告的基本内容除了包括无保留意见审计报告的基本内容外，还应当将“形成审计意见的基础”这一标题修改为“形成否定意见的基础”，在该部分包含对导致发表否定意见的事项的描述，说明注意到的、将导致发表否定意见的所有其他事项及其影响。

在发表否定意见时，注册会计师应当对审计意见部分使用恰当的标题“否定意见”。

当发表否定意见时，注册会计师应当根据适用的财务报告编制基础在审计意见部分说明注册会计师认为，由于形成否定意见的基础部分所述事项的重要性，财务报表没有在所有重大方面按照适用的财务报告编制基础编制，未能实现公允反映。

当发表否定意见时，注册会计师应当在形成否定意见的基础部分说明：注册会计师获取了充分、适当的审计证据以作为形成否定审计意见的基础。参考格式如下：

审计报告

苏公天业（2019）A1156号

江西大华新材料股份有限公司全体股东：

一、否定意见

我们审计了江西大华新材料股份有限公司（以下简称“大华新材公司”）财务报表，包括2018年12月31日合并及母公司资产负债表，2018年度的合并及母公司利润表、合并及母公司现金流量表和合并及母公司所有者权益变动表以及相关财务报表附注。

我们认为，由于“二、形成否定意见的基础”段所述事项的重要性，后附的大华新材公司财务报表没有在所有重大方面按照企业会计准则的规定编制，未能公允反映大华新材公司2018年12月31日的合并财务状况以及2018年度的合并经营成果和合并现金流量。

二、形成否定意见的基础

如财务报表附注“二、财务报表的编制基础”所述，大华新材公司财务报表以持续经营假设为基础编制。2019年4月9日大华新材公司收到江西省宜春市中级人民法院出具的民事裁定书（〔2019〕赣09破申1号），法院裁定受理大华新材公司被申请破产清算，大华新材公司已不具备持续经营能力，因此我们认为大华新材公司按照持续经营假设编制的2018年度财务报表不恰当。

三、管理层和治理层对财务报表的责任

大华新材公司管理层（以下简称“管理层”）负责按照企业会计准则的规定编制财务报表，使其实现公允反映，并设计、执行和维护必要的内部控制，以使财务报表不存在由于舞弊或错误导致的重大错报。在编制财务报表时，管理层负责评估大华新材公司的持续经营能力，披露与持续经营相关的事项（如适用），并运用持续经营假设、除非管理层计划清算大华新材公司、终止运营或别无其他现实的选择。

治理层负责监督大华新材公司的财务报告过程。

四、注册会计师对财务报表审计的责任

我们的目标是对财务报表整体是否不存在由于舞弊或错误导致的重大错报获取合理保证、并出具包含审计意见的审计报告。合理保证是高水平的保证，但并不能保证按照审计准则执行的审计在某一重大错报存在时总能发现。错报可能由于舞弊或错误导致，如果合理预期错报单独或汇总起来可能影响财务报表使用者依据合并财务报表作出的经济决策，则通常认为错报是重大的。

在按照审计准则执行审计工作的过程中，我们运用职业判断，并保持职业怀疑。同时，我们也执行以下工作：

(1) 识别和评估由于舞弊或错误导致的合并财务报表重大错报风险，设计和实施审计程序以应对这些风险，并获取充分、适当的审计证据，作为发表审计意见的基础。由于舞弊可能涉及串通、伪造、故意遗漏、虚假陈述或凌驾于内部控制之上，未能发现由于舞弊导致的重大错报的风险高于未能发现由于错误导致的重大错报的风险。

(2) 了解与审计相关的内部控制，以设计恰当的审计程序，但目的并非对内部控制的有效性发表意见。

(3) 评价管理层选用会计政策的恰当性和作出会计估计及相关披露的合理性。

(4) 对管理层使用持续经营假设的恰当性得出结论。同时，根据获取的审计证据，就可能导致对大华新材公司持续经营能力产生重大疑虑的事项或情况是否存在重大不确定性得出结论。如果我们得出结论认为存在重大不确定性，审计准则要求我们在审计报告中提请报表使用者注意合并财务报表中的相关披露；如果披露不充分，我们应当发表非无保留意见。我们的结论基于截至审计报告日可获得的信息。

(5) 评价财务报表的总体列报、结构和内容（包括披露），并评价财务报表是否公允反映相关交易和事项。

(6) 就大华新材公司中实体或业务活动的财务信息获取充分、适当的审计证据，以对财务报表发表审计意见。我们负责指导、监督和执行集团审计，并对审计意见承担全部责任。

我们与治理层就计划的审计范围、时间安排和重大审计发现等事项进行沟通，包括沟通我们在审计中识别出的值得关注的内部控制缺陷。

江苏公证天业会计师事务所（特殊普通合伙） 中国注册会计师：石义杰
（盖章） （项目合伙人）
（签名并盖章）
中国注册会计师：邓兴政
（签名并盖章）

中国·无锡 二〇一九年六月二十八日

三、无法表示意见的审计报告

无法表示意见是注册会计师在审计过程中因未搜集到足够的审计证据，而无法对财务报表发表确切审计意见的审计报告。无法表示意见不能替代和等同于否定意见，它通常适用于注册会计师不能获取充分、适当的审计证据。如果注册会计师发表否定意见，则必须获取充分、适当的审计证据，来表明财务报表整体不合法或不公允。

（一）出具无法表示意见审计报告的条件

如果注册会计师无法就被审计的财务报表获取充分、适当的审计证据，但又认为未发现的错报可能对财务报表产生的影响重大且具有广泛性，以致发表保留意见不足以反映情况的严重性，那么他们应当解除审计业务约定（除非法律法规另有规定）；如果不能在出具审计报告之前解除该业务约定，那么他们就应当出具无法表示意见的审计报告。

在某些极端数情况下，被审计单位财务报表可能存在多个不确定事项，尽管对每个不确定事项分别获取了充分、适当的审计证据，但由于不确定事项之间可能存在相互影响，以及可能对财务报表产生累积影响，注册会计师认为不能形成审计意见。注册会计师也应当出具无法表示意见的审计报告。

（二）无法表示意见审计报告的格式与措辞

无法表示意见审计报告的基本内容，在无保留审计报告基本内容的基础上进行多方面的修正。

在发表无法表示意见时，注册会计师应当对审计意见部分使用“无法表示意见”作为标题。

在审计意见部分，只强调“我们接受委托”，而非“我们审计了……”。

“形成审计意见的基础”这一标题修改为“形成无法表示意见的基础”，在该部分包含对导致发表无法表示意见的事项的描述，说明注册会计师无法获取审计证据的原因，以及注意到的、将导致发表无法表示意见的所有其他事项及影响。

当由于无法获取充分、适当的审计证据而发表无法表示意见时，注册会计师应当：（1）说明注册会计师不对后附的财务报表发表审计意见；（2）说明由于形成无法表示意见的基础部分所述事项的重要性，注册会计师无法获取充分、适当的审计证据以作为对财务报表发表审计意见的基础；（3）修改财务报表已经审计的说明，改为注册会计师接受委托审计财务报表。

当注册会计师对财务报表发表无法表示意见时，审计报告中不应当包含无保留意见审计报告中的下列要素：

1. 提及审计报告中用于描述注册会计师责任的部分；

2. 说明注册会计师是否已获取充分、适当的审计证据以作为形成审计意见的基础。

当由于无法获取充分、适当的审计证据而发表无法表示意见时，注册会计师应当修改无保留意见审计报告中对注册会计师责任的表述，并仅包含下列内容：（1）注册会计师的责任是按照中国注册会计师审计准则的规定，对被审计单位财务报表执行审计工作，以出具审计报告；（2）但由于形成无法表示意见的基础部分所述的事项，注册会计师无法获取充分、适当的审计证据以作为发表审计意见的基础；（3）说明注册会计师在独立性和职业道德方面的其他责任。

当对财务报表发表无法表示意见时，注册会计师不得在审计报告中包含关键审计事项部分和其他信息部分，除非法律法规另有规定。

审计报告

众环审字（2019）011762号

高升控股股份有限公司全体股东：

一、无法表示意见

我们接受委托，审计高升控股股份有限公司（以下简称“高升控股公司”）财务报表，包括2018年12月31日的合并及母公司资产负债表，2018年度的合并及母公司利润表、合并及母公司现金流量表、合并及母公司股东权益变动表以及财务报表附注。

我们不对后附的高升控股公司财务报表发表审计意见。由于“形成无法表示意见的基础”部分所述事项的重要性，我们无法获取充分、适当的审计证据以作为对财务报表发表审计意见的基础。

二、形成无法表示意见的基础

1. 对外担保及关联交易的完整性、预计担保损失的合理性。

如财务报表附注（十三）1（2）所述，高升控股公司实际控制人及第八届董事会董事长、第九届董事会董事长在未经高升控股公司股东大会、董事会批准或授权的情况下，多次私自使用高升控股公司公章以高升控股公司的名义作为共同借款人或担保人对控股股东及其关联方、实际控制人之关联方的融资提供担保（以下统称“违规担保事项”）。

2018年9月至本报告出具日，高升控股公司多次对违规担保事项进行了补充披露。高升控股公司已披露的违规担保事项数量多、金额巨大，并已涉及多起诉讼。本报告期，高升控股公司对违规担保事项计提了预计损失62 024.24万元，计入营业外支出和预计负债。

上述违规担保事项表明高升控股公司内部控制存在重大缺陷，我们无法实施满意的审计程序确认高升控股公司对外担保及关联交易的完整性，同时我们无法判断高升控股公司对外担保的有效性及计提预计损失金额的合理性。因此我们无法确定是否有必要对营业外支出、预计负债、或有事项、关联交易及财务报表其他项目的列报或附注的披露作出调整，以及可能涉及的调整金额或内容。

2. 中国证监会立案调查。

如财务报表附注（十五）2所述，高升控股公司于2018年9月27日收到中国证券监督管理委员会《调查通知书》（编号，鄂证调查字〔2018〕61号），因涉嫌信息披露违法违规，中国证券监督管理委员会对高升控股公司进行立案调查。截至本报告出具日，调查正在进行中。由于该立案调查尚未有最终结论，我们无法判断立案调查的结果对高升控股公司财务报表可能产生的影响。

…………（限于篇幅，其他事项未列示。）

三、管理层和治理层对财务报表的责任

…………（限于篇幅，其他事项未列示。）

四、注册会计师对财务报表审计的责任

我们的责任是按照中国注册会计师审计准则的规定，对高升控股公司的财务报表执行审计工作，以出具审计报告。但由于“形成无法表示意见的基础”部分所述的事项，我们无法获取充分/适当的审计证据以作为发表审计意见的基础。

按照中国注册会计师职业道德守则，我们独立于高升控股公司，并履行了职业道德方面的其他责任。

中审众环会计师事务所（特殊普通合伙）　　中国注册会计师：王永新
（盖章）　　（项目合伙人）
（签名并盖章）
中国注册会计师：刘汉军
（签名并盖章）

中国·武汉　　二〇一九年四月二十五日

第四节　带强调事项段和其他事项段的审计报告

《中国注册会计师审计准则第 1503 号——在审计报告中增加强调事项段和其他事项段》(2019 年) 规定，在形成财务报表的审计意见之后，如果注册会计师根据其判断认为有必要通过在审计报告中进行明确的额外沟通以提醒报表使用者关注以下事项：(1) 已在财务报表适当列报或披露，但对报表使用者理解财务报表至关重要的事项；(2) 与报表使用者理解财务报表审计、注册会计师的责任或审计报告相关的其他事项，那么注册会计师就应当在其审计报告中增加强调事项段或其他事项段。

一、带强调事项段的审计报告

强调事项段，是指审计报告中提及已在财务报表适当列报和披露事项的段落。根据注册会计师的判断，该事项对财务报表使用者理解财务报表至关重要。

如果注册会计师认为有必要提醒财务报表使用者关注已在财务报表列报或披露，但对财务报表使用者理解财务报表至关重要的事项，注册会计师就应该在审计报告中包括强调事项段。这样的段落应当仅提及已在财务报表中列报或披露的信息。只有在注册会计师已经获得充分、适当的审计证据，表明该事项在财务报表中不存在重大错报的情况下，注册会计师才能在其审计报告中增加强调事项段。

在同时满足下列条件时，注册会计师应当在审计报告中增加强调事项段：(1) 按照《中国注册会计师审计准则第 1502 号——在审计报告中发表非无保留意见》的规定，该事项不会导致注册会计师发表非无保留意见；(2) 当《中国注册会计师审计准则第 1504 号——在审计报告中沟通关键审计事项》适用时，该事项未被确定为在审计报告中沟通的关键审计事项。

如果在审计报告中包含强调事项段，注册会计师应当采取下列措施：(1) 将强调事项段作为单独的一部分置于审计报告中，并使用包含“强调事项”这一术语的适当标题；(2) 明确提及被强调事项以及相关披露的位置，以便能够在财务报表中找到对该事项的详细描述。强调事项段应当仅提及已在财务报表中列报的信息；(3) 指出审计意见没有因该强调事项而改变。

审计准则中要求增加强调事项段的具体情况有：

《中国注册会计师审计准则第 1111 号——就审计业务约定条款达成一致意

见》规定，如果相关部门要求采用的财务报告编制基础不适用于被审计单位的具体情况，管理层需要在财务报表中作出额外披露，以避免财务报表产生误导；在审计报告中增加强调事项段，以提醒使用者关注额外披露。

《中国注册会计师审计准则第 1332 号——期后事项》规定了两种情况：

第一种情况是，在审计报告日后至财务报表报出日前，如果知悉了某事实，且若在审计报告日知悉可能导致修改审计报告。在这种情况下，注册会计师应当：(1) 与管理层和治理层（如适用）讨论该事项；(2) 确定财务报表是否需要修改；(3) 如果需要修改，询问管理层将如何在财务报表中处理该事项。如果管理层修改财务报表，注册会计师应当：(1) 根据具体情况对有关修改实施必要的审计程序；(2) 将规定的审计程序延伸至新的审计报告日，并针对修改后的财务报表出具新的审计报告。新的审计报告日不应早于修改后的财务报表被批准的日期。如果管理层对财务报表的修改仅限于反映导致修改的期后事项的影响，被审计单位的董事会、管理层或类似机构也仅对有关修改进行批准，注册会计师可以仅针对有关修改将规定审计程序延伸至新的审计报告日。在这种情况下，注册会计师应当选用下列处理方式之一：(1) 修改审计报告，针对财务报表修改部分增加补充报告日期，从而表明注册会计师对期后事项实施的审计程序仅限于财务报表相关附注所述的修改；(2) 出具新的或经修改的审计报告，在强调事项段或其他事项段中说明注册会计师对期后事项实施的审计程序仅限于财务报表相关附注所述的修改。

第二种情况是，在财务报表报出后，如果知悉了某事实，且若在审计报告日知悉可能导致修改审计报告。在这种情况下，注册会计师应当：(1) 与管理层和治理层（如适用）讨论该事项；(2) 确定财务报表是否需要修改；(3) 如果需要修改，询问管理层将如何在财务报表中处理该事项。如果管理层修改了财务报表，注册会计师应当：(1) 根据具体情况对有关修改实施必要的审计程序；(2) 复核管理层采取的措施能否确保所有收到原财务报表和审计报告的人士了解这一情况；(3) 将规定的审计程序延伸至新的审计报告日，并针对修改后的财务报表出具新的审计报告，新的审计报告日不应早于修改后的财务报表被批准的日期。注册会计师应当在新的或经修改的审计报告中增加强调事项段或其他事项段，提醒财务报表使用者关注财务报表附注中有关修改原财务报表的详细原因和注册会计师提供的原审计报告。

《中国注册会计师审计准则第 1601 号——对按照特殊目的编制基础编制的财务报表审计的特殊考虑》规定，注册会计师对特殊目的财务报表出具的审计报告应当增加强调事项段，以提醒审计报告使用者关注财务报表按照特殊目的编制基础编制。带强调事项段审计报告的参考格式如下：

审计报告

天健审（2019）2458号

会稽山绍兴酒股份有限公司全体股东：

一、审计意见

我们审计了会稽山绍兴酒股份有限公司（以下简称“会稽山公司”）财务报表，包括2018年12月31日的合并及母公司资产负债表，2018年度的合并及母公司利润表、合并及母公司现金流量表、合并及母公司所有者权益变动表，以及相关财务报表附注。

我们认为，后附的财务报表在所有重大方面按照企业会计准则的规定编制，公允反映了会稽山公司2018年12月31日的合并及母公司财务状况以及2018年度的合并及母公司经营成果和现金流量。

二、形成审计意见的基础

我们按照中国注册会计师审计准则的规定执行了审计工作。审计报告的“注册会计师对财务报表审计的责任”部分进一步阐述了我们在这些准则下的责任。按照中国注册会计师职业道德守则，我们独立于会稽山公司，并履行了职业道德方面的其他责任。我们相信，我们获取的审计证据是充分、适当的，为发表审计意见提供了基础。

三、强调事项

我们提醒财务报表使用者关注，如财务报表附注十一（一）2所述，精功集团有限公司所持会稽山公司164 000 000股股份（占公司总股本的32.97%，占其所持公司股份的100%）已被司法冻结和轮候冻结，截至审计报告日尚未解冻，未来结果存在不确定性。本段内容不影响已发表的审计意见。

四、关键审计事项

关键审计事项是我们根据职业判断，认为对本期财务报表审计最为重要的事项。这些事项的应对以对财务报表整体进行审计并形成审计意见为背景，我们不对这些事项单独发表意见。

（一）商誉减值

1. 事项描述。

相关信息披露详见财务报表附注三（十九）及五（一）13，会稽山公司截至2018年12月31日商誉账面余额25 107.42万元，无减值准备。由于商誉金额较大，且商誉减值测试涉及管理层的判断，因此我们将商誉减值确定为关键审计事项。

2. 审计应对。

针对商誉减值，我们实施的审计程序主要包括：

（1）了解与商誉减值相关的关键内部控制，评价其设计和运行的有效性；

（2）评价管理层在减值测试中使用方法的合理性和一致性；

（3）评价管理层在减值测试中使用数据的准确性、完整性和相关性，并复核减值测试中有关信息的内在一致性；

（4）复核管理层对包含商誉的相关资产组或资产组组合的可收回金额的计算是否准确；

（5）检查与商誉减值相关的信息是否已在财务报表中作出恰当列报和披露。

…………（限于篇幅，其他事项略。）

五、其他信息

…………（限于篇幅，具体事项略。）

六、管理层和治理层对财务报表的责任

…………（限于篇幅，具体事项略。）

七、注册会计师对财务报表审计的责任

…………（限于篇幅，具体事项略。）

天健会计师事务所有限公司（特殊普通合伙）（盖章）

中国注册会计师：林国雄（项目合伙人）（签名并盖章）

中国注册会计师：张琳（签名并盖章）

中国·杭州　　　　二〇一九年四月十五日

二、带其他事项段的审计报告

其他事项段，是指审计报告中提及未在财务报表中列报或披露事项的段落。根据注册会计师的判断，该事项与财务报表使用者理解财务报表审计、注册会计师的责任以及审计报告相关。

如果认为有必要沟通虽然未在财务报表中列报，但根据职业判断认为与财务报表使用者理解审计工作、注册会计师的责任或审计报告相关的事项，在同时满足下列条件时，注册会计师应当在审计报告申增加其他事项段：（1）未被法律法规禁止；（2）当《中国注册会计师审计准则第 1504 号——在审计报告中沟通关键审计事项》适用时，该事项未被确定为将要在审计报告中沟通的关键审计事项。

如果在审计报告中包含其他事项段，注册会计师应当将该段落作为单独的一部分，并使用“其他事项”或其他适当标题。其他事项段应置于关键审计事项部分之后。如果其他事项段的内容与其他报告责任部分相关，这一段落也可以置于审计报告的其他位置。

审计准则中要求增加其他事项段的具体情况有：

《中国注册会计师审计准则第 1332 号——期后事项》规定的具体要求与强调事项段相同。

《中国注册会计师审计准期第 1511 号——比较信息：对应数据和比较财务报表》规定，如果上期财务报表已由前任注册会计师审计，并且法律法规不禁止注册会计师提及前任注册会计师对对应数据出具的审计报告，当注册会计师决定提及时，应当在审计报告的其他事项段中说明：（1）上期财务报表已由前任注册会计师审计；（2）前任注册会计师发表的意见的类型（如果是非无保留意见，还应当说明发表非无保留意见的理由）；（3）前任注册会计师出具的审计报告的日期。

如果上期财务报表未经审计，注册会计师应当在审计报告的其他事项段中说明对应数据未经审计。但这种说明并不减轻注册会计师获取充分、适当的审计证据，以确定期初余额不含有严重影响本期财务报表的错报的责任。

当结合本期审计对上期财务报表出具审计报告时，如果对上期财务报表发表的意见与以前发表的意见不同，注册会计师应当在其他事项段中披露导致不同意见的实质性原因。

如果上期财务报表已由前任注册会计师审计，除非前任注册会计师对上期财务报表重新出具审计报告，否则，注册会计师除对本期财务报表发表意见外，还应当在其他事项段中说明；（1）上期财务报表已由前任注册会计师审计；（2）前任注册会计师发表的意见类型（如果发表非无保留意见，还应当说明理由）；（3）前任注册会计师出具审计报告的日期。带其他事项段审计报告的参考格式如下：

审 计 报 告

ABC 股份有限公司全体股东：

一、审计意见

我们审计了 ABC 股份有限公司（以下简称“ABC 公司”）财务报表，包括 20×0 年 12 月 31 日的资产负债表、20×0 年度的利润表、现金流量表、股东权益变动表以及相关财务报表附注。

我们认为，后附的财务报表在所有重大方面按照企业会计准则的规定编制，公允反映了ABC司20×0年12月31日的财务状况以及20×0年度的经营或果和现金流量。

二、形成审计意见的基础

我们按照中国注册会计师审计准则的规定执行了审计工作，审计报告的“注册会计师对财务报表审计的责任”部分进一步阐述了我们在这些准则下的责任。按照中国注册会计师职业道德守则，我们独立于ABC公司，并履行了职业道德方面的其他责任。我们相信，我们获取的审计证据是充分、适当的，为发表审计意见提供了基础。

三、关键审计事项

…………（限于篇幅，具体内容略。）

四、其他事项

20×0年12月31日的资产负债表，20×0年度的利润表、现金流量表、股东权益变动表以及相关财务报表附注由其他会计师事务所审计，并于20×1年3月31日发表了无保留意见。

五、其他信息

…………（限于篇幅，具体内容略。）

六、管理层和治理层对财务报表的责任

…………（限于篇幅，具体内容略。）

七、注册会计师对财务报表审计的责任

…………（限于篇幅，具体内容略。）

××会计师事务所（特殊普通合伙）
（盖章）

中国注册会计师：×××
（项目合伙人）
（签名并盖章）
中国注册会计师：雷军锋
（签名并盖章）

中国·××

二〇×一年×月××日

【课后习题】

一、思考题

1. 注册会计师确定关键审计事项时应该考虑什么？

2. 出具保留意见、否定意见和无法表示意见审计报告的条件是什么？

3. 在保留意见和无法表示意见审计报告中，是否可以增加强调事项和其他事项段？

4. 在注册会计师出具无法表示意见时，除了意见表述的差异外，注册会计师还要对标准报告的哪些段落做怎样的修改？

5. 什么情形下注册会计师应该在其审计报告中增加强调事项段，强调事项段应该放在审计报告的什么位置？

6. 在确定具体审计意见类型时，注册会计师往往要考虑“广泛性”这个概念，请问对财务报表产生广泛影响的情形有哪些？

二、案例题

亚太（集团）会计师事务所与莲花味精造假案

经中国证监会调查核实，亚太（集团）会计师事务所有限公司（以下简称“亚太所”），系河南莲花味精股份有限公司（以下简称“莲花味精”）审计服务机构。

莲花味精2007年审计报告意见类型为标准无保留意见。在对莲花味精2007年年报审计中，亚太所对公司1.944亿元政府补助和建行1.98亿元贷款债务转移的账务处理，因会计师专业判断错误和审计程序不到位、审计证据不充分，未能发现政府补助未到位和建行贷款实际未转移的事实，致使公司当年利润总额虚增1.944亿元，债务虚减1.98亿元。

莲花味精2008年审计报告意见类型为标准无保留意见。当年的审计中，对公司3亿元政府补助和工行3.22亿元贷款转移的账务处理，因会计师专业判断错误和审计程序不到位、审计证据不充分，未能发现政府补助的虚假性和工行贷款实际未转移的事实，致使公司当年利润总额虚增3亿元，银行贷款减少3.22亿元；当年公司有4 167万元收到的政府补助会计处理错误，审计中未能发现和调整，致使公司营业利润增加4 167万元，营业外收入减少4 167万元，影响了公司的利润结构。

依据《证券法》的相关规定，中国证监会认定，亚太所在莲花味精2007年、2008年年报审计中未勤勉尽责，出具的审计报告内容有误导性陈述和重大遗漏。中国证监会决定：对亚太所给予警告，没收亚太所关于莲花味精2007年、2008年年报审计项目收入132万元，并处以132万元罚款；对审计负责人注册会计师秦某、赵某给予警告，并分别处以4万元和3万元罚款。

[要求] 中国证监会的具体处罚依据有哪些？亚太（集团）会计师事务所的上述行为违反了中国注册会计师审计准则的哪些规定？试举例说明。